浙江省高等教育重点建设教材

现代物流管理教程

陈子侠　蒋长兵　陈达强　编著

中国物资出版社

图书在版编目（CIP）数据

现代物流管理教程/陈子侠，蒋长兵，陈达强编著．—北京：中国物资出版社，2007.10（2012.7 重印）

浙江省高等教育重点建设教材

ISBN 978－7－5047－2714－5

Ⅰ．现…　Ⅱ．①陈…②蒋…③陈…　Ⅲ．物流—物资管理—高等学校—教材　Ⅳ．F252

中国版本图书馆 CIP 数据核字（2007）第 132163 号

策划编辑　钱　瑛
责任编辑　钱　瑛
责任印制　何崇杭
责任校对　孙会香

中国物资出版社出版发行
网址：http://www.clph.cn
社址：北京市西城区月坛北街 25 号
电话：（010）68589540　邮政编码：100834
全国新华书店经销
三河市西华印务有限公司印刷

开本：787mm×1092mm　1/16　印张：23.5　字数：523 千字
2007 年 10 月第 1 版　2012 年 7 月第 3 次印刷
书号：ISBN 978－7－5047－2714－5/F・1125
印数：7001—9000 册
定价：38.00 元
（图书出现印装质量问题，本社负责调换）

《现代物流管理教程》编写委员会

主　　编　陈子侠　蒋长兵

副 主 编　陈达强

编委会成员　（按姓氏拼音排列）

百丽君　陈梅君　陈素芬　陈远高　傅培华

高振亚　宫　丽　胡　军　胡立新　琚春华

彭　扬　宋　方　孙单智　王姗姗　王自勤

吴承健　伍　蓓　俞海宏　周　蕾

序

在全国各地深入推进现代物流业发展、高等院校努力培养物流合格人才的时候，陈子侠、蒋长兵、陈达强三位老师合作完成的浙江省高等教育重点建设教材《现代物流管理教程》一书出版了，这是非常必要和及时的，它为国内开设物流类专业高校的物流专业基础课教学提供了一本很好的教材，也为广大物流工作者、物流爱好者学习研究现代物流管理提供了一本重要的参考用书。

现代物流管理是对社会经济活动中的物料流、信息流、人员流的有效组织、计划和控制，物流与商流是紧密相随的，两者共同构成了社会流通的主体。由于流通业是连接生产与消费的中介，是社会经济活动能够不断循环的重要环节，因此物流在经济活动中居于十分重要的地位。

物流作为一种社会经济运动的形态，自古至今已持续了上千年，但未能受到人们的重视，直到最近七八年才在我国热了起来。从20世纪90年代末开始，国家物资部门和贸易部门开始了现代物流管理的推广与组织实施，以物流中心、配送中心等全新的企业形态为标志，在我国流通业掀起了一场广泛的意义深远的变革。2004年8月，国家发改委、商务部、公安部、铁道部、交通部、海关总署、国家税务总局、中国民用航空总局、国家工商行政管理总局等九部委联合下发了《关于促进我国现代物流业发展的意见》，指出大力发展现代物流业，对于推动和提升相关产业的发展，提高经济运行质量和效益，增强综合国力和企业竞争力具有十分重要的意义，也把发展物流配送中心列为重点鼓励发展的内容；2005年4月，由国家发改委牵头，建立了国家发改委、商务部、铁道部、交通部、信息产业部、民航总局、公安部、财政部、海关总署、工商总局、税务总局、质检总局、国家标准委、中国物流与采购联合会、中国交通运输协会等15个单位共同参加的“全国现代物流工作部际联席会议制度”，强调切实加强对全国现代物流工作的综合组织协调，充分发挥各部门的职能作用，促进现代物流全面快速协调健康发展；2006年3月，在全国十届人大四次会议通过的《国民经济和社会发展第十一个五年规划纲要》第四篇“加快发展服务业”中，特别单列了一节“大力发展现代物流业”，这在历史上从未有过，标志着现代物流作为产业的地位在国家管理层面明确得到了确认。

目前，我国物流需求主体仍以制造和商贸类的外资企业、新兴企业为主，以高新技术、连锁经营和电子商务为代表的新兴企业，对物流服务的及时性、准确性要求较高，正成为第三方物流服务需求的重要来源，此外汽车、医药、通讯电子等行业物流需求快速增长，物流需求已从运输、仓储等传统业务向物流控制管理、配送等增值服务发展，部分企业开始要求全程物流服务。实际上，近几年我国的社会物流基础设施能力和实力已逐步得到了加强。据统计，2006 年我国铁路营业里程达7.5 万公里；公路里程达192 万公里，其中高速公路里程达4.1 万公里；内河航道里程达12.33 万公里，全国港口泊位数达35108 万个，其中深水泊位（万吨级）944 个，集装箱泊位155 个。2006 年全国社会物流总费用为33860 亿元，物流费用与 GDP 的比率为18.6%，从另一个侧面说明了我国物流管理的质量已经得到改善。改革开放近30 年来，我国国民经济总量成倍增长，进出口贸易总量居世界第九位，这些数据的背后都是以巨大的物流量为支撑的。

浙江省委、省政府高度重视现代物流的发展，近五六年来，在浙江省现代物流发展联席会议的具体组织下，编制物流发展规划，加快物流设施建设，出台扶持政策，积极培育物流市场和鼓励企业发展，为浙江省物流企业的发展提供了较好的发展环境，使浙江省现代物流企业在全国同行中的影响力逐年扩大。据报道，浙江省杭州市、宁波市、丽水市、衢州市、湖州市、台州市、义乌市、金华市等城市都相继制定了城市现代物流发展规划，政府物流规划水平和数量走在了全国的前列。特别是2006 年4 月，浙江省发改委会同省现代物流发展联席会议12 家成员单位，联合制定了《关于加快浙江省现代物流业发展的若干意见》，提出了18 条具体扶持政策，对浙江省物流发展环境的改善进行了实质性的推动。

尽管如此，现代物流管理作为一门研究物流的学科，与物流古老历史相比，却只有不到十年的时间。传统的物流管理方式已不能适应新的形势，新的形势呼唤着现代物流管理方式。当前，在发展现代物流的实践中还面临认识、体制、技术和人才等方面的制约，其中现代物流人才的缺乏已严重影响了我国现代物流的发展，加快培养现代物流人才已成当务之急。《现代物流管理教程》是一本既具有理论性，又具有实践性的物流类专业入门书籍。作者结合多年来从事现代物流学领域的科研与教学，结合参加政府和企业物流研究项目的实践，较为透彻完整地阐述了现代物流的一些基本理论，采用了大量的分析案例和图表，较为客观而真实地反映了现代物流学基础理论研究和实践的前沿。相信本书的出版，对国内现代物流理论和应用的研究，对国内现代物流人才的培养，尤其是今后浙江省现代物流从业人员的业务水平提高，都将起到非常积极的促进作用。

国务院学位委员会管理科学与工程学科评议组成员
中国物流学会副会长
上海物流研究院院长
复旦大学现代物流管理研究中心主任、教授

2007 年 10 月

前　言

物流是货物从供应地向接收地的实体流动过程，它存在于社会经济活动的各个方面。物流不仅能够创造时间和空间价值，而且也能够创造社会价值和信息价值。

早期的物流学是专门研究物质资料流动的一门学科，随着物流学科的发展与应用，物流学研究的范围和内容也在不断地扩大和丰富，特别是现代信息技术、供应链管理技术给物流学增添了新的内容，与之相伴而生的现代物流也正在发展成为新的学科、新的行业。随着我国经济体制改革的不断深入，经济全球化和我国融入到 WTO 的体系中，物流业作为现代服务经济的重要支柱和组成部分，必将在我国得到空前发展，并成为我国国民经济新的重要产业和新的经济增长点。

笔者从 2007 年 8 月召开的“第七届全国高校物流专业教学研讨会”上获悉，近五年我国物流教育事业发展非常之快，截至 2007 年 6 月底，全国共有 273 所高校开办了物流专业，目前物流专业在校本科生和专科生约 33 万人。据教育部高校物流类专业教育指导委员会主任黄有方教授主持的“中国物流发展与人才需求研究”课题研究成果显示，到 2010 年，我国物流从业人员总量预测为 2060 万人，其中全国物流人才总量预测为 566 万人，2010 年中国物流专业毕业人才需求总量预测为 34 万人，同时我国 2005—2010 年间将新增物流专业毕业生 37. 2 万人，按物流专业毕业人才净转移率 18. 2% 计算，2010 年我国物流专业毕业人才的需求缺口为 4. 3 万人。由此可见，未来我国物流专业教育发展的前景十分广阔。

《现代物流管理教程》是浙江省高等教育重点建设教材之一，是一本既具有理论性又具有实践性的物流入门教程，内容涉及现代物流的方方面面且具有一定的研究深度。作者结合多年来从事现代物流领域的科研与教学，结合参加多个企业和政府物流研究项目的实践，较为透彻完整地阐述了现代物流的一些基本理论，采用了大量的图表和案例分析，较为客观而真实地反映了现代物流的应用现状与研究前沿。相信本书的出版对国内物流实践及现代物流人才的培养将起到非常积极的促进作用，特别是针对当前物流热衷于宣传、匮于实践的状况，更具有指导意义。

本书在写作过程中，借鉴了国内外许多专家学者的学术观点，参阅了许多报刊媒体和专业站点的资料，在此特别鸣谢。此外，本书在编写过程中，还要特别感谢浙江工商大学物流管理与工程系吴承健教授、傅培华副教授、伍蓓副教授、彭扬博士、胡军博士、张芮讲师、白丽君讲师，他们对这本书的写作和编辑给予了大力支持，整个写作过程是对科研和教学水平的一次升华。

由于作者水平有限，成稿时间仓促，书中表述难免出现疏忽和谬误，敬请各位专家、读者提出批评意见，并及时反馈给作者，以便逐步完善，使该重点教材得到广大读者的普遍认可（联系邮箱：czx@ mail. zjgsu. edu. cn，johncabin@ mail. zjgsu. edu. cn）。

陈子侠　蒋长兵　陈达强

2007 年 10 月于浙江工商大学

目　录

1　物流的基本概念与功能 …… 1
1.1　现代物流基本描述 …… 1
1.1.1　现代物流的含义 …… 1
1.1.2　物流概念的产生过程 …… 3
1.1.3　现代物流的分类 …… 5
1.1.4　现代物流的特点 …… 10
1.1.5　现代物流的基本功能 …… 12
1.1.6　现代物流产业的构成及其特征 …… 16
1.1.7　现代物流学的学科体系 …… 18
1.2　物流与流通 …… 19
1.2.1　流通在社会经济中的地位与作用 …… 20
1.2.2　流通的内容 …… 21

2　物流运输与装卸、搬运 …… 23
2.1　运输 …… 23
2.1.1　运输对现代物流的功能与作用 …… 23
2.1.2　运输方式 …… 24
2.1.3　运输系统 …… 27
2.1.4　运输技术 …… 28
2.1.5　货物运输系统的合理化 …… 29
2.1.6　不合理运输的主要表现形式 …… 30
2.2　装卸 …… 33
2.2.1　装卸的功能 …… 34
2.2.2　装卸的种类 …… 34
2.2.3　装卸的方法 …… 35
2.2.4　装卸合理化 …… 36
2.3　搬运 …… 37
2.3.1　搬运的形态 …… 37
2.3.2　装卸搬运技术 …… 38

2.3.3 搬运活性…………………………………………………………………… 39
2.3.4 人体工程学与搬运…………………………………………………………… 40
2.3.5 搬运合理化…………………………………………………………………… 40

3 仓储管理与库存控制 ……………………………………………………… 42
3.1 库存管理基本知识 ……………………………………………………… 42
3.1.1 库存的定义…………………………………………………………………… 42
3.1.2 库存的功能…………………………………………………………………… 43
3.1.3 独立性需求与相关性需求库存…………………………………………… 44
3.1.4 库存系统……………………………………………………………………… 44
3.2 库存物资的 ABC 分类管理技术 ………………………………………… 45
3.2.1 ABC 分类管理技术理论基础 ………………………………………………… 46
3.2.2 ABC 分类管理技术应用举例 ………………………………………………… 46
3.3 独立性需求库存控制模型……………………………………………… 49
3.3.1 确定型存储控制型模型……………………………………………………… 49
3.3.2 随机型存储控制型模型……………………………………………………… 51
3.4 相关性需求库存控制系统模型 ………………………………………… 55
3.4.1 MRP 的原理 ………………………………………………………………… 55
3.4.2 MRP 处理示例 ……………………………………………………………… 59

4 物流配送中心与配送管理……………………………………………… 63
4.1 配送概述………………………………………………………………… 63
4.1.1 配送的含义…………………………………………………………………… 63
4.1.2 配送的特点…………………………………………………………………… 64
4.1.3 配送的基本活动……………………………………………………………… 65
4.1.4 配送的种类…………………………………………………………………… 67
4.2 现代配送模式及选择…………………………………………………… 70
4.2.1 配送模式……………………………………………………………………… 70
4.2.2 现代配送模式的选择………………………………………………………… 73
4.3 配送中心概述 …………………………………………………………… 78
4.3.1 配送中心的概念……………………………………………………………… 78
4.3.2 配送中心的产生基础………………………………………………………… 79
4.3.3 现代配送中心与传统仓库的区别…………………………………………… 83
4.3.4 配送中心的作用……………………………………………………………… 83

4.4　配送中心的类型及基本功能 …… 84
4.4.1　现代配送中心的种类 …… 84
4.4.2　配送中心的基本功能 …… 90

5　物流信息处理 …… 92
5.1　物流信息技术概述 …… 92
5.1.1　信息技术 …… 92
5.1.2　物流信息技术 …… 93
5.2　物流信息处理的识别技术 …… 94
5.2.1　条码技术 …… 94
5.2.2　扫描技术 …… 97
5.2.3　射频识别技术 …… 98
5.3　物流信息处理的信息传输与跟踪技术 …… 101
5.3.1　数据库（DB）技术 …… 101
5.3.2　电子数据交换（EDI）技术 …… 105
5.3.3　全球定位系统（GPS）技术 …… 109
5.3.4　地理信息系统（GIS）技术 …… 110
5.4　物流信息处理的相关辅助技术 …… 111
5.4.1　数字分拣系统（DPS） …… 111
5.4.2　电子订货系统（EOS） …… 112
5.4.3　销售时点系统（POS） …… 115
5.4.4　配送需求计划（DRP） …… 119
5.4.5　物流资源计划（LRP） …… 120
5.5　物流信息系统 …… 123
5.5.1　物流信息系统概述 …… 123
5.5.2　物流信息系统的设计与开发 …… 125
5.5.3　物流信息系统的发展 …… 126

6　供应链管理 …… 130
6.1　供应链的概念及其特征 …… 130
6.1.1　供应链的概念 …… 130
6.1.2　供应链的特征 …… 131
6.2　供应链的分类 …… 133
6.2.1　根据链管理的研究对象划分 …… 133

6.2.2 根据结构划分 …… 134
6.2.3 根据产品的生命周期、需求稳定程度划分 …… 136
6.2.4 根据分布范围划分 …… 137
6.2.5 根据供应链动力因素的来源划分 …… 139
6.2.6 其他划分 …… 140
6.3 供应链的结构模型 …… 142
6.3.1 供应链的链状结构模型 …… 142
6.3.2 供应链的网状结构模型 …… 143
6.4 供应链管理的概念和内涵 …… 144
6.4.1 供应链管理的概念 …… 144
6.4.2 供应链管理的特点 …… 148
6.4.3 供应链管理的作用 …… 148
6.4.4 供应链管理的原则 …… 149
6.4.5 供应链管理的内容 …… 150
6.4.6 供应链管理实施的基本步骤 …… 151
6.4.7 供应链管理的经济学解释 …… 152
6.4.8 供应链管理中的“牛鞭效应” …… 155

7 第三方物流与第四方物流 …… 158
7.1 第三方物流概述 …… 158
7.1.1 第三方物流的典故 …… 158
7.1.2 第三方物流的兴起 …… 158
7.1.3 第三方物流的概念和内涵 …… 159
7.1.4 第三方物流的特征 …… 161
7.1.5 第三方物流是现代物流发展的重要方向 …… 163
7.2 第三方物流的价值 …… 163
7.2.1 第三方物流的成本价值 …… 164
7.2.2 第三方物流的服务价值 …… 164
7.2.3 第三方物流的风险规避价值 …… 165
7.2.4 第三方物流的竞争力提升价值 …… 165
7.2.5 第三方物流的社会效益 …… 166
7.3 第三方物流企业的类型细分 …… 166
7.4 第三方物流企业的来源 …… 169
7.4.1 起源于运输业的第三方物流企业 …… 169
7.4.2 起源于仓储企业的第三方物流企业 …… 170

7.4.3　起源于货运代理的第三方物流企业 …………………………………… 170
7.4.4　起源于托运人的第三方物流企业 ……………………………………… 170
7.4.5　起源于财务和信息咨询服务的第三方物流企业 ……………………… 170
7.4.6　起源于港口码头/铁路等的第三方物流企业……………………………… 171
7.4.7　起源于电子分销商的第三方物流企业 ………………………………… 171
7.5　第四方物流 ……………………………………………………………… 171
7.5.1　第四方物流的概念 ……………………………………………………… 171
7.5.2　第四方物流与第三方物流的关系 ……………………………………… 172
7.5.3　第四方物流的优势和功能 ……………………………………………… 173
7.5.4　第四方物流的主要运作模式 …………………………………………… 173
7.5.5　信息技术在第四方物流中的重要作用 ………………………………… 174

8　物流系统 ………………………………………………………………… 175
8.1　物流系统概论 …………………………………………………………… 175
8.1.1　系统的概念及系统的一般模式 ………………………………………… 175
8.1.2　物流系统的概念及一般模式 …………………………………………… 176
8.1.3　物流系统的构成 ………………………………………………………… 177
8.1.4　物流系统的特点 ………………………………………………………… 179
8.2　物流系统预测方法………………………………………………………… 181
8.2.1　预测概述 ………………………………………………………………… 181
8.2.2　判断预测方法 …………………………………………………………… 182
8.2.3　时间序列预测方法 ……………………………………………………… 184
8.2.4　回归分析预测方法 ……………………………………………………… 188
8.3　物流系统仿真 …………………………………………………………… 193
8.3.1　物流系统仿真方法 ……………………………………………………… 193
8.3.2　仿真软件在物流系统分析中的应用 …………………………………… 194

9　物流网络 ………………………………………………………………… 197
9.1　物流网络概述 …………………………………………………………… 197
9.1.1　物流网络的概念 ………………………………………………………… 197
9.1.2　物流网络的组成 ………………………………………………………… 197
9.2　物流结点 ………………………………………………………………… 199
9.2.1　物流结点的功能 ………………………………………………………… 200
9.2.2　物流结点的类型 ………………………………………………………… 200

9.3 物流结点的布局方法 …… 207
9.3.1 一元网点布局 …… 207
9.3.2 多个相关物流结点位置的选择方法 …… 212
9.4 物流线路 …… 213
9.4.1 运输线路的类型 …… 214
9.4.2 运输线路选择的目标 …… 214
9.4.3 运输线路选择的优化模型 …… 215
9.4.4 车辆调度模型 …… 219

10 国际物流 …… 223
10.1 国际物流概述 …… 223
10.1.1 国际物流的概念 …… 223
10.1.2 国际物流的发展阶段 …… 224
10.1.3 国际物流的分类 …… 225
10.1.4 国际物流的特点 …… 225
10.1.5 国际物流运作的主要业务活动 …… 226
10.1.6 国际物流的发展趋势 …… 229
10.2 国际物流系统 …… 231
10.2.1 国际物流系统的组成 …… 231
10.2.2 国际物流系统的模式 …… 235
10.3 国际物流与国际贸易 …… 236
10.3.1 国际贸易分类 …… 236
10.3.2 国际贸易与国际物流的关系 …… 237
10.3.3 国际贸易方式 …… 238
10.4 物流的全球化 …… 242
10.4.1 新一轮的国际分工将导致全球物流向集装箱货物为主流的方向发展 …… 243
10.4.2 交通流的强化导致许多地区基础设施能力不足 …… 244
10.4.3 逆向物流快速增长 …… 244
10.4.4 现代信息技术与通信技术的发展为物流全球化创造了必要条件 …… 245

11 物流成本 …… 246
11.1 物流成本概述 …… 246
11.1.1 物流成本的概念 …… 246
11.1.2 有关物流成本的几个理论 …… 246
11.1.3 物流成本的特征 …… 249

11.1.4　物流成本计算对象 …… 253
11.1.5　物流成本构成 …… 253
11.1.6　物流成本计算 …… 255
11.2　影响企业物流成本的因素 …… 258
11.2.1　企业产品与物流成本 …… 258
11.2.2　物流环节对物流成本的影响 …… 262
11.2.3　物流服务对物流成本的影响 …… 262
11.2.4　核算方式对物流成本的影响 …… 264

12　物流技术与物流装备 …… 265
12.1　物流技术 …… 265
12.1.1　物流技术的含义与构成 …… 265
12.1.2　物流技术的评价标准 …… 266
12.1.3　物流技术的作用 …… 267
12.2　物流设施 …… 268
12.2.1　铁路运输设施 …… 268
12.2.2　公路运输设施 …… 270
12.2.3　水路运输设施 …… 272
12.2.4　航空运输设施 …… 275
12.2.5　管道运输设施 …… 275
12.3　物流设备 …… 275
12.3.1　物流集装单元器具（Palletized Unit Implement） …… 276
12.3.2　货架 …… 281
12.3.3　起重机械（Hoisting Machinery） …… 284
12.3.4　物料搬运设备（Handling Trucks） …… 286
12.3.5　分拣设备（Sorting Machinery） …… 297
12.3.6　自动化立体仓库系统设备（Automated Storage & Retrieval System） …… 298
12.3.7　条码及自动识别设备（Barcode & Automation Equipment ） …… 301
12.3.8　其他设备（Peripheral Equipment） …… 303

13　商品检验、养护与包装 …… 306
13.1　商品的检验 …… 306
13.1.1　商品采购入库检验 …… 306
13.1.2　商品的重量检验 …… 308
13.1.3　金属材料商品的检验 …… 312

13.1.4　机电产品的检验……………………………………………………………… 315
13.1.5　办公设备的检验……………………………………………………………… 317
13.2　商品的养护 ……………………………………………………………… 318
13.2.1　物流商品的质量变化………………………………………………………… 318
13.2.2　仓库温湿度管理……………………………………………………………… 322
13.2.3　商品霉腐及其防治…………………………………………………………… 324
13.2.4　仓库害虫及其防治…………………………………………………………… 326
13.2.5　金属商品的养护……………………………………………………………… 328
13.3　商品的包装 ……………………………………………………………… 330
13.3.1　商品包装的定义、作用、功能……………………………………………… 331
13.3.2　商品包装的研究内容………………………………………………………… 335
13.3.3　商品包装的分类……………………………………………………………… 336

附　录

附录一:《现代物流管理教程》课程教学大纲 ………………………………… 338
附录二:《现代物流管理教程》课内实验教学大纲……………………………… 343
附录三:《现代物流管理教程》本书词汇 ……………………………………… 346

参考文献 ……………………………………………………………………………… 352

1 物流的基本概念与功能

物流学是在20世纪50年代新发展起来的一门实践性很强的综合性交叉学科。物流学研究的对象是经济活动中“物”的流动规律。随着现代信息技术和电子商务技术的发展，与之相伴而生的现代物流正在成为新的迫切的社会需求，现代物流管理揭示了货物运输、储存、包装、装卸搬运、配送、流通加工和信息处理等物流活动的内在联系，使物流活动从经济活动中凸显出来。

现代物流是运用现代物流原理、技术和管理方法构成的一个完整体系，它是在传统物流基础上发展起来的，由于融入了现代信息技术、计算机网络技术、通信技术以及供应链管理思想，使得现代物流有其独特的优势和特点，决定了现代物流同传统物流之间既有其共性的方面，又存在某些独有的特性。

1.1 现代物流基本描述

1.1.1 现代物流的含义

物流理念不是现代有的，在人类发展历史上，许许多多事件都与物流有关。如修建中国的长城、故宫、京杭大运河、建造埃及金字塔等工程，其实都包含了许多物流管理与物流工程的思想；中国的丝绸之路、郑和下西洋、古代罗盘、驿站、驰道也蕴涵了许多物流网络和物流系统的管理思想。现代物流管理理论则是在这些古代劳动人民智慧和经验结晶的基础上发展起来的，近代对于“物流”概念的理解，不同国家、不同机构、不同时期是不一样的。

如果从有限的资料追根溯源的话，物流（Logistics）是从古希腊语 Logistik（计算）、Logistes（计算人员），到拉丁语的 Logista，再到法语的 Logistique，最后发展为英语的 Logistics。

物流概念最早始于美国，1915年阿齐·萧[①]（Arch Shaw）在《市场流通中的若干问题》（Some Problems in Marketing Distribution）一书中研究了市场流通中存在的一些问题，明确地将企业的流通活动分为创造需求的活动和物流活动，并指出“创造需求与实物供给的各种活动之间的关系……说明（这些活动之间）存在平衡性和相互依赖性

① 马丁·克里斯多夫（Martin Christopher）教授认为，阿奇·萧是最早提出物流（Physical Distribution）概念并进行实践探讨的学者。

两个原则"，"物流（The Physical of Goods）是与创造需求不同的一个问题……流通活动中的重大失误都是因为创造需求与物流之间缺乏协调造成的"。文中所提到的"平衡性"、"相互依赖性"、"协调"等正是物流理论与实践的基础。

1918年，英国犹尼利弗的哈姆勋爵成立了"即时送货股份有限公司"，目的是在全英国范围内把商品及时送到批发商、零售商和用户手中，从那时起到第二次世界大战，物流一直没有比较明确的概念。第二次世界大战期间，美国从军事需要出发，在对军火进行的战时供应中，首先采用了"物流管理"（Logistics Management）这一名词，并对军火的运输、补给、屯驻等进行全面管理。第二次世界大战后，"物流"一词被美国人借用到企业管理中，被称作"企业物流"（Business Logistics），企业物流是指对企业的供销、运输、储存等活动进行综合管理。日本于20世纪60年代正式引进了"物流"概念，并将其解释为"物的流通"、"实物流动"。此后，物流概念在全世界得到了广泛应用。

随着物流科学的迅速发展，世界许多国家的专业研究机构、管理机构以及物流研究专家，对物流概念做出了各种定义。

德国物流协会认为物流是"有计划地将原材料、半成品和产成品由生产地送至消费地的所有流通活动，其内容包括为用户服务、需求预测、情报信息联系、物料搬运、订单处理、选址、采购、包装、运输、装卸、废料处理及仓库管理等。"

日本通产省运输综合研究所对物流的定义十分简单，他们认为物流是"商品从卖方到买方的全部转移过程"。

1999年，联合国物流委员会对物流作了新的界定，指出，物流是为了满足消费者需要而进行的从起点到终点的原材料、中间过程库存、最终产品和相关信息有效流动和存储计划、实现和控制管理的过程。这个定义强调了从起点到终点的过程，提高了物流的标准和要求，确定了未来物流的发展，较传统的物流概念更为明确。

美国物流管理权威机构——美国物流管理协会2001年对物流（Logistics）最新定义原文如下："Logistics is that part of the supply chain process that plans, implements, and controls the efficient, effective forward and reverse flow and storage of goods, services, and related information between the point of origin and the point of consumption in order to meet customers' requirements."即："物流是供应链过程的一部分，它是对商品、服务及相关信息在起源地到消费地之间有效率和有效益的正向和反向移动与存储进行的计划、执行与控制，其目的是满足客户要求。"

在《中华人民共和国国家标准·物流术语》中对于物流的定义是"物品从供应地向接收地的实体流动过程。根据实际需要，将运输、储存、装卸、搬运、包装、流通加工、配送、信息处理等基本功能实施有机结合"（见GB/T 18354—2006中2.2条）。

当然，我国还有一些学者将Logistics一词译为后勤学，但绝大多数的研究学者已将其译为物流或物流学。

目前，比较具有代表性的国内外专家和学者对物流的定义有：

"物流是一个控制原材料、制成品、产成品和信息的系统。"

"从供应开始经各种中间环节的转让及拥有而达到最终消费者手中的实物运动，以此实现组织的明确目标。"

"物资资料从供给者到需求者的物理运动，是创造时间价值、场所价值和一定的加工价值的活动。"

"物流是指物质实体从供应者向需求者的物理移动，它由一系列创造时间价值和空间价值的经济活动组成，包括运输、保管、配送、包装、装卸、流通加工及物流信息处理等多项基本活动，是这些活动的统一。"

还有一些专家提出了物流的 7R 定义，认为物流就是"以恰当数量（Right Quantity）和恰当质量（Right Quality）的恰当产品（Right Product），在恰当的时间（Right Time）和恰当的地点（Right Place），以恰当的成本（Right Cost）提供给恰当的消费者（Right Customer）"的过程。在该定义中，用了 7 个恰当（Right），故称作 7R。该定义揭示了物流的本质，有助于我们对物流概念的理解。

不论对物流概念的具体理解有何差异，但是有一点认识是共同的，即物流不仅包括原材料、产成品等从生产者到消费者的实物流动过程，还包括伴随这一过程的信息流动。本书对物流概念的界定采用《中华人民共和国国家标准·物流术语》的定义。

1.1.2 物流概念的产生过程

物流概念的产生和发展在国际上已经经历了几个历史阶段，从最初的实体配送（Physical Distribution，PD）到物流管理（Logistics Management）再到现在国际上很流行的供应链管理（Supply Chain Management，SCM）。在这个演变的过程中，美国物流相关机构给出的这一系列物流定义，从另一个侧面反映出了社会对物流的需求变化趋势和物流的发展方向。

1. 实体配送（Physical Distribution，PD）阶段

1935 年，美国销售协会最早对物流进行了定义："物流（Physical Distribution）是包含于销售之中的物质资料和服务，是从生产地到消费地流动过程中伴随的种种活动。"

美国的第一个物流管理组织成立于 1963 年，其英文名称为：National Council of Physical Distribution Management（NCPDM），也就是美国实体配送管理协会，在这里我们注意到，当时该协会采用的名字是"Physical Distribution"。该协会 1963 年对物流管理（Physical Distribution Management）的定义是：物流管理是为了计划、执行和控制原材料、在制品库存及制成品从起源地到消费地的有效率的流动而进行的两种或多种活动的集成。这些活动可能包括但不仅限于：顾客服务、需求预测、交通、库存控制、物流搬运、订货处理、零件及服务支持、工厂及仓库选址、采购、包装、退货处理、废弃物回收、运输、仓储管理等。

从早期的物流定义中可以看出，物流刚开始时主要是应用于商品的销售领域，处于产品流通链条的下端，也就是说主要集中于怎样尽快地把生产出来的产品销售出去，这也可以明白为什么关于物流的定义最早是由营销组织提出来。20 世纪美国经济以卖方经济为主，是一个买方市场环境。在买方市场环境，卖方处于竞争状态而买方主动权颇大，是属于买易卖难的市场环境，因此，研究自然集中于卖，也就是集中于销售。所以这一时期的定义也就突出了物流高效率流动的作用。

2. 物流管理（Logistics Management）阶段

美国实体配送管理协会于 1985 年下半年进行了调整，名称改为美国物流管理协会（The Council of Logistics Management，CLM）。我们注意到他们已经将 Physical Distribution 改为 Logistics。改名后的美国物流管理协会对 Logistics 所做的定义是："物流是对货物、服务及相关信息从起源地到消费地的有效率、有效益的流动和储存进行计划、执行和控制，以满足顾客要求的过程。该过程包括进向（inbound）、去向（outbound）、内部和外部的移动以及以环境保护为目的的物料回收。"

Logistics 与 Physical Distribution 概念的不同，在于 Logistics 已突破了商品流通的范围，把物流活动扩大到生产领域。物流已不仅仅从产品出厂开始，而是包括从原材料采购、加工生产到产品销售、售后服务，直到废旧货物回收等整个物理性的流通过程。这是因为随着生产的发展，社会分工越来越细，大型的制造商往往把成品零部件的生产任务，外包给其他专业性制造商，自己只是把这些零部件进行组装，而这些专业性制造商可能位于世界上劳动力比较便宜的地方或者是原材料的生产基地（这也就是为什么中国逐渐成为世界的"制造中心"）。在这种情况下，物流不但与流通系统维持密切的关系，同时与生产系统也产生了密切的关系。这样，将物流、商流和生产三个方面联结在一起，就能产生更高的效率和效益。近年来日、美的进口批发及连锁零售业等，运用这种观念积累了不少成功的经验。

从以上的定义可以看出，物流的领域正在逐步扩大，涉及面更广更丰富。1963 年定义了具体的物流活动，而 1985 年的定义则采取了更为灵活的表述，因此后者所适应的领域更为广泛；前者强调"有效率"的流动，后者强调"有效率、有效益"的流动；前者的目的是"有效率的流动"，后者的目的是"满足顾客要求"。也就是说 Physical Distribution 的领域较狭窄，Logistics 的概念则较宽广、连贯，具有系统性和整体性。这些区别体现了现代物流的核心价值，反映了美国物流界对物流认识的深入，反映了物流内涵和外延的变化。

3. 供应链管理（Supply Chain Management，SCM）阶段

美国物流管理协会于 2005 年 1 月 1 日再次更名为美国供应链管理专业协会（Council of Supply Chain Management Professionals，CSCMP）。美国物流管理协会的上一次更名，就体现了当时行业发展趋势的一次飞跃。21 世纪的情形与当时的情形非常相似，物流行业与 20 世纪 80 年代初协会更名时处在同样重大变革的环境中。在过去的 5 年

间，物流行业所包括的范围越来越大，供应链在企业中扮演的角色越来越关键了。在过去的10年甚至过去的5年间，物流职业的专业人员所包括的范围越来越大，在企业中扮演的角色越来越关键了。物流的专业人员在组织内部和组织外部与越来越多的人们打交道。物流专业人员的角色已经发生演变，物流管理协会的更名，就是为了反映供应链中正在发生的变革。

在20世纪90年代后期，随着互联网技术和应用的快速发展，电子商务在西方发达国家得到了广泛的应用和发展，其影响力和影响范围逐步波及到世界上其他国家和地区，同时世界经济一体化的趋势更为明显，很多的跨国公司已经是无法分辨出其国界，尤其是那些巨型的跨国公司，往往在世界各地都有自己的生产部门，也就是说它们的生产是世界范围的，是在整个世界范围内配置资源和组织生产。跟随这种生产格局的变化，物流活动也由单独的国内活动，演变为在整个世界范围的复杂活动，物流运作的难度更大。对于像沃尔玛这样巨型的跨国企业而言，其经营的产品数量不计其数，经营的复杂性和难度都是难以想象的。采用供应链的思想，一方面，可以对数量众多的供应商进行有效的管理，实施有效的商品补给，对在其产业链中的所有企业和商品进行及时的跟踪和管理；另一方面，对沃尔玛自身而言，可以降低自己的库存商品数量，降低因库存增加而造成的经营成本的增加，同时又能消除因商品供应不善而失去销售时机，消除缺货现象。因此，拥有高效、快速、低成本的供应链物流管理系统，就成为沃尔玛在这个竞争激烈的社会当中生存的一件利器，一件法宝，成为企业的核心竞争力。

1.1.3　现代物流的分类

社会经济生活中的物流无处不在，对于各个领域的物流，虽然其基本要素都是相同的，但是由于物流的对象、物流的目的、物流的范围和范畴的不同，形成了不同的物流类型。下面我们按照物流系统涉及的领域、物流活动覆盖的范围、物流的作用和物流活动的主体来分类。

1. 按物流系统涉及的领域分类

(1) 宏观物流

宏观物流（Macroscopical Logistics）是指社会再生产总体的物流活动，是从社会再生产总体角度认识和研究的物流活动。这种物流活动的参与者是构成社会总体的大产业、大利益集团。因此，宏观物流既是研究社会再生产的总体物流，也是研究产业或集团的物流活动和物流行为。

宏观物流还可从空间范畴来理解，在很大空间范畴的物流活动往往带有宏观性，在很小空间范畴的物流活动则往往带有微观性。宏观物流也指物流全体，是从总体来看物流而不是从物流的某一个环节来看物流。

因此，物流活动中，下述物流应属宏观物流，即：社会物流、国民经济物流、国际物流。宏观物流研究的主要特点是综合性和全局性。宏观物流主要研究的内容是物流总体的构成、物流与社会的关系、物流在社会中的地位、物流与经济发展的关系、社会物流系统和国际物流系统的建立和运作等。

（2）微观物流

微观物流（Microcosmic Logistics）是消费者、生产者企业所从事的实际的、具体的物流活动。在整个物流活动之中的一个局部、一个环节的具体物流活动也属微观物流，在一个小地域空间发生的具体的物流活动也属微观物流，针对某一种具体产品所进行的物流活动也是微观物流，生产物流、供应物流、销售物流、逆向物流、废弃物物流等均属微观物流。微观物流研究的特点是具体性和局部性。由此可见，微观物流是更贴近具体企业的物流，其研究领域十分广阔。

2. 按照物流活动覆盖的范围分类

按照物流活动覆盖的范围，物流可以被划分为国际物流、国内物流和区域物流。

（1）国际物流

国际物流（International Logistics）是“跨越不同国家（地区）之间的物流活动”（见 GB/T 18354—2006 中 2.30 条）。它是随着世界各国（地区）之间进行国际贸易而发生的商品实体从一个国家（地区）流转到另一个国家（地区）而发生的物流活动。国际物流是现代物流系统发展很快、规模很大的一个物流领域。由于近十几年国际贸易的急剧扩大，国际分工日益深化，东西方之间冷战的结束，以及诸如欧洲等地一体化速度的加快，国际物流成了现代物流研究的热点问题。

随着国际贸易、全球化作业的发展，更长的供应链、较少的确定性和更多的物流单证使物流需求不断增长；物流经营者面临着“4D”壁垒，即距离（Distance）、需求（Demand）、多样性（Diversity）和单证（Document）四个方面的壁垒。国际物流的目的就在于让企业在获取全球营销和全球化作业的同时，保证服务与成本的有效性。

（2）国内物流

国内物流（National Logistics）是相对于国际物流而言的，是发生在同一个国家（地区）之间的物流活动。国家或相当于国家实体，是拥有自己的领土和领空的政治经济实体，它所制定的各项计划、法令政策都应该是为其自身的整体利益服务的。物流作为国民经济的一个重要组成部分，也应该纳入国家总体规划的内容。我国的物流事业是社会主义现代化事业的重要组成部分，我国物流系统的发展必须从全局着眼，对于部门分割、地区分割所造成的物流障碍应该清除。在物流系统的建设投资方面也要从全局考虑，使一些大型物流项目能尽早建成，为社会主义经济服务。国家整体物流系统的推进，必须发挥政府的行政作用，具体来说，政府在国内物流上起到以下几个方面的作用：

①物流基础设施的建设，如公路、高速公路、港口、机场、铁道的建设等；

②制定各种交通政策法规，例如铁道运输、公路运输、海运、空运的价格规定，以及税收标准等；

③与物流活动有关的各种设施、装置、机械的标准化，这是提高全国物流系统运行

效率的必经之路；

④物流新技术的开发、引进和物流技术专门人才的培养。

(3) 区域物流

相对于国际物流而言，区域物流（Regional Logistics）是指一个国家某一区域内的物流。一个城市的物流、一个经济区域的物流都处于同一法律、规章、制度之下，都受相同文化及社会因素影响，都处于基本相同的科技水平和装备水平之中，因而都有其独特的特点，都有区域的特点。对于区域物流的划分，有不同的原则。首先，按行政区域划分，如华东地区、华北地区、河北地区等；其次，按经济圈来划分，如苏（州）无（锡）常（州）经济区，（北）京（天）津唐（山）地区、长（沙）株（洲）（湘）潭地区、黑龙江边境贸易区；还有按地理位置划分的区域，如长江三角洲地区、珠江三角洲地区、河套地区等。

区域物流系统对于提高该地区企业物流活动的效率具有不可缺少的作用。研究区域物流，应根据地区的特点，从本地区的利益出发，组织好物流活动。如某城市建设一个大型物流中心，显然这对于当地物流效率的提高、降低物流成本、稳定物价很有作用；但也会引起由于供应点集中、货车来往频繁产生废气噪声、交通事故等消极问题。因此，物流中心的建设不单是物流问题，还要从城市建设规划、地区开发计划出发，统一考虑，妥善安排。

城市物流要研究的问题很多，例如，一个城市的发展规划，不但要直接规划物流设施及物流项目，例如建公路、建桥梁、建物流园区、建仓库等，而且，需要以物流为约束条件来规划整个市区，如工厂、住宅、车站、机场等。物流已成为世界上各大城市规划和建设研究的一项重点。

在城市形成之后，整个城市的经济、政治、人民生活等活动也是以物流为依托的，所以，城市物流还要研究城市生产、生活所需商品的如何流入、流出，如何以更有效的形式供应给每个工厂、机关、学校和家庭，城市巨大的耗费所形成的废弃物又如何组织物流等。可以说，城市物流内涵十分丰富，很有研究价值。

3. 按照物流的作用分类

(1) 供应物流

供应物流（Supply Logistics）是“提供原材料、零部件或其他物料时所发生的物流活动”（见 GB/T 18354—2006 中 2.26 条）。对生产企业而言，供应物流需将原材料配送给工厂，它的主要客户是工厂，它处理的对象主要是生产商品所需的原材料和零部件。由于原材料与零部件的数量之间有固定的比例关系，因此，供应物流的功能就是强调原材料的配套储存、分拣、及时配送、加工和预处理等。对于流通领域而言，供应物流是指在为商品配置而进行的交易活动中，从买方角度出发的交易行为中所发生的物流。由于供应物流占用大量的企业流动资金，因此，对其严格管理使其合理化对于企业的成本至关重要。

供应物流不仅要保证供应的目标，而且还要以最低成本、最少消耗，来组织供应物流活动，满足限定的条件，因此，就带来了很大的难度。现代物流学就是基于非短缺商品市场这样一个宏观环境来研究物流活动的，在这种市场环境下，供应数量的保证是容易做到的，而企业竞争的关键则在于如何降低物流过程的成本。为此，企业供应物流就必须解决有效的供应网络、供应方式和零库存等问题。

（2）生产物流

生产物流（Production Logistics）是“企业生产过程中发生的涉及原材料、在制品、半成品、产成品等所进行的物流活动”（见 GB/T 18354—2006 中 2.27 条）。生产物流和生产流程同步，是从原材料购进开始直到产成品发送为止的全过程的物流活动。生产物流是制造企业所特有的，它需要与生产流程同步。原材料以及半成品等按照工艺流程在各个加工点之间不停地移动、流转形成了生产物流。因此，生产物流合理化对工厂的生产秩序和生产成本有很大的影响。目前，制造型企业的物流系统有两种：一种是为制造活动提供支持的物流，它的功能要求与供应物流相同；另一种则是为制造商的产品分销提供支持的物流。国内外的应用实例都表明，制造商自己直接建立分销网络的情况越来越普遍，其市场覆盖面要广、分销能力要强，市场信息的收集与传递要及时，因此，要求在区域市场上运输和配送商品的能力要很强，需求预测及订单处理功能要完善。生产物流发展共经历了人工物流、机械化物流、自动化物流、集成化物流和智能化物流五个阶段。

（3）销售物流

销售物流（Distribution Logistics）是“企业在出售商品过程中所发生的物流活动”（见 GB/T 18354—2006 中 2.28 条）。在现代社会中，市场环境是一个完全的买方市场，因此，销售物流活动便带有极强的服务性，以满足买方的要求，最终实现销售。在这种市场前提下，销售往往以送达用户并经过售后服务才算终止。因此，销售物流的空间范围很大。企业销售物流的特点就是通过包装、送货和配送等一系列物流实现销售，这就需要研究送货方式、包装水平以及运输路线，并采取各种诸如小批量、多批次、定时、定量配送等特殊的物流方式达到目的，因而其研究领域也是很宽的。

（4）逆向物流

逆向物流（Reverse Logistics）是“物品从供应链下游向上游的运动所引发的物流活动”（见 GB/T 18354—2006 中 2.32 条）。逆向物流是对不合格货物的返修、退货以及周转用的包装容器从需方返回到供方所形成的货物实体流动，有时也称为回收物流（Returned Logistics）。企业在生产、供应以及销售活动中总会产生各种边角余料和废料，这些东西的回收是需要伴随物流活动的，而且，在一个企业中，若回收货物处理不当，会影响整个生产环境，甚至影响产品质量，同时还会占用很大的空间。

（5）废弃物物流

废弃物物流（Waste Material Logistics）是“将经济活动或人民生活中失去原有使用价值的物品，根据实际需要进行收集、分类、加工、包装、搬运、储存等，并分送到专门处理场所的物流活动”（见 GB/T 18354—2006 中 2.33 条）。废弃物物流的作用是无视对象物的价值或对象物没有再利用价值，仅从环境保护出发，将其焚化化学处理或运到特定地点堆放、掩埋。

4. 按照物流活动的主体分类

可以按照物流活动的承担主体，划分为企业自营物流、专业子公司物流和第三方物流。这三种物流形态目前在市场上共同存在，它们的成长变化过程反映了现代物流社会化发展的一种变化趋势。

（1）企业自营物流

在计划经济体制下，大多数企业都是采用“以产定销”的经营方式，因此，其物流运作的规模、批量、时间都是在计划指导下进行的，企业自备车队、仓库、场地、人员，自给自足地自营物流的方式成为传统企业物流的主体。随着计划经济向市场经济的转轨，市场调节能力不断增强，“以销定产”成为企业新的运作模式。小批量、多品种、快速性和准时供货等市场需求对新型物流提出了更高的需求。一些企业明显地感到灵活多变的物流运送需求和居高不下的物流成本正在逐渐成为企业竞争中的压力，为了从物流成本和速度需求的双重枷锁下解放出来，许多企业开始寻求更好的解决途径。

（2）专业子公司物流

专业子公司物流一般是指从企业传统物流运作功能中剥离出来，成为一个独立运作的专业化实体。它与母公司（或集团）之间的关系是服务与被服务的关系，它以专业化的工具、人员、管理流程和服务手段为母公司提供专业化的物流服务。与传统的企业自营物流相比，专业化子公司更加注重对物流过程一体化的管理和物流资源的合理化配置，能使物流效率最大化，并能有效地控制总成本达到最低水平。一些规模较大的专业化子公司还可利用自身的专业化优势为同行业的其他企业提供第三方物流服务。

（3）第三方物流

第三方物流（Third Party Logistics，TPL 或 3PL）是“独立于供需双方，为客户提供专项或全面的物流系统设计或系统运营的物流服务模式”（见 GB/T 18354—2006 中 2.9 条）。第三方物流企业应是站在货主的立场，以货主企业的物流合理化为设计物流系统运营的目标。它同货主企业的关系应是密切、长期的合作关系，而不是零星的业务往来。通过第三方物流企业提供的物流服务有助于促进货主企业的物流效率和物流合理化。

与发达国家相比，我国的第三方物流市场还处在初级发展阶段。据美国 MORGAN STANLEY 公司 2005 年统计，中国由第三方物流处理的产品只占总体成品的 16%，经第三方物流环节的工业原始生产资料只占总体的 20%，中国的第三方物流只占总体物流业务的 2%，而这一数字在美国为 8%，在欧洲则为 10%。因此，在我国发展现代物流的过程中，第三方物流将成为未来较大的市场潜在需求，中国的第三方物流市场发展潜力和发展空间是巨大的。

5. 按照物流的特殊性分类

(1) 一般物流

一般物流是指具有某些相同点和一般性的物流活动。物流活动的一个重要特点就是涉及全社会，因此，物流系统的建立以及物流活动的开展必须有普遍的适用性，物流系统的基础点也在于此；否则物流活动便有很大的局限性和很小的适应性，物流活动对国民经济和社会的作用便受到限制。

一般物流研究的着眼点在于物流的一般规律，建立普遍适用的物流标准化系统，研究物流的共同功能要素，研究物流与其他系统的结合、衔接，研究物流信息系统及管理体制等。

(2) 特殊物流

特殊物流是指在专门范围、专门领域和特殊行业的物流活动。在遵循一般物流规律的基础上，具有特殊制约因素、特殊应用领域、特殊管理方式、特殊劳动对象以及特殊机械装备特点的物流都属于特殊物流范围。特殊物流活动的产生是社会分工细化、物流活动进一步合理化和精细化的产物。在保持一般物流活动的前提下，能够有特点并形成规模，产生规模经济效益的物流便会形成本身独特的物流活动和物流方式。特殊物流的研究对推动现代物流发展的作用是巨大的。

特殊物流可进一步划分如下：按劳动对象的特殊性可划分为水泥物流、石油及油品物流、煤炭物流、腐蚀化学货物物流以及危险品物流等；按数量及形体不同可划分为多品种、小批量、多批次产品物流，超大、超长型物流等；按服务方式及服务水平不同可划分为“门到门”的一贯物流和配送等；按装备及技术不同可划分为集装箱物流和托盘物流等；在特殊的领域可划分为军事物流和废弃物物流等；按组织方式可划分为加工物流等。

1.1.4 现代物流的特点

随着信息时代、知识经济时代和网络经济时代的来临，给传统物流带来了新的发展，使现代物流具备了信息化、自动化、网络化、短路化、智能化、柔性化、标准化等一系列新特点：

1. 信息化

物流信息化是现代物流发展的必然要求。物流信息化表现为物流信息的商品化、物流信息收集的数据库化和代码化、物流信息处理的电子化和计算机化、物流信息传递的标准化和实时化、物流信息存储的数字化等。因此，条码（Bar Code）技术、数据库（Database）技术、电子订货系统（Electronic Ordering System，EOS）、电子数据交换（Electronic Data Interchange，EDI）、快速反应（Quick Response，QR）及有效客户反应（Effective Customer Response，ECR）、企业资源计划（Enterprise Resource Planning，ERP）、供应链管理（Supply Chain Management，SCM）等技术与观念在我国的物流中将会得到普遍的应用。信息化是一切化的基础，没有物流的信息化，任何先进的技术设备都不可能应用于物流领域，信息技术及计算机技术在物流中的应用将会彻底改变世界物流的面貌。

2. 自动化

自动化的基础是信息化，自动化的核心是机电一体化，自动化的外在表现是无人化，自动化的效果是省力化，另外还可以扩大物流作业能力、提高劳动生产率、减少物流作业的差错等。物流自动化的设施非常多，如条码/语音/射频自动识别系统、自动分拣系统、自动存取系统（自动化立体仓库）、自动导向车 AGV、货物自动跟踪系统 GPS 等。这些设施在发达国家已普遍应用于物流作业流程中，而在我国由于物流业起步晚，发展水平低，自动化技术的普及还需要相当长的时间。

3. 网络化

由于传统物流方式缺乏全局观念，企业内部信息闭塞，条块分割，各部门之间形成“诸侯割据”的局面，在仓储管理上，信息反馈不及时，造成存量资产闲置，因此，通过物流储运系统网络化，将各个物流结点连接在一起，借助现代通信手段，将物流作业过程中的信息流、资金流与物流同步，做到整合储运，优化物流路线，彻底打破条块分割，信息闭塞的格局，使物流资源及动力集约化，充分降低企业物流成本，促进企业经济效益的提高。

这里的网络化有两层含义：一是指各个物流企业之间，物流企业与生产企业、商业企业之间，甚至全社会之间均通过信息网络连接在一起。比如，物流配送系统借助于网上的电子商务订货系统和电子数据交换技术，自动向供应商提出订单，通过计算机通信网络自动与下游客户完成订货。二是指物流组织的网络化，即组织内部的内部网 Intranet。

物流的网络化是物流信息化的必然，是电子商务下物流活动的主要特征之一。当今世界 Internet 等全球网络资源的可用性及网络技术的普及为物流的网络化提供了良好的外部环境，物流网络化不可阻挡。

4. 短路化

以企业生产工艺物流为例，通过合理的制定企业的生产工艺流程和设备布局，尽可能的减少零部件在生产制造过程中的周转次数和运输距离，谋求生产制造中辅助过程的“最小化”，这对于减少运输设备的使用和能耗、节约人力、减少零部件生产制造周期、提高企业的经济效益，有着重要的现实意义。

5. 智能化

这是物流自动化、信息化的一种高层次应用，物流作业过程大量的运筹和决策，如库存水平的确定、运输（搬运）路径的选择、自动导向车的运行轨迹和作业控制、自动分拣线的运行、物流配送中心经营管理的决策支持等问题都需要借助于大量的知识才能解决。在物流自动化的进程中，物流智能化是不可回避的技术难题。为了提高物流现代化的水平，物流的智能化已成为现代物流发展的一个新趋势。

6. 柔性化

柔性化本来是为实现“以顾客为中心”的理念而在生产领域提出的，但需要真正做到柔性化，即真正地能根据消费者需求的变化来灵活调节生产工艺，没有配套的柔性化的物流系统是不可能达到目的的。20 世纪 90 年代，国际生产领域纷纷推出柔性制造系统（Flexible Manufacturing System，FMS）、计算机集成制造系统（Computer Integrated Manufacturing System，CIMS）等概念和技术，这些概念和技术的实质是要将生产、流通进行集成，根据需求端的需求组织生产，安排物流活动。因此，柔性化的物流正是适应生产、流通与消费的需求而发展起来的一种新型物流模式。物流配送中心要根据消费需求“多品种、小批量、多批次、个性化、快速反应”的特色，灵活组织和实施物流作业。

7. 标准化

未来社会的经济发展，将越来越呈现国际化、全球化的趋势，为社会生产服务的物流产业也将呈现出社会化和国际化的趋势。这就对物流技术提出了新的要求——全球标准化。在未来社会，物流设备、物流系统的设计与制造必须满足统一的国际标准，以适应各国各地区之间实现高效率物流运作的要求。

另外，物流的社会化、共同化也都是现代物流模式的新特点。

1.1.5 现代物流的基本功能

现代物流作业是要将用户所订货物送到用户手中，其主要作业环节与一般物流的作业环节一样，包括运输、储存、包装、装卸搬运、流通加工、配送以及物流信息管理等。

现代物流系统的基本业务流程因现代企业性质不同而有所差异。如制造型企业运作系统，其主要业务过程可能起始于客户订单，中间可能包括与生产准备和生产过程相关的物流环节，同时包括从产品入库直至产品送达客户的全部物流过程；而对销售型企业（如销售网站）而言，其物流过程就不包括生产过程物流的提供，但其商品组织与供应物流和销售物流的功能则极为完善；对于单纯的物流企业而言，由于它充当为供需双方企业（或系统）提供第三方物流服务的角色，因此，它的功能和业务过程更接近传统意义上的物流或配送中心。

虽然各种类型的企业物流组织过程有所差异，但从现代物流过程的流程看还是具有许多相同之处。具体地说，其基本业务流程一般都包括进货、进货验收、分拣、储存、拣选、包装、分类、组配、装车及送货等。与传统物流模式不同的是，现代物流的每个订单都要送货上门，而有形店铺销售则不用，因此，物流成本更高，配送路线的规划、配送日程的调度、配送车辆的合理利用难度更大。与此同时，现代物流流程可能会受到更多因素的制约。图 1-1 给出了现代物流的一般过程。

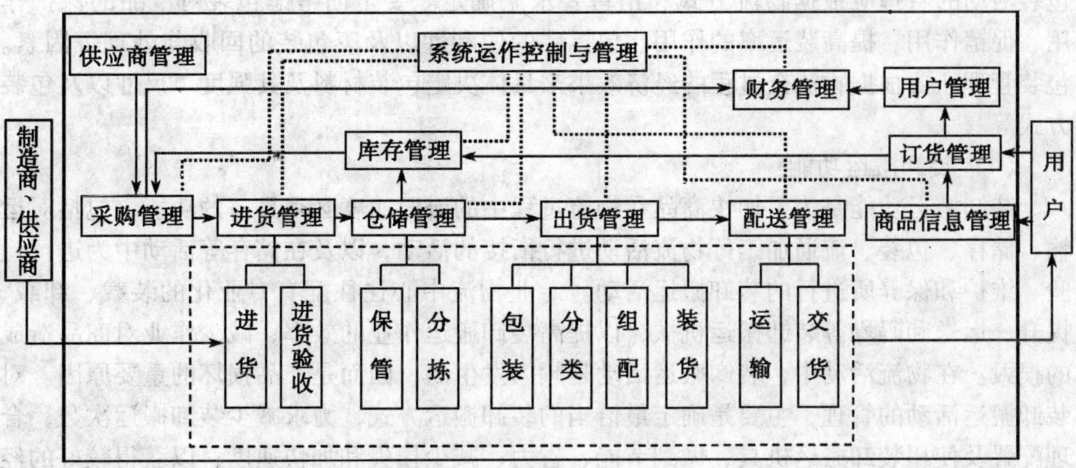

图1－1 现代物流的一般过程

1. 现代物流的基本功能

物流系统的基本功能是指物流系统所具有的基本能力，这些基本能力有效地组合便能合理地实现物流系统的总目标。物流系统的基本功能包括运输、储存、包装、装卸搬运、流通加工、配送以及物流信息管理等，分别对应物流活动实际工作环节中的七项具体工作。

（1）运输功能

物流的运输功能负责为客户选择满足需求的运输方式，然后具体组织网络内部的运输作业，在规定的时间内将客户的商品运抵目的地。它包括供应和销售物流中的车、船、飞机等方式的运输以及生产物流中的管道、传送带等方式的运输。对运输活动的管理要求选择经济便捷的运输方式和运输路线，以实现安全、迅速、准时和经济的要求。

（2）储存功能

储存功能包括堆存、保管、保养、维护等活动。物流系统需要有仓储设施，但客户需要的不是在物流中心储存商品，而是要通过仓储环节保证市场分销活动的开展；同时，尽可能降低库存占用的资金，减少储存成本。因此，专业物流中心需要配备高效率的分拣、传送、储存和拣选设备。对储存活动的管理，要求正确确定库存数量，制定保管制度和流程，对库存货物分别采取有效的管理方式，力求提高保管效率、降低损耗、加速物资和资金的周转。

（3）包装功能

包装功能包括产品的出厂包装、生产过程中制品和半成品的包装以及在物流过程中换装、分装和再包装等活动。物流的包装作业的目的不是要改变商品的销售包装，而在于通过对销售包装进行组合、拼配和加固，形成适用于物流和配送的组合包装单元。对包装活动的管理应根据物流方式和销售要求来确定。要全面考虑包装对产品的保护作用、促销作用、提高装运率的作用、包拆装的便利性以及废包装的回收与处理等因素。包装管理还要根据物流全过程的经济效果来具体决定包装材料及其强度、尺寸以及包装方式等。

(4) 装卸搬运功能

装卸搬运功能是为了加快商品在物流过程中的流通速度必须具备的功能，包括对运输、储存、包装、流通加工等物流活动进行衔接的活动，以及在储存等活动中为进行检验、维护和保养所进行的装卸搬运活动。专业物流中心往往配有专业化的装载、卸载、提升、运送和码垛等装卸搬运机械，以提高装卸搬运作业的效率，减少作业对商品造成的损毁。在物流活动中，装卸搬运活动是频繁发生的，因而是产品损坏的重要原因。对装卸搬运活动的管理，主要是确定最恰当的装卸搬运方式，力求减少装卸搬运次数，合理配置及使用装卸搬运机具，做到节能、省力、减少损失和加快速度，以获得较好的经济效果。

(5) 流通加工功能

流通加工功能又称流通过程中的辅助加工活动。这种加工活动不仅存在于社会流通过程中，也存在于企业内部的流通过程中，所以，它实际上是在物流过程中进行的辅助加工活动。企业、物资部门以及商业部门为了弥补生产过程中加工程度的不足，更有效地满足用户或本企业的需求，更好地衔接供需，往往需要进行这种加工活动。

(6) 配送功能

配送功能是物流进入最终阶段，以配货、送货形式最终完成社会物流，并最终实现资源配置的活动。配送活动过去一直被看做是运输活动中的一个组成部分或运输形式，所以未将其独立作为物流系统实现的功能，而是将其作为运输中的末端运输对待。但是，配送作为一种现代流通方式，特别是在现代物流中的作用非常突出，它集经营、服务、社会集中库存、分拣和装卸搬运于一身，已不是简单的送货运输，所以，在现代物流中已将其作为独立功能。

(7) 物流信息管理功能

物流信息管理功能包括进行与上述各项活动有关的计划和预测以及对物流动态信息(运量、收、发、存数)及其有关的费用、生产、市场信息的收集、加工、整理和提炼等活动。对物流信息活动的管理，要求建立信息系统和信息渠道，正确地选定信息点和内容以及信息的收集、汇总、统计和使用方式，以确保信息的可靠性和及时性。

2. 现代物流的增值服务功能

除了上述传统的物流服务外，现代物流配送还需要有增值性的物流服务（Value - Added Logistics Services），增值性的物流服务包括以下几层含义和内容：

(1) 增加便利性的服务

一切能够简化手续和操作的服务都是增值性服务。在提供现代物流服务时，推行一条龙“门到门”服务，提供完备的操作或作业提示、免培训、免维护、省力化设计或安装、代办业务、一张面孔接待客户、24×7 全天候营业、自动订货、传递信息和转账以及物流全过程追踪等服务，这些都是对现代商贸有用的增值性服务。

（2）加快反应速度的服务

快速反应（Quick Response）已经成为物流发展的动力之一。传统的观点和做法是将加快反应速度变成单纯对快速运输的一种要求，但在需求方对速度的要求越来越高的情况下，它也变成了一种约束，因此，具有重大推广价值的增值性物流服务方案，应该是优化现代商贸系统配送中心和物流中心网络，重新设计适合现代商贸的流通渠道，以此来减少物流环节、简化物流过程，提高物流系统的快速反应性能。

（3）降低成本的服务

企业可以寻找能够降低物流成本的物流方案，包括采取物流共同化计划，同时，如果具有一定的商务规模，比如，阿里巴巴（Alibaba）、贝塔斯曼（Bertelsmann）和亚马逊（Amazon）这些具有一定销售量的电子商务企业，可以通过采用比较适用但投资比较少的物流技术和设施设备，或推行物流管理技术，如运筹学中的管理技术、条码技术和信息技术等，提高物流的效率和效益，降低物流成本。

（4）延伸服务

企业增值性物流延伸服务，向上可以延伸到市场调查与预测、采购及订单处理；向下可以延伸到配送、物流咨询、物流方案的选择与规划、库存控制决策建议、货款回收与结算、教育与培训、物流系统设计与规划方案的制作等。

关于结算功能，物流的结算不仅仅是物流费用的结算，在从事代理、配送的情况下，物流服务商还要替货主向收货人结算货款等。关于需求预测功能，物流服务商应该负责根据物流中心商品进货、出货信息来预测未来一段时间内的商品进出库量，进而预测市场对商品的需求，从而指导订货。关于物流系统设计咨询功能，第三方物流服务商要充当现代商务经营者的物流专家，因而必须为经营者设计物流系统，为它选择和评价运输商、仓储商及其他物流服务供应商。国内有些专业物流公司正在进行这项尝试。关于物流教育与培训功能，物流系统的运作需要现代商务经营者的支持与理解，通过向经营者提供培训服务，可以培养他与物流中心经营管理者的认同感，可以提高经营者的物流管理水平，可以将物流中心经营管理者的要求传达给经营者，也便于确立物流作业标准。

在以上物流系统功能中，有些基本功能需要经验和实力，有些增值功能则需要智慧和远见。在基本功能中，配送和储存分别解决了商务过程中供给者与需求者之间场所和时间的分离问题，分别是物流创造“空间效用”及“时间效用”的主要功能要素，因而在物流系统中处于主要功能要素的地位。延伸服务最具有增值性，但也是最难提供的服务，能否提供此类增值服务现在已成为衡量一个物流企业是否真正具有竞争力的标准。

1.1.6 现代物流产业的构成及其特征

产业经济学将提供相近商品或服务、在相同价值链上活动的企业群体称为产业，把提供相同商品或服务的若干企业理解为行业。从社会分工的历史考察，所有产业因形成的时间长短不同，可分为第一产业、第二产业、第三产业三大产业。这种分类对宏观经济分析和政策研究具有重要意义，但对具体厂商的市场活动缺乏实用价值。联合国《全部经济活动的国际产业分类标准》（1998 年修订，简称 ISIC）将全部产业划分为 10 类：农业、采矿业、制造业、水电等公共产品行业、建筑业、商业与服务、运输仓储与邮电业、金融保险与不动产业、社会团体与个人服务及其他产业。显然，这种分类也基于宏观经济分析的要求。

物流涵盖了全部社会产品在社会上与企业中的运动过程，涵盖了第一产业、第二产业、第三产业和全部社会再生产过程，因而是一个非常庞大而且复杂的领域。从社会再生产的角度来看，国民经济全部工农业产品生产过程和制造过程，除了在加工和生长的时间外，全部是物流过程的时间。以机械产品的制造为例，生产过程中，加工的时间仅占 10% 左右，而物流时间竟占到 90%，很大一部分生产成本是消耗在物流过程之中。从社会再生产的流通角度来看，全部转化为商品的工农业产品，都需要通过物流来实现资源的配置。

国民经济各个领域的物流经济活动构成了物流产业。这个产业以铁路、公路、水运、空运、仓储、托运等行业为主体，同时还包含了商业、物资业、供销、粮食、外贸等行业中的一些领域，还涉及机械、电气化中的物流装备生产行业和国民经济所有行业的供应、生产、销售中的物流活动。它的跨行业的特点非常突出，若按国民经济现行的分类管理办法，物流是不可能作为一个独立的产业纳入到国民经济管理之中的，但是，为了对现有分类管理体制做一个补充，确定物流产业的分类还是有必要的。

1. 现代物流产业的构成

现代物流产业从广义上讲应包括以下内容：

（1）物流基础业

这个产业由各种不同的运输线路、结点以及理货终端构成，它是向各个经济系统运行所提供的物流基础设施。其主要行业构成有铁路、公路、水运、空运、仓储等，主要的物流设施是车站、货场、港口、码头、机场、铁路线、公路、仓库等。

（2）物流装备制造业

这个产业是物流生产力提供劳动手段要素的产业。大体上可以划分为集装设备生产行业、货运汽车生产行业、铁路货车生产行业、货船行业、储存与搬运设备制造业等。

（3）物流系统业

这个产业由提供物流系统软件、硬件和提供系统管理等产品和服务的行业组成，是计算机系统技术和通信技术在物流领域的有机组合。

（4）第三方物流业

第三方物流业是由代理货主向货主提供物流代理服务的各种行业所组成的物流业。过去很少能由一个企业代理货主的全部环节的物流服务，所提供的服务往往局限于仓库存货代理、运输代理、托运代理、通关代理等局部的代理业务。而现代物流中，完善的第三方物流的代理作用是全部物流活动系统的全程代理。

（5）货主物流业

货主物流业是货主自己办物流，也有可能是部分从事第三方物流活动的行业。货主物流产业包含生产企业和流通企业为本身的生产或商贸活动所建立的独立物流企业以及各种类型企业生产、流通经济活动的一部分。它着重于建立巨型企业内部物流系统，尤其是配送中心以及配送系统、流通加工系统。当前已经成型的行业有连锁配送业、分销配送业、流通加工业。

2. 现代物流产业的特征

现代物流产业具有 4 个特征：多行业性、基础性、服务性和综合性。

（1）物流产业由多个行业组成

如果按照现行的行业标准来分析物流产业，可以发现，物流产业包括了铁路运输行业、公路运输行业、航空运输行业、水路运输行业、管道运输行业、包装行业、装卸行业、邮政行业、电信行业等。

（2）物流产业是基础性产业

我们知道，物流七要素中的载体由基础设施和依靠基础设施来运行的物流设备两部分组成，它们都是基础性的，尤其是第一类载体，很明确，它就是物流的基础设施，物流基础设施不仅因为它们大部分是固定在地面的基础设施，同时，对于整个物流的运作是起决定性作用的，没有基础设施就不可能有物流手段，而没有物流手段就不可能进行流通和市场扩展。萨缪尔森在《经济学》中说过，只有在交通运输工具得到改善以后，市场才能够从国内扩展到国外。

（3）物流产业是服务性产业

马克思在谈到交通运输业的生产与消费特点时说："在不创造新产品而只载运旅客和货物的运输业中，这两种行为（指生产和消费）是合在一起的；服务场所的变动必须在它被生产的同一瞬间被消费。"很明显，马克思在这里明确提出了交通运输的工作场所是"服务场所"而不是"工厂"，这表明马克思认为交通运输业是服务业。它也决定了物流业的服务业性质。这一性质决定，它是一个提供物流服务的产业，而不是一个需要物流服务的产业。

（4）物流产业是综合性产业

物流产业从纵向分析，它本身也是一个产业，只不过它具有与其他产业不同的产业特征，因此对物流产业需要有该产业的发展方针、战略和规划，需要有明确的产业政策，需要有统一的预算和统一的口径，需要有特定的法律和规章，需要建立专业的运作机制等。从横向分析，物流产业横跨多个基础性、服务性行业，它是为其他各个纵向行业服务的，物流涉及和影响到国民经济的各个领域，且它的影响还是基础性的，它必须综合考虑国民经济各部门、各领域对物流需求的特点，综合采用各种手段来满足这些需求。

综上所述，物流产业的本身是一个庞大的纵向经济领域，同时也是一个为其他所有经济领域服务的横向经济领域，是一个跨地区、跨行业、跨部门的综合性、基础性、服务性产业，同其他产业一样，该产业的发展和管理，应该按照物流系统要素的特点和规律要求，通过建立"政府—市场—企业"的运作机制来实现。

1.1.7 现代物流学的学科体系

有了物流的概念，就会逐渐产生物流的学问。从 20 世纪初物流概念诞生以来，就不断增添、积累物流的学问，因而逐渐形成一个完整的物流学。

现代物流学就是关于现代物流的科学，它是在现代信息技术、现代通信技术和计算机技术的支持下，研究物质实体流动的概念、理论、规律、技术和方法，内容涉及从物流管理到物流技术、从物流理论到物流应用、从综合研究到类别研究、从宏观实体对象到微观实体对象的庞大体系。

现代物流学可以分成以下几种类别：

1. 从研究的范围和侧重点分

从研究的范围和侧重点分，可以分为现代物流管理学和现代物流技术学。现代物流管理学主要是研究现代物流管理的科学，它应当提供整个现代物流的概念、内容范围以及一般物流管理的理论、原理和方法。由于物流管理学是一门关于物流的综合性的总论，而且重点探讨管理问题，因此可以说是一门很重要的基础科学。

现代物流技术学则主要研究各种专业物流技术、设备和作业技术方法。前者侧重物流的基本概念、全貌和一般管理理论方法，后者又可以按专业不同分成运输物流技术、仓储物流技术、加工物流技术、包装物流技术、装卸搬运物流技术、物流信息技术等。

2. 从研究的理论和应用性质分

从研究的理论和应用性质分，可以分成理论物流学和应用物流学。理论物流学主要从理论上来研究物流形成和运作的原理和规律，它应当围绕物资移动的规律以及从而造成的价值和成本的变动规律、空间效用和时间效用的形成与变化规律等进行经济学、管理学、系统论、控制论上的探讨。

应用物流学主要是研究物流应用技术，例如物资编码技术、条码技术、射频技术、订货技术、采购技术、物资保管技术、包装技术、装卸技术、配送技术、运输调度技术、EOS（Electronic Order System）技术、POS（Point of Sales）技术、GPS（Global Position System）技术、GIS（Geography Information System）技术、VMI（Vendor Management Inventory）技术、CRP（Continuous Replenishment Process）技术、EDI（Electronic

Data Interchange）技术、MRP/MRP Ⅱ（Manufacturing Resource Planning）技术、JIT（Just－In－Time）技术、OP（Order Point）技术、DRP（Distribution Resource Planning）技术、LRP（Logistics Resource Planning）技术等。

3. 从研究的物流领域分

从研究的物流领域分，可以分成分销物流学和现代物流管理学。分销物流学是专门研究分销物流的。它是以开拓企业市场、提高客户服务水平、降低物流成本、提高企业经济效益、提高市场占有率为目标来研究企业的末端产品分销的物流学理论、技术和方法。由于针对性强，所以物流研究的内容和范围也就更加具体、更结合实际，效果也就更好。分销物流学还可以与企业营销学结合起来进行研究，将取得更好的效果。

现代物流管理学则是指 20 世纪 80 年代中期出现的最新的物流现象、物流的最新发展趋势的科学。现代物流学又可以分成企业物流学、第三方物流学、供应链物流学、电子商务物流学等。

4. 从研究的物流范围分

从研究的物流范围分，可以分成企业物流学、社会物流学和国际物流学。

企业物流学主要研究企业的物流问题，如前述。

社会物流学主要是研究一个国家整个的物流问题，主要是大物流、宏观布局、经济区划、生产力布局、交通运输设施规划、仓储设施规划、宏观物流政策、规章制度、物流产业规划管理等方面的问题。社会物流学又是研究社会物流、流通领域物流的，对于流通政策、商流问题也要给予相当的关注。

国际物流学主要是研究国际物流的。国际物流的特点，是面对国际物流市场、国际经济区划和国际贸易运输。国际贸易和国际运输区别于国内贸易和国内运输的特色，就是多了海关这一个环节，在国内要出关、在对方要入关，需要进行报关、检验，并且严格接受国家管制，运输主要靠海运，并且操作复杂、严格、风险大，合同、保险、索赔等事务一应俱全。这些都是国际物流学所要讨论的特色内容。

所有这些学科，都有一个建设和完善的问题，随着物流产业的发展、物流教育的深化，我国物流学学科体系将更加完善。

1.2 物流与流通

现代社会经济活动是一个极为庞大、极为复杂的系统。人类为了满足生活和生产的需要，不断地消费各式各样的物质资料；同时也有无数的工厂或其他制造系统不停顿地生产和制造人类所需要的物质。消费者如果不能得到所需要的物资，社会经济将会发生紊乱。生产者只有将产品转移给消费者才能实现产品的使用价值，同时可以获得效益，使劳动组织者的各种劳动消耗得到补偿，并且才能有条件组织再生产。

1.2.1 流通在社会经济中的地位与作用

1. 流通是联结生产和消费的纽带

流通是伴随着商品生产和商品交换的历史而产生和发展的。在商品经济的初级阶段，由于产品的品种、数量很少，生产者和消费者往往通过比较直接的渠道建立交换关系，流通的形态是初级的。随着生产水平的提高，专业化的工厂越来越多，规模也越来越大，产品的品种和数量都大大地增加了。由于生产地点和消费地点逐渐分离，生产者想要直接和消费者见面销售自己的产品是很困难的，往往要通过市场这个环节，即流通领域的过渡，才能将产品转移到消费者手中。因此，在生产和消费之间必须建立通畅的渠道，这就是流通的任务，所以流通被称为联结生产与消费的纽带。

随着经济水平的提高，人类的物质生活需要多样化，生产方式趋向多品种、小批量的形态，生产规模大型化，分工专业化，商品的经济圈越来越大，走向国际化。为了适应时代的需要，流通领域现代化已是必然的趋势。

2. 流通对生产的反作用

关于生产和流通的关系，恩格斯曾指出："生产和交换是两种不同的职能"，"这两种职能在每一瞬间都互相制约，并且互相影响，以致它们可以叫做经济曲线的横坐标和纵坐标"（《马克思恩格斯选集》第三卷，第186页）。生产决定流通，生产方式的性质决定流通的性质，生产的发展水平决定流通的规模和方式，生产是流通的物质基础，没有生产就没有源源不断地供给市场的商品，当然也就没有流通。

反之，流通也对生产有反作用，流通的状况制约着生产的规模、范围和发展速度。由于生产方的产品要进入市场，只有通过流通领域到达消费者（用户）手中，产品才能实现其使用价值。一方面，生产者不能收回必要的补偿，也就失去了再生产的条件，销售不出去的产品生产的越多，生产者蒙受损失就越大，这是明显的道理。另一方面，生产的原材料也要通过流通领域从市场获取，流通渠道不畅，不能及时得到原材料，生产也会陷入困境。或者在流通领域由于某种原因导致原材料价格上涨，将使产品成本随之上升，生产者也会在经营方面产生困难。

生产越发展，物资越丰富，流通的反作用也就越显著。日本在20世纪50年代末期进入高速增长时期，由于流通未及时发展，以致造成市场供应紧张，价格混乱，严重地阻碍了生产的发展，以后经过十几年的努力才扭转了流通落后的局面。通过不断地加强物流管理，提高物流技术水平，降低物流成本，建立了高效、通畅的物流体系，因此，生产也得到了稳步的发展。

我国已经建立社会主义市场经济体制，流通对生产的制约作用日益强化，在计划经济体制下形成的以产量增长为唯一目标的生产模式不能适应形势要求。一方面，企业要加强自身素质，适应市场的要求，增强竞争能力；另一方面，流通系统也要进行改革，适应生产发展的需要，为企业创造一个良好的发展条件，使流通对生产的制约作用转化为促进作用。

3. 流通是国民经济现代化的支柱

国民经济现代化的标志就是发展生产力，使产品极大地丰富，充分满足人民日益增长的、多样化的需求。由于社会产品数量的增长和品种的增多，给流通领域提出了更高的要求。如果众多的产品不能及时送到用户手里，或者生产厂家的原材料供应没有保障，提高生产率就难以实现。因此，国民经济现代化水平越高，对流通的要求也就越高。可以说，没有现代化的流通，就没有国民经济的现代化。

1.2.2　流通的内容

一般而言，一个完整的流通活动，必然要涉及信息流、商流、资金流和物流四个流通过程（如图1－2所示）。资金流是在所有权更迭的交易过程中发生的，可以认为从属于商流；信息流则分别从属于商流和物流，属于物流的部分称为物流信息。所以流通实际上是由商流和物流组成的，它们分别解决两个方面问题：一个是产成品从生产者所有转变为用户所有，解决所有权的更迭问题；一个是要解决对象物从生产地转移到使用地以实现其使用价值，也就是实现物的流转过程。所以物流是整个商务的最重要组成部分，是信息流和资金流的基础与载体。

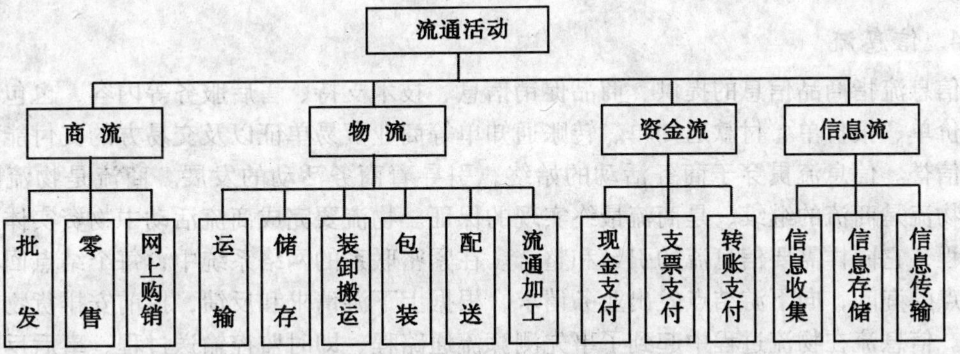

图1－2　流通活动的主要内容

1. 商流

对象物所有权转移的活动称为商流。在商流中的物资也称为商品，商流活动一般为贸易或交易。商品通过交易活动由供给方转让给需求方，这种转让是按价值规律进行的。商流的研究内容是商品交换的全过程，具体包括市场需求预测，计划分配与供应，货源组织、订货、采购调拨、销售等。其中既包括贸易决策，也包括具体业务及财物的处理。

2. 物流

物流是指实物从供给方向需求方的转移，这种转移既要通过运输或搬运来解决空间位置的变化，又要通过储存保管来调节双方在时间节奏方面的差别。物流中的“物”泛指一切物质资财，有物资、物体、货物的含义；而物流中的“流”泛指一切运动形态，有移动、运动、流动的含义，特别是把静止也作为一种形态。

物流系统中的“物”不改变其性质、尺寸、形状。也就是说物流活动和加工活动不同，不创造“物”的形质效用，但是它克服了供给方和需求方在空间维和时间维方面的距离，创造了空间价值和时间价值，在社会经济活动中起着不可缺少的作用。例如山西省的煤，埋藏在深山中，和泥土、石块等自然物一样，只有经过采掘、输送到北京等地才能用来作为发电、取暖的燃料，成为重要的物资。它的使用价值是通过运输克服了空间距离才得以实现的，这就是物流的空间效应。又如，大米的种植和收获是季节性的，多数地区每年收获一次。但是对消费者而言，作为食品，每天都要消耗，必须进行保管以保证经常性的需要，供人们食用以实现其使用价值。这种使用价值是通过保管克服了季节性生产和经常性消费的时间差后才得以实现的，这就是物流的时间效应。

3. 资金流

资金流主要是指资金的转移过程，包括付款、转账等过程，是整个流通活动的目的。

4. 信息流

信息流指商品信息的提供、商品促销信息、技术支持、售后服务等内容，也包括诸如询价单、报价单、付款通知单、转账通知单等商业贸易单证以及交易方的支付能力和支付信誉。信息流贯穿于商务活动的始终，引导着商务活动的发展。商流是物流的前提，物流是商流的继续、是商流最终实现的保证。物流要完成商流活动中物资实体的流通过程，它同样需要信息流的引导和整合。在紧密联系的网络系统中，每个结点回答上游结点的询问，向下游结点发出业务请求，根据上下游请求和反馈，提前安排货物输送过程。信息流在物流过程中起到了事先测算流通路程、即时监控输送过程、事后反馈分析的作用。在环环相扣的物流过程中，虚拟的场景和路程简化了操作程序，极大地减少了失误和误差，使得每个环节之间的停顿时间大幅度降低。

从上述分析可以看出，物流只是流通活动过程中的一个重要环节，流通活动除了物流活动之外，还包括商务流、资金流和信息流等，流通所包含的内容边界和范围要比物流宽广得多。

2 物流运输与装卸、搬运

在商业社会中，因为市场的广阔性，商品的生产和消费不可能在同一个地方进行，因此，一般来说，商品都是集中生产、分散消费的。为了实现商品的价值和使用价值，使商品的交易过程能够顺利完成，必须经过运输这一道环节，把商品从生产地运到消费地，以满足社会消费的需要和进行商品的再生产。如果我们将原材料供应商、工厂、仓库以及客户看做物流系统中的固定结点，那么，运输过程正是连接这些结点的纽带，是货物在系统中流动的载体。因此，我们把运输称为现代物流的动脉。

2.1 运输

运输（Transportation）是“用专用运输设备将物品从一个地点向另一地点运送。其中包括集货、分配、搬运、中转、装入、卸下、分散等一系列操作”（见 GB/T 18354—2006 中 3.3 条）。

2.1.1 运输对现代物流的功能与作用

运输是实现整个商品交易过程中必不可少的重要阶段。在现代信息技术和网络通信技术支持下，商品的整个交易过程都是数字化的，随着网络技术的不断发展，商品的咨询、订购以及合同的签订可能只需要很短的时间就能完成，但是，在基本的交易过程完成之后，如果不能把商品及时送到客户手中，那么，这种交易的效率仍然会显得很低，因为，只有货物真正送达用户手中，并经过用户的认可，才能作为一次交易基本完结的标志。而为了使商品能够尽快送达消费者手中，必须提高商品运输的效率。

企业的发展必须依靠高效的生产和大量的销售，如果没有高效低成本的商品运输能力，仍然难以实现企业的发展。运输在商品贸易中发挥着举足轻重的作用，可以将它称作现代企业生存和发展的基础。

运输的作用主要包含以下几个方面：

1. 运输可以创造出商品的空间效用和时间效用

商品运输通过改变商品的地点或者位置所创造出的价值，称为商品的空间效用；商品运输使得商品能够在适当的时间内到达消费者的手中，就产生了商品的时间效用。通过这两种效用的产生，才能够真正地满足消费者消费商品的需要。如果运输系统瘫痪，商品不能在指定的时间送到指定的地点，则消费者消费商品的需要就得不到满足，整个交易过程就不能实现。

2. 运输可以扩大商品的市场范围

在古老的市场交易过程中，商品只在本地进行销售，每个企业所面对的市场都是有限的。随着各种商品运输工具的发明，企业通过商品运输可以到很远的地方去进行销售，企业的市场范围可以大大地扩展，企业的发展机会也大大增加。随着基于现代信息技术的先进交易形式的发展，企业的市场范围随着网络的出现而产生了无限扩大的可能，任何有可能加入因特网的地方，都有可能成为企业的市场。为了真正地将这种可能变成现实，必须使企业的商品能够顺利地送达各个市场中，这就必须借助于商品运输过程。因此，商品运输可以帮助企业扩大它的市场范围，并给企业带来无限发展的机会。

3. 运输可以保证商品价格的稳定性

各个地区因为地理条件的不同，拥有的资源也各不相同。如果没有一个顺畅的商品运输体系，其他地区的商品就不能到达本地市场，那么，本地市场所需要的商品也就只能由本地来供应，正是因为这种资源的地域不平衡性，造成了商品供给的不平衡性。因此，在一年中，商品的价格可能会出现很大的波动。但是，如果拥有了一个顺畅的商品运输体系，那么，当本地市场对商品的供给不足时，外地的商品就能够通过这个运输体系进入本地市场，本地的过剩产品也能够通过这个体系运送到其他市场，从而保持供求的动态平衡和价格的稳定。

4. 运输能够促进社会分工的发展

随着社会的发展，为了实现真正意义的社会的高效率，必须推动社会分工的发展，而对于商品的生产和销售来说，也有必要进行分工，以达到最高的效率。但是，当商品的生产和销售两大功能分开之后，如果没有一个高效的商品运输体系，那么，这两大功能都不能够实现。商品运输是商品生产和商品销售之间不可缺少的联系纽带，只有有了它，才能真正地实现生产和销售的分离，促进社会分工的发展。

2.1.2 运输方式

货物运输可以采用不同的运输方式，各种不同的运输方式各有其自身的特点。基本的运输方式有铁路运输、公路运输、水路运输、航空运输以及管道运输。每一种运输方式所能提供的服务内容和服务质量各不相同，因而，每一种运输方式的成本也各不相同。企业应该根据自身的要求，综合考虑各方面的因素，选择合适的运输方式。

1. 铁路运输

通过铁路运输货物，最大的优势就是能够以相对较低的价格运送大量的货物。建国以来，铁路运输一直是我国运输业的主力。铁路运输的主要货物有煤炭、矿建材料、矿石、钢铁、石油、谷物、水泥等。这些产品都有一个共同的特点，那就是低价值和高密度，且运输成本在商品售价中所占的成本比较大。

铁路运输一般可以分为整车运输和集装箱运输两种类型。整车运输业务就是包租一节货车（俗称车皮）的运输形式，适用于大批量、大规模或是单个长度、重量、容积等特别长、大的货物的运输。集装箱运输业务是一种利用集装箱进行运输的业务，有时也包括将集装箱作为货物进行托运。这种集装箱运输业务是在发货人的门口把货物装入集装箱后，一直到收货人的门口，将货物从集装箱中取出，中途不再进行货物倒装的一种运输形式。

铁路运输一般符合规模经济和距离经济的要求。规模经济的特点就是随着装运规模的增长，单位重量的运输成本会降低。也就是说，用铁路进行运输，一次运输的商品规模越大，那么，单位产品的运输费用也就越低。而距离经济是随着运输距离的增加，单位产品的运输费用也会相应减少。因此，一般情况下，对于大批量和长距离的运输情况来说，货物的运输费用会比较低，一般要低于利用公路汽车进行运输的费用；但对于小批量的货物和近距离的大宗货物来说，则一般运输费用会比较高。

随着现代科学技术的发展，铁路几乎可以修建在任何需要它的地方，因此，现有的铁路网络四通八达，可以很好地满足远距离运输的需要。铁路可以全年全天候运营，受地理和气候的影响比较小，具有较高的连续性和可靠性，而且，铁路运输的安全性也在逐步提高。铁路的运输速度比较快，比水路运输快很多，在运程比较长的情况下，也会快于公路运输。

但是，铁路运输也有自身的局限性。铁路运输中的货车只能按照铺设的铁道行走，这在一定程度上影响了铁路运输的灵活性，不能实现“门到门”的服务；在近、中距离运输的时候，铁路运输的运费比较高；因为车辆调配困难，铁路运输不能满足应急运输的要求。但是，我们可以结合各种运输方式的优点，为顾客提供满意优质的服务。比如，可以将铁路在长途运输和全国覆盖面广的优势与公路运输的灵活性结合起来，这样，就能更好地实现“门到门”的服务，提高运输部门的服务质量。

目前，随着其他运输形式，尤其是公路运输业的发展，铁路运输在运输行业中所占的比例有逐渐减少的趋势，但在可预见的未来，铁路运输仍将是中、长距离客货运输的主力。

2. 公路运输

公路运输也称为汽车运输。在电子商务的环境下，特别是对于企业对消费者（B2C）的电子商务交易方式来说，公路运输是城市配送的主要形式。因为公路运输可以将货物直接送到顾客所指定的地方，而不需要在途中进行中转，极大地方便了客户，适应电子商务环境的要求。一般来说，公路运输可以用来运输任何产品，但根据公路运输自身的特点，主要用来运输制造产品。制造产品的特点就是价值比较高，包括纺织及皮革制品、橡胶与塑料制品、仿金属制品、通信产品及照相器材等。

公路运输的主要优点：在近距离的条件下，公路运输可以实现“门到门”的服务，而且运输速度也比较快；公路运输可以根据需要，灵活制定运输时间表，而且对于货运量的大小也有很强的适应性；对于近距离的中小量的货物运输来说，使用公路运输的费用比较低；在运输途中，几乎没有中转装卸作业，因此，发生碰撞的概率比较小，对于包装的要求不高。

公路运输的缺点：因为汽车的载重量有限，所以，一般公路运输的批量都比较小，不太适合大量的运输；在进行长距离运输时，运费比较高；公路运输比较依赖于气候和环境的变化，所以，气候和环境的影响可能会影响运送时间。

3. 水路运输

水路运输由船舶、航道和港口所组成，它是一种历史悠久的运输方式，也称为船舶运输。水路运输主要用于长距离、低价值、高密度、便于用机械设备搬运的货物运输。

水路运输的主要优点：水路运输的运输能力比较大，运输的距离比较长，单位商品的运输成本也比较低，因此，水路运输最大的优点就是成本低廉；当运输散装的原材料的时候，可以运用专用的船只来进行，因而运输效率比较高；此外水路运输的运载量比较大，因此它的劳动生产率也比较高。

水路运输的主要缺点：水路运输的运输速度比较慢，它在所有的运输方式中时间是最长的，一般来说，水路运输速度要比铁路运输慢 1～2 倍；行船和装卸作业受天气的制约，运输计划很容易被打乱；水路运输所运输的货品必须在码头停靠装卸，相当费时、费成本，而且无法完成“门到门”的服务。

4. 航空运输

对于国际货物的运输，航空运输已经成为一种常用的运输形式。

航空运输的最大优点是运输的速度非常快，因此，当被运输的货物属于客户急需的物资时，或者对于易腐烂、易变质的货物来说，都可以考虑采用航空运输；用飞机运输货物的时候，在运输途中对于货物的震动和冲击比较少，所以，被运输的货物只需要简单的包装即可，可以节省包装的费用。

航空运输的适用范围也有局限性。首先，航空运输的费用非常高，在美国，按平均每吨货物每英里的运价计算，航空运输是铁路运输的 12～15 倍，是公路运输的 243 倍，因此，如此高昂的运输成本使很多企业望而却步。另外，航空运输除了靠近机场的城市以外，对于其他地区也不太适用，必须要结合汽车来弥补这部分的不足，而且恶劣的天气情况可能也会对航空运输造成极大的影响，影响送货及时性的实现。

5. 管道运输

利用管道运输的大部分货物都是一些流体的能源物资，如石油、天然气以及成品油等。

利用管道运输的一大优势就是成本低廉，而且管道运输受天气情况的影响非常小，可以长期稳定地使用，安全性比较高。

运用管道运输存在很多的局限性。管道运输这种运输方式不灵活，只有接近管道的用户才能够使用；管道运输只能够用来运输液态或气态的产品，不能够用来运输固态的产品，使其运输的适用性受到一定的影响；另外，管道运输的速度也比较慢。

2.1.3　运输系统

运输作为物流系统的动脉，在物流系统的整个运作过程中发挥着不可替代的作用。为了更好地实现准确、安全并且以最低的成本运输货物的目的，企业应该用系统化的观点，通过分析研究，建立自己的货物运输系统。在建立运输系统的过程中，应该全面考虑运输工具的选择、物流据点的设置以及运输计划的编排等各项要素。而且，在运输的迅速性、准确性、安全性和经济性之间存在着非常强烈的相互制约的作用，需要对它们进行综合的考虑，从全局出发，做到总体的最优化。

1. 运输系统的构成

设计运输系统的目的是为了能够准确、安全并以较低的成本运输货物。首先必须考虑建设整体的运输网络，明确货物运输系统的构成。货物运输网络由运输线和停顿点组成，运输线表示连接停顿点之间的运输设备，停顿点表示工厂、仓库、配送中心等物流据点。因此，在设计商品运输系统的时候，必须仔细考虑如何选择运输工具，设置物流据点。

在现今的社会中，无论是公路运输、铁路运输、水路运输还是航空运输，都有其自身难以克服的弱点，因此，人们开始考虑在不同的停顿点之间，也就是不同的运输线上采用不同的运输工具，以实现整个运输系统的最优化，这也就是物流学中所说的“复合一贯制运输”，也叫“多式联运”。

多式联运就是通过将铁路、公路、水路、航空等多种运输方式有机地复合起来，吸取它们的长处，实行多环节、多区段和多工具相互衔接进行商品运输的一种方式。多式联运可以克服单个运输方式所存在的缺陷，实现整体上的最优化，还可以有效解决由于地理、气候和基础设施建设等各种市场环境的差异而造成的商品在产销空间、时间上的分离，从而促进生产与销售的紧密结合以及企业经营机制的不断循环和有效运转。

复合一贯制运输方式按照运输工具的不同以及运输工具使用顺序的不同可以分为很多种，最典型的有水陆联运、水上联运、陆路联运以及陆空联运等。水陆联运就是运用水路运输与铁路运输以及公路运输相结合的一种方式；水上联运则是指同一水系的不同路线，或同一水运路线不同类型的船舶之间的接力运输形式；陆路联运是指铁路与公路相互衔接的运输形式；陆空联运是指公路与飞机相互衔接的运输形式。通过运用这几种复合一贯制运输的方式，可以真正地实现“门到门”的运输服务模式，从而能够更好地适应现代物流及时性和准确性的要求。

2. 运输系统的设计与评价

前面已经提到，货物运输系统的目的就是要准确、安全并以最低的成本运输物资。但是，运输的迅速性、准确性、安全性和经济性之间一般都存在着相互制约的关系。如果重视迅速性、安全性和准确性，运输的成本可能就会相应提高；如果降低运输成本，那么就必须牺牲前面这几项中的某一部分。因此，必须对货物运输系统进行合理的设计和评价，以实现总体的均衡。

随着现代物流学的发展，也产生了许多用于货物运输系统的设计与评价的工具，特别是产生了很多数学模型，用于帮助物流业者进行货物运输系统的设计与评价工作。其中比较典型的有货物运输模型、图表分析法、图上作业法、表上作业法等，此外，还产生了很多种用于这种分析工作的商业软件。运用这些工具可以对复杂的经济社会进行模拟，从而有效地解决货物运输中所产生的各种问题。但是，因为这部分工具需要运用一定的数学知识和运筹学知识，在此就不详细介绍，有兴趣的读者可以参阅有关书籍。

2.1.4 运输技术

运输与储存是物流的两大支柱，运输费用也在物流费用中占有较大的比重，因此，如何有效地利用现代先进的运输技术，不仅是降低物流费用的主要因素，而且也是有效地提高物流效率的一个重要因素。一般来说，运输技术主要分为运输货物装载技术、运输线路的规划技术和网络分析技术等。

1. 运输货物装载技术

运输货物装载技术主要用于提高货物的装载量。一方面是要最大限度地利用运输工具的载重吨位；另一方面是要充分利用运输工具的装载容积。货物的装载技术主要包括轻重配载技术、解体运输技术和堆码技术。

（1）轻重配载技术。即把比重大的货物和比重小的货物组装在一起，既充分利用了运输工具的体积，又充分利用了运输工具的载重吨位，提高了运输的效率。

（2）解体运输技术。就是对一些体大笨重、不易装卸且容易因碰撞致损的货物，先将其拆开，分别包装，然后再装车，目的是为了缩小所占空间，易于装卸搬运和运输。

（3）堆码技术。就是根据不同运输工具的货位情况和不同货物的包装形状等，采取如多层装载、骑缝装载和紧密装载等各种有效的堆码方法来提高装载量的一种技术。

2. 运输线路的规划技术

运输线路的规划技术即将线性规划方法应用于运输线路的选择问题。根据已知的条件（变量）建立数学模型，使其在满足约束条件下，线性函数达到最大值或最小值。通过求解方程寻找最佳运输线路，其数学模型一般如下：

目标函数：$\max\ (\min)\ Z = C_1X_1 + C_2X_2 + \cdots + C_nX_n$

$$
\text{约束条件：}\begin{cases}
A_{11}X_1 + A_{12}X_2 + \cdots + A_{1n}X_n \leqslant B_1 \\
A_{21}X_1 + A_{22}X_2 + \cdots + A_{2n}X_n \leqslant B_2 \\
\cdots \\
A_{m1}X_1 + A_{m2}X_2 + \cdots + A_{mn}X_n \leqslant B_m \\
X_1,\ X_2,\ \cdots,\ X_n \geqslant 0
\end{cases}
$$

3. 网络分析技术

网络分析技术也称网络分析法、统筹法、关键路线法和计划评审法，是一种科学的组织管理技术，其基本原理就是将组成系统的各项任务的各个阶段和先后顺序通过网络形式，根据工作进度和任务的轻重缓急，统筹规划，统一安排。具体来说就是依据运输工序所需的工时为时间因素，做出运输工序之间相互联系的网络图，以反映整个运输过程和任务的总体情况。通过计算，找出对全局有重大影响的关键线路，对运输任务的各个工序作出比较合理的安排，对整个系统进行控制和调整，使运输系统能在最短的时间以及最少的人、财、物和运输资源的消耗，更好地完成运输目标。一般来说，网络分析方法在货物运输过程中的应用程序主要包括以下几个方面。

（1）设计运输网络图。对整个运输计划中各道工序的先后次序、衔接关系及所需要的时间等进行分析，在给出了各道工序所需的时间，明确了先后的次序，就可依照运输计划画出箭头图，标明时间及关键线路；

（2）计算每道运输工序所需时间；

（3）找出关键线路；

（4）计算各道运输工序最早和最迟开工时间；

（5）计算各道运输工序的机动时间。

此外，还有运输方式的组合技术，其主要包括“四就”直拨运输（就厂直拨、就车站码头直拨、就库直拨、就车船过载直拨）、合装整车运输以及直达运输等。

2.1.5　货物运输系统的合理化

货物运输所发生的成本在整个物流成本中所占的比例应该是最大的，据日本通产省对六大类货物物流成本的调查结果表明，其中运输成本占40%左右，如果将产品出厂包装费计入制造成本，那么运输成本将占物流成本的50%左右。因此运输合理化有重要意义，合理化的途径有以下几个方面：

1. 运输网络的合理配置

区别储存型仓库和流通型仓库，合理配置各物流基地（或物流中心），基地的设置应该有利于货物直送比率的提高。

2. 选择最佳的运输方式

首先要决定是使用水运、铁路、公路或航空中哪种运输方式。如果选用公路运输方式，还要考虑车型（大型、中型、轻小型、专用型），用自有车还是委托运输公司。

图2－1表示公路、铁路和水运的运费比较，其中也包括在终端的装卸费用。纵轴上的C_1、C_2、C_3点表示相应的终端费用，当运输距离小于D_1时公路运输费用最低，D_1至D_3的距离内铁路运输最便宜，而长距离运输大于D_3时，则以水运为好。

3. 提高运输效率

努力提高车辆的运行率、装载率，减少空车行驶，缩短等待时间或装载时间，提高有效的工作时间，降低燃料消耗。

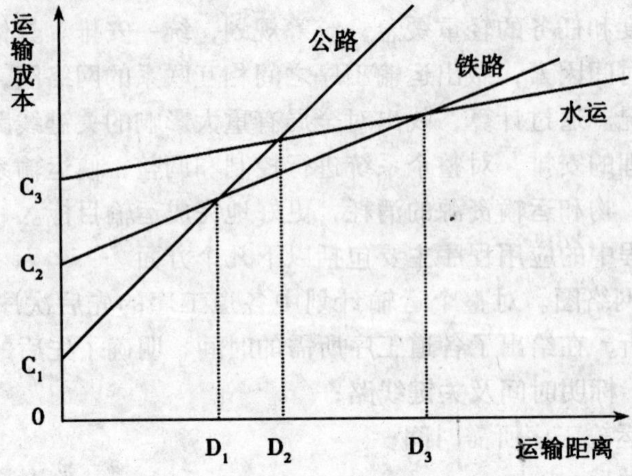

图 2-1　不同运输方式的成本比较

4. 推动共同运输

提倡部门、集团、行业间的合作和批发、零售、物流中心之间的配合，提高运输工作效率，降低运输成本。

运输合理化要考虑输送系统的基本特征。对城市之间、地区之间的长距离运输（干线运输），由于货物的批量大，对时间要求不很苛刻，因此，合理化的着眼点要考虑降低运输成本。对于地区内或城市内的短距离运输（末段配送），以向顾客配送为主要内容，批量小，应及时、正确地将货物运到，这种情况下的合理化目标应以提高物流的服务质量为主。

2.1.6　不合理运输的主要表现形式

货物不合理运输主要有以下几种表现形式：

1. 迂回运输（Bypass Transportation）

是指货物运输本来可以走直线或最短的运输路线，但却采取绕道而行的不合理运输现象（如图 2-2 所示）。由甲地发运货物经过乙和丙两地至丁地，那么在甲、乙、丙、丁各地之间便发生了迂回运输（共 170 公里）。正确的运输线路，应该从甲地经过戊地至丁地（共 80 公里）。

2. 过远运输

调运货物舍近求远，近处有资源不用而从远处调，这就造成可采取近程运输而未采取，拉长了货物运输的浪费现象。过远运输占用运力时间长、运输工具周转慢、货物占压资金时间长，远距离自然条件相当大，又易出现货损，增加了费用支出。过远运输有两种表现形式，一是销地完全有可能由距离较近的供应地购进所需要的相同质量的物美

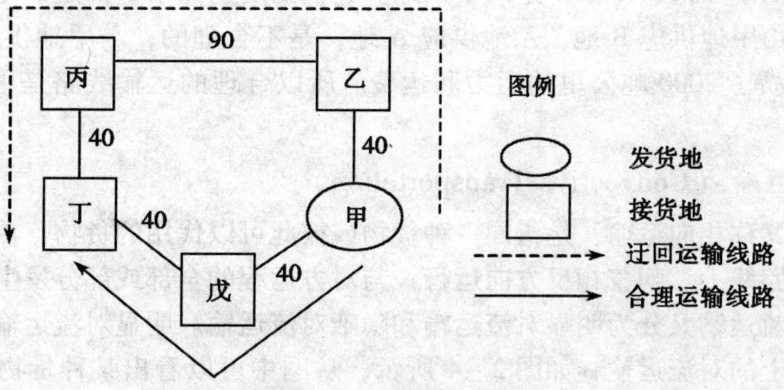

图 2-2　迂回运输示意图（单位：公里）

价廉的货物，却超出货物合理流向的范围，从远距离的地区运进来；二是两个生产地生产同一种货物，它们不是就近供应邻近的消费者，而是调给较远的其他消费者（如图 2-3 和表 2-1 所示）。

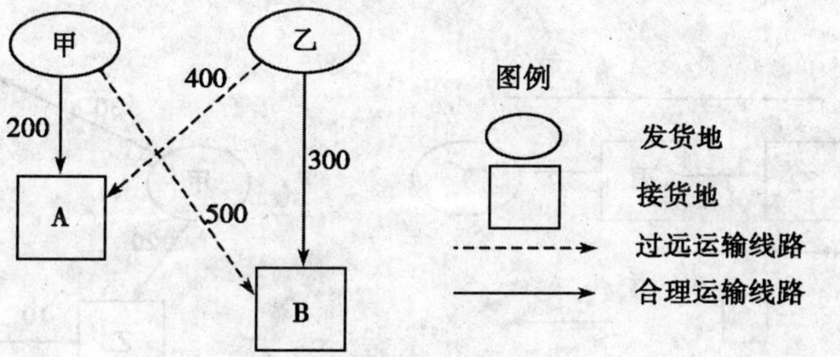

图 2-3　过远运输示意图（单位：公里）

表 2-1　　过远运输与合理化运输比较表

过远运输		
销地 / 产地	A	B
甲		5 吨 ×500 公里
乙	5 吨 ×400 公里	
合理运输		
销地 / 产地	A	B
甲	5 吨 ×200 公里	
乙		5 吨 ×300 公里

甲和乙是两个产地，A 和 B 是两个销地。它们的货物需求量都是 5 吨，从上面的图表说明，如果由甲地供应 B 地，乙地供应 A 地，是不合理的；与甲地供应 A 地，乙地供应 B 地多浪费了 2000 吨公里的运力和运费。所以合理的运输线路是甲地供应 A 地，乙地供应 B 地。

3. 对流运输（Convective Transportation）

对流运输又称相向运输，是指同一种货物或彼此可以代用的货物，在同一运输路线上或在平行的路线上，朝着相反方向运行，与对方运程的全部或部分发生重叠的不合理运输现象。对流运输又分为明显对流运输和隐蔽对流运输。明显对流运输是指发生在同一条运输路线上的对流运输，如图 2－4 所示，从图中可以看出某种货物从甲地经过乙地运至丙地；同时又从丁地经过丙地运至乙地。这样，在乙地与丙地之间产生了对流运输。隐蔽对流运输是指同一种货物在违背近产近销的情况下，沿着两条平行的线路朝相对方向的运输，如图 2－5 所示。从图中来看，甲和丁为两个发货地，乙和丙为两个收货地，各地之间的距离分别为 40 公里，30 公里，20 公里，10 公里。从丁地发货 2 吨给丙地；从甲地发运同种货物 2 吨给乙地，这种运输路线是不合理的，其中浪费 40 吨公里的运力。正确的运输线路应该是丁地发给乙地，甲地发给丙地。

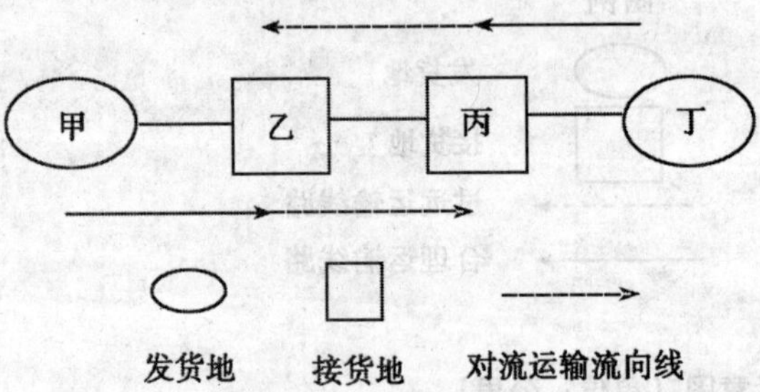

图 2－4　明显对流运输示意图

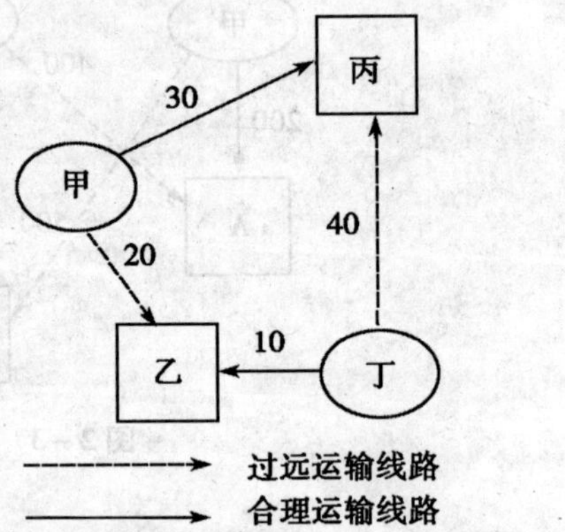

图 2－5　隐蔽对流运输示意图（单位：公里）

4. 倒流运输（Flow Backwards Transportation）

倒流运输是指货物从销地或中转地向产地或起运地回流的一种运输现象，这种现象经常表现为对流运输或迂回运输，但其不合理程度更甚于对流和迂回运输，原因在于往返运输都是不必要的，形成了双程浪费。倒流运输也可以看成是隐蔽对流的一种特殊形式。

5. 亏吨运输

是指货物的装载量没有达到运输工具的装载标准重量或没有装满车船容积而造成亏吨的不合理运输现象。

6. 重复运输

是指一批货物本来可以一次直接运达目的地，但由于组织工作的失误，而使货物在中途停卸，又重复装运的不合理运输现象。

7. 无效运输

是指运输的商品当地不适销，或商品质量次、杂质多，从而造成运力浪费的不合理运输现象。

8. 运力选择不当

未合理利用各种运输工具优势而不正确地选择运输工具造成的不合理现象，常见有以下三种形式：

(1) 弃水走陆。在同时可以利用水运及陆运时，不利用成本较低的水运或水陆联运，而选择成本较高的铁路运输或公路运输，使水运优势不能发挥。

(2) 铁路、大型船舶的过近运输。不是铁路及大型船舶的经济运行里程却利用这些运力进行运输的不合理做法。主要不合理之处在于火车及大型船舶起运及到达目的地的准备、装卸时间长，且机动性不足，在过近距离中利用，发挥不了运输量大的优势。相反，由于装卸时间长，反而会延长运输时间。另外，和小型运输设备比较，火车及大型船舶装卸难度大、费用也较高。

(3) 运输工具承载能力选择不当。不根据承运货物数量及重量选择，而盲目决定运输工具，造成过分超载、损坏车辆及货物不满载、浪费运力的现象。尤其是“大马拉小车”现象发生较多。由于装货量小，单位货物运输成本必然增加。

9. 托运方式选择不当

对于货主而言，在可以选择最好托运方式而未利用，造成运力浪费及费用支出加大的一种不合理运输，应该选择整车运输却采取零担托运，应当直达运输而选择了中转运输，应当中转运输而选择了直达运输等都属于这类不合理运输。

2.2 装卸

装卸（Loading and Unloading）是“物品在指定地点以人力或机械载入或卸出运输工具的作业过程”（见 GB/T 18354—2006 中 3.32 条）。

货物装卸是随着货物运输和储存而附带发生的作业，比如在运输货物时，把货物装进或卸出卡车及货车的装卸作业，在保管货物时，从仓库或工厂出入库的装卸作业等。货物装卸作业本身并不能产生新的价值和新的效用，但是，在整个物流供应链中，货物装卸作业所占的比例很大，特别是在网络经济环境下，顾客要求企业提供“门到门”的送货服务，装卸作业发生的频率大大增加。因此，企业必须重视货物装卸这个作业过程，防止物流成本的增加。货物装卸作业一般是伴随着商品运输和商品储存而发生的，我们将其称为现代物流的结点。

2.2.1 装卸的功能

货物装卸作为伴随运输和储存而同时发生的货物作业形式，与货物运输和商品储存又有一定的不同。运输和储存可以产生物品的时间效用和空间效用，而装卸却不能创造出新的效用和价值。虽然装卸作业不能产生新的价值和效用，但是它仍然在物流系统中发挥着举足轻重的作用。这是因为，在企业的整个物流供应链中，货物装卸是发生频率最高的一项作业，当货物运输或货物储存等作业发生的时候，装卸作业就会发生。它的质量好坏严重影响着物流成本的高低，而且，在货物装卸过程中，还可能因为意外造成货物的损坏，它还会影响到商品的包装成本的大小。如果因为商品装卸的原因使得企业不能如期向顾客提交商品，那么，将大大地影响企业的形象，对于企业是一个非常大的损失。

因此，尽管装卸本身并不能产生新的效用和价值，但是，作为物流整个过程中的一个不可或缺的环节，它的重要性还是不容否定的。装卸作业是实现物流活动的效率化以及提高顾客满意度的一个重要方面。

2.2.2 装卸的种类

根据不同的指标可以将货物装卸分成不同的类别。

首先，从装卸形态来看，可以将货物装卸分成以下种类，如表 2-2 所示。

表 2-2　　商品装卸的分类

分　类	种类及说明
按设施（场所）分类	自用物流设施装卸——在工厂、自用仓库、配送中心等货物的发货、进货设施场所中的装卸
	事业用物流设施装卸——在卡车终端、站、港湾、机场、仓库的装卸，分别叫终端装卸、车站装卸、港湾装卸、仓库装卸等
按运输设备分类	卡车装卸、火车装卸、船装卸、飞机装卸
按货物形态分类	单个货物装卸——冠以箱、袋等包装形态名称的装卸或者冠以宽大货物、长尺寸货物、重量货物等大物件名称的装卸
	集装货物装卸——为了装卸托盘、集装箱等集装货物而冠以使用的设备名或冠以集合包装等状态名称的装卸
	散装货物装卸——把粉粒体、液体等货物直接向输送设备、货物装运设备或储存设备的装取与出入库的装卸
按装卸机械分类	传送带装卸、吊车装卸、叉车装卸、各种装载机装卸

从表2-2中可以看到，按照设施（场所）分类，我们可以将货物装卸分为自用物流设施装卸和事业用物流设施装卸两类；按照运输设备分类，可以将其分为卡车装卸、火车装卸、船装卸、飞机装卸等几种；按照货物形态分类，可以将其分为单个货物装卸、集装货物装卸以及散装货物装卸三种；按照装卸机械分类，我们可以将其分为传送带装卸、吊车装卸、叉车装卸、各种装载机装卸等几种。

其次，从作业种类的角度来看，货物装卸可以分为与输送设备对应的“装进、卸下装卸”和与保管设施对应的“入库、出库装卸”两大类。而这两类装卸分别伴随着货物的“堆垛、拆垛”、“分拣、配货”、“搬送、移送”三类基本的装卸作业，这些作业由于动作和装卸机械的不同而形成了不同的“作业方法”，如表2-3所示。

表2-3 各种装卸作业方法

作业名		说明
堆垛、拆垛作业	堆放作业	把货物从预先放置的场所，移动到卡车之类的货物装运设备或仓库之类的固定设备的指定位置，再按要求的位置和形态放置货物的作业
	拆垛作业	是堆放作业的逆作业
	高垛作业	主要是在仓库等固定设施的入库作业中，堆垛高度在2米以上的作业。将这样的堆垛状态叫高垛
	高垛取货作业	是高垛作业的逆作业
分拣、配货作业	分拣作业	是在堆垛、拆垛作业的前后或在配货作业之前发生的作业，把货物按品种、出入先后、货物分类（分拣分类），再分别放到规定位置的作业
	配货作业	是向卡车等输送设备装货作业前和从仓库等保管设施出库装卸前发生的作业，是把货物从所定的位置，按品种、下一步作业种类、发货对象分类（配货分类）所进行的拆垛、堆放作业。这一作业又分为把分拣作业拣出的货物，按规定的配货分类集中起来的作业（选取方式或挑选方式）和以一定批量移动到一端的分拣场所，分别送到指定位置的作业（选种方式或分拣方式）两类
搬送、移送作业	搬送作业	为了进行上述作业而发生的、以进行这些作业为主要目的的移动作业。搬送包括水平、垂直、斜行搬送以及几种组合的搬送
	移送作业	在搬送作业中，从设备、距离、成本等方面衡量，移动作业的比重较高

2.2.3 装卸的方法

常见的装卸作业方法主要有以下9种：

1. 单件作业法

逐件装卸搬运的人工方法，主要适用于三种情况，一是某些物资出于它本身特有的属性，采用单件作业法有利于安全；二是在某些装卸搬运场合，没有或难以设置装卸机械；三是某些物资体积过大，形状特殊。

2. 重力作业法

利用货物的位能来完成装卸作业的方法，如重力法卸车。

3. 倾翻作业法

将运载工具载货部分倾翻而将货物卸出的方法。

4. 集装作业法

将物资先进行集装，再对集装件进行装卸搬运的方法。主要包括集装箱作业法、托盘作业法、滑板作业法等。

5. 机械作业法

采用各种机械，采用专门的工作机构，通过舀、抓、铲等作业方式，达到装卸搬运的目的。

6. 气力输送法

利用风机在气力输运机的管道内形成单向气流，依靠气体的流动或气压差来输送货物的方法。

7. 人力作业法

完全依靠人力和人工，使用无动力机械来完成装卸搬运的方法。

8. 间歇作业法

在两次作业中存在一个空程准备过程的作业方法，包括重程和空程两个阶段，如门式和桥式起重机作业。

9. 连续作业法

在装卸过程中，设备不停作业，物资可连绵不断，持续流水般的实现装卸作业的方法，如带式输送机、链头装载机作业。

2.2.4 装卸合理化

装卸合理化是通过采用装卸机械化，改善装卸活动，从而提高物流活动总体功能的措施。装卸合理化的主要目标是节省时间、节约劳动力和装卸费用。

1. 装卸合理化的基本原则是：

（1）提高装卸搬运活性（见本章2.3.3节）；

（2）利用重力；

（3）利用装卸机械；

（4）物流的畅通；

（5）消除无效作业；

（6）推进集装化；

（7）总体物流合理化。

2. 在日本，物流界为了改善货物装卸和整个物流过程的效率，曾经提出了一种叫做“六不改善法”的物流原则，具体的内容如下。

（1）不让等——也就是要求通过合理的安排使得作业人员和作业机械闲置的时间为零，实现连续的工作，发挥最大的效用。

（2）不让碰——也就是通过机械化、自动化设备的利用，使得作业人员在进行各项物流作业的时候，不直接接触商品，减轻人员的劳动强度。

（3）不让动——也就是通过优化仓库内的货物摆放位置和自动化工具的应用，减少货物和作业人员移动的距离和次数。

（4）不让想——也就是通过对物流过程中的装卸作业进行分解和分析，实现作业的简单化（Simplification）、专业化（Specialization）和标准化（Standardization）的3S原则，从而使得作业过程更为简化，减少作业人员的思考时间，提高作业效率。

（5）不让找——通过详细的规划，把作业现场的工具和货物摆放在最明显的地方，使作业人员在需要利用设备的时候，不用去寻找。

（6）不让写——也就是通过信息技术以及条码技术的广泛应用，真正实现无纸化办公，降低作业成本，提高作业效率。

通过各种先进技术的应用和先进理念的引入，货物装卸作业会逐步实现合理化，这样，必将大大提高整个物流过程的效率，从而提高企业整体的效率，实现最优化，更好地满足顾客的需求。

2.3　搬运

搬运（Handling）是“在同一场所内，对物品进行空间移动的作业过程”（见GB/T 18354—2006中3.33条）。

2.3.1　搬运的形态

按场所分类，搬运可分为自用物流设施中的搬运，如工厂、仓库、配送中心等；营业用设施中的搬运如港口、终点站、机场等。按运输工具分类，有卡车、货物列车、船舶、飞机等的搬运。按货物的包装形式、形状、式样分为三种，即个别搬运、单元装载搬运和散货搬运。如果以使用的搬运机械进行分类，有输送机搬运、起重机搬运、叉车搬运和装料器、输入器搬运等。

2.3.2 装卸搬运技术

装卸搬运技术很多，目前的装卸搬运技术主要表现在集装化技术上。集装化技术是指将两个以上重量轻、体积小的同种或异种货物组成重量和外形都一致的组合体的技术，具体表现在集装箱、托盘和滑板等方面的应用上。其目的是通过实现装卸搬运的自动化、标准化、系统化、批量化和通用化，提高装卸搬运的效率。

1. 集装箱

（1）集装箱的产生与发展

集装箱（Container）是“具有足够的强度，可长期反复使用的适于多种运输工具而且容积在 1 立方米以上（含 1 立方米）的集装单元器具”（见 GB/T 18354—2006 中 4.5 条）。集装箱是在产业革命后，于 1830 年首先在英国铁路上出现的，当时主要的作用是进行大包装和集装吊具，此后，美、英等国的铁路都先后使用过。第二次世界大战后，在一些发达国家形成了以铁路为中心，包括公路在内的陆上中小型（1 吨，2 吨，3 吨）箱为主的各国箱型标准自成体系的集装箱运输。

1957 年美国泛大西洋（后为海陆）航运公司开始了集装箱的海上运输，1964 年国际标准化组织集装箱技术委员会（ISO/TC 104）制定了第一个集装箱外形和总重的国际标准，并为各国普遍接受，集装箱也得到了较大的发展。20 世纪 70 年代初期，第三世界国家也发展了集装箱的海上运输。由于集装箱本身的特点以及其所具有的优点，集装箱在后来得到了较大的发展，形成了联运的格局。集装箱的发展历史可以概括为三个阶段，第一阶段是 20 世纪 50 年代以陆运、中小型箱、国家标准箱为主的时代；第二阶段是以海运、大型箱、国际标准箱为主的发展阶段；第三阶段是以水路、铁路、公路联运，“门到门”服务为主的发展阶段。

（2）集装箱的结构

集装箱按结构可分为密闭式、通风式、折叠式和板式等。图 2-6 是集装箱的结构简图。

2. 托盘

托盘（Pallet）是“在运输、搬运和存储过程中，将物品规整为货物单元时，作为承载面并包括承载面上辅助结构件的装置”（见 GB/T 18354—2006 中 4.10 条）。托盘用于机械化装卸搬运和堆存货物，一般由两层板中间夹以纵梁（或垫块）或单层铺板下设纵梁（或垫块、支腿）所组成。利用托盘可使货物紧密装载、避免碰撞、便于装卸。目前托盘已由原来在港口、车站和企业内部使用，发展到社会流通领域。

托盘的结构及种类详见本书第 12.3.1 节。托盘的发展由原来的装卸搬运发展到储存、运输以及售货等，托盘的使用大大提高了物流的效率。此外，装卸搬运技术的应用还有滑板、网袋、框架和半挂车等。

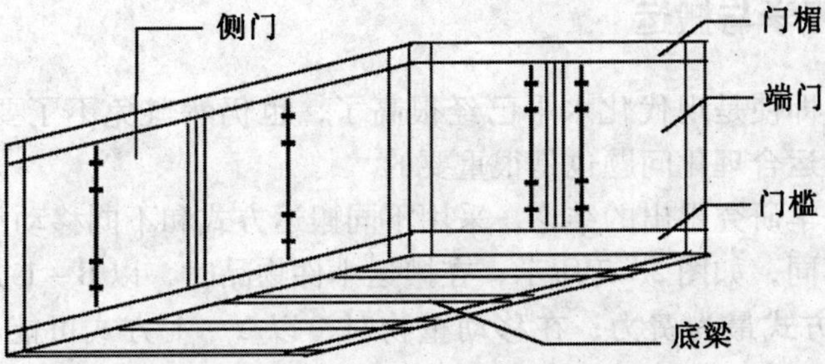

图2－6 集装箱结构简图

2.3.3 搬运活性

物料或货物平时存放的状态是各式各样的，可能是散放在地上的，也可能是装箱放在地上或放在托盘上等。由于存放的状态不同，物料的搬运难易程度也不一样。人们把物料和货物的存放状态对装卸搬运作业的难易程度称之为搬运活性。

搬运活性指数是用来表示各种状态下的货物的搬运难度。活性指数分为0～4共5个等级（如表2－4所示）。

0级：散乱堆放在地面上的货物；

1级：包装好或捆扎好放置于地面上的货物；

2级：放于集装箱或托盘内，或已组合成捆、进行预垫或预挂便于搬运机械操作的货物；

3级：放于搬运车、台车或其他可移动挂车上的货物；

4级：预置在动力车辆或传送带上，即刻进入运动状态或已处于运动状态中的货物。

由于搬运是在物流过程中反复进行的，因而其速度可能决定整个物流速度，每次搬运时间的缩短，多次搬运的累计效果则十分可观。因此，提高搬运灵活性对合理化搬运是很重要的因素。

表2－4 活性的区分和活性指数

搬运活性指数	物品状态	作业说明	作业种类				还需要的作业数目	已不需要的作业数目
			集中	搬起	升起	运走		
0	散放在地上	集中、搬起、升起、运走	要	要	要	要	4	0
1	集装箱中	搬起、升起、运走	否	要	要	要	3	1
2	托盘上	升起、运走	否	否	要	要	2	2
3	车中	运走	否	否	否	要	1	3
4	运动着的货物	不要	否	否	否	否	0	4

2.3.4 人体工程学与搬运

在物流领域，即使是现代化水平已经很高了，也仍然避免不了要有人力搬运的配合，因此，人力搬运合理化问题也是很重要的。

根据人体工程学研究得出的结论，采用不同搬运方式和不同移动重物方式，其合理使用体力的效果不同，如图2－7所示，在搬运小件物品时，以B－1方式即肩挑方式最省力，而以B－7方式最为费力；在移动重物时，以Y－1方式可能移动的重量最大，而以Y－5方式可能移动的重量最小。科学地选择一次搬运重量和科学地确定包装重量也可促进人力搬运的合理化。

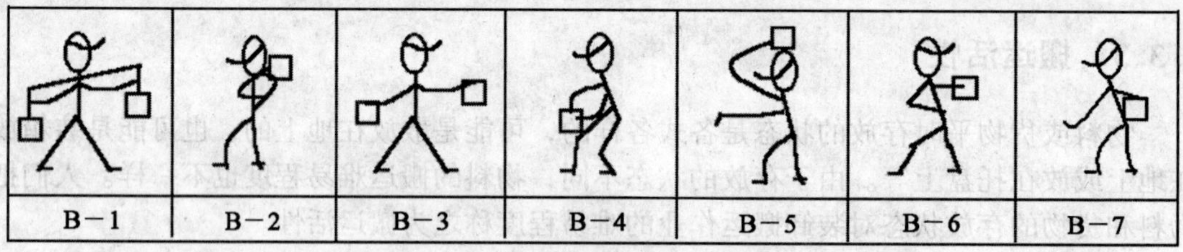

（a）搬运方式体力消耗比较

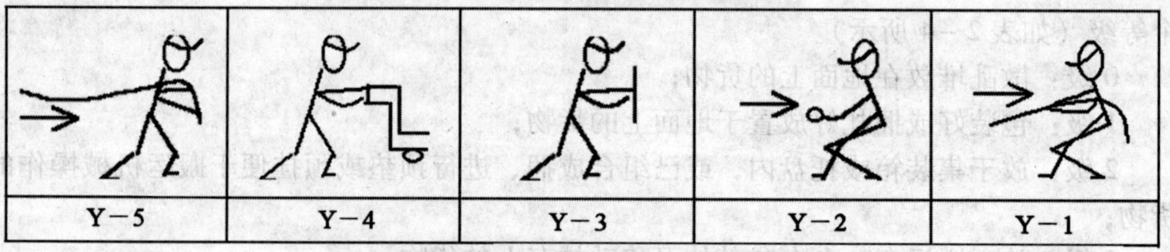

（b）移动方式的移动重量比较

图2－7 人力搬运的合理化

2.3.5 搬运合理化

1. 消除无效搬运作业

要提高搬运物资的纯度，只搬运必要的物资，如有些物资要去除杂质之后再搬运比较合理；避免过度包装，减少无效负荷；提高装载率，充分发挥搬运机器的能力和装载空间；中空的物件可以填装其他小物品再进行搬运；减少倒搬次数，作业次数增多不仅浪费了人力、物力，还增加物品损坏的可能性。

2. 提高搬运活性

放在仓库的货物都是待运货物，因此应使之处于易于移动的状态，称之为“搬运活性”。为提高搬运活性，应当把待运货物整理归堆，或是包装成搬运单元放在托盘上，或是装在车上，或是放在输送机上。

3. 充分利用重力

由高处向低处利用重力移动，有利于节省能源，减轻劳力强度，如使货物在倾斜的辊道运输机上，在重力作用下移动。

4. 合理利用机械

由于劳动力不足，应尽可能地使用搬运机械，使用机械可以把作业人员或司机从重体力劳动中解放出来，并提高劳动生产率。

5. 保持物流的均衡顺畅

货物的处理波动大时会使搬运作业变得困难，但是搬运作业受运输等其他环节的制约，其节奏不能完全自主决定，必须综合各方面因素妥善安排，使物流量均衡，避免忙闲不均的现象。

6. 单元装载

大力推行使用托盘和集装箱，推行将一定数量的货物汇集起来，成为一个大件货物以有利于机械搬运、运输、保管，形成单元装载系统。

3 仓储管理与库存控制

作为物资流通中的不可缺少的环节，仓储管理与库存控制是物流系统的一个重要的子系统。通过库存控制决策活动，利用一定量的储备，保证生产经营活动的持续进行，并减少或避免生产经营活动中库存冗余和缺货的现象。随着人们对库存系统重要性的认识，存储论及其应用已成为现代化物流管理的重要内容之一。根据1974年美国对一些企业不完全的统计资料表明，运用库存理论的企业已达90.7%。我国近年来，在一些工业企业中，从我国经济发展的国情出发，ABC分类管理、各种确定型与随机型的库存控制方法应用于我国物资存储工作的实践，有的企业已建立了包括库存管理在内的物资管理信息系统，库存管理水平得到不断提高。

3.1 库存管理基本知识

3.1.1 库存的定义

库存（Stock）是“储存作为今后按预定的目的使用而处于闲置或非生产状态的物品。广义的库存还包括处于制造加工状态和运输状态的物品”（见GB/T 18354—2006中3.19条）。库存改变了企业生产经营的模式，改变了企业面向市场的方式。库存具有狭义和广义两种含义。

1. 狭义的观点认为，库存仅仅指的是在仓库中处于暂时停滞状态的物资。

2. 从广义的观点来看，库存表示用于将来目的、暂时处于闲置状态的资源。因而需要明确两点：其一，资源停滞的位置，可以是在仓库里、生产线上或车间里，可以是在非仓库中的任何位置，如汽车站、火车站及机场、码头等类型的流通结点上，甚至也可以是在运输途中；其二，资源的闲置状态可能由任何原因引起，而不一定是某种特殊的停滞。资源闲置的原因大体有：①主动的各种形态的储备；②被动的各种形态的超储；③完全的积压。

库存系统是指用来控制库存水平、决定补货时间及订货批量大小的整套制度和控制手段。

传统上，制造性库存是指对公司产品有贡献或组成产品一部分的物资。制造性库存一般可以分为：原材料、产成品、备件、低值易耗品以及在制品。在服务行业，库存一般指用于销售的有形商品以及用于管理的低值易耗品。

在制造业和仓储保管中，库存分析的目的是为了规范以下两个问题：①什么时候进行订货；②订购量是多少。许多公司都努力与供应商建立长期供需关系，以便该供应商能为企业全年的需求提供服务。这样一来，问题就从“何时”与“订多少”转化为“何时”与“运送多少”。

3.1.2 库存的功能

“库存是一个必要的恶魔”。也就是说，库存的存在有利有弊。库存的作用主要是能有效地缓解供需矛盾，尽可能均匀地保持生产，甚至还有“奇货可居”的投机功能。

企业持有库存、维持库存的原因，主要表现在企业对资源的平衡利用上。

1. 顾客资源平衡

为了保护企业免受无法预料的顾客需求的变化，防止因短缺而遭受损失，企业必须持有一定的库存，就像一个调节阀（见图 3－1）。但顾客需求总是难以预测的，并且由于产品寿命周期的不断缩短及市场不断出现新的竞争性产品的原因，顾客需求的不确定性增加了。持有一定量的库存有利于调节供需之间的不平衡，防范由于不稳定的物流引起人员与设备的停工，保证企业按时或快速交货，能够避免或减少由于库存缺货或供货延迟带来的损失，对于企业改善顾客服务质量具有重要作用。

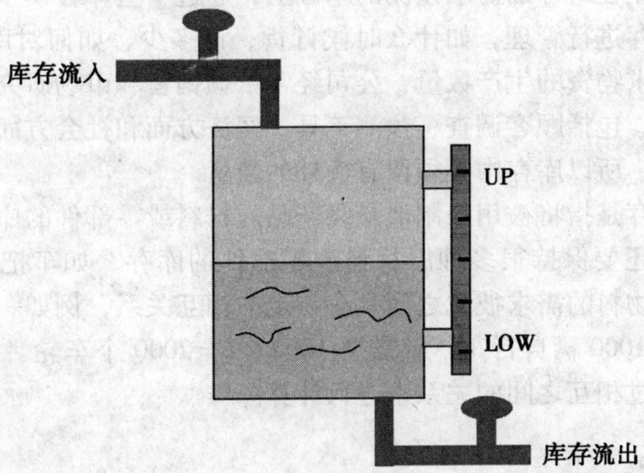

图 3－1 库存就是一个调节阀

2. 生产资源平衡

在许多情况下，供应的数量和质量，供应的成本及交货期存在着很大的不确定性，而库存具有保持生产过程连续性（节省作业交换费用）、分摊订货费用、快速满足客户订货需求的作用。库存有助于缓解具有不同生产速率的生产制造环节，协调生产资源在时间和空间上的衔接。

批量库存不仅降低了企业生产调整的频率，而且提高了机器设备的利用率。库存对于实施良好的客户服务，通过保持生产速率以合理的规模安排生产，从而保持企业的竞争力具有重要的意义。

3. 运输资源平衡

运输企业提供的规模经济鼓励企业运输大量产品，因而持有大量库存。实际上，许多承运人通过向托运人提供各种折扣来鼓励大批量运输。

面对复杂的市场环境，库存并不是一种必然的祸害，而是一种非常有用的减震器。库存的存在，有利于平衡客户资源、生产资源和运输资源，减少资源震荡带来的危险。

3.1.3 独立性需求与相关性需求库存

按需求的类型可以将库存问题分成两种，独立性需求和相关性需求。独立性需求和相关性需求的概念是美国 J. A. 奥列基博士（Dr. Joseph A. Orlicky）提出的，同时他还指出订货点法只适用于独立性需求的物资。

独立性需求库存是指将要被消费者消费或使用的制成品的库存，如自行车生产企业的自行车的库存。制成品需求的波动受市场条件的影响，而不受其他库存品的影响。这类库存问题往往建立在对外部需求预测的基础上，通过一些库存模型的分析，制定相应的库存政策来对库存进行管理，如什么时候订货、订多少、如何对库存品进行分类等。为了确定独立性需求物资的生产数量，公司经常依赖销售和市场研究部门，其职员将使用各种各样的工具，包括顾客调查、预测工具、经济方面和社会方面的趋势。由于独立性需求是不确定的，所以库存中必须留有额外的数量。

相关性需求库存是指将被用来制造最终产品的材料或零部件的库存。自行车生产企业为了生产自行车还要保持很多种原材料或零部件的库存，如车把、车梁、车轮、车轴、车条等。这些物料的需求彼此之间具有一定的相互关系，例如一辆自行车需要有两个车轮，如果生产 1000 辆自行车，就需要 $1000 \times 2 = 2000$ 个车轮。这些物料的需求不需要预测，只有通过相互之间的关系来进行计算。

3.1.4 库存系统

库存系统为库存物资的管理和控制提供了组织机构和经营策略。该系统负责物资的订购和接收：决定订购时机，对订购什么、订购多少和向谁订购等事项进行追踪。该系统必须回答以下问题：供应商收到订单了吗？货物已经发出了吗？日期准确吗？是否建立了再订货及退还不必要商品的程序？

传统的库存系统有两个基本的模型：定量订货模型（也称经济订货批量，EOQ 模型或 Q 模型）和定期订货模型（也有不同称谓，如定期系统、定期盘点系统、固定订货间隔期系统以及 P 模型）。

两者的区别是，定量订货模型是“事件驱动”，而定期订货模型是“时间驱动”。

也就是说，定量订货模型当到达规定的再订货水平的事件发生后，就进行订货，这种事件有可能随时发生，主要取决于该物资的需求情况。相比较而言，定期订货模型只限于在预定时期期末进行订货，是由时间来驱动的。

运用定量订货模型时（当库存量降低到再订购点时，就进行订货），必须连续监控剩余库存量。因此，定量订货模型是一种永续盘存系统，它要求每次从库存里取出货物或者往库存里添加货物时，必须刷新记录以确定是否已经到再订货点。而在定期订货模型中，库存盘点只是在盘点期发生。两种模型的其他区别如表 3－1 所示。

表 3－1　　定量订货模型与定期订货模型的区别

特　征	Q 定量订货模型	P 定期订货模型
订购量	每次订购量相同	每次订购量不同
何时订购	在库存量降低到再订购点时订购	盘点期到来时订购
库存记录	每次出库都做记录	只在盘点期做记录
库存大小	比定期订货模型小	比定量订货模型大
维持所需时间	由于记录连续，所以较长	由于记录不连续，所以较短
物资类别	昂贵、关键或重要物资	一般物资

从表 3－1 中可以看出，定量订货模型和定期订货模型主要有以下几个特点：

（1）定期订货模型平均库存较大，以防在盘点期发生缺货情况；定量订货模型没有盘点期。

（2）因为平均库存量较低，所以定量订货模型有利于贵重物资的库存。

（3）对于重要的物资如关键维修零件，定量订货模型将更适用，因为该模型对库存的监控更加密切，这样可以对潜在的缺货更快地做出反应。

（4）由于每一次补充库存或货物都要进行记录，维持定量订货模型需要的时间更长。

3.2　库存物资的 ABC 分类管理技术

库存物资的分类管理技术有很多种，这里主要介绍一种比较简单、实用的库存物资分类管理方法——ABC 分类法。ABC 分类法（ABC Classification）是“将库存物品按照设定的分类标准和要求分为特别重要的库存（A 类）、一般重要的库存（B 类）和不重要的库存（C 类）三个等级，然后针对不同等级分别进行控制的管理方法”（见 GB/T 18354—2006 中 6.2 条）。ABC 分类管理法是实施储存合理化的基础，在此基础上可以进一步解决各类的结构关系、储存量、重点管理和技术措施等合理化问题。而且，通过在 ABC 分析的基础上实施重点管理，可以决定各种物资的合理库存储备数量及经济地保有合理储备的办法，乃至实施零库存。

3.2.1 ABC 分类管理技术理论基础

库存 ABC 分类管理法的基本原理是：由于各种库存品的需求量和单价各不相同，其年耗用金额也各不相同。那些年耗用金额大的库存品，由于其占压组织的资金较大，对组织经营的影响也较大，因此需要进行特别的重视和管理。ABC 库存分类法就是根据库存品的年耗用金额的大小，把库存品划分为 A、B、C 三类。A 类库存品的年耗用金额占总库存金额的 75%～80%，品种数却只占总库存品种数的 15%～20%；B 类库存品的年耗用金额占总库存金额的 10%～15%，其品种数占总库存品种数的 20%～25%；C 类库存品的年耗用金额占总库存金额的 5%～10%，其品种数却占总库存品种数的 60%～65%。

库存货物 ABC 分类可分为数据收集、统计汇总、制作 ABC 分析表、绘制 ABC 分类管理图和确定管理方法等几个步骤（图 3－2 是一个典型的 ABC 分类管理图）。

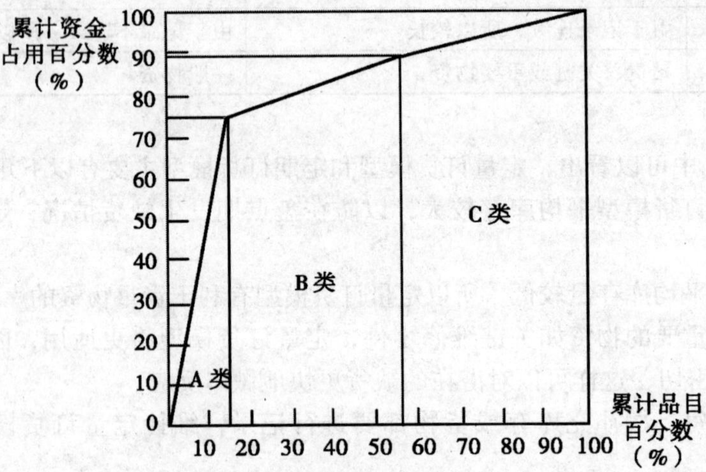

图 3－2 ABC 分类管理图

3.2.2 ABC 分类管理技术应用举例

现举例阐述 ABC 分类管理法的具体应用。

例 3－1 某企业全部库存商品共计 3424 种，按每一品种年度销售额从大到小顺序，排成如表 3－2 所列的 7 档，统计每档的品种数和销售金额。用 ABC 分类管理法确定分类，并给出各类库存物资的管理方法。

表 3-2 产品销售明细表

每种商品年销售额 X	品种数	销售额
X>6	260	5800
5<X≤6	68	500
4<X≤5	55	250
3<X≤4	95	340
2<X≤3	170	420
1<X≤2	352	410
X≤1	2424	670

（1）数据收集，引用该题给定数据。

（2）统计汇总，根据该题给定数据，做出汇总表（见表 3-3）。

表 3-3 ABC 分析汇总表

每种商品年销售额 X	品种数	占全部品种的百分比（%）	品种累计	占全部品种的累计百分比（%）	销售额	占销售总额百分比（%）	销售额累计	占销售总额的累计百分比（%）
X>6	260	7.6	260	7.6	5800	69.1	5800	69.1
5<X≤6	68	2.0	328	9.6	500	6.0	6300	75.1
4<X≤5	55	1.6	383	11.2	250	3.0	6550	78.1
3<X≤4	95	2.8	478	14.0	340	4.1	6890	82.1
2<X≤3	170	5.0	648	18.9	420	5.0	7310	87.1
1<X≤2	352	10.3	1000	29.2	410	4.9	7720	92.0
X≤1	2424	70.9	3424	100.0	670	8.0	8390	100.0

（3）根据 ABC 分类标准，制作 ABC 分析表（见表 3-4）。

表 3-4 ABC 分析表

分类	品种数	占全部品种的百分数（%）	品种累计百分数（%）	销售额	占销售总额的百分数（%）	销售额累计百分数（%）
A	328	9.6	9.6	6300	75.1	75.1
B	672	19.6	29.2	1420	16.9	92.1
C	2421	70.8	100	670	8	100

（4）绘制 ABC 分类管理图（见图 3-3）。

（5）确定管理方法。

①对于 A 类商品的管理方法是：

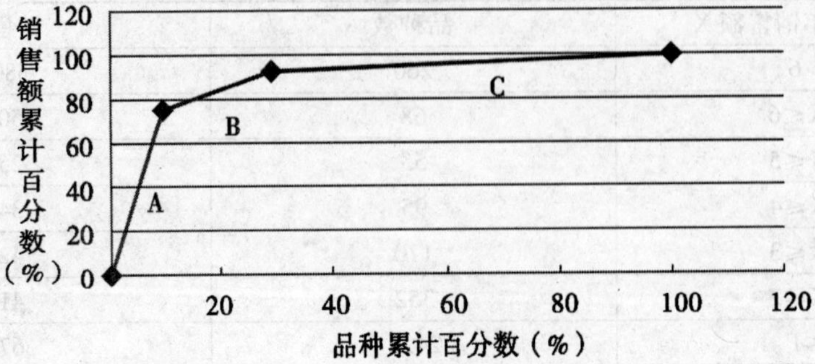

图3-3　ABC分类管理图

- 每件商品皆作编号；
- 尽可能正确地预测需求量；
- 少量采购，尽可能在不影响需求下减少库存量；
- 请供货单位配合，力求出货量平稳化，以降低需求变动，减少按库存量与供应商协调，尽可能缩短前置时间；
- 采用定期订货的方式，对其存货必须作定期检查；
- 必须严格执行盘点，每天或每周盘点一次，以提高库存精确度；
- 对交货期限加强控制，在制品及发货环节也须从严控制；
- 货品放置于易于出入库的位置；
- 实施货品包装外形标准化，增加出入库单位；
- A类商品的采购需经高层主管审核。

②对于B类商品的管理方法是：

- 采用定量订货方式，但对前置时间较长或需求量有季节性变动趋势的货品宜采用定期订货方式；
- 每2～3周盘点一次；
- 中量采购；
- 采购需经中级主管核准。

③对于C类商品的管理方法是：

- 采用复合制或定量订货方式以求节省手续；
- 大量采购，以便在价格上获得优惠；
- 简化库存管理手段；
- 安全库存须较大，以免发生库存短缺；
- 可交现场保管使用；
- 每月盘点一次；
- 采购仅需基层主管核准。

3.3 独立性需求库存控制模型

现在讨论最简单的存储模型，即需求不随时间变化的确定型存储模型，这类模型的有关参数如需求量、提前订货时间是已知确定的值，而且在相当长一段时间内稳定不变。显然这样的条件在现实经济生活中是很难找到的。实际上，只要我们所考虑的参数的波动性不大，就可以认为是确定型的存储问题。经过数学抽象概括的存储模型虽然不可能与现实完全等同，但对模型的探讨将加深我们对存储问题的认识，其模型的解也将对存储系统的决策提供帮助。

3.3.1 确定型存储控制型模型

经济订货批量（Economic Order Quantity，EOQ）是“通过平衡采购进货成本和保管仓储成本核算，以实现总库存成本最低的最佳订货量”（见 GB/T 18354—2006 中 6.10 条）。经济订货批量模型又称整批间隔进货模型，该模型适用于整批间隔进货、不允许缺货的存储问题，即某种物资单位时间的需求量为常数 D，存储量以单位时间消耗数量 D 的速度逐渐下降，经过时间 T 后，存储量下降到零，此时开始订货并随即到货，库存量由零上升为最高库存量 Q，然后开始下一个存储周期，形成多周期存储模型。

1. 经济订货批量的概念

由于需求量和提前订货时间是确定已知的，因此只要确定每次订货的数量是多少或进货间隔期为多长时间，就可以做出存储策略。由于存储策略是遵循使存储总费用最小的经济原则来确定订货批量，故称该订货批量为经济订货批量。

2. EOQ 模型

（1）模型假设：存储某种物资，不允许缺货，其存储参数为：

T：存储周期或订货周期（年或月或日）；

D：单位时间需求量（件/年或件/月或件/日）；

Q：每次订货批量（件或个）；

C_1：存储单位物资单位时间的存储费（元/件·年、元/件·月或元/件·日）；

C_2：每次订货的订货费（元或万元）；

t：提前订货时间为零，即订货后瞬间全部到货。

（2）建立模型：存储量变化状态如图 3-4 所示。

一个存储周期内需要该种物资 $Q = D \cdot T$ 个，图中存储量斜线上的每一点表示在该时刻的库存水平，每一个存储周期存储量的变化形成一个直角三角形，一个存储周期的平均存储量为 $1/2Q$，存储费为 $1/2C_1QT$，订货一次订货费为 C_2，因此，在这个存储周期内存储总费用为 $1/2C_1QT + C_2$。

由于订货周期 T 是变量，所以只计算一个周期内的费用是没有意义的，需要计算单位时间的存储总费用 C_Z，即：

$C_Z = 1/2C_1Q + C_2/T$

将 $T = Q/D$ 代入上式，得：

$C_Z = 1/2C_1Q + C_2D/Q$

显然，单位时间的订货费随着订货批量的增大而减小，而单位时间的存储费随着订货批量 Q 的增大而增大，如图 3－5 所示。通过图可以直观看出，在订货费用线和存储费用线相交处，订货费和存储费相等，存储总费用曲线取得最小值。

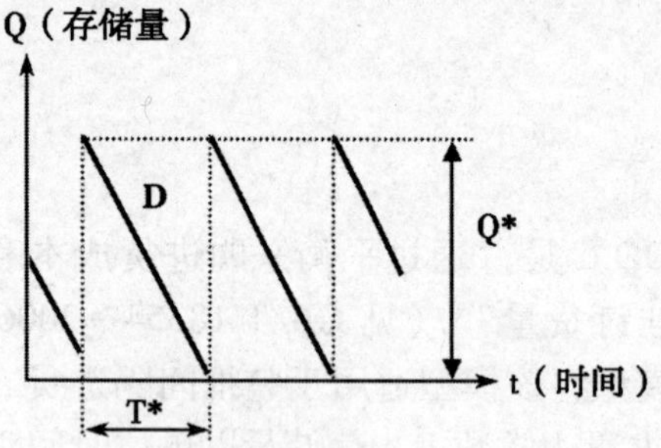

图 3－4　存储量变化状态图

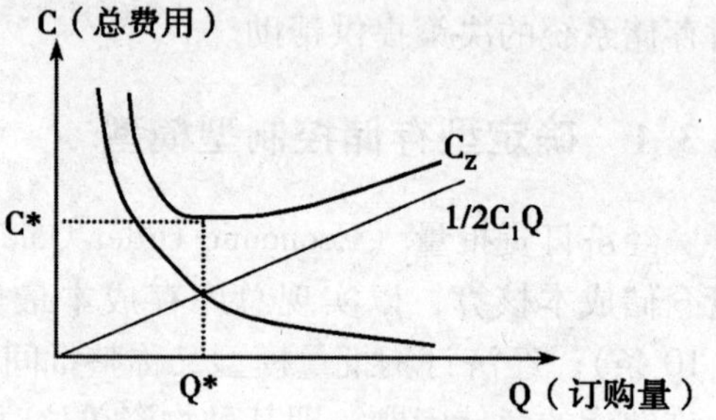

图 3－5　存储费用曲线图

利用微分求极值的方法，令 $dC_Z/dQ = 1/2C_1 - C_2D/Q^2 = 0$，即得到经济订货批量 Q^*：

$$Q^* = \sqrt{\frac{2C_2D}{C_1}}$$

由经济订货批量公式及 $Q^* = T^*D$，可得到经济订货间隔期：

$$T^* = \sqrt{\frac{2C_2}{DC_1}}$$

将 Q^* 值代入 $C_Z = 1/2C_1Q + C_2D/Q$ 式，得到按经济订货批量进货时的最小存储总费用：

$$c^* = \sqrt{2DC_1C_2}$$

需要说明的是，前面在确定经济订货批量时，作了订货和进货同时发生的假设，实际上，订货和到货一般总有一段时间间隔，为保证供应的连续性，需要提前订货。

设提前订货时间为 t，日需要量为 D，则订购点 $s = D \cdot t$，当库存下降到 s 时，即按经济订货批量 Q^* 订货，在提前订货时间内，以每天 D 的速度消耗库存，当库存下降到零时，恰好收到订货，开始一个新的存储周期。

另外，以实物计量单位如件、个表示物质数量时，Q^* 是每次应订购的物资数量，若不是整数，可四舍五入后取整。

对于以上确定型存储问题，最常使用的策略就是确定经济订货数量 Q^*，并每隔

T^*时间即订货，使存储量由 s^*（往往以零计算）恢复到最高库存量 $S=Q^*+s$。这种存储策略可以认为是定量订购制，但因订购周期也固定，又可以认为是定期订购制。

例 3－2 某车间需要某种标准件，不允许缺货，按生产计划，年需求量 10000 件，每件价格 1 元，每采购一次的采购费为 25 元，年保管费率为 12.5%，该元件可在市场上立即购得，问应如何组织进货？

解：经济订货批量：$Q^*=\sqrt{\frac{2C_2D}{C_1}}=\sqrt{\frac{2\times25\times10000}{0.125}}=2000$（件）

经济订货间隔期：$T^*=\sqrt{\frac{2C_2}{DC_1}}=\sqrt{\frac{2\times25}{10000\times0.125}}=0.2$（年）$=73$（天）

如以 D 表示某种物资的年需求量，V 表示该物资的单价，C_2为一次订货费，r 表示存储费率，即存储每元物资一年所需的存储费用，则得到经济订货批量的另外一种常用形式：

$$Q^*=\sqrt{\frac{2DC_2}{rV}}$$

3. EOQ 模型的敏感性分析

EOQ 模型中所涉及的物资需用量、存储费、订货费等存储参数，一般是根据统计资料并估计计划期的发展趋势而确定的，往往与实际情况有一些误差，依据这些参数计算的经济订货批量自然不够十分准确；另外，经济订货批量往往不是整数，而实际订货时，常常要求以一定的整数如整桶、整吨等单位进行订货。为此，我们需要分析模型的各项参数发生偏差时对经济订货批量 Q 的影响程度，以及经济订货批量的偏差对存储总费用的影响程度，从而考察 EOQ 模型的可靠程度和实用价值，即对 EOQ 模型进行敏感性分析。

物资存储中通常还会遇到其他一些附加条件，如物资单价按订货批量不同有一定的折扣；所存储物资占用流动资金有一定数额限制；仓库库容有一定限制；或是多种物资同时订购等。这些模型的表现形式更为复杂一些，但在具体分析时都是本着综合平衡各种费用和成本，使总的存储费用最低。这里不作详细介绍。

3.3.2 随机型存储控制型模型

上述库存模型都建立在两个假定条件下：一是假定需求量保持不变，均匀出库；二是假定订货后按时交货。但是由于各种因素的影响，往往使订货不能按时送达，发生随机性的延迟拖后，从而发生缺货现象。为了保证仓库的库存量基本按规定日期得到补充，需要把订货点提前，这就是仓库管理中订货点的提前问题；也可能由于生产系统的生产不均衡，需求量突然增加，使存货提前用完，出现缺货现象。为了消除或弥补这种随机波动的影响，需要对需求量和订货点提前期的历史资料进行统计分析，确定一个安全库存量。

由于供需随机波动产生的两个问题，确定型库存模型已不能反映这些变化，因此必须建立新的随机型库存模型。

1. 缺货情况与安全库存量

在定量订货方式中，每当库存量降至订货点 s 时，即按一定批量 Q（Q = S - s）订货补充（见图 3 - 6）。如果订货后交货并在交货期间无过量使用，并不动用安全库存量 ss；如果订货后不按时交货，出现延误时间，将要动用安全库存量，以应付延误时间内的用量；如果在订货到交货期间，出现过量使用，库存量下降速率增加，则也要动用安全库存量，以应付缺货情况。

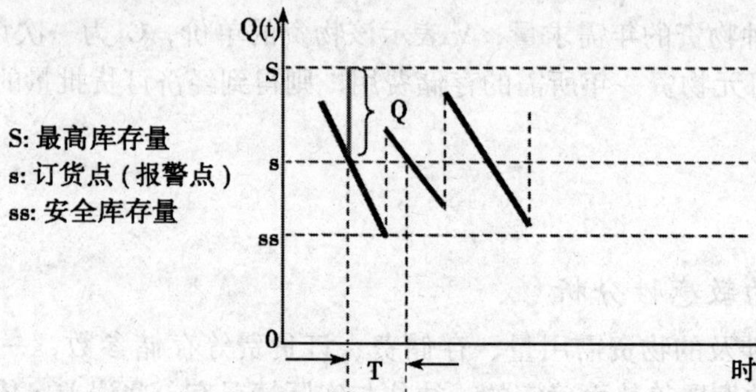

图 3 - 6　存储量状态变化图

前面所讨论的平均库存量没有考虑安全库存量。在考虑安全库存量的情况下，平均库存量应增加安全库存量，对于一次到货的情况，有：

$$\overline{Q} = \frac{1}{2}Q + ss$$

式中：Q——订货量；

　　ss——安全库存量。

对于分批均匀进货的情况，则有：

$$\overline{Q} = \frac{1}{2}(P - D)\frac{Q}{P} + ss$$

其中，Q 表示订货批量，P 表示每日的进货数量，D 表示每日的需求量，且 P > D。

2. 订货点的确定

需求量和提前订货时间随机波动，订货点的库存量就需要根据历史的波动数据求得平均 $\overline{D}$ 和平均提前订货时间 $\overline{t}$，或者根据最大提前时间来计算。为了消除随机波动的影响，此时就要增加安全库存量 ss，计算方法是：

订货点库存量 = 日（月）平均需要量 × 平均提前订货时间 + 安全库存量

即：$Q_k = D \cdot \bar{t} + ss$

或：订货点库存量 = 平均需求量 × 最大提前期 + 安全库存量

即：$Q_k = D \cdot t_{max} + ss$

3. 安全库存量的确定

安全库存量是指为防止因订货期间需求量增长和到货延误所引起的缺货而设置的储备量。安全库存量是最低库存量，在正常情况下一般不动用，若一经动用，则应在下批订货到达时立即补齐，安全库存量又称为保险库存量、固定库存量。

（1）根据需求量和提前订货时间随机变化情况确定安全库存量

安全库存量一般只是在需求量和提前订货时间有随机变化的情况下才予以考虑，并要控制到最低限度。安全系数法是从保险储备对需求的保证程度，即安全系数来确定安全库存量的方法，是在提前订货时间与需求量均服从正态分布的前提下应用的，其计算公式为：

安全库存量 = 安全系数 × 平均提前订货时间的开平方 × 需求量变化偏差值

即：$ss = \alpha \cdot \sqrt{t_{max}} \cdot \sigma_D$

式中：安全系数 α 决定于生产中允许缺货的概率，一般 α = 0.5 ~ 2.5，如生产中不允许缺货（缺货概率小于3%），α 值应大，可令 α > 2；如允许缺货（待料期间可用其他加工零件调节，不影响生产任务的完成），这时 α 值应小，取 0.5 ~ 2。

需求量变化偏差值 σ_D 主要取决于需求量差值的大小：

$\sigma_D = (DM_{max} - DM_{min}) / d^2$

式中：DM_{max} 为需求量最大值，DM_{min} 为需求量最小值，$1/d^2$ 为系数，取决于所引用资料来源的数目 n，可查表 3－5。

表 3－5　　需求量偏差系数表

需求量偏差数据资料来源数目 n	2	4	6	8	10	12
系数 $1/d^2$	0.8865	0.4857	0.3646	0.3512	0.3249	0.3069

例 3－3　某厂原材料库，上一年按月实际需求量如表 3－6 所示，最大提前期为两个月，安全系数 α = 1.65，求安全库存量和订货点库存量。

表 3－6　　实际需求量表

月份	1	2	3	4	5	6	7	8	9	10	11	12	全年总量
需求量	162	173	167	180	181	172	170	168	167	174	170	168	2052

解：月平均需求量：$\overline{D}=\frac{2052}{12}=171$（单位）

$\sigma_D=(DM_{max}-DM_{min})/d^2=(181-162)/d^2$

查表 3-5，n=12 时，$1/d^2=0.3069$，代入上式得：

$\sigma_D=(181-162)\times 0.3069=5.83$（单位）

安全库存量：$ss=\alpha\cdot\sqrt{t_{max}}\cdot\sigma_D=1.65\times\sqrt{2}\times 5.83=14$（单位）

订货点库存量：$Q_k=\overline{D}\cdot t_{max}+ss=171\times 2+14=356$（单位）

(2) 根据预定服务水平确定安全库存量

若订购时间及实际需求量 D_i 的随机波动可以确定为某种统计分布，且需求量的统计资料比较可靠和完备，则可运用数理统计方法，从满足预定的某一服务水平（不缺货概率）出发，来确定必要的保险储备量。实践表明，很多物资订购期间实际需求量出现的概率是服从正态分布的。因此，这里将按正态分布的原理来确定安全库存量，其计算公式为：

$ss=\alpha\cdot\sigma$

式中：σ 为订购期间实际需求量的标准差，它反映实际值对其均值的离散程度。

$$\sigma=\sqrt{\frac{\sum(D_i-\overline{D})^2 f_i}{\sum f_i}}$$

式中：f_i 为需求量 D_i 相应的出现次数，α 为库存控制中设定的安全系数，它可根据预定的服务水平（不缺货概率），查安全系数表得出。表 3-7 给出了一些常用数据。服务水平（即不缺货概率）=1-允许缺货概率。允许缺货概率可根据企业长期经营的经验作概率规定。如服务水平不低于 98%，即表示在 100 个订货期间内，允许缺货次数不得多于 2 次。

表 3-7　　安全系数表

服务水平	0.9988	0.99	0.98	0.95	0.90	0.80	0.70
安全系数 α	3.5	2.33	2.05	1.65	1.29	0.84	0.53

例 3-4　某物资仓库对过去 50 个实际需求量 D_i 进行的统计分析，如表 3-8 所示，如要求服务水平不低于 98%，试确定安全库存量。

表 3-8　　需求量分布

实际需求量 D_i（件）	70	80	90	100	110	120	130
出现次数 f_i	1	2	9	25	10	2	1

解：设原始数据基本符合正态分布。

首先计算订货期间实际需求量的标准差σ：

$$\overline{D}=\frac{\sum D_i}{n}=\frac{70+80+90+100+110+120+130}{7}=100\text{（件）}$$

$$\sigma=\sqrt{\frac{\sum(D_i-\overline{D})^2f_i}{\sum f_i}}$$

$$=\sqrt{\frac{(70-100)^2\times1+(80-100)^2\times2+\cdots+(130-100)^2\times1}{1+2+\cdots+1}}$$

$$=\sqrt{\frac{5300}{50}}\approx10.3$$

其次根据服务水平不低于98%，查安全系数表（见表3－7），得 $\alpha=2.05$

最后求安全库存量ss：

$ss=\alpha\cdot\sigma=2.05\times10.3\approx21$

由表3－8可以看出，如安全库存量为21件时，只有当订货期间的实际需求量出现130件时才会发生缺货（需求量130＞平均值100＋安全值21），其缺货概率为 $f_7/\sum f_i=1/50=2\%$，不缺货概率为98%。因此安全库存量为21件时，就可以满足服务水平不低于98%的要求。

3.4 相关性需求库存控制系统模型

相关性需求库存控制系统模型即物料需求计划模型。物料需求计划（Material Requirements Planning，MRP）是“制造企业内的物料计划管理模式。根据产品结构各层次物品的从属和数量关系，以每个物品为计划对象，以完工日期为时间基准倒排计划，按提前期长短区别各个物品下达计划时间先后顺序的管理方法”（见GB/T 18354—2006中6.19条）。它是生产企业用来制订物料需求计划、进行生产管理的一种方法。它不但可以制订出企业的物料投产计划，还可以用来制订外购件的采购计划，非常适合于在加工、制造、装配企业中使用。配合使用计算机，可以迅速制订出比较详细复杂的生产计划和采购计划。因此，许多大型的企业都把使用MRP作为自己坚定不移的目标。这些使用MRP的企业，一般都能够获得比较好的效果。切实按照其制订的计划去执行，既可以保证产品在装配时不发生缺货，保障企业生产的正常进行，而且保证采购的产品库存量不高也不低，刚好可以满足生产计划规定的需要，不会造成库存积压也不会造成缺货，并且使得库存管理井井有条，节省保管费用，减少计划人员等。

3.4.1 MRP的原理

MRP基本的原理是，由主生产进度计划（MPS）和主产品的层次结构逐层逐个地求出主产品所有零部件的出产时间、出产数量。如果零部件靠企业内部生产的，需要根据各自的生产时间长短来提前安排投产时间，形成零部件投产计划；如果零部件需要从企业外部采购，则要根据各自的订货提前期来确定提前发出各自订货的时间、采购的数量，形成采购计划。确实按照这些投产计划进行生产和按照采购计划进行采购，就可以实现所有零部件的出产计划，从而不仅能够保证产品的交货期，而且还能够降低原材料的库存，减少流动资金的占用。MRP 的逻辑原理，如图 3－7 所示。

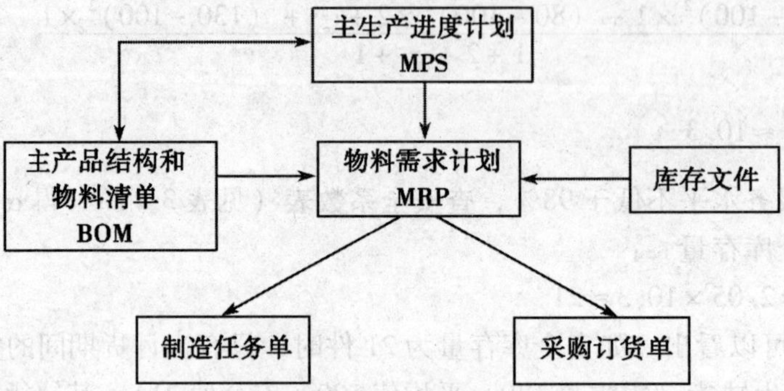

图 3－7　MRP 逻辑原理图

由图 3－7 可以看出，物料需求计划 MRP 有三个输入文件，分别是主生产进度计划（MPS）、主产品结构和物料清单（BOM）和库存文件。

1. 主生产进度计划 MPS（Master Production Schedule）

它一般是主产品的一个产出时间进度表，主产品是企业生产的用以满足市场需要的最终产品，一般是整机或具有独立使用价值的零件、部件、配件等。它们一般是独立需求产品，靠市场的订货合同、订货单或市场预测来确定其未来一段时间（一般是一年）的总需求量，包括需求数量、需求时间等。把这些资料再根据企业生产能力状况经过综合调配平衡，把它们具体分配到各个时间单位中去。这就是主产品出产进度计划。这个主产品出产进度计划是 MRP 系统最主要的输入信息，也是 MRP 系统运行的主要依据。

主产品出产进度计划来自企业的年度生产计划。年度生产计划覆盖的时间周期一般是一年，在 MRP 中用 52 周来表示。但是主产品的出产进度计划可以不一定是一年，要根据具体的主产品的出产时间来定。但是有一个基本原则，即主产品出产进度计划所覆盖的时间周期要不小于其组成零部件中具有的最长的生产周期。否则，这样的主产品出产进度计划就不能进行 MRP 系统的运行，因此是无效的。例如，有一个产品出产进度表，可以看做产品 A 的主生产计划表，如表 3－9 所示。

表 3－9　产品 A 的出产进度表

时间（周）	1	2	3	4	5	6	7	8
产量（件/周）	25	15	20		60		15	

2. 主产品结构和物料清单 BOM（Bill of Materials）

物料清单 BOM 主要反映出主产品的层次结构、所有零部件的结构关系和数量组成（如图 3－8 为产品泵的产品结构和物料清单）。根据这个文件，可以确定主产品及其各个零部件的需要数量、需要时间和它们相互间的装配关系。

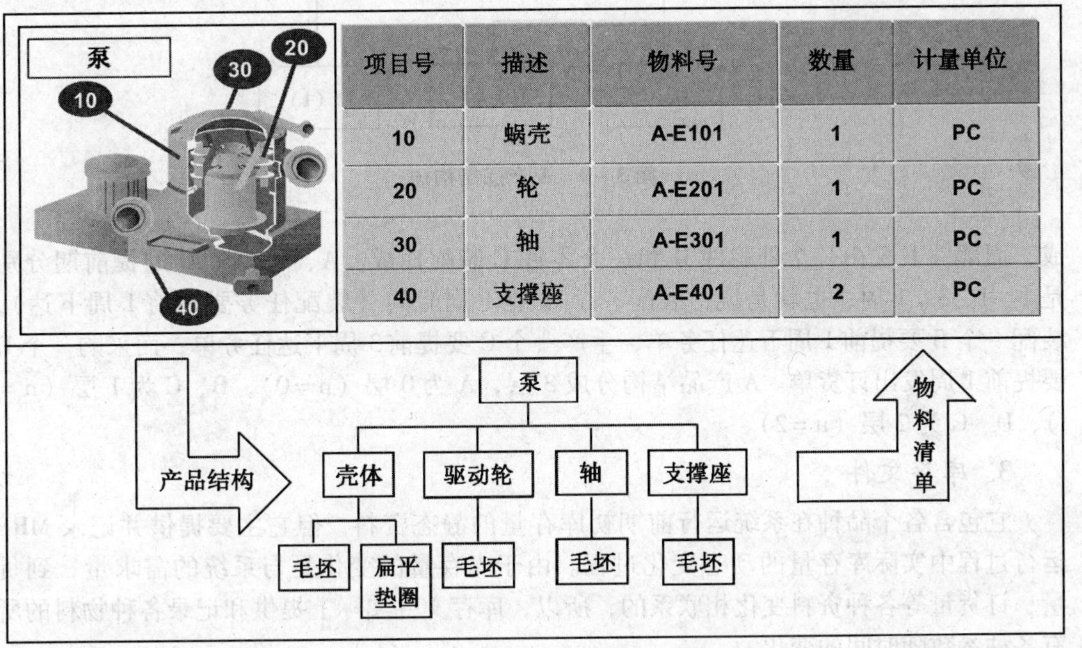

项目号	描述	物料号	数量	计量单位
10	蜗壳	A-E101	1	PC
20	轮	A-E201	1	PC
30	轴	A-E301	1	PC
40	支撑座	A-E401	2	PC

图 3－8　泵的产品结构和物料清单

产品结构树提供了产品的结构层次、所有各层零部件的品种数量和装配关系。在实践过程中，常常用一个自上而下的结构树来表示。每一层都对应一定的级别，最上层是 0 级，即主产品级，0 级的下一层是 1 级，对应主产品的一级零部件，这样一级一级往下分解，一直分解到最末一级 n 级，一般是最初级的原材料或者外购零配件。每一层各个方框都标有三个参数：

（1）组成零部件名；

（2）组成零部件的数量，指构成相连上层单位产品所需要的本零部件的数量；

（3）相应的提前期，所谓提前期，包括生产提前期和订货提前期。所谓生产提前期，是指从发出投产任务单到产品生产出来所花的时间。而订货提前期是指从发出订货到所订货物采购回来入库所花的时间。提前期的时间单位要和系统的时间单位一致，也以“周”为单位。有了这个提前期，就可以由零部件的需要时间而推算出投产时间或采购时间。

例如，主产品 A 的结构树如图 3－9 所示。它由两个部件 B 和一个零件 C 装配而

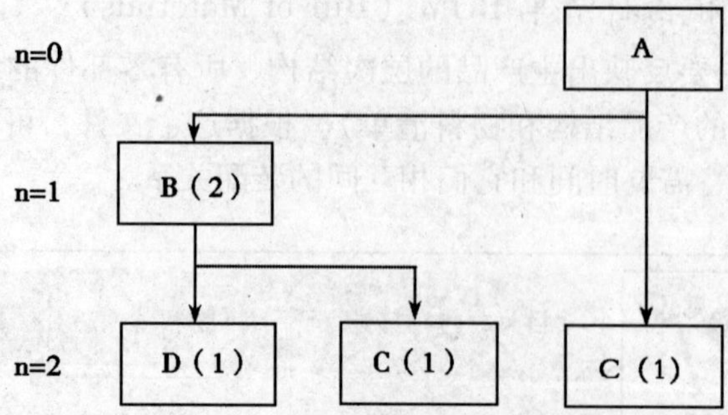

图3-9　A产品结构树

成，而部件B又由一个外购件D和一个零件C装配而成。A、B、C、D的提前期分别是1、1、3、1周，也就是说，装配一个A要1周时间（装配任务要提前1周下达），装配一个B要提前1周下达任务单，生产一个C要提前3周下达任务单，而采购一个D要提前1周发出订货单。A产品结构分成3层，A为0层（n=0），B、C为1层（n=l），D、C为2层（n=2）。

3. 库存文件

它包含各个品种在系统运行前期初库存量的静态资料，但它主要提供并记录MRP运行过程中实际库存量的动态变化过程。由于库存量的变化是与系统的需求量、到货量、订货量等各种资料变化相联系的，所以，库存文件实际上提供和记录各种物料的所有各种参数随时间的变化。

这些参数有：

（1）总需要量：是指主产品及其零部件在每一周的需要量。其中主产品的总需要量与主生产进度计划一致，而主产品的零部件的总需要量根据主产品出产进度计划和主产品的结构文件推算而得出。总需要量中，除了以上生产装配需要用品以外，还可以包括一些维护用品，如润滑油、油漆等。既可以是相关需求，也可以是独立需求，合起来记录在总需要量中。

（2）计划到货量：是指已经确定要在指定时间到达的货物数量。它们可以用来满足生产和装配的需求，并且会在给定时间到货入库。它们一般是以临时订货、计划外到货或者物资调剂等得到的货物，但不包括根据这次MRP运行结果产生的生产任务单生产出来的产品或根据采购订货单采购回来的外购品。这些产品由“计划接受订货”来记录。

（3）库存量：是指每周库存物资的数量。由于在一周中，随着到货和物资供应的进行，库存量是变化的，所以周初库存量和周末库存量是不同的。因此，规定这里记录的库存量都是周末库存量。它在数值上等于：

库存量 = 本周期初库存量 + 本周到货量 - 本周需求量

　　= 上周周末库存量 + 本周计划到货量 - 本周需求量

另外在开始运行 MRP 以前，仓库中可能还有库存量，叫期初库存量。MRP 运行是在期初库存量的基础上进行的，所以各个品种的期初库存量作为系统运行的重要参数必须作为系统的初始输入要输入到系统之中。

库存量是满足各周需求量的物资资源。在有些情况下，为了防止意外情况造成的延误，还对某些关键物资设立了安全库存量，以减少因紧急情况而造成的缺货。在考虑安全库存的情况下，库存量中还应包含安全库存量。

产品库存文件，包括了主产品和其所有的零部件的库存量、已订未到量和已分配但还没有提走的数量。制定物料需求计划有一个指导思想，就是要尽可能减少库存。产品优先从库存物资中供应，仓库中有的，就不再安排生产和采购。仓库中有但数量不够的，只安排不够的那一部分数量投产或采购。

MRP 有两个输出文件，即投产计划和产品采购计划，根据产品投产计划和采购计划组织物资的生产和采购，生成制造任务单和采购订货单，交制造部门生产或交采购部门去采购。

3.4.2　MRP 处理示例

例 3-5　某企业要求在第 5 周和第 10 周分别交货 100 件 X 产品，产品 X 的产品结构树如图 3-10 所示，已知该产品及其零部件的库存量与提前期如表 3-10 所示，问该如何组织生产，即制造任务单和采购订货单如何下达？

表 3-10　　**零部件的库存量与提前期**

产品项	期初库存量	提前期	备　注
X	45	2	订购或出产无批量限制
X_1	15	2	订购或出产无批量限制
X_2	30	1	订购或出产无批量限制
X_{21}	60	1	订购或出产无批量限制
X_{22}	40	1	订购或出产无批量限制
M_1	0	2	已在两周前发出 130 个订单

根据以上所列信息，我们知道了最终产品 MRP 的三个输入文件，即主生产进度计划 MPS 为第 5 周和第 10 周分别交货 100 件 X 产品；主产品结构和物料清单；库存文件。可以根据这三个输入文件，列表计算各零部件的加工和采购计划，如表 3-11 所示。

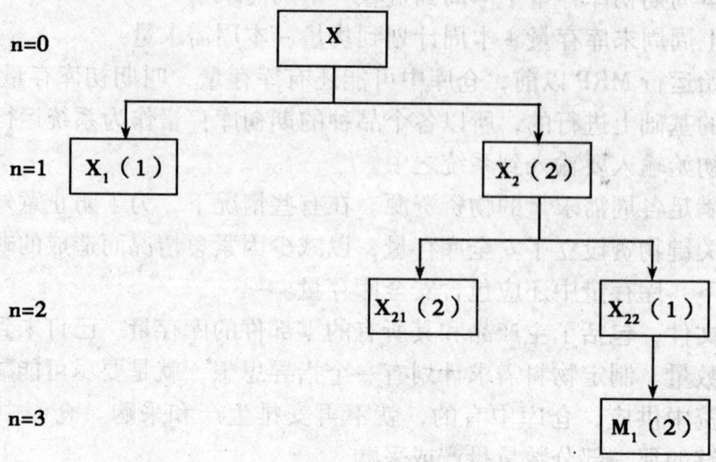

图 3－10　X 产品结构树

表 3－11　　　　X 产品的各部件 MRP 处理表

项目：X（0 级）	周次										
提前期：2	0	1	2	3	4	5	6	7	8	9	10
总需要量						**100**					**100**
计划到货量						55					100
库存数量	**45**	45	45	45	45	0	0	0	0	0	0
计划补充订购（或加工）数量				55					100		
项目：X_1（1 级）	周次										
提前期：2	0	1	2	3	4	5	6	7	8	9	10
总需要量				**55**					**100**		
计划到货量				40					100		
库存数量	**15**	15	15	0	0	0	0	0	0	0	0
计划补充订购（或加工）数量		40					100				
项目：X_2（1 级）	周次										
提前期：1	0	1	2	3	4	5	6	7	8	9	10
总需要量				**110**					**200**		
计划到货量				80					200		
库存数量	**30**	30	30	0	0	0	0	0	0	0	0
计划补充订购（或加工）数量			80					200			

续 表

项目：X_{21}（2级）	周次										
提前期：1	0	1	2	3	4	5	6	7	8	9	10
总需要量			**160**					**400**			
计划到货量			100					400			
库存数量	**60**	60	0	0	0	0	0	0	0	0	0
计划补充订购（或加工）数量		100					400				

项目：X_{22}（2级）	周次										
提前期：1	0	1	2	3	4	5	6	7	8	9	10
总需要量			**80**					**200**			
计划到货量			40					200			
库存数量	**40**	40	0	0	0	0	0	0	0	0	0
计划补充订购（或加工）数量		40					200				

项目：M_1（3级）	周次										
提前期：2	0	1	2	3	4	5	6	7	8	9	10
总需要量		**80**					**400**				
计划到货量		**130**					350				
库存数量	**0**	50	50	50	50	50	0	0	0	0	0
计划补充订购（或加工）数量					350						

最后，将上述表格中计划补充订购（或加工）数量一栏，按订购和加工分别汇总，得到明细采购订货单和明细制造任务单，见表3－12和表3－13。

表3－12　　明细采购订货单

采购计划	周次									
	1	2	3	4	5	6	7	8	9	10
项目：X_1	40					100				
项目：X_{21}	100					400				
项目：M_1				350						

表3－13　　明细制造任务单

加工计划	周次									
	1	2	3	4	5	6	7	8	9	10
项目：X			55					100		
项目：X_2		80					200			
项目：X_{22}	40					200				

以上例子是一个 MRP 的处理示例，我们在这里假设订购或出产没有批量限制，现实情况可能不是这样，如供应 X_1 部件的供应商要求每次订货至少要达到 100 件；因为模具不能频繁更换，生产车间生产 X_2 的最小批量为 150 件等，这样问题会变得稍微复杂一些，但原理还是一样，我们按照上面的 MRP 处理表仍然可以求解。

4 物流配送中心与配送管理

国内外的物流实践证明，发展专业化、社会化、现代化的物流配送中心是实现“第三利润源泉”的有效途径。本章介绍现代配送的含义、种类、作业目标、配送过程、配送的意义与作用，以及现代配送模式与选择策略；并介绍现代配送中心的含义、特点以及配送中心的种类和构成，并阐述了配送中心的设置原则、方法以及建立配送中心的途径。

4.1 配送概述

4.1.1 配送的含义

1. 配送的含义

配送（Distribution）是“在经济合理区域范围内，根据客户要求，对物品进行拣选、加工、包装、分割、组配等作业，并按时送达指定地点的物流活动”（见 GB/T 18354—2006 中 2.13 条）。配送将“配”和“送”有机结合起来，是一种特殊的、综合的物流活动方式，是商流与物流相结合，包含物流若干功能要素的一种物流方式。

2. 配送与物流的区别

在《中华人民共和国国家标准·物流术语》（GB/T 18354—2006）对物流的定义是：物品从供应地向接收地的实体流动过程。根据实际需要，将运输、储存、装卸、搬运、包装、流通加工、配送、信息处理等基本功能实施有机结合；对配送的定义是：在经济合理区域范围内，根据客户要求，对物品进行拣选、加工、包装、分割、组配等作业，并按时送达指定地点的物流活动。

配送与物流有着明显的差别，主要体现在以下几方面：

（1）从辐射范围来看。物流辐射范围大，配送辐射范围小。

（2）从作业在供应链的位置来看。物流作业一般发生在供应链上游和前端靠近制造商的地方，配送一般发生在下游和末端靠近最终消费者的地方。

（3）从包含的具体作业来看。物流包括运输、储存、装卸、搬运、包装、流通加工、物流信息处理及一些增值服务，配送则除包含上述作业之外，还包括拣选等标志性作业。

（4）从处理的流体特征来看。物流处理的流体具有少品种、大批量、少批次等特点，配送则相反，具有多品种、小批量、多批次等特点。

当然，物流和配送的联系十分紧密，配送可以认为是物流的缩影，物流包括的所有作业配送都有，另外，配送包含在物流之中，当一条供应链的物流渠道很短，比如，将商品从工厂直接送到销售门店的情况下，物流和配送就合二为一，这时，可以将这种作业叫做物流，也可叫做配送，物流和配送在这种场合已经合并起来。

4.1.2 配送的特点

与传统配送相比较，现代配送具有以下几方面的特点：

1. 虚拟性

虚拟性是指在信息网络构筑的虚拟空间中进行的配送活动（配送的虚拟性源于网络所具有的虚拟性），它通过对配送活动的现实虚拟，生成各种虚拟的环境，作用于人的视觉和听觉等，人们不仅可以看到配送活动的图像，而且可以进行配送的操作演示，产生身临其境的感觉。虚拟现实（Viral Reality）是一种可创建和体验虚拟世界的计算机系统，企业利用虚拟现实系统有如下好处：一是可以建立配送中心的订货虚拟系统，科学合理确定订购品种和规模；二是可以建立库存信息系统，虚拟反映库存品种和规模，以科学合理地确定库存的品种和规模，规划库存的利用效率；三是可以建立虚拟配货装配系统，以科学合理的配货与装配、合理的人力分布、合理的装卸和设备分配，可以选择合理的运输工具；四是可以建立虚拟送货系统，以科学合理地确定运输线路和时间等。此外，网络经济的虚拟性的特点可使企业有效地对配送活动进行实时监控，保证配送环节的合理衔接，提高配送效率。

2. 高效性

虚拟性的特点可使企业根据实际情况建立一套完整有效的信息自动处理系统，将一些程序化的活动通过信息自动传递来实现，企业可根据用户的需求情况，通过信息传递系统调整库存数量和结构，调节订货数量和结构，进而调整配送作业活动；而对于一些非程序的活动，可通过信息自动传递系统进行提示或预报，调节配送，提高信息的传输和配送效率。

虚拟性的特点也可使企业建立一套有效的计算机辅助决策系统，将一些程序化的活动通过计算机辅助决策系统来完成，提高决策效率。

此外，基于网络的信息系统也可迅速有效地完成信息的交流、单证的传输以及提高配送过程中的支付效率。

3. 低成本性

现代网络信息技术不仅使配送双方节约了成本，而且也降低了整个社会的配送成本。

第一，现代配送节约了配送双方的库存成本。在现代配送的情况下可以有效地利用现代信息技术及交易等优势，减少了配送双方的库存规模；同时对于社会来说，库存水平也得到了降低，使库存管理的成本和费用相对下降。

第二，现代配送降低了配送双方的销售成本。提供配送的一方可实现促销成本及送货成本的降低，需要配送服务的一方可实现信息采集成本等的降低，节约自建配送系统的投资及相应的管理费用。

第三，现代配送降低了配送双方的结算成本及单证传输成本。

第四，现代配送降低了租金成本。一是它可使企业合理地确定配送场地的面积和地点，提高配送场所的利用率，降低配送场所的使用成本；二是它可使企业相应地减小办公场地的面积，因为在电子技术高度发达的今天，企业可以充分地利用网络管理的方法与技术对配送活动进行管理，所以，需要的面积远远小于传统配送管理的面积。

4. 个性化

个性化特点是现代配送能根据用户的不同需求提供一对一的配送服务，更好地满足不同用户的配送需求。个性化服务在配送中的应用、推广和发展，将开创配送服务的新时代。它不仅使普通的大宗配送业务得到发展，而且能够适应用户需求多样化的发展趋势和潮流。

个性化服务的实现主要是通过共同筛选技术和神经网络匹配技术来进行的。共同筛选技术可以把用户需求配送习惯、喜好的配送方式等与其他用户需求配送习惯、喜好的配送方式等加以比较，以确立用户下一次对配送的具体要求。神经网络匹配技术通过模仿人的大脑程序，识别复杂数据中的隐含模式，使提供配送服务者能够迅速地与每一位用户通信和交流，从而满足用户提出的特殊配送要求。

4.1.3 配送的基本活动

配送过程是指配送的工作过程，在实际的运作过程中，由于产品形态、企业状况及顾客要求存在着差异，因而，配送过程也会有所不同，甚至会存在着较大的差异。但从一般意义上来考察，一个较为完整的配送工作流程包括集货、储存、拣选理货、配货、配装、配送运输和送达服务以及按照客户需要进行的流通加工（如图 4－1 所示）。

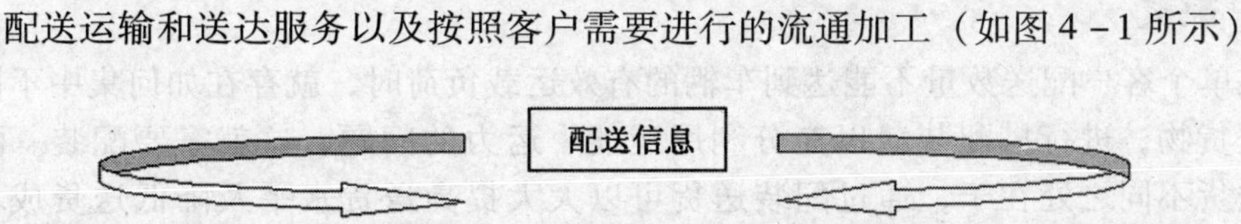

图 4－1 配送工作流程

1. 集货

集货（Goods Consolidation）是“将分散的或小批量的物品集中起来，以便进行运输、配送的作业”（见 GB/T 18354—2006 中 3.30 条）。

集货是配送的重要环节，为了满足特定客户的配送要求，有时需要把从几家甚至数十家供应商处预订的物品集中，并将要求的物品分配到指定容器或场所。集货是配送的准备工作或基础工作，配送的优势之一就是可以集中客户的需求进行一定规模的集货。

2. 储存

储存（Storing）是"保护、管理、贮藏物品"（见 GB/T 18354—2006 中 3.13 条）。储存是进行配送的第二个环节，也是进行配送的一个重要而必要的环节。配送中的储存有储备及暂存两种形态。储备是按一定时期配送规模要求合理的储存数量，它形成了配送的资源保证；暂存是在进行配送过程中，为方便作业，在理货场所进行的货物储存。一般来说，储备的结构相对稳定而暂存的结构易于变化；储备的时间相对较长而暂存的时间较短。

3. 拣选和理货

拣选（Order Picking）"是按订单或出库单的要求，从储存场所拣出物品的作业"（见 GB/T 18354—2006 中 3.28 条）。理货（Tally）是"在货物储存、装卸过程中，对货物的分票、计数、清理残损、签证和交接的作业"（见 GB/T 18354—2006 中 3.48 条）。

拣选和理货是配送不同于其他物流形式的功能要素，也是配送成败的一项重要支持性工作。它是完善送货、支持送货准备性工作，是不同配送企业在送货时进行竞争和提高自身经济效益的必然延伸。所以，也可以说分拣是送货向高级形式发展的必然要求，有了拣选，就会大大提高送货服务水平。

4. 配货

配货是使用各种拣选设备和传输装置，将存放的物品，按客户要求分拣出来，配备齐全，送入指定发货地点的作业活动。

5. 配装

在单个客户配送数量不能达到车辆的有效运载负荷时，就存在如何集中不同客户的配送货物，进行搭配装载以充分利用运能、运力的问题，这就需要配装。配装与一般送货不同之处在于，通过配装送货可以大大提高送货水平及降低送货成本，所以配装也是配送系统中有现代特点的功能要素，也是现代配送不同于以往送货的重要区别之一。

6. 配送运输

运输中的末端运输、支线运输，和一般运输形态的主要区别在于配送运输是较短距离、较小规模、额度较高的运输形式，一般使用汽车做运输工具。与干线运输的另一个区别是，配送运输的路线选择问题是一般干线运输所没有的，干线运输的干线是唯一的运输线，而配送运输由于配送客户多，一般城市交通路线又较复杂，如何组合成最佳路线，如何使配装和路线有效搭配等，是配送运输的特点，也是难度较大的工作。

7. 送达服务

将配好的货物运输到客户还不算配送工作的结束，这是因为送达货和客户接货往往还会出现不协调，使配送前功尽弃。因此，要圆满地实现运到之货的移交，并有效地、方便地处理相关手续并完成结算，还应讲究卸货地点、卸货方式等，如到交运管理部办理停车卸货证等。送达服务也是配送独具的特殊性。

8. 配送加工

配送加工是按照配送客户的要求所进行的流通加工。

在配送中，配送加工这一功能要素不具有普遍性，但往往是有重要作用的功能要素。这是因为通过配送加工，可以大大提高客户的满意度。

配送加工是流通加工的一种，但配送加工有它不同于一般流通加工的特点，即配送加工一般只取决于客户要求，其加工的目的较为单一。

配送种类的划分方法主要有以下几种。

4.1.4 配送的种类

1. 按配送商品种类及数量划分

按配送商品的种类及数量划分，主要有以下几种：

（1）多品种、小批量配送

多品种、小批量配送是按照用户的需要，将所需的各种货物配备整齐后，由配送地送达目的地的一种配送方式。该配送方式符合现代消费者多样化的需求发展趋势，是许多国家推崇的一种主要方式。

在实际配送过程中，这种方式对配送的作业水平和管理水平有较高的要求，它不仅要求配送方的配送设备及作业程度要达到相当的规模和水平，而且要求配送方的管理水平也要达到一个较高的程度，保证各作业环节的协调性。而且，这种方式的配送成本一般较高。

多品种、小批量配送方式一般适合于综合配送中心所进行的配送，从社会总产品的角度来考察，一般适合于消费资料及生产资料的二三类产品。从库存角度来看，比较适合于 B 类产品和 C 类产品。从距离上来看，一般适合于短距离的配送。

信息技术的应用将会使多品种、小批量配送方式的作业和管理难度得到降低。企业间可充分利用电子商务的技术对其进行虚拟管理和作业，合理地选择运输工具和线路进行货物的配装和运送，提高配送作业的效率。

（2）少品种、大批量配送

一般来说，当用户所需货物的品种较少、需求量较大且相对稳定时，可采取这种配送形式。这种配送形式因批量较大，一般不需要对货物进行配装，可直接进行配送。

在实际配送过程中，这种配送形式相对于多品种、小批量配送形式来说，配送作业的难度较小，配送成本也相对较低。一般适合 A 类产品的配送，配送距离也相对较长。这种配送适合专业性配送中心进行配送和对供应方进行的配送。

（3）成套配送

当用户尤其是装配型企业需要多种零配件和配套设备时，可采用成套配送形式，按其生产节奏定时定量将企业所需要的货物送到生产装配线。这种配送形式有利于生产企业实现库存的最小化，方便生产企业的生产作业。

2. 按配送时间及数量划分

按配送时间及数量划分，主要有以下几种：

（1）定时配送

定时配送是按规定时间间隔所进行的配送。这里的时间间隔是指用户所需求的时间间隔，一般相对固定。配送方在用户需求的时间间隔内定时地向用户配送商品。在实际配送过程中，配送方可通过现代信息技术准确地安排配送作业计划，合理确定配送的设备和人员。即使在用户需求的时间及配送的品种和数量发生变化时，配送方仍能依据现代信息技术迅速地调节原作业计划，及时调配设备和人员，并通知作业层，调整作业过程。

（2）定量配送

定量配送是按规定的批量在一个指定的时间范围内进行的配送。由于配送的数量相对固定，时间范围相对宽松，配送方可以在有效的时间范围内利用现代信息技术进行备货、装配和配送，合理使用配送设备，节约运力和选择运输时间及线路，提高配送效率，节约配送成本。

（3）定时定量配送

定时定量配送是按规定的时间、规定的货物品种和数量进行的配送。这种配送兼有定时配送和定量配送的特点，一般作业的难度较大，成本较高。信息技术的应用将会使其作业的难度和配送成本得到较大的降低。

（4）定时定量定点配送

这是在配送过程中用户所普遍需求的配送形式。即将准确的货物数量在规定的时间送到规定的目的地。它不仅要求配送方有较高的管理能力，而且要有较强的配送能力。传统的解决办法是增加管理人员的数量，提高管理人员的工作强度，并且要相应地增加配送设备的投资，以提高配送能力。而在现代配送中，通过现代信息技术的应用及对现实的虚拟，由计算机来进行一定的分析和规划，不仅可减少管理人员的数量，而且也可降低管理人员的工作强度；同时，也可合理地利用现有设备，相对地减少为提高配送能力所进行的配送设备的投资，提高了配送的效率，降低了配送成本，满足了用户的需求。

（5）即时配送

这是一种比较特殊的配送，其表现在用户对配送提出的一些临时性突发需求，要求配送方完全按照其所要求的时间、品种和数量随机进行配送的一种方式。对于配送方来说，要么满足用户的要求，进行即时配送，要么拒绝客户的要求。在前一种情况下，增加了配送方的作业难度和成本，但提高了企业的服务水平和信誉；在后一种情况下，企业的声誉和形象将不可避免地受到影响，甚至会丧失客户。目前，市场竞争日趋激烈，市场需求迅速变化，如何满足客户即时配送的要求是摆在配送企业面前的一个棘手问题，也是现代配送需要研究的一个问题。

3. 按配送地点划分

按配送地点划分，主要有以下几种：

（1）配送中心配送

其组织者是专职从事配送业务的配送中心。一般来说，其规模较大，功能齐备，配送能力较强，配送距离也较长，大多和用户有固定的配送关系。其不仅可以承担工业企业生产用主要物资配送、大型工程项目需求的物资配送以及对商业企业实行的补充性配送等，而且可以承担对专职配送点的货物补充性配送。配送中心要较好地完成上述职能，建立配送中心的信息系统尤其是建立基于网络的信息系统是十分必要和有效的，通过其应用，不仅能更科学地进行管理、制定配送作业计划，而且可以更有效地处理好配送中心与用户的关系，搞好配送中心与各配送点的衔接和协调，提高配送效率，降低配送成本。

（2）配送点配送

配送点是在某一特定区域设置的专门从事该区域配送业务的网点。一般来说，配送点是配送中心的分支机构或下属机构，不独立对外进行商业活动，配送业务主要通过网络接受上级的指令，进行配送。业务的地理区域也较小，距离也较近，配送的品种、数量较少，一般为小件商品，配送设备主要为运输设备和必要的仓储设施。

（3）仓库配送

即以仓库为地点而进行的配送。它是在保持仓库原有功能的前提下，增加配送功能。一般来说，规模较小，综合能力相对较弱，配送的专业化程度也较低。

（4）商店配送

其组织者是通过企业的经营网点，一般与零售相结合，配送规模和半径都较小，大都是卖出即配送。

（5）生产企业配送

组织者是生产企业。一般来说，配送的产品往往都是一些适用性较强或自身生产的产品，同时，需求方都是最终用户。

此外，按专业化程度划分，有综合配送与专业配送；按经营形式划分，有销售配送、供应配送、代存代供配送和销售供应一体化配送；按加工程度划分，有加工配送和非加工配送等。

4.2 现代配送模式及选择

4.2.1 配送模式

配送模式是企业对配送所采取的基本战略和方法。根据国内外的发展经验及我国配送理论与实践，目前，主要形成了以下几种配送模式。

1. 自营配送模式

指企业物流配送的各个环节由企业自身筹建并组织管理，实现对企业内部及外部货物配送的模式。这种模式有利于企业供应、生产和销售的一体化作业，系统化程度相对较高。既可满足企业内部原材料、半成品及成品的配送需要，又可满足企业对外进行市场拓展的需求。其不足之处表现在，企业为建立配送体系的投资规模将会大大增加，在企业配送规模较小时，配送的成本和费用也相对较高。

一般而言，采取自营配送模式的企业大都是规模较大的集团公司，如浙江省烟草公司杭州分公司自建自营的物流配送中心。有代表性的是连锁企业的配送，其基本上都是通过组建自己的配送系统来完成企业的配送业务，包括对内部各场、店的配送和对企业外部顾客的配送。

2. 共同配送模式

(1) 共同配送模式的含义

共同配送（Joint Distribution）是“由多个企业联合组织实施的配送活动”（见 GB/T 18354—2006 中 3.31 条）。共同配送是物流配送企业之间为了提高配送效率以及实现配送合理化所建立的一种功能互补的配送联合体。进行共同配送的核心在于充实和强化配送的功能，共同配送的优势在于有利于实现配送资源的有效配置，弥补配送企业功能的不足，促使企业配送能力的提高和配送规模的扩大，更好地满足客户需求，提高配送效率，降低配送成本。

(2) 共同配送模式的原则

共同配送的核心在于充实和强化配送的功能，提高配送效率，实现配送的合理化和系统化。因此，作为开展共同配送的联合体成员，首先要有共同的目标、理念和利益，这样，才能使联合体有凝聚力和竞争力，才能有利于共同目标和利益的实现。

开展共同配送、组建联合体的原则有以下几个方面：①坚持功能互补的原则；②坚持平等自愿的原则；③坚持互惠互利的原则；④坚持协调一致的原则。

需要注意的是，在开展共同配送、组建联合体的过程中，要避免行政干预，谨防“拉郎配”的做法。

(3) 共同配送的可行性论证

企业在树立了共同配送的理念之后，要进行共同配送，组建共同配送联合体，就必须进行共同配送的可行性论证，论证的内容主要包括：

①环境分析。主要包括宏观环境和微观环境分析。宏观环境主要包括经济环境、法律环境和自然环境等，重点应以经济环境为主，这主要包括交通、通信及仓储等。微观环境主要包括对合作对象的分析，在共同配送的目标范围内，是否有可供选择的合作对象，着重在功能、区域及配送理念上进行分析。

②服务对象论证。主要从组建共同配送联合体，开展共同配送所提供的服务、形成的配送网络和竞争优势等来分析探讨，确定自己的目标市场及所达到的目标。

③组织论证。主要分析开展共同配送的组织管理模式、方法以及组织保证。

④技术论证。主要包括与共同化有关的技术及企业间资源、设备和管理技术的论证，同时还包括与共同配送信息系统相关的安全技术、支付技术及网络技术的论证。

（4）共同配送的实施步骤

共同配送的实施主要包括以下几个步骤：

①选择联合对象；②组建谈判小组，做好谈判准备；③签订合作意向书及合同，并进行公证；④组建领导班子，拟定管理模式；⑤正式运作。

（5）共同配送的运作方式

在实际运作过程中，由于共同配送联合体的合作形式、所处环境、条件以及客户要求的服务存在的差异，因此，共同配送的运作过程也存在着较大的差异，互不相同。在网络信息支持下，共同配送的运作过程如图 4－2 所示。

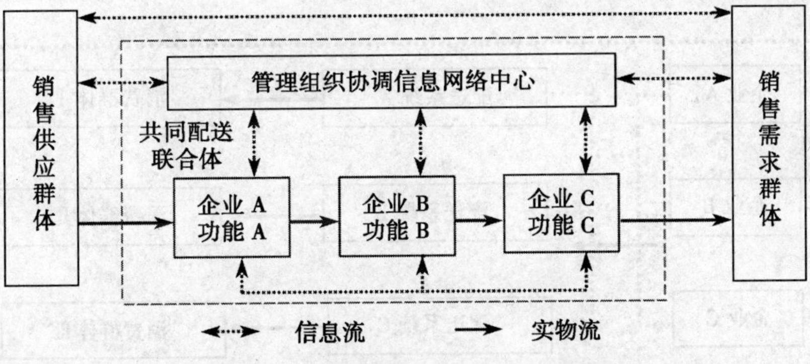

图 4－2　共同配送的一般运作过程

（6）共同配送的类型

在实际运行过程中，共同配送的种类是多种多样、互不相同的，大体可归纳为：按联合体组织的紧密程度来划分，有紧密型、半紧密型和松散型；按所承担的任务划分，有资源型和管理型；按配送角色划分，有功能型、集货型、送货型和集送型等。

3. 互用配送模式

（1）互用配送模式的含义

互用配送模式是几个企业为了各自利益，以契约的方式达成某种协议，互用对方配送系统而进行的配送模式。其优点在于企业不需要投入较大的资金和人力，就可以扩大自身的配送规模和范围，但需要企业有较高的管理水平以及与相关企业的组织协调能力。互用配送模式比较适合于电子商务 B2B 的交易方式。

（2）互用配送模式的形式

一般来说，互用配送模式的基本形式如图 4－3 所示。

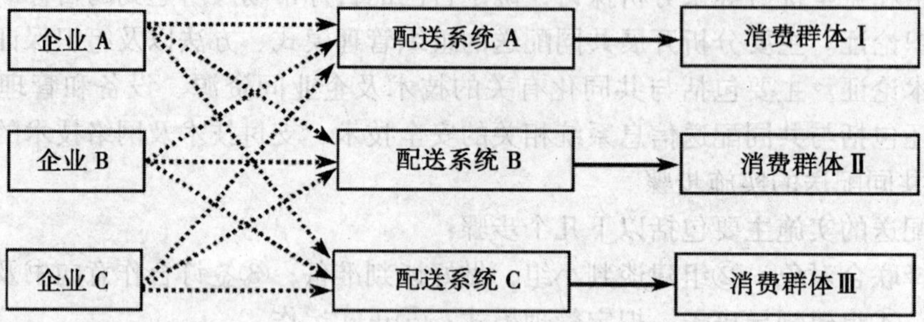

图 4－3　互用配送模式的基本形式

在网络经济环境下，由于企业与消费者之间可直接通过网络进行信息交流与订货，此时互用配送模式的形式就转换成以网络控制为主的配送形式，如图 4－4 所示为电子商务互用配送模式的基本形式。

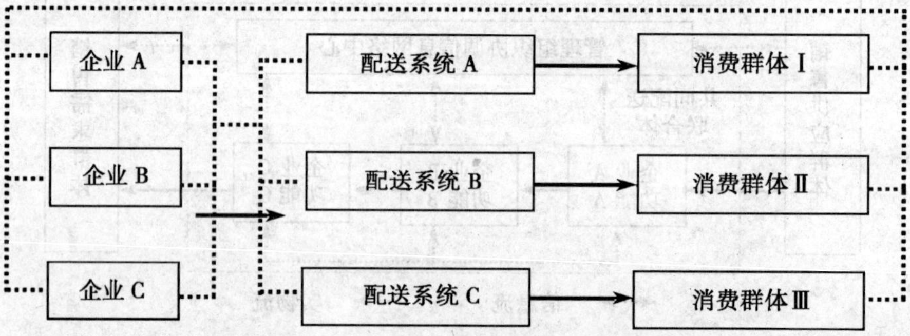

图 4－4　电子商务互用配送模式的基本形式

（3）互用配送模式的特点

与共同配送模式相比较，互用配送模式的特点主要有：

①共同配送模式旨在建立配送联合体，以强化配送功能为核心，为社会服务，而互用配送模式旨在提高自己的配送功能，以企业自身服务为核心；

②共同配送模式旨在强调联合体的共同作用，而互用配送模式旨在强调企业自身的作用；

③共同配送模式的稳定性较强，而互用配送模式的稳定性较差；

④共同配送模式的合作对象是经营配送业务的企业，而互用配送模式的合作对象既可以是经营配送业务的企业，也可以是非经营配送业务的企业。

4. 第三方配送模式

第三方就是为供需交易双方提供部分或全部配送服务的一方，第三方配送模式是指交易双方把自己需要完成的配送业务委托给第三方来完成的一种配送运作模式。随着物流产业的不断发展以及第三方配送体系的不断完善，第三方配送模式应成为工商企业和网络企业进行货物配送的一个首选模式和方向。第三方配送模式的运作方式如图 4 - 5 所示。

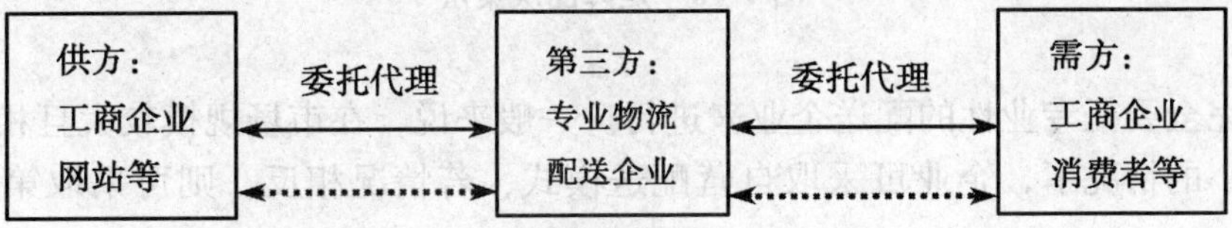

图 4 - 5　第三方配送模式的运作方式

4. 2. 2　现代配送模式的选择

企业在进行电子商务时，选择配送模式时主要考虑以下几个方面的因素：配送对企业的重要性、企业的配送能力、市场规模与地理范围、保证的服务及配送成本等，一般来说，企业配送模式的选择方法主要有以下几种：

1. 矩阵图决策法

矩阵图决策法主要是通过两个不同因素的组合，利用矩阵图来选择配送模式的一种决策方法。其基本思路是选择决策因素，然后通过其组合形成不同区域或象限再进行决策。这里我们主要围绕配送对企业的重要性和企业配送的能力来进行分析，如图 4 - 6 所示。

在实际经营过程中，企业根据自身的配送能力和配送对企业的重要性组成了上述区域，一般来说，企业可按下列思路来进行选择和决策。

在状态 Ⅰ 下，配送对企业的重要性程度较大，企业也有较强的配送能力，在配送成本较低和地理区域较小但市场相对集中的情况下，企业可采取自营配送模式，以提高顾客的满意度和配送效率，与营销保持一致。

在状态 Ⅱ 下，配送虽对企业的重要程度较大，但企业的配送能力较低，此时，企业可采取的策略是寻求配送伙伴来弥补自身在配送能力上的不足。可供选择的模式有三种：第一种是加大投入，完善配送系统，提高配送能力，采用自营配送模式；第二种是进行一些投入，强化配送能力，采用共同配送模式；第三种是采取第三方配送模式，将

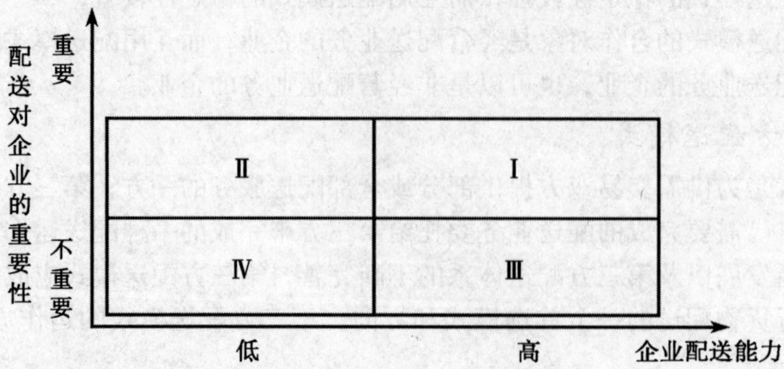

图4－6　矩阵图决策法

配送业务完全委托专业性的配送企业来进行。一般来说，在市场规模较大且相对集中及投资量较小的情况下，企业可采取自营配送模式，若情况相反，则可采取第三方配送模式。

在状态Ⅲ下，配送在企业战略中不占据主要地位，但企业却有较强的配送能力，此时，企业可向外拓展配送业务，以提高资金和设备的利用能力，既可以采取共同配送模式，也可以采取互用配送模式。若企业在该方面具有较大竞争优势时，也可适当地调整业务方向，向社会化的方向发展，成为专业的配送企业。

在状态Ⅳ下，企业的配送能力较强，且不存在较大的配送需求，此时企业宜采取第三方配送模式，将企业的配送业务完全或部分委托给专业的配送企业去完成，而将主要精力放在企业最为擅长的生产经营方面，精益求精，获得更大的收益。

2. 比较选择法

比较选择法是企业对配送活动的成本和收益等进行比较而选择配送模式的一种方法。一般有确定型决策、非确定型决策和风险型决策等。

(1) 确定型决策

确定型决策是指一个配送模式只有一种确定的结果，只要比较各个方案的结果即可做出选择配送模式的决策。例如某一企业为扩大生产销售，有三种配送模式可供选择，各配送模式所需的配送成本与可能实现的销售额如表4－1所示。

表4－1　不同配送模式所需成本及预计销售额

配送模式	成本费用（万元）	销售额预计数（万元）
自营配送模式	10	220
互用配送模式	8	180
第三方配送模式	5	140

这类问题一般为单目标决策，此时企业可以运用价值分析来进行选择，即直接利用公式 $V=F/C$ 来计算各种配送模式的价值系数，式中：V 为价值系数，F 为功能（此例为销售额预计数），C 为成本费用。根据计算结果，若某一种配送模式的价值系数越大，则说明该种模式的配送价值就越大，是企业最佳的配送模式或满意模式。此例中，自营配送模式、互用配送模式、第三方配送模式的价值系数分别为 22、22.5、28，企业应采取第三方配送模式。

在实际经营过程中，企业对配送模式的选择往往还要考虑许多方面的因素，甚至进行多目标定量决策。此时，评价配送模式的标准是各模式的综合价值，一般可用综合价值系数来进行，若某一模式的综合价值系数越大，则说明该模式的综合价值就越大，就是企业所要选择的配送模式。综合价值系数可用公式 $V=\sum M_iF_i$ 来计算，式中：V 为综合价值系数，M_i 为分数，F_i 为权数。

例 4－1　某企业在选择配送模式时主要考虑了四个方面的目标，如表 4－2 所示。

表 4－2　　**选择不同配送模式与多目标决策**

配送模式	成本费用（万元）	销售额预计数（万元）	利润总额（万元）	客户满意度（%）
	0.1	0.3	0.4	0.2
自营配送模式	10	220	25	98
互用配送模式	8	180	17	97
第三方配送模式	5	140	15	99

根据以上资料计算，各模式的综合价值系数分别为：

$V_{自营}=5/10\times0.1+220/220\times0.3+25/25\times0.4+98/99\times0.22=0.95$

$V_{互用}=5/8\times0.1+180/220\times0.3+17/25\times0.4+97/99\times0.2=0.76$

$V_{第三方}=5/5\times0.1+140/220\times0.3+15/25\times0.4+99/99\times0.2=0.73$

可以看出，自营配送模式的综合价值系数最大，是企业所要选择的配送模式。

需要注意的是，在利用确定型决策、选择配送模式时，要明确以下几个方面的问题：一是决策的目标要明确；二是至少要有两个可供选择的配送模式；三是未来有一个确定的自然状态或一组确定的约束条件；四是各备选方案的自然状态或约束条件的效益值可以确定出来。

（2）非确定型决策

非确定型决策是指一个配送模式可能出现几种结果，而又无法知其概率时所进行的决策。其条件是决策者期望的目标明确，存在着不以决策者意志为转移的两种以上状态，具有两个或两个以上可供选择的配送模式，可以获得不同模式在不同状态下相应的损益值。非确定型决策作为一种决策方法，虽带有较大的主观随意性，但也有一些公认的决策准则可供企业在选择模式时参考。下面我们通过事例来说明非确定型决策的不同决策准则以及企业对配送模式的选择方法。

例4－2 某企业计划通过提高配送效率，满足客户对配送的要求，来扩大经营规模。现可供选择的配送模式有三种，由于在未来几年内，企业对用户要求配送的程度无法作出准确的预测，只能大体估计为三种情况，且估算出三种模式在未来几年内三种自然状态下的成本费用（见表4－3），但不知道这三种情况发生的概率，问如何决策？

表4－3 不同配送要求采用不同配送模式时成本预计值 单位：万元

自然状态	配送模式		
	自　营	互　用	第三方
配送要求程度高	90	70	65
配送要求程度一般	50	35	45
配送要求程度低	10	13	30

第一种方法是按乐观准则来决策。首先从每种模式中选择一个最小成本看做必然发生的自然状态。然后在这些最小成本的模式中，再选择一个最小成本的模式作为满意方案。此例中，三种模式的最小成本分别为10万元、13万元、30万元。其中，自营配送模式的成本最低，应可作为企业满意的模式。这种决策方法，一般适用于把握较大和风险较小的情况。

第二种方法是按悲观准则来决策。首先从每种模式中选择一个最大成本作为评价模式的基础，其实际上是对每个局部模式持悲观态度，从不利的角度出发，把最大成本作为必然发生的自然状态，将非确定型决策问题变为确定型决策问题来处理。然后再从这些最大的成本之中选择成本最小的模式。此例中，三种模式的最大成本分别为90万元、70万元、65万元。其中，第三方配送模式的成本最小，可作为企业满意的模式。在现实经济生活中，这种决策方法一般适合于把握小和风险较大的情况。

第三种方法是按折中准则或赫维斯准则来决策。赫维斯认为决策者不应极端行事，而应在两种极端情况中求得平衡。具体的方法是根据决策者的估计，确定一个乐观系数α，α的取值范围为$0<\alpha<1$。给最好的结果和最坏的结果分别赋予相应的权数α和$(1-\alpha)$，中间结果不予考虑。本例是计算折中成本值，公式为：

折中成本值$=\alpha\times$最小成本值$+(1-\alpha)\times$最大成本值

在决策中，决策者根据分析，估计客户对配送要求程度高的大概占40%，客户对配送要求程度低的占60%，即乐观系数为0.4。此时三种模式的折中成本值就分别为42万元、35.2万元、44万元。根据计算结果可以看出，互用配送模式的成本最低，可作为企业选择的模式。

第四种方法是按等概率准则或拉普拉斯准则来决策。拉普拉斯认为，在非确定型决策中，各种自然状态发生的概率是未知的，若按最好或最坏的结果进行决策，都缺乏依据。解决的办法是给每种可能出现的结果都赋予相同的权数，若有几种自然状态，则每种自然状态发生的概率都相等，且其和为1。然后计算出各个方案（配送模式）在各种自然状态下的加权平均值，并根据决策（指标）的性质来进行决策。在本例中，各种自然状态发生的概率为1/3，各种模式的成本加权值分别为50万元、39.3万元和46.7万元。可以看出，互用配送模式的加权成本值最小（39.3万元），可作为企业选择的模式。

第五种方法是按最小后悔值准则（也称沙万奈准则）来决策。这种决策方法是以每个模式在不同自然状态下的最小成本值作为理想目标。如果在该状态下，没有采取这一理想模式，而采取了其他模式，从而会使成本增加，就会感到"后悔"，这样每个自然状态下的其他模式成本值与它在理想值之差所形成的损失值，就称为"后悔值"。然后按模式选出最大的后悔值，在最大的后悔值中再选出后悔值最小的成本值，其对应的模式就是企业所要选择的模式，这种决策方法是较为保险的一种决策。

根据此例所给的资料，计算出各种状态下各模式的后悔值，如表4-4所示。

表4-4　　不同配送模式和要求下的后悔值计算　　单位：万元

自然状态	配送模式		
	自营	互用	第三方
配送要求程度高	90（90-65=25）	70（70-65=5）	65（65-65=0）
配送要求程度一般	50（50-35=15）	35（35-35=0）	45（45-35=10）
配送要求程度低	10（10-10=0）	13（13-10=3）	30（30-10=20）

根据表4-4的计算结果，可以看出，三种模式的最大后悔值分别为25、5和20。其中互用配送模式是最小值为5，此时企业可选择该模式为满意的模式。

从上面介绍的五种准则可以看出，同一问题按不同的准则来决策，决策的结果也存在着差异。因为，企业在用不确定型决策方法来选择配送模式时，还应该考虑其他方面的因素。

(3) 风险型决策

风险型决策是指在目标明确的情况下，依据预测得到不同自然状态下的结果及出现的概率所进行的决策。由于自然状态并非决策所能控制，所以，决策的结果在客观上具有一定的风险，故称为风险型决策。风险型决策通常采用期望值准则。一般是先根据预测的结果及出现的概率计算期望值，然后根据指标的性质及计算的期望值结果进行决策。产出类性质的指标，一般选择期望值最大的方案；投入类性质的指标，一般选择期望值最小的方案。

例4-3　某企业计划通过加强配送效率，提高客户满意度来扩大产品的销售量，现有三种配送模式可供企业选择，各种资料如表4-5所示，问企业应选择哪种配送模式？

表 4－5　　不同市场需求不同配送模式下的销售额　　单位：万元

市场需求规模	概率	销售量		
		自营	互用	第三方
大	0.5	1000	1200	1500
一般	0.3	800	700	1000
小	0.2	500	400	300

自营配送模式销售额：$1000\times0.5+800\times0.3+500\times0.2=840$（万元）

互用配送模式销售额：$1200\times0.5+700\times0.3+400\times0.2=890$（万元）

第三方配送模式销售额：$1500\times0.5+1000\times0.3+300\times0.2=1110$（万元）

由此可见，三种配送模式的销售量分别为 840 万元、890 万元和 1110 万元。第三方配送模式的期望值最大为 1110 万元，故该模式可作为企业比较满意的模式。

4.3　配送中心概述

4.3.1　配送中心的概念

从目前的情况来看，“配送中心”的词汇不断出现在各个领域，有一些国家已经用标准化方式给“配送中心”以明确的定义，我国的国家标准《物流术语》对其进行了明确定义。但是，多数领域还是根据个人的理解使用“配送中心”一词。即使在前些年，我国流通领域对国外研究比较多的内部杂志《国外物资管理》，在“配送中心”一词使用上也有差异，同一期不同的文章中，不同作者所讲的“配送中心”有时候并不是指同一事物。实际上“配送中心”的称谓，在国外都还没有能够做到完全规范化。因此，搞清“配送中心”的含义，对于正确开展配送、正确进行配送中心的规划建设与正确交流是非常重要的。

在欧美一些国家，配送中心多指那些经过改造而经济功能已综合化和完善化的“流通性仓库”，因此理论界也有人把配送中心称为“物流设施”或“物流基地”。根据中国物资出版社出版的《现代物流学》（王之泰，1995）介绍，日本的《市场用语词典》把配送中心说成是“一种物流结点”，它“不以储藏仓库这种单一的形式出现，而是发挥配送职能的流通仓库，也称作基地、结点或流通中心”；日本的《物流手册》把配送中心定义为“是从供应者手中接受多种大量的货物，进行倒装、分类、保管、流通加工和情报处理等作业，然后按照众多需要者的订货要求备齐货物，以令人满意的服务水平进行配送的设施”；我国研究物流科学的专家在给配送中心下定义时也提出过类似的称谓，将配送中心称作为“从事货物配备……和组织对用户送货，以高水平实现销售或供应的现代物流设施”。然而，不管人们从哪个角度去认识和描述配送中心（亦即无论把配送中心看做是从事配送活动的经济组织，还是将它称做组织送货等活动的物流设施)，有一点是不容忽视的，那就是“配送中心是配送活动的聚集地和发源地，同时，也是物流运动的枢纽。”

国外对配送中心的说法大体列举如下：

“配送中心是从事货物配备（集货、加工、分货、配货）和组织对用户的送货，以提高水平实现销售或供应的现代流通设施。”

“配送中心是从供应者手中接受多种大量货物，进行倒装、分类、保管、流通加工和情报处理等作业，然后按照众多需要者的订货要求备齐货物，以令人满意的服务水平进行配送的设施。”

“配送中心是一种物流结点，它不以储藏仓库这种单一形式出现，而是发挥配送职能的流通仓库。”

以上仅仅是一些权威性书籍中对配送中心定义性的提法。为了更全面地认识配送中心，这里再引述一些文章和书籍中有助于全面认识配送中心的一些描述：

“专门从事配送工作的物流结点称配送中心。”

“配送中心是直接与顾客相联系的末端结点。”

“配送中心是典型的流通性仓库。”

“配送中心（仓库）是用以储存货物的场所。”“配送中心（仓库）是货物从制造厂商至零售商之间的中间储存结点，配送中心就是一个为集中和分散货物，着重于使货物迅速流转的仓库。”

“根据不同经营者和不同的业务内容，配送中心还被称为流通中心、运输中心和货物储藏场所等多种名称。”

以上不同国家、不同领域、不同产业、不同学者对于配送中心的不同认识和描述，反映了在“效率优先”的市场经济环境下，人们主要追求的是配送中心带来的效益，而不是过分拘泥于形式，这应该说是一种有益的现象。但是概念的过分混乱和长期不能求同就会降低配送中心推广和指导作用，也会使一个新的经济现象失去应有的理性，从而使发展受挫。2007 年 5 月开始施行的新修订的《物流术语》国家标准（GB/T 18354—2006 中 2.14 条）对配送中心做了如下规定。

配送中心（Distribution Center）是：

从事配送业务且具有完善的信息网络的场所或组织。应基本符合下列要求：

a）主要为特定客户或末端客户提供服务；

b）配送功能健全；

c）辐射范围小；

d）提供高频率、小批量、多批次配送服务。

在我国，应尽量以《物流术语》为标准，规范配送中心概念的使用。

4.3.2 配送中心的产生基础

现代配送中心是集现代通信技术、信息技术、计算机技术和网络技术为一体的配送中心。通过这些技术在配送中心活动中的应用，不仅有利于提高配送中心的科学管理水平，而且也有利于降低配送中心的成本和费用，更好地完成社会赋予配送中心的任务与职能。

现代配送中心的产生与发展，不仅是配送中心与物流发展的需要，也是社会经济发展和消费者消费水平不断提高的需要。现代配送中心产生与发展的基础，主要体现在以下几个方面：

1. 技术基础

Internet 是现代配送中心产生与发展的技术基础。

Internet 是一种集通信技术、信息技术、计算机技术和网络技术等为一体的网络系统，它将不同机型的计算机和不同类型的网络互联起来，构成一个整体，实现资源与信息的共享。其特征是开放、共享、互动、虚拟与费用低廉。人们可以通过 Internet 的开放性实现信息的共享；通过 Internet 的互动性实现网上信息的传输；通过 Internet 的虚拟性进行现实的虚拟设计与规划；Internet 的费用低廉可以降低各种活动的成本。

Internet 的这些优势为人们进行商务活动提供了非常便利的条件，也构成了物流活动的技术基础。对于配送中心来说，它不仅能以更低的成本进行物流信息的收集与处理，实现与外部及内部的流通和物流单证的传输，而且也可以通过建立虚拟的配送中心系统，实现物流的科学管理以及合理配置物流资源，进行物流作业，提高物流设备的使用效率和物流的整体效率。这些都为配送中心提高服务水平和客户满意度、开拓物流市场、扩大物流经营规模和提高经济效益奠定了良好的基础。

2. 理论基础

分流理论、效益背反理论、供应链理论等构成了现代配送中心产生和发展的理论基础。

一项商贸活动一般是由商流、物流、信息流和资金流这四部分所组成的，在交易初期，这四个部分是相互交织在一起的。随着社会分工和专业化的发展，虽然这四个组成部分依然构成了交换活动的不同方面，完成着交换活动所赋予的不同职能，但它们又逐渐分离，形成了各自独有的运行方式、构成和规律。在这种分离过程中，职能的分离特别是商流和物流职能的分离，成为物流学科赖以存在的前提条件。而物流职能的完成又是由许多物流功能来进行的，这些功能衔接和协调成了传统配送中心产生和发展的重要条件和先决条件，也成了传统配送中心生产和发展的基础条件。网络经济的产生和发展又赋予配送中心以新的职能，配送中心不仅要具有传统条件下集聚和发散货物的职能，而且也要具有现代条件下物流信息集聚和发散的职能，并通过先进的通信技术、网络技术和计算机技术等完成这些职能。

经济学中的“效益背反”理论认为，在一项社会经济活动中，构成该项活动的若干要素之间存在着交替损益的矛盾，即在某一个功能要素优化和利益发生的同时，必然会存在着另一个或另几个功能要素的利益损失的现象，此涨彼消，此盈彼亏。这种现象和矛盾也同样存在于物流领域，且尤为普遍和严重，解决这一矛盾的有效方法就是综合考虑各要素之间的关系，使其协调起来。配送中心作为各种功能要素的集聚中心很显然，这一任务就落到了它的肩上，也只有配送中心才能有效地解决这一矛盾。同时，现代通信技术、信息技术、计算机技术和网络技术的发展也为配送中心有效地解决这一矛盾提供了技术条件和方法，也为现代配送中心的发展奠定了坚实的理论基础。

供应链理论认为，物流是从采购开始，经过生产、销售等一系列活动到达用户的，在这一过程中，形成了由一定流量组成的单个"链"，即供应链。链中各环节不是彼此分割的，而是通过链的链接成为一个整体。在社会经济生活中，包含着无数个单个供应链。各个供应链独立地按照自己的方式和规律运动，又相互交织在一起，构成了整个社会的物流运动。在这些供应链的运动过程中，配送中心成为它们相互交织的结点，成为它们运动的协调中心，也成为降低整个社会物流成本和费用的关键，要完成这一任务，配送中心必须实现现代化、网络化以及信息化。由传统的配送中心向现代配送中心的方向发展。

此外，成本中心理论、利润中心理论、服务中心理论以及社会化理论也为现代配送中心的产生和发展提供了理论支持。

3. 市场基础

物流规模的不断扩大、市场需求观念的变化及市场竞争的加剧，构成了现代配送中心产生和发展的市场基础。

随着社会经济的发展，物流规模呈现出不断扩大的发展趋势，物流费用也已成为产品成本的一个重要组成部分。据统计，目前我国一般工业品从产品出厂经过装卸、储存、运输等各个物流环节到消费者手中的流通费用占商品价格的50%左右。而新鲜水果、易变质食品以及某些化工产品的流通费用有的高达售价的70%~80%。我国汽车零配件生产的加工装配时间仅占2%，而98%的时间是原材料、零配件的储存、装卸和搬运时间。自1979年以来，英国物料搬运中心多次进行全国性的调查表明，物流费用占整个国民经济总支出的39%，在生产与流通领域，物流费用占总支出的63%。美国《企业物流》报道，20世纪80年代以来美国企业年平均支付的物流费用已超过总销售收入的25%。所以，一些发达国家的企业已把降低流通费用，特别是物流费用作为获取利润的第一源泉，作为提高整个国民经济效益的重大措施和一个新的经济增长点。

1999年3月，中国仓储协会委托咨询机构对中国物流市场进行了一次典型调查。调查范围覆盖全国，调查对象主要是家电、电子、日化及食品等行业的450家大中型工业企业，其中80%企业的产品销售到全国或全球。调查内容如下：

认为物流对企业发展的影响程度：很高占7.9%，较高占34.2%，一般占48.7%，较低占6.6%，很低占2.6%。

物流费用占产品销售费用的比例：15%以下占51.1%，15%～60%占38.2%，30%～60%占8.8%，60%以上占1.5%。

各种物流费用的构成比例如表4－6所示。

表4－6　各种物流费用的构成比例

物流费用	构成比例	企　业
干线运输	40%～46%	32.4%
	60%～80%	25%
	80%以上	11.8%
仓储	40%～60%	16.2%
	60%～80%	5.9%
包装	40%～60%	7.4%

承担工业企业物流任务的主体：全部由企业自理的占26%，全部委托第三方物流商的占52%，自理与委托相结合的占68.8%。其中委托比例在：30%以下占42.3%，30%～60%占36.5%，60%以上占21.2%。其中委托的内容中，单纯运输占46.1%，单纯仓储占2.8%，运输与仓储占22.5%，综合物流占29.6%。

企业目前采取的运输方式：公路运输占3%，铁路运输占48.1%，多式联运占22.8%，航空运输占15.2%，水运占6.1%（是多项选择，有重复，合计不是100%）。

工业企业对目前物流运作状况的认可情况：对自理方式不满意的占16.9%，满意的占83.1%；对委托方式不满意的占30.8%，满意的占69.2%。不满意的原因依次是：成本高、反应慢、产品破损多；满意的原因依次是：成本低、反应快。

工业企业理想中的物流企业应具备的条件依次为：全国网络化运输（门到门）、低风险、低货损率、24小时服务、多式联运。

目前有45.3%的企业正在寻找新的物流代理商，其中选择新型物流公司的占5%，选择纯运输企业的占21.9%，选择纯仓储企业的占3.1%。希望新的物流商提供综合物流服务的占64.3%，提供干线运输的占28.6%，提供分销服务的占7.2%。

从调查可以看出，工业企业由过去对单纯仓储和运输的需求，开始逐步发展到对包括仓储运输在内的综合物流的需求；由过去对“大而全”、“小而全”自办物流的追求与认可，开始逐步发展到寻求合格的第三方物流商。从工业企业对物流的需求和对目前物流运作质量的满意程度分析，中国的物流市场的规模和潜力是非常巨大的。

市场观念的变化主要包括企业对物流观念的变化和消费者消费观念的转变。一方面，大部分企业认识到了物流对生产经营的重要性，并不断地构建企业物流系统、或自建物流配送中心、或利用社会的配送中心；另一方面，随着消费主动性的增强、个性消费的回归以及对购物方便性和乐趣的追求，需要有一个高效和完善的，以配送中心为核心的物流体系。

竞争的加剧使企业需要变革才能获得竞争优势，作为配送中心来说，只有充分利用现代物流信息技术来进行自身的物流活动，才有可能以较低的成本实现高质量的服务，缩短物流运作周期，扩大企业的物流规模，增加企业的收益。此外，网上营销等活动也为现代配送中心的产生和发展提供了有利的条件。

4.3.3 现代配送中心与传统仓库的区别

一般来看，配送中心是在仓库的基础上形成和发展起来的，因而，配送中心与仓库在许多方面有相似之处，如储存与保管等。但就总体而言，配送中心与仓库却有着较大的差异，这主要表现在以下几个方面：

1. 从功能上来看，配送中心的功能相对齐全，不仅包括货物的接收、分拣、整理、保管、装卸和发运等功能，而且也包括货物的订购、组织、物流信息的交互与处理，以及货物的加工、包装等功能，而仓库的主要功能是进行货物的保管；

2. 从作用上来看，配送中心的核心在于提高物流效率，降低物流费用，而仓库的核心在于货物的储存保管，保证商品的使用价值不受损失；

3. 从规模上来看，配送中心的规模一般较大，而仓库的规模一般较小；

4. 从运动过程上来看，配送中心的动态性强于仓库；

5. 从管理上来看，配送中心的整体性和系统性比仓库更强，管理水平也较高；

6. 从信息方面上来看，配送中心也是物流信息的集聚和发散中心，物流信息更全面、更系统，流动性也更强。

4.3.4 配送中心的作用

在现代物流活动中配送中心的作用是十分明显的，可以归纳为以下几个方面：

1. 使供货适合市场环境的变化

各种商品的市场需求在时间、季节、需求量上都存在大量随机性，而现代生产、加工无法完全在工厂、车间来满足和适应这种情况，必须依靠配送中心来调节、适应生产与消费之间的矛盾与变化。

2. 经济高效地组织储运

从工厂企业到销售市场之间需要复杂的储运环节，要依靠多种交通、运输、库存手段才能满足，传统的以产品或部门为单位的储运体系明显存在不经济和低效率的问题。故建立区域、城市的配送中心，能批量进发货物，能组织成组、成批、成列直达运输和集中储运，有利于降低物流系统成本，提高物流系统效率。

3. 提供优质的保管、包装、加工、配送、信息服务

现代物流活动中由于物资物理、化学性质的复杂多样化，长距离、长时间、多起点、多终点、地理与气候的多样性，对保管、包装、加工、配送、信息提出了很高的要

求，只有集中建立配送中心，才有可能提供更加专业化、更加优质的服务。

4. 促进地区经济的快速增长

配送中心同交通运输设施一样，是经济发展的保证，是吸引投资的环境条件之一，也是拉动经济增长的内部因素，配送中心的建设可以从多方面带动经济的健康发展。

5. 对于连锁店的经营活动是必要的

它可以帮助连锁店实现配送作业的经济规模，使流通费用降低；减少分店库存，加快商品周转，促进业务的发展和扩散。批发仓库通常需要零售商亲自上门采购，而配送中心解除了分店的后顾之忧，使其专心于店铺销售额和利润的增长，不断开发外部市场，拓展业务。此外，还加强了连锁店与供方的关系。

4.4 配送中心的类型及基本功能

4.4.1 现代配送中心的种类

1. 按运营主体不同划分

（1）以制造商为主体的配送中心

这种配送中心里的商品100%是由自己制造的，用以降低流通费用、提高售后服务质量和及时地将预先配齐的成组元器件运送到规定的加工和装配工位。从商品制造到生产出来后条码和包装的配合等多方面都较难控制，所以按照现代化、自动化的配送中心设计比较容易，但不具备社会的要求。

（2）以批发商为主体的配送中心

商品从制造者到消费者手中之间的传统流通有一个环节叫批发。一般是按部门或商品类别的不同，把每个制造厂的商品集中起来，然后以单一品种或搭配向消费地的零售商进行配送。这种配送中心的商品来自各个制造商，它所进行的一项重要的活动是对商品进行汇总和再销售，而它的全部进货和出货都是社会配送的，社会化程度高。

（3）以零售业为主体的配送中心

零售商发展到一定规模后，就可以考虑建立自己的配送中心，为专业商品零售店、超级市场、百货商店、建材商场、粮油食品商店、宾馆饭店等服务。社会化程度介于前两者之间。

（4）以仓储运输业为主体的配送中心

以仓储运输业为主体的配送中心，有时也称为第三方配送中心。这种配送中心最强的是运输配送能力，地理位置优越，如港湾、铁路和公路枢纽，可迅速将到达的货物配送给用户。它提供仓储储位给制造商或供应商，而配送中心的货物仍属于制造商或供应商所有，配送中心只是提供仓储管理和运输服务。这种配送中心的现代化程度往往较高。

2. 按配送中心的经济功能分类

（1）供应型配送中心

供应型配送中心是专门向某些用户供应货物，充当供应商角色的配送中心。

在现实生活中，有很多从事货物配送活动的经济实体，其服务对象主要是生产企业和大型商业组织（超级市场或联营商店），它们所配送的货物以原材料、元器件和其他半成品为主，客观上起着供应商的作用，这些配送中心类似于用户的后勤部门，故属于供应商配送中心。在物流实践中，那些接受客户委托，专门为生产企业配送零部件以及专为大型商业组织供应商品的配送中心，均属于供应型配送中心，我国上海地区6家造船厂共同组建的钢板配送中心、服务于汽车制造业的英国HONDA斯温登配件中心、美国SUZUKI MOTOR洛杉矶配件中心，以及德国MAZDA MOTQR配件中心等物流组织，就是这种配送中心的典型代表。

由于供应型配送中心担负着向多家用户供应商品（其中包括原料、材料和零配件等）的任务，因此，为了保证生产和经营活动的正常进行，这种类型的配送中心一般都建有大型的现代化仓库和储存一定数量的商品，占地面积一般都比较大。以欧美汽车制造业配送中心为例，成立于1987年3月的英国HONDA斯温登汽车配件配送中心，其占地面积15万平方米，总建筑面积7000平方米，经营的配件有6万种。该配送中心存储货物的能力，大型配件可达1560间格，小型配件为5万箱左右。位于美国洛杉矶的SUNUKI汽车配件中心占地面积4万平方米，总建筑面积8200平方米，经营的汽车配件达1万种。

（2）销售型配送中心

以销售商品为主要目的，以开展配送为手段而组建的配送中心，属销售型配送中心。

在竞争日趋激烈的市场环境下，许多生产者和商品经营者为了扩大自己的市场份额（即提高商品的市场占有率），采取了种种降低流通成本和完善其服务的办法和措施，其中包括代替客户（或消费者）理货、加工和送货等，为用户提供系列化、一体化的后勤服务（包括售前和售后服务）。与此同时，改造和完善了物流设施（如改造老式仓库），组建了专门从事加工、分货、拣货、配货、送货等活动的配送组织——配送中心。很明显，上述的配送中心完全是围绕着市场营销（销售商品）而开展配送业务的。从本质上看，这种配送中心所从事的各种物流活动是服务（或从属）于商品销售活动的。

因隶属单位不同，销售型配送中心又可细分为三种：

第一种，是生产企业或称制造商为了直接销售自己的产品及扩大自己的市场份额而建立的销售型配送中心。在国外，特别是在美国，这种类型的配送中心数量很多。据有关资料，美国加工业的配送中心（如美国KEEBLER芝加哥配送中心，美国MARYKAY COSMTICS公司所属的配送中心）均为这种类型的配送中心。

第二种，是专门从事商品销售活动的流通企业为了扩大销售而自建或合作建立起来的销售型配送中心。近几年，在我国一些试点城市所建立或正在建立的生产资料配送中心，多属于这种类型的物流组织。

第三种，是流通企业和生产企业联合建立的销售型配送中心。这种配送中心类似于国外的“公共型”配送中心。

(3) 储存型配送中心

这是一种有很强储存功能的配送中心。实践证明，储存一定数量的物资（包括原料和成品）乃是生产和流通得以正常进行的物资保障。从商品销售的角度来看，在买方市场条件下，由于企业在销售商品的过程中，不可避免地会出现时滞现象 。因此，客观上需要有储存环节予以支持；而从生产的角度来看，在卖方市场条件下，生产企业常常需要储存一定数量的生产资料，以此保证生产连续运转和应付急需。在这种情况下，同样需要设立储存环节予以支持。再从物流运动本身来看，欲大范围、远距离、高水平地开展配送活动，客观上也要求配送组织储存一定数量的商品。在实际生活中，有一些大型配送中心是在发挥储存作用的基础上组织、开展配送活动的，这样的配送中心多起源于传统的仓库。在国内外，这种类型的配送中心也不乏其例：中国物资储运总公司天津物资储运公司唐家港仓库即是国内储存型配送中心的雏形，而瑞士 GIBA - GEIGY 公司所属的配送中心，美国福来明公司的食品配送中心则是国外储存型配送中心的典型。上述的瑞士配送中心拥有规模居世界前列的储存仓库，可储存 4 万个托盘。美国福来明公司的食品配送中心的建筑面积为 7 万平方米，其中包括 4 万平方米的冷库和冷藏库、3 万平方米的杂货仓库。它经营的商品品种有 8.9 万个，其中有 1200 个品种是业务委托方——美国独立杂货商联盟开发的。

3. 按功能划分

(1) 集货中心

集货是将零星货物聚集成批量货物的一种经济活动，专门从事这种活动的配送中心一般称为集货中心。建立集货中心的目的是使原来分散的、小批量的、规格质量混杂的不容易进行批量运输和销售的货物，经过集货中心处理，形成批量运输的起点，从而实现大批量、高效率、低成本和快速的物流运作。

一般来说，集货中心主要设置在生产区域，在该区域，生产的规模一般较大，但每一个生产点的产量都相对有限。在大多数情况下，集货中心所进的货物大都是包装程度较低，甚至可能是没有经过包装的小批量货物，由于进货距离较近，进货成本也相对较低。集货中心通过对这些货物进行加工、包装等物流处理，并按不同的需求和产品的性质组合成较大的包装，再进行储存和规模运输，以实现物流费用的降低。

集货中心的物流处理过程如图 4－7 所示。

集货中心要有效地完成自身的职能，应具有以下主要设施：一是要具有与其业务相关的设备，这主要包括进货计量检查设备、加工设备、分拣设备及运输设备和包装、捆扎设备等；二是要具有相应的储存设施。

集货中心必须设置自身的网络系统，以更好地实现内部之间、内部与外部之间的沟

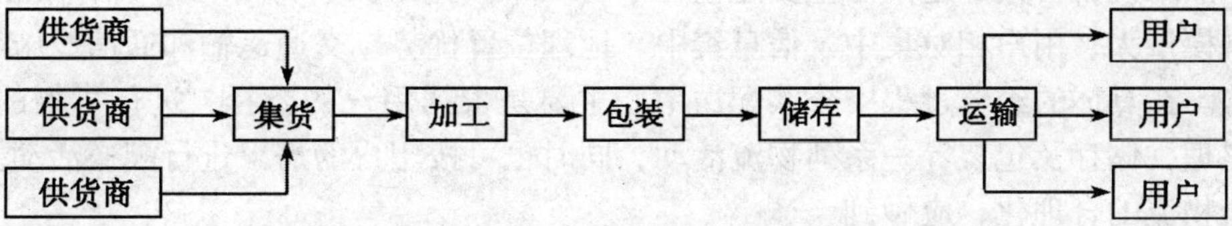

图 4-7 集货中心的物流处理过程

通，实现对物流的网络化和信息化管理。

(2) 配送中心

专门从事物流配送业务活动的物流中心称为配送中心。如果说集货中心的主要功能是实现货物的集中，那么，配送中心主要的功能则是实现货物的分散。通过对货物储存、分拣、整理、配送和配装等一系列物流活动送交给用户。配送中心是目前物流中心数量较多的一种。配送中心的物流处理过程，如图 4-8 所示。

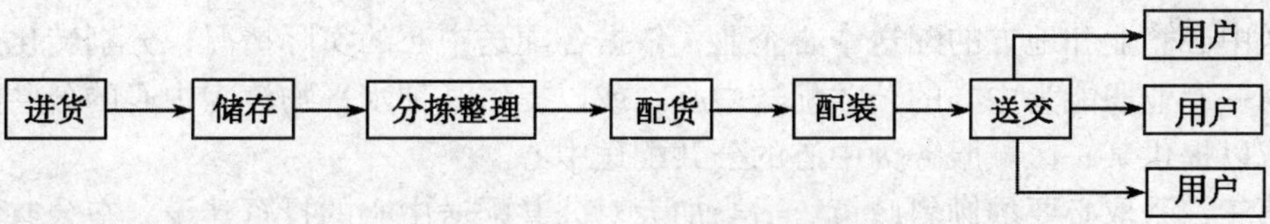

图 4-8 配送中心的物流处理过程

配送中心一般应具有存储设施，为提高配送能力和减少存储设施占用的土地面积，存储设施常采用各种类型存取便利的货架。为便于分货及配货，配送中心应具有传送装置、货物识别装置、分支输送机构及暂存设施等分货理货设备。为便于配送和装卸，配送中心还应具有运输车辆和装卸设备，有时还需配置一些专用性较强的设备，如能左右两面全部敞开的翼形车、能将后门全开而又不影响接靠站台的后部卷帘门式车等。此外，配送中心还应建立自己的电子商务系统，对货物进行电子化、信息化和网络化的运作。

(3) 集配中心

集配中心是包含集货中心和配送中心为一体的配送中心。它既具有集货的功能，也具有配送的功能。

此外，还有以货物转运为主的转运中心；以储备为主的储备中心；以物流加工为主的加工中心。

4. 按物流设施的归属划分

(1) 公共型配送中心

公共型配送中心是以整个社会系统的要求出发，根据社会物流规模的数量及交通通信状况等条件的开放式经营型的专门从事物流活动的配送中心。

一般来说，公共配送中心主要建立在中心城市。这是因为中心城市具有市场发达、物流规模量大、用户相对集中、信息集中、地理位置优势、交通运输和通信设施等方面的优势。在具体的经营过程中公共配送中心主要是根据用户的委托，进行货物的接受、分拣整理、储存及包装等一系列物流活动，同时也可按用户的需求进行配送活动。要实现社会物流的合理化，应做到：

第一，要实现公共配送中心布局的合理化。这就要求根据国民经济的总体发展战略规划来制定配送中心的发展规划，统一在全社会范围内合理布局公共配送中心。一是在大城市，特别是工农业生产发达、内外贸易繁荣的交通枢纽地区，建立大型的公共配送中心，进行货物的吞吐和集散等物流业务，为国民经济的发展建设服务；二是在中小城市和工商贸易活动较发达的地区，建立中小型的公共配送中心，专门从事货物的储存、运输以及配送等物流服务，为市场主体的经营活动提供物流服务。

第二，要加强流通体制的改革，实现配送中心的社会化。其核心问题就是要彻底打破现有配送中心的管理体制，特别是隶属于不同系统、不同地区配送中心的行政关系，使配送中心树立为社会提供物流服务的思想。具体措施是将目前分别隶属于中央各部委的配送中心企业和地方的配送中心企业，依据各配送中心的实际情况，分别转化成或以提供某一专业职能为中心的公共配送中心，或以提供某种水平物流为中心的公共配送中心，或以提供某一区域服务为中心的公共配送中心。

第三，采取必要的倾斜政策，适当加大对公共配送中心的投资建设。在公共配送中心的发展和建设过程中，国家应采取必要的倾斜政策和措施，适当地加大对公共配送中心的投资规模。

第四，配送中心要树立社会化的经营思想和理念，以市场为导向，依靠现代化的手段和方法从事物流业务活动。

(2) 自有型配送中心

自有型配送中心是指企业从自身生产经营活动的需要出发，根据自身生产经营活动的规模和区域等条件，建立专门为企业自身提供物流服务的配送中心。在实际运作过程中，企业各部门将自身活动所涉及的物流业务全部交由物流部门（中心）来进行，以便其他部门能集中精力搞好自身的本职工作，提高工作效率。

一般来说，自有配送中心主要有以下几个方面的特点：第一，自有配送中心是为企业的营销活动提供配送支持；第二，专业化程度较高，主要是提供与企业生产经营活动相关的专业化物流服务，比如，某类商品的物流服务等；第三，区域半径相对较小，主要分布在用户相对集中的地区，而对于用户相对分散、需求规模较小的地区，大都委托公共配送中心来完成相关的物流服务；第四，相对于公共配送中心来说，规模一般都较小；第五，自主性相对较小，其业务大都服从于企业总体的需要以及各业务部门的需求。

由于自有配送中心是根据企业自身生产经营活动而设立的配送中心，因此，在实际的运作过程中，自有配送中心要协调处理好以下几个方面的关系：一是要协调处理好配送中心与企业总部及各业务部门的关系；二是要协调处理好配送中心与企业客户之间的关系；三是要协调处理好配送中心内部各部门之间的关系。杭州卷烟物流配送中心就是一种自有型配送中心。

(3) 合作型配送中心

这种配送中心是由几家企业合作兴建、共同管理的物流设施，多为区域性配送中心。合作型配送中心可以是企业之间联合发展，如中小型零售企业联合投资兴建，实行配送共同化；也可以是系统或地区规划建设，达到系统或地区内企业的共同配送；或是多个企业、系统、地区联合共建，形成辐射全社会的配送网络。北京粮食系统的八百佳物流中心即为区域内联合之一例，上海市政府、流通主管部门所规划发展的百货、粮食、副食等配送中心为区域内联合之一例。另外，还可以对原有不规范、无规范、无效率的配送中心进行联合重组，向规模化发展，赋予其新的生命力。

5. 按综合程度划分

这里的综合程度主要包括两个方面：一是指配送中心在服务项目上的综合程度，主要包括物流的信息服务以及实物运作等；二是指配送中心在提供货物种类上的综合程度。

(1) 综合配送中心

是指能提供多种货物物流服务项目的配送中心。一般来说，综合配送中心除具有以上两个方面的特征外，还具有以下几个方面的主要特点。第一，规模大；第二，服务的区域范围广；第三，社会化程度较高；第四，大都设置在交通和通信发达的中心城市及货物的集散地。

(2) 专业配送中心

是指能提供一类或几类货物物流业务或能提供一种或几种物流服务项目的配送中心。一般来说，专业配送中心相对于综合配送中心来说，具有以下几个方面的特点：第一，规模相对较小；第二，服务的区域范围较窄；第三，专业化程度较高，专业性较强；第四，既可设在交通和通信发达的中心城市及货物的集散地，也可设置在中小城市。

6. 按地理区域划分

(1) 城市配送中心

城市配送中心是只能向城市范围内的众多用户提供配送服务的物流组织。由于在城市范围内货物的运距比较短，因此，这类配送中心在从事（或组织）送货活动时，一般都使用载货汽车。又由于使用汽车配送物资时机动性强、供应快、调度灵活，因此，在实践中依靠城市配送中心能够开展小批量、多批次、多用户的配送活动，也可以开展“门到门”式的送货业务。

因为城市配送中心的服务对象多为城市圈里的零售商、连锁店和生产企业，所以一般来说，它的辐射能力都不太强。在流通实践中，城市配送中心多是采取与区域配送中心联网的方式运作的。我国一些试点城市所建立的配送中心（如北京食品配送中心、无锡市各专业物资配送中心），绝大多数都属于城市配送中心。

（2）区域配送中心

这是一种辐射能力较强、活动范围较大，可以跨市、跨省进行配送活动的物流中心。美国沃尔玛公司下属的配送中心、荷兰 NEDLLOYD 集团所属的“国际配送中心”，以及欧洲其他国家批发公司所属的配送中心（如瑞典的 DAG AB 公司所属乔鲁德市布洛配送中心）就是这种性质的物流组织。区域配送中心有三个基本特征：其一，经营规模比较大，设施和设备齐全，并且数量较多、活动能力强。如前所述，美国沃尔玛公司的配送中心，建筑面积 12 万平方米，投资 7000 万美元，每天为分布在 6 个州的 100 家连锁店配送商品，经营的商品有 4 万种；荷兰的“国际配送中心”，其业务活动范围更广，该中心在接到订单 24 小时之内即可将货物装好，仅用 3 ~ 4 天的时间就可以把货物运到欧洲共同体的客户手中。目前，该中心不仅在国内外建立了许多现代化的仓库，而且装备了很多现代化的物流设备。其二，配送中心的批量比较大而批次较少。例如，有的区域配送中心每周只为用户配送 3 次货物，但每次配送的货物都很多。其三，在配送实践中，区域配送中心虽然也从事零星的配送活动，但这不是其主要业务。很多配送中心常常向城市配送中心和大的工商企业配送商品，因而，这种配送中心是配送网络或配送体系的支柱结构。

4.4.2 配送中心的基本功能

配送中心是专门从事货物配送活动的经济组织。换个角度来说，配送中心又是集加工、存货、理货、送货等多种职能于一体的物流结点。正如物流专业人士所言，“配送中心实际上是集货中心、分货中心、加工中心功能之综合”。具体来说，配送中心应该具备以下几种功能。

1. 储存功能

配送中心的服务对象是为数众多的生产企业和商业网点，如超级市场和连锁店。配送中心的职能和作用是：按照用户的要求及时将各种配装好的货物送交到用户手中，满足生产需要和消费需要。为了顺利而有序地完成向用户配送商品（货物）的任务和更好地发挥保证生产和消费需求的作用，通常，配送中心都要兴建现代化的仓库并配备一定数量的仓储设备，储存一定数量的商品。某些区域性大型配送中心和开展“代理交货”配送业务的配送中心，不但要在配送货物的过程中存储货物，而且它所存储的货物数量更大、品种更多。

上述配送中心所拥有的存储能力及其储存货物的事实表明，存储功能乃是这种物流组织的重要功能之一。

2. 分拣功能

作为物流结点的配送中心，其服务对象（即客户）是为数众多的企业（一般而言，配送中心的服务对象少则几十家，多则数百家数千家）在这些为数众多的客户中，彼此之间存在着很多差别，不仅各自的性质不同，而且其经营规模也不一样。其次，在订货或进货的时候，不同的客户对于货物的种类、规格、数量等会提出不同的要求。面对这种情况，为了有效地进行配送，配送中心必须采取适当的方式对组织进来的货物进行拣选，并且在此基础上，按照配送计划分装和配装货物，即配送中心的货物分拣功能。

3. 集散功能

在物流实践中，配送中心凭借其特殊的地位和以其拥有的各种先进设施和设备，能够将分散在各个生产企业的产品（即货物）集中到一起，而后，经过分拣、配装向多家用户发运。与此同时，配送中心也可以做到把各个用户所需要的多种货物有效地组合（或配装）在一起，形成经济、合理的货载批量。配送中心在流通实践中所表现出的这种功能亦即（货物）集散功能，也有人把它称之为“配货、分放”功能。

集散功能是配送中心所具备的一项基本功能。实践证明，利用配送中心来集散货物，可以提高车辆的满载率，降低成本。

4. 衔接功能

通过开展货物配送活动，配送中心能把各种工业品和农产品直接运送到用户手中，可以起到生产和消费的媒介作用。这是配送中心衔接功能的一种重要表现。此外，通过集货和存储货物，配送中心又有平衡供求的作用，因此，能有效地解决季节性货物的产需衔接问题。这是配送中心衔接功能的另一种表现。在人类社会中，生产和消费并非总是等幅度增长和同步运动的。一般来说，有很多工业品（如煤炭、水泥产品）是按照计划批量均衡生产的，而其消费则带有很强的季节性，另有一些产品恰恰相反，其消费是连续进行的，而其生产却是季节性的。这种现象表明，就某些产品而言，生产和消费存在着一定的时间差。由于配送中心有吞吐货物的能力和具备存储商品的功能，因此，它能调节产品供求关系，进而解决生产消费之间的时间差。从这个意义上说，配送中心是衔接生产和消费的中介组织。

5. 加工功能

为了扩大经营范围和提高配送水平，目前，国内外许多配送中心都配置了各种加工设备，由此而形成了一定的加工能力。加工货物是某些配送中心的重要活动，这些配送组织能够按照用户提出的要求，根据合理配送商品的原则，将组织进来的货物加工成一定规格、尺寸和形状，由此而成了加工功能。配送中心具备上述功能，积极开展加工业务，不但大大方便了用户、省却了后者不少烦琐劳动，而且也有利于提高物资资源的利用率和配送效率。此外，对于配送活动本身来说，客观上则起着强化其整体功能的作用。

5 物流信息处理

现代物流的发展是以信息技术、通信技术和物流技术的应用为前提的。没有现代的信息技术、通信技术和先进的物流技术的支撑，物流是难以得到发展的。

信息技术尤其是基于网络的信息技术的飞速发展，一方面给物流技术增添了新的内容；另一方面，它给传统的以实物运作为主的物流技术，提供了新的发展机遇，使传统的物流技术面临新的挑战。传统物流技术只有与现代信息技术紧密地结合，才能得到发展，才能发挥更大的作用，现代物流也才能得到快速高效的发展。

本章主要阐述物流信息处理的信息传输技术、物流信息处理的识别技术（包括条码技术、扫描技术、射频技术、光学字符识别技术）、物流信息处理的信息处理与跟踪技术（包括数据库技术、EDI 技术、GPS 技术、GIS 技术）以及物流信息处理的其他相关技术在物流领域中的应用。

5.1 物流信息技术概述

信息技术以其技术优势和广阔的发展前景增强了企业竞争力，使传统的企业获得新生。现代信息技术是一股不可抗拒的力量，加速了企业经营方式和管理方式的变革，任何一个企业都无法避开这种变革。

5.1.1 信息技术

信息技术（Information Technology，IT）是指获取、传递、处理、再生和利用信息的技术。从历史角度来看，每一次科技的重大进步都会为人类社会带来意义深远的剧变。信息技术是新经济风暴的起源，是新经济浪潮的动力，是新经济时代的标志。信息技术已经融入现代文明的方方面面，使人们的生产、生活发生了翻天覆地的变化。

信息技术更是新经济环境下企业信息化的物质技术基础，其内容可以用“3A”、“3C”、“3D”来表示。“3A”即工厂自动化（Factory Automation）、办公自动化（Office Automation）、家庭自动化（House Automation）；“3C”即通信（Communication）、计算机（Computer）、控制（Control）的结合；“3D”就是数字传输（Digital Transmission）、数字交换（Digital Switching）、数字处理（Digital Processing）三结合的数字通信。由此可见，数字化、自动化是信息技术最显著的特点。

5.1.2 物流信息技术

物流信息技术是现代信息技术在物流各个作业环节中的应用，是物流现代化的重要标志。物流信息技术也是物流技术中发展最快的领域，从数据采集的条码系统，到办公自动化系统中的微型计算机、互联网、各种终端设备等硬件以及计算机软件都在日新月异地发展。同时，随着物流信息技术的不断发展，产生了一系列新的物流理念和物流经营方式，推进了物流的变革。

物流信息技术主要由通信、软件、面向行业的业务管理系统三大部分组成，包括基于各种通信方式基础上的移动通信手段、全球定位（GPS）技术、地理信息（GIS）技术、计算机网络技术、自动化仓库管理技术、智能标签技术、条码技术、射频识别技术、电子数据交换技术等现代高新技术。在这些高新技术的支撑下，形成以移动通信、资源管理、监控调度管理、自动化仓储管理、业务管理、客户服务管理、财务处理等多种信息技术集成的一体化现代物流管理体系。

譬如，运用地理信息技术和全球定位技术，用户可以随时“看到”自己的货物状态，包括运输货物车辆所在位置（如某座城市的某条道路上）、货物名称、数量、重量等，大大提高了监控的“透明度”。如果需要临时变更线路，也可以随时指挥调动，大大降低货物的空载率，做到资源的最佳配置。

物流信息技术通过切入企业的物流业务流程，来实现对企业各生产要素的合理组合与高效利用，降低经营成本，直接产生明显的经营效益。它有效地把各种零散数据变为商业智慧，赋予了企业新的生产要素——信息，大大提高了企业的业务预测和管理能力。通过“点、线、面”的一体式综合管理，实现了企业内部一体化和外部供应链的统一管理，有效地帮助企业提高服务质量，提升企业的整体效益。

具体地说，物流信息技术能有效地为企业解决单点管理和网络化业务之间的矛盾，成本和客户服务质量之间的矛盾，有限的静态资源和动态市场之间的矛盾，以及现在和未来预测之间的矛盾。

据国外权威机构统计，物流信息技术的应用，可为传统的运输企业带来以下实效：降低空载率 15% ~20%；提高对在途车辆的监控能力，有效保障货物安全；网上货运信息发布及网上下单可增加商业机会 20% ~30%；无时空限制的客户查询功能，有效满足客户对货物在途情况的跟踪监控，可提高业务量 40%；提高了各种资源的合理综合利用率，可减少运营成本 15% ~30%。

对传统仓储企业带来的实效表现在：配载能力可提高 20% ~30%；库存和发货准确率可超过 99%；数据输入误差减少，库存和短缺损耗减少；可降低劳动力成本约 30%；提高生产力 30% ~40%；提高仓库空间利用率 20%。

5.2 物流信息处理的识别技术

在物流系统应用中，首先要对货物进行信息识别，把货物的名称、型号、规格、数量、单价等性能指标用数字化手段存入到计算机数据库系统中，从而引出了货物识别软硬件技术的应用。常用的识别技术包括条码技术、扫描技术、射频识别技术和光学字符识别技术，本节主要介绍前三种识别技术。

5.2.1 条码技术

条码是由美国的 N. T. Woodland 在 1949 年首先提出的。近年来，随着计算机应用的不断普及，条码的应用得到了很大的发展。条码可以标出商品的生产国、制造厂家、商品名称、生产日期、图书分类号、邮件起止地点、类别、日期等信息，因而在商品流通、图书管理、邮电管理、银行系统等许多领域都得到了广泛的应用。

条码（Bar Code）是“由一组规则排列的条、空及其对应字符组成的，用以表示一定信息的标识”（见 GB/T 18354—2006 中 5.3 条）。常见的条码是由反射率相差很大的黑条（简称条）和白条（简称空）组成的。以 600 毫升瓶装可口可乐为例子，图 5－1 描述了其条码符号的组成，图 5－2 为条码系统的工作原理图。

图 5－1 条码符号的组成

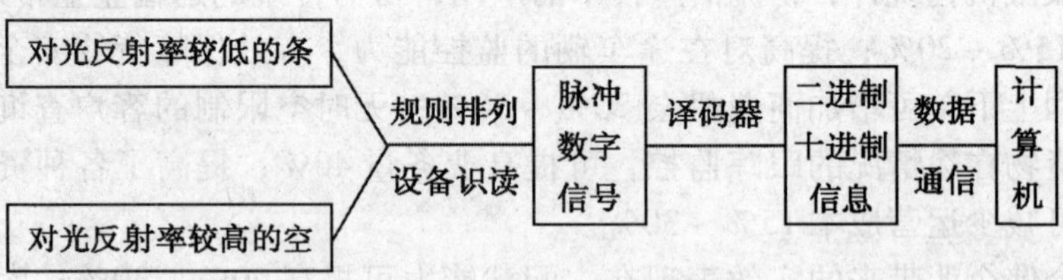

图 5－2 条码系统的工作原理

条码系统是由条码符号设计、制作及扫描阅读组成的自动识别系统。它由光电扫描设备识读完成对条码数据的自动采集和光电信号的自动转换。进一步而言，它利用光学系统读取条码符号，由光电转换器将光信号转换为电信号，通过电路系统对电信号进行放大和整形，最后以二进制脉冲信号输出给译码器进行译码。

条码技术为我们提供了一种对物流中的货物进行标识和描述的方法，借助自动识别技术、POS 系统、EDI 等现代技术手段，企业可以随时了解有关产品在供应链上的位置，并及时做出反应。当今，在欧美等发达国家兴起的 ECR、QR、自动连续补货（ACEP）等供应链管理策略，都离不开条码技术的应用。条码是实现 POS 系统、EDI、电子商务和供应链管理的技术基础，是物流管理现代化、提高企业管理水平和竞争能力的重要技术手段。

条码技术是实现自动化管理的有力武器，有利于进货、销售和仓储管理一体化；是实现 EDI、节约资源的基础；是及时沟通产、供、销的纽带和桥梁；是提高市场竞争力的工具；可以节省消费者的购物时间，扩大商品的销售额。

条码种类很多，多达四十余种，常见的也有二十多种码制。目前应用最为广泛的有交叉二五码、39 码、UPC 码、EAN 码、128 码等。近年来又出现了按矩阵方式或堆栈方式排列信息的二维条码。若从印制条码的材料、颜色分类，可分为黑白条码、彩色条码、发光条码（荧光条码、磷光条码）和磁性条码等。

不论哪一种条码，在设计上都有一些共同点：

（1）条码符号图形结构简单；

（2）每个条码字符由一定的条符组成，占有一定的宽度和印制面积；

（3）每种编码方案均有自己的字符集；

（4）每种编码方案与对应的阅读装置的性能要求密切配合。

下面是一些常用的条码：

（1）EAN 码。EAN 码是国际物品编码协会制定的一种商品用条码，全球通用。EAN 码符号有标准版（EAN－13 和 GB/T 12904—91）和缩短版（EAN－8）两种，我国的通用商品条码与其等效。我们日常购买的商品包装上所印的条码一般就是 EAN 码。

（2）UPC 码。UPC 码是美国统一代码委员会制定的一种商品用条码，主要用于美国和加拿大地区，我们在从美国进口来的商品上可以看到。

（3）39 码。39 码是一种可表示数字、字母等信息的条码，主要用于工业、图书及票证的自动化管理，目前使用极为广泛。

（4）UCC/EAN－128 码。UCC/EAN－128 码是目前可用的最完整的、高密度的、可靠的、应用灵活的字母数字型一维码制之一。它允许表示可变长度的数据，并且能将若干个信息编码在一个条码符号中。SSCC 和相关的 EAN·UCC 应用标识符以及属性数据都可用 UCC/EAN－128 码制表示。我们可以根据需要采用条码应用标识符的不同部分来表示需要的信息，如图 5－3 所示的条码标签表示了系列货运包装箱代码、保质期、批号等信息。

（5）二维条码。一维条码所携带的信息量有限，如商品上的条码仅能容纳 13 位（EAN－13 码）阿拉伯数字，更多的信息只能依赖商品数据库的支持，离开了预先建立的数据库，这种条码就没有意义了，因此在一定程度上也限制了条码的应用范围。基于

图 5-3　条码标签

这个原因，在 20 世纪 90 年代发明了二维条码。二维条码除了具有一维条码的优点外，同时还具有信息量大、可靠性高、保密、防伪性强等优点。

目前二维条码主要有 PDF417 码、Code 49 码、Code 16K 码、Data Matrix 码、MaxiCode 码等，主要分为堆积式（或层排式）和棋盘式（或矩阵式）两大类。如图 5-4 所示。

（a）堆积式二维条码　　（b）棋盘式二维条码

图 5-4　二维条码系统的种类

二维条码作为一种新的信息存储和传递技术，从诞生之时就受到了国际社会的广泛关注。经过几年的努力，现已应用在国防、公共安全、交通运输、医疗保健、工业、商业、金融、海关及政府管理等多个领域。

二维条码依靠其庞大的信息携带量，能够把过去使用一维条码时存储于后台数据库中的信息包含在条码中，可以直接通过阅读条码得到相应的信息，并且二维条码还有错误修正技术及防伪功能，增加了数据的安全性。

二维条码可把照片、指纹编制于其中，可有效地解决证件的可机读和防伪问题。因此，可广泛应用于护照、身份证、行车证、军人证、健康证、保险卡等。

美国亚利桑那州等十多个州的驾驶证、美国军人证、军人医疗证等在几年前就已采用了 PDF417 技术。将证件上的个人信息及照片编在二维条码中，不但可以实现身份证的自动识读，而且可以有效防止伪冒证件事件发生。菲律宾、埃及、巴林等许多国家也已在身份证或驾驶证上采用了二维条码，我国香港特区护照上也采用了二维条码技术。

另外在海关报关单、长途货运单、税务报表、保险登记表上也都有使用二维条码技术来解决数据输入及防止伪造、删改表格的例子。

在我国部分地区注册会计师证和汽车销售及售后服务等方面，二维条码也得到了初步的应用。

5.2.2 扫描技术

自动识别技术的另一个关键组件是扫描处理，这是条码系统的“眼睛”。扫描仪从视觉上收集条码数据，并把它们转换成可用的信息。目前有手提的和定位的两种类型的扫描仪，每一种类型都能使用接触技术和非接触技术。手提扫描仪（又称为便携式条码阅读器，无线数据采集器）既可以是激光枪（非接触式的），也可以是激光棒（接触式的）；定位扫描仪既可以是自动扫描仪（非接触式的），也可以是卡式阅读器（接触式的）。接触技术需要用阅读装置实际接触条码，这样可以减少扫描技术错误，但降低了灵活性。激光枪技术是当前最流行的，速度超过了激光棒。

扫描技术在物流方面主要有两大应用。第一种应用是零售商店的销售点实时系统（Point of Sale，POS）。除了在现金收款机上给顾客打印收据外，还为商店提供精确的存货控制。销售点可以精确地跟踪每一个库存单位（Stock Keeping Unit，SKU）出售数，有助于补充订货，因为实际的单位销售数能够迅速地传输到供应商处。实际销售跟踪可以减少市场的不确定性，并可去除缓冲存货。除了提供精确的再供给和营销调查数据外，销售点还能向所有的渠道内成员，提供更为及时的、具有战略意义的商品销售数据和信息，如畅销品和滞销品的数据统计与预测分析等。

扫描技术的第二种应用是物料搬运和跟踪。通过扫描枪的使用，物料搬运人员能够跟踪产品的搬运、存储地点、装卸和入库，虽然这种信息能够用手工跟踪，却要耗费大量的时间，并且容易出错。在物流应用中更广泛地使用扫描仪，将会提高生产率，减少差错。根据 Walgreens 报告，扫描技术可以使商店补充订货自动化，提高商店的营销能力，减少 8% 的总存货量。

归纳起来，应用扫描技术有以下几点好处：

（1）对托运人的好处：改进订货准备和处理，排除航运差错，减少劳动时间，改进记录保存，减少实际存货时间。

（2）对承运人的好处：运费账单信息完整，顾客能存取实时信息，改进顾客装运活动的记录，可跟踪装运活动，简化集装箱处理，监督车辆内的不相容产品，减少信息传输时间。

（3）对仓储控制的意义：改进订货准备、处理和装船，提供精确的存货控制，顾客能存取实时信息，考虑安全存取信息，减少劳动成本，入库精确。

（4）对批发商/零售商的作用：单位存货精确，销售点价格精确，减少实际存货时间，增加系统灵活性。

5.2.3 射频识别技术

射频识别技术（Radio Frequency Identification，RFID）是“通过射频信号识别目标对象并获取相关数据信息的一种非接触式的自动识别技术”（见 GB/T 18354—2006 中5.20 条）。射频识别的优点是不局限于视线，识别距离比光学系统远，射频识别卡既可读出信息，又可写入数据，携带数量大，难以伪造，且有智能化特点，适用于物料跟踪、运载工具和货架识别等要求非接触数据采集和交换的场合。采用 RFID 技术制作的射频标签（见图 5－5）对于需要频繁改变数据内容的场合尤为适用。

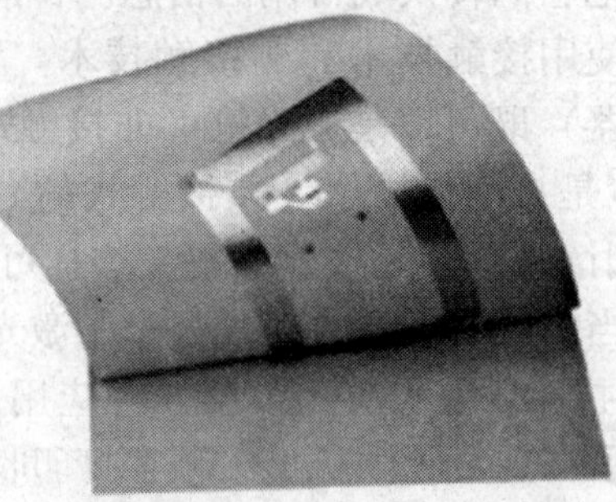

图 5－5　射频标签

美国和北大西洋公约组织（NATO）1996 年在波斯尼亚的“联合作战行动”中，不但建成了战争中投入战场最复杂的通信网，还完善了识别跟踪用物资的新型后勤系统。该系统途中运输部分的功能就是靠贴在集装箱和设备上的射频识别标签实现的。RF 接收转发装置通常安装在运输线的一些检查点上（如门框上、桥墩旁等），以及仓库、车站、码头、机场等关键点。接收装置收到 RF 标签信息后，连通接收地的位置信息，上传至通信卫星，再由通信卫星传送给运输调度中心，送入中心数据库中。

我国 RFID 的应用也已经开始，广州、上海、杭州的一些高速公路收费站口使用 RF 可以不停车收费。我国铁路系统使用 RFID 记录货车车厢编号的试点已运行了一段时间。一些物流公司也将 RFID 用于物流管理中。

下面举例说明射频识别技术的几个实际应用。

1. 高速公路自动收费与城区交通管理

高速公路自动收费系统是RFID技术最成功的应用之一。目前中国的高速公路发展非常快，地区经济发展的先决条件就是有便利的交通条件，而高速公路收费却存在一些问题，一是交通堵塞，收费站口许多车辆要停车排队，成为交通瓶颈问题；二是少数不法的收费员贪污路费，使国家损失了相当的财政收入。RFID技术在高速公路自动收费上的应用，能充分体现它的非接触识别的优势，杜绝上述问题。

对于高速公路收费系统，由于车辆的大小形状不同，需要大约4米的读写距离和很快的读写速度，系统的频率应在900MHz和2500MHz之间，系统设计时，射频卡可装在汽车挡风玻璃后面，阅读器天线架设在道路的上方，将多车道的收费口分为自动收费口和人工收费口两个部分，在距收费口约50～100米处，当车辆经过天线时，车上的射频卡被头顶上的天线接收到，由此判别车辆是否带有有效的射频卡，读写器指示灯指示车辆进入不同车道，进入自动收费口的车辆，养路费款被自动从用户账户上扣除，且用指示灯及蜂鸣器告诉司机收费是否完成，不用停车就可通过。挡车器将拦下恶意闯入的车辆。人工收费口仍维持现有的操作方式。

目前广东省佛山市政府已安装了RFID系统用于自动收取路桥费以提高车辆通过率，缓解了公路瓶颈。车辆可以在250公里的时速下，用少于0.5毫秒的时间被识别，正确率达99.95%。上海也安装了基于RFID技术的自动收取养路费系统。广州尝试在开放的高速公路上对正在高速行驶的车辆进行自动收费，通道采用RFID系统。

在城市交通方面，由于城市交通状况日趋拥挤，解决交通问题不能只依赖于修路，加强交通的指挥、控制、疏导，提高道路的利用率，通过深挖现有交通潜能也是非常重要的。而基于RFID技术的实时交通督导和最佳路线电子地图将很快成为现实。用RFID技术实时跟踪车辆，通过交通控制中心的网络在各个路段向司机报告交通状况，指挥车辆绕开堵塞路段，并用电子地图实时显示交通状况。能够使得交通流向均匀，大大提高道路利用率。还可用于车辆特权控制，在信号灯处给警车、应急车辆、公共汽车等行驶特权；自动查处违章车辆，记录违章情况。另外，公共汽车站实时跟踪指示公共汽车到站时间及自动显示乘客信息，给乘客带来很大的方便。因此通过应用RFID技术能使交通的指挥自动化、法制化，有助于改善交通状况。

2. 人员识别与物资跟踪

将来的门禁保安系统均可应用射频卡，一卡可以多用，比如作工作证、出入证、停车卡等，目的都是识别人员身份，实现安全管理、自动收费或上下班打卡，提高工作效率。只要人员佩戴了封装成ID卡大小的射频卡，进出口有一台读写器，人员出入时自动识别身份，非法闯入会有报警。安全级别要求高的地方，还可以结合其他的识别方式，将指纹、掌纹或颜面特征存入射频卡。2000年夏季奥运会的安全机构采用射频卡结合生物测定学技术作为保安系统中的一种，运动员和官方人员随身携带含有自己手掌信息的射频卡，当他们在进入某一安全区时，必须将其右手搁在扫描器上，只有该人同系统根据其手信息在安全库中检索出的三维图像一样，并且同其本人所携带的卡片上信息一致方可进入该区域，由于卡和携卡人是唯一联系的，所以只有卡主人才可使用自己的卡，而卡丢失、偷卡和借卡使用都构不成对安全的威胁。

此外，射频卡还可以用来保护和跟踪财产。将射频卡贴在重要物资如计算机、传真机、文件、复印机或其他实验室用品上，以自动跟踪管理这些有价值的财产，可以跟踪一个物品从某一建筑处离开，或是用报警的方式限制物品离开某地。结合 GPS 系统利用射频卡，还可以对货柜车、货舱等进行有效跟踪。

3. 生产线自动化控制

在生产流水线应用 RFID 技术可实现自动控制和监视，提高生产率，改进生产方式，节约生产成本。

如汽车装配流水线。德国宝马汽车公司在装配流水线上应用射频卡可以尽可能大量地生产用户定制的汽车。宝马汽车的生产是基于用户提出的要求式样而生产的，用户可以从上万种内部和外部选项中选定自己所需车的颜色、引擎型号还有轮胎式样等要求，如果没有一个高度组织的、复杂的控制系统是很难完成这样复杂的任务的。宝马公司就在其装配流水线上配有 RFID 系统，他们使用可重复使用的射频卡，该射频卡上可带有详细的汽车所需的所有要求，在每个工作点处都有读写器，这样可以保证汽车在各个流水线位置处能毫不出错地完成装配任务。

Motcrola、SGSThomson 等集成电路制造商在竞争激烈的半导体工业中采用了加入 RFID 技术的自动识别工序控制系统。半导体生产对于超净的特殊需要，使得 RFID 应用在此非常理想，而其他自动识别系统，如条码在如此苛刻的化学条件和超净要求下就不适用。在一个超净车间里，通常能有 800 位点，晶片容器要从一处位点移动到下一处位点，有时晶片会因进入错误的堆而造成损失，射频识别系统能够核查晶片堆、设备、工序和操作人员，如果其中任何一项的身份不对，设备将不能开始工作，同时向操作人员显示指示。

4. 仓储管理

将 RFID 系统与条码系统结合，可用于智能仓库货物管理，有效解决与仓库及货物流动有关的信息管理，不但可增加一天内处理货物的件数，还可监视货物的流动信息。一般而言，射频卡贴在货物要通过的仓库大门边上，读写器天线放在叉车上，每个货物都贴有条码，所有条码信息都被存储在仓库的中心计算机里，该货物的有关信息都能在计算机里查到。当货物被装走运往别地时，由另一台读写器识别并告知计算中心它被放在哪个拖车上。这样管理中心可以实时地了解到已经生产了多少产品和发送了多少产品，并可自动识别货物，确定货物的位置。如图 5－6 所示，当叉车通过门禁系统时，射频阅读器自动识读装载托盘上的射频标签。

图 5-6 射频识别技术在智能托盘系统的应用

5.3 物流信息处理的信息传输与跟踪技术

物流信息处理的信息传输与跟踪技术主要包括数据库技术、电子数据交换技术、全球定位系统技术和地理信息系统技术等。本节主要介绍这几种技术并阐述其在物流信息处理中的应用。

5.3.1 数据库（DB）技术

数据库（Data Base，DB）是以一定的组织方式存储在一起的相关的数据集合。这些数据没有有害或不必要的冗余，能为多个用户或应用程序服务，数据的存储独立于应用程序；应用程序能够用一种公用的、可控的方法向数据库插入新数据、修改和检索原有数据。结构化处理后的数据，可以为今后的应用服务。

1. 数据库及其特征

文件系统虽然有许多优点，但它的数据是面向应用的，一个文件对应一个或几个应用程序，数据的冗余度大，而且文件不易扩充，不能反映客观事物之间的联系。同文件系统相比，数据库具有以下特点。

（1）数据的最小冗余性

数据库不仅向人们提供描述数据本身的手段，也向人们提供了数据之间联系的手段。因而，人们可以从系统的角度出发来考虑一个企业或一个社会组织的各项管理工作所需要的数据，把这些为尽可能多的应用服务的数据组织在一起，消除冗余数据，提高存储空间利用率，减少更新重复数据项的操作，避免由于冗余数据存在而引起的数据不一致。

（2）数据的共享性

存储在数据库中的数据可以构成多种组合，以适应多个用户的需求。在保证数据的安全性和一致性的前提下，允许多个用户同时访问数据库。

（3）数据的独立性

数据的独立性是指应用程序对数据库系统的非依赖性。文件系统中数据存储方式的微小变化都要求重编应用程序，而数据库系统中，数据具有物理独立性和逻辑独立性，当数据存储方式和逻辑结构改变时，并不需要改变用户应用程序。

（4）数据的统一管理与控制

为了提供用户存储、检索、更新数据的手段，以及用户开发使用数据库时进行并行控制，为保证数据完整性、安全性、保密性，数据库提供了统一的管理软件即数据库管理系统（Data Base Management System，DBMS）进行管理和控制。

2. 数据库系统的构成

数据库系统（Data Base System，DBS）是由计算机系统、数据库、数据库管理系统和有关人员组成的具有高度组织的总体，如图 5－7 所示。数据库系统是在文件系统基础上发展起来的更为先进的数据管理技术，它的应用使信息系统的水平提高到了一个新的阶段。数据库系统是现代物流信息系统不可缺少的一部分。

数据库系统主要组成部分如下。

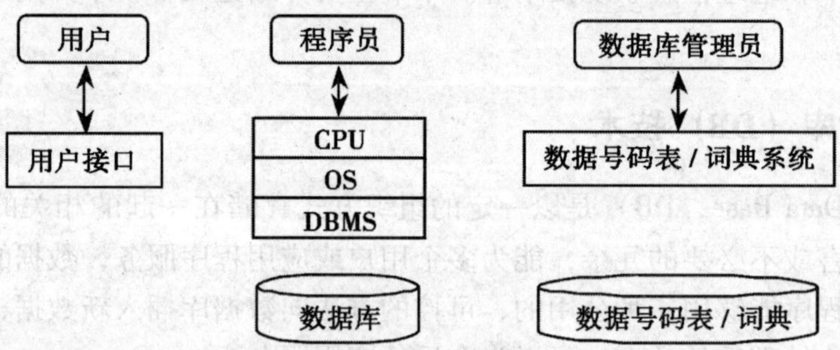

图 5－7　数据库系统示意

（1）计算机系统

计算机系统是指用于数据库管理的计算机硬件和基本软件。数据库需要容量大的主存储器以存放操作系统、数据库管理系统、应用程序、数据库表、目录和系统缓冲区等。在辅助存储器方面，需要大容量的直接存取设备。

（2）数据库的分级结构

数据库可分为用户级数据库、概念级数据库和物理级数据库，其相互关系的描述如图 5－8 所示。

用户级数据库对应于外模式，是用户看到和使用的数据，在许多文献中又称为子模式，也就是用户看到并获准使用的那部分数据的逻辑结构，用户根据系统给出的子模式，用查询语言或应用程序去操作数据库中的数据。

概念级数据库对应于概念模式，是对数据库的整体逻辑进行描述，即用户视图有机结合成一个逻辑整体。它是数据库管理员看到的数据库。

物理级数据库对应于内模式，又称存储模式，它包含数据库的全部存储数据，是所有用户操作的对象。从系统程序员的角度看，这些数据是以一定文件组织方法组织起来的一个个物理文件，所以，物理数据库也称为程序员视图。

由于存储模式和子模式被概念模式从中间分隔开来，当存储模式发生变化时就可以通过修改模式与存储模式之间的映像，而不必修改用户程序，这就是程序和数据的物理独立性。另外，当模式发生变化时，也可以通过修改模式和子模式之间的映像，而保持用户程序不变，这就是程序和数据的逻辑独立性。

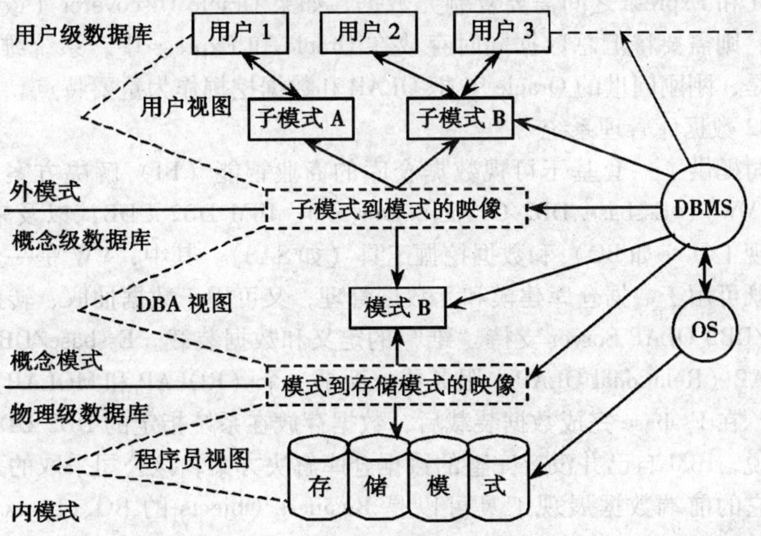

图 5－8　数据库的分级结构

3. 数据库管理系统

数据库管理系统经历了 30 多年的发展演变，已经取得了辉煌的成就，发展成了一门内容丰富的学科，形成了总量达数百亿美元的一个软件产业。

目前，市场上具有代表性的数据库产品包括 Oracle、DB2、SQL Server 和 Sybase 等。在一定意义上，这些产品的特征反映了当前数据库产业界的最高水平和发展趋势。因此，分析这些主流产品的发展现状，是我们了解数据库技术发展的一个重要方面。

（1）Oracle 数据库管理系统

Oracle 数据仓库解决方案主要包括 Oracle Express 和 Oracle Discoverer 两个部分。Oracle Express 由四个工具组成：Oracle Express Server 是一个 MOLAP（多维 OLAP）服务器，它利用多维模型，存储和管理多维数据库或多维高速缓存，同时也能够访问多种关系数据库；Oracle Express Web Agent 通过 CGI 或 Web 插件支持基于 Web 的动态多维数据展现；Oracle Express Objects 前端数据分析工具（目前仅支持 Windows 平台）提供了图形化建模和假设分析功能，支持可视化开发和事件驱动编程技术，提供了兼容 Visual Basic 语法的语言，支持 OCX 和 OLE；Oracle Express Analyzer 是通用的、面向最终用户的报告和分析工具（目前仅支持 Windows 平台）。Oracle Discoverer 即席查询工具是专门为最终用户设计的，分为最终用户版和管理员版。

在 Oracle 数据仓库解决方案实施过程中，通常把汇总数据存储在 Express 多维数据库中，而将详细数据存储在 Oracle 关系数据库中，当需要详细数据时，Express Server 通过构造 SQL 语句访问关系数据库。但目前的 Express 还不够灵活，数据仓库设计的一个变化往往导致数据库的重构。另外，目前的 Oracle 8i 和 Express 之间集成度还不够高，Oracle 8i 和 Express 之间需要复制元数据，如果 Oracle Discoverer（或 BO）需要访问汇总数据，则需要将汇总数据同时存放在 Oracle 和 Express 中，系统维护比较困难。值得注意的是，刚刚问世的 Oracle 9i 把 OLAP 和数据挖掘作为重要特点。

（2）DB2 数据库管理系统

IBM 公司提供了一套基于可视数据仓库的商业智能（BI）解决方案，包括 Visual Warehouse（VW）、Essbase/DB2 OLAP Server 5.0、IBM DB2 UDB，以及来自第三方的前端数据展现工具（如 BO）和数据挖掘工具（如 SAS）。其中，VW 是一个功能很强的集成环境，既可用于数据仓库建模和元数据管理，又可用于数据抽取、转换、装载和调度。Essbase/DB2 OLAP Server 支持“维”的定义和数据装载。Essbase/DB2 OLAP Server 不是 ROLAP（Relational OLAP）服务器，而是一个（ROLAP 和 MOLAP）混合的 HOLAP 服务器，在 Essbase 完成数据装载后，数据存放在系统指定的 DB2 UDB 数据库中。

严格来说，IBM 自己并没有完整的数据仓库解决方案，该公司采取的是合作伙伴战略。例如，它的前端数据展现工具可以是 Business Objects 的 BO、Lotus 的 Approach、Cognos 的 Impromptu 或 IBM 的 Query Management Facility；多维分析工具支持 Arbor Software 的 Essbase 和 IBM（与 Arbor 联合开发）的 DB2 OLAP 服务器；统计分析工具采用 SAS 系统。

（3）SQL Server 数据库管理系统

Microsoft 将 OLAP 功能集成到 Microsoft SQL Server 7.0 中，提供可扩充的基于 COM 的 OLAP 接口。它通过一系列服务程序支持数据仓库应用。数据传输服务 DTS（Data Transformation Services）提供数据输入/输出和自动调度功能，在数据传输过程中可以完成数据的验证、清洗和转换等操作，通过与 Microsoft Repository 集成，共享有关的元数据；Microsoft Repository 存储包括元数据在内的所有中间数据；SQL Server OLAP Services 支持在线分析处理；PivotTable Services 提供客户端 OLAP 数据访问功能。

通过这一服务，开发人员可以用 VB 或其他语言开发用户前端数据展现程序，PivotTable Services 还允许在本地客户机上存储数据；MMC（Microsoft Management Console）提供日程安排、存储管理、性能监测、报警和通知的核心管理服务；Microsoft Office 2000 套件中的 Access 和 Excel 可以作为数据展现工具，另外 SQL Server 还支持第三方数据展现工具。

（4）Sybase数据库管理系统

Sybase提供的数据仓库解决方案称为Warehouse Studio，包括数据仓库的建模、数据抽取与转换、数据存储与管理、元数据管理以及可视化数据分析等工具。其中，Warehouse Architect是PowerDesigner中的一个设计模块，它支持星形模型、雪花模型和ER模型；数据抽取与转换工具包括PowerStage、Replication Server、Carleton PASSPORT，PowerStage是Sybase提供的可视化数据迁移工具。

Adaptive Server Enterprise是Sybase企业级关系数据库，Adaptive Server IQ是Sybase公司专为数据仓库设计的关系数据库，它为高性能决策支持系统和数据仓库的建立作了优化处理，Sybase IQ支持各种流行的前端展现工具（如Cognos Impromptu、Business Objects、Brio Query等）；数据分析与展现工具包括PowerDimensions、EnglishWizard、InfoMaker、PowerDynamo等，PowerDimensions是图形化的OLAP分析工具，它支持SMP和多维缓存技术，能够集成异构的关系型数据仓库和分布式数据集市，从而形成单一的、新型的多维模式；数据仓库的维护与管理工具包括Warehouse Control Center、Sybase Central、Distribution Director，其中Warehouse Control Center是为数据仓库开发人员提供的元数据管理工具。

Sybase提供了完整的数据仓库解决方案Quick Start DataMart，具有良好的性能，并支持第三方数据展现工具。从Quick Start DataMart的名称不难看出，它尤其适合于数据集市应用。另外，Sybase可以提供面向电信、金融、保险、医疗保健这4个行业的客户关系管理（CRM）产品，在这4个产品中，有80%的功能是共性的，有20%的功能需要Sybase与合作伙伴针对不同需求共同开发。

5.3.2 电子数据交换（EDI）技术

电子数据交换（Electronic Data Interchange，EDI）是“采用标准化的格式，利用计算机网络进行业务数据的传输和处理”（见GB/T 18354—2006中5.22条）。电子数据交换俗称“无纸化贸易”。创建EDI的思想可以追溯到第二次世界大战后期德国柏林战场的供给线。当时的美国运输部长E. A. Guill - bert发现在后勤供应中有大量的纸面工作要做，他主张用电报通信。为了使过程简化，他就建议将其中的表格和处理过程标准化。后来，Guill - bert创立并领导了运输数据协调委员会（TDCC）。TDCC的目标之一就是要进一步发展在后勤供给线中的工作方法。20世纪70年代后期，TDCC制订了公司之间的计算机数据交换的标准格式，即EDI的雏形。早期的EDI主要用于装运单据和其他货运方面的文件，以后TDCC发展成了EDI协会。

1. EDI的分类

根据EDI的功能，可以分成以下4类：

（1）贸易数据交换系统

最知名的EDI系统就是最简单的订货信息系统了，又被称为贸易数据交换系统（Trade Data Interchange，TDI），它用电子数据交换来传输订单、发货单和各类通知等。

（2）电子资金转账系统

电子资金转账（Electronic Funds Transfer，EFT）系统也是一种比较常见的EDI，就是指在银行和其他组织之间进行电子费用汇兑。EFT已经使用多年，但它仍在不断地改进，其中最大的改进就是和订货系统联系起来，形成一个自动化水平更高的系统。

（3）交互式应答的EDI

这类常见的EDI就是交互式应答系统（Interactive Query Response，IQR）。它可以使用在旅行社和航空公司，作为机票预订系统。这种EDI在应用时要询问达到某一目的地的航班，要求显示航班的时间、票价或其他问题，然后根据旅客的要求确定所要的航班，打印机票等。

（4）自动传输的EDI

带有图形资料自动传输的EDI，最常用的是计算机辅助设计图形的自动传输。比如，设计公司完成一个厂房的平面设计图，将它传输给厂房的主人，请主人提出修改意见。一旦该设计被批准，系统将自动输出订单，购买建筑和装修材料、家具和其他物品。收到这些建筑和装修材料、家具和其他物品后，自动开出发货票等。

2. EDI的构成要素

EDI系统的构成要素包括数据标准化、EDI软件和硬件、通信网络。

（1）数据标准化

EDI标准是由企业、地区代表经过讨论制定的电子数据交换共同标准，统一的EDI标准可以使各个组织和企业之间不同的文件格式，通过共同的标准，达到彼此之间进行文件交换的目的。显然，标准的不统一将直接影响EDI的发展。

早期的EDI标准使用的大多数是用户的行业标准，标准之间不能进行跨行业的EDI互联，严重影响了EDI的效率，阻碍了全球EDI的发展。在美国就存在汽车工业的AIAG标准，零售业的UCS标准，货栈和冷冻食品储存业的WINS标准等。在日本有连锁店协会的JCQ行业标准，全国银行协会的AENGIN标准和电子工业协会的EIAT标准等。

为了促进EDI的发展，世界各国都在不遗余力地促进EDI标准的国际化，以求最大限度地发挥EDI的作用。

目前在EDI的标准上，国际上最为流行的就是联合国欧洲经济委员会（UN/ECE）下属的第四工作组（WP4）在1986年制定的《用于行政管理、商业和运输的电子数据交换标准》（Electronic Data Interchange For Administration，Commerce and Transport，EDI/FACT）。目前EDI/FACT已成为全球通用的EDI标准。

（2）EDI软件和硬件

EDI软件具有将用户数据库系统中的信息翻译成EDI的标准格式，以提供数据传输交换的能力。由于EDI标准具有足够的灵活性，可以适应不同行业的众多需求。然而，每个业务公司有其常年经营所形成的固定信息格式，因此，当需要发送 EDI 电文时，必须通过某种方法从公司的专有数据库中提取信息，并把它翻译成 EDI 的标准格式，然后才能进行传输。这就需要 EDI 相关翻译软件的帮助。转换软件可以帮助用户将原有计算机系统的文件信息，转换成翻译软件能够理解的平面文件（FLAT FILE），或是将从翻译软件接收到的平面文件，转换成原计算机系统中的文件。

翻译软件是两种格式文件的转换中心。它将平面文件翻译成 EDI 的标准格式，或将接收到的 EDI 标准格式翻译成平面文件。通信软件是将经过翻译软件翻译后的 EDI 标准格式的文件外层加上通信信封（ENVELOPE），再传送到 EDI 系统交换中心的邮箱（MAILBOX）中，或由 EDI 交换中心将接收到的 EDI 格式文件从信箱中取出。所有这些功能实现都需要通过 EDI 的增值网络。

EDI 所需的硬件设备是计算机、调制解调器、网卡、电话线和专线等。目前使用的计算机，无论是 PC、工作站、小型机、主机等，均可使用。由于使用 EDI 来进行电子数据交换，其信息在通信网络上传输，就必须需要一个设备进行信号的调制和解调。在 EDI 的实际使用中，一般最常用的就是通过电话线路传输数据信息；如果对传输时效及资料传输量有较高要求时，便可以考虑租用专线进行数据传输。以提高传输的稳定性和快捷性。

（3）通信网络

目前 EDI 的通信网络大多是借助于范围广泛的因特网，也有为实现某些具体任务而单独建设的专用网，具体采用哪种方式要看通信双方将要从事的工作来确定。从 EDI 的长远发展考虑，在因特网上实现 EDI 具有较强的生命力和更为广阔的发展空间。

3. EDI 的通信方式

EDI 通信主要采用增值网（VAN）方式，VAN（Value Added Network，又称为在线系统 ON－LINE SYSTEM）是指通过利用（一般是租用）通信公司的通信线路连接分布在不同地点的计算机终端形成的信息传输交换网路。该网络向利用者提供服务，如计算机之间的联网、数据交换服务、通信线路阻塞时的迂回中继等。VAN 是实现 EDI 功能的外部设备，目前被广泛应用的销售时点数据（POS）、电子订货系统（EOS）都是 VAN 应用的具体形式。应用于 POS 系统的 VAN 除了传递销售时点数据之外，还能通过对销售时点数据加工计算得到每个商品的利润，商品周转率，区分畅销商品和滞销商品。VAN 的附加价值表现在它能够提供以上服务。VAN 按使用目的分为业务共同利用型网络（即企业间数据交换网络）、通用数据通信网络和数据库服务网络。按应用范围分为大型企业主导的 VAN、行业 VAN 和地区 VAN。

4. 物流 EDI

所谓物流 EDI 是指货主、承运业主以及其他相关的单位之间，通过 EDI 系统进行物流数据交换，并以此为基础实施物流作业活动的方法。物流 EDI 参与企业有货主（如生产厂家、贸易商、批发商、零售商等）、承运业主（如独立的物流承运企业等）、实际运送货物的交通运输企业（如铁路企业、水运企业、航空企业、公路运输企业等）、协助单位（如政府有关部门、金融企业等）和其他的物流相关企业（如仓库业者、专业报关业者等）。物流 EDI 的框架结构如图 5－9 所示。

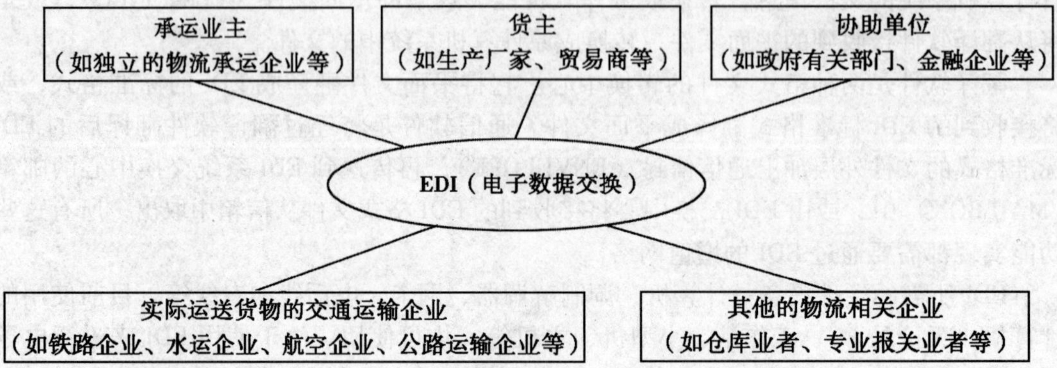

图 5－9　物流 EDI 的框架结构

下面是一个由发送货物业主、物流运输业主和接收货物业主组成的物流模型。这个物流模型的运作步骤如下：

（1）发送货物业主（如生产厂家）在接到订货后制定货物运送计划，并把运送货物的清单及运送时间安排等信息通过 EDI 发送给物流运输业主和接收货物业主（如零售商），以便物流运输业主预先制定车辆调配计划和接收货物业主制定货物接收计划。

（2）发送货物业主依据顾客订货的要求和货物运送计划下达发货指令、分拣配货、打印出物流条码的货物标签（即 SCM 标签，Shipping Carton Marking）并贴在货物包装箱上，同时把运送货物的品种、数量、包装等信息通过 EDI 发送给物流运输业主和接收货物业主，并依据请示下达车辆调配指令。

（3）物流运输业主在向发货货物业主取运货物时，利用车载扫描读数仪读取货物标签的物流条码，并与先前收到的货物运输数据进行核对，确认运送货物。

（4）物流运输业主在物流中心对货物进行整理、集装、做成送货清单并通过 EDI 向收货业主发送发货信息。在货物运送的同时进行货物跟踪管理，并在货物交付给收货业主之后，通过 EDI 向发送货物业主发送完成运送业务信息和运费请示信息。

（5）收货业主在货物到达时，利用扫描读数仪读取货物标签的物流条码，并与先前收到的货物运输数据进行核对确认，开出收货发票，货物入库。同时通过 EDI 向物流运输业主和发送货物业主发送收货确认信息。

物流 EDI 的优点在于供应链组成各方基于标准化的信息格式和处理方法通过 EDI 共同分享信息、提高流通效率、降低物流成本。例如，对零售商来说，应用 EDI 系统可以大大降低进货作业的出错率，节省进货商品检验的时间和成本，能迅速核对订货与到货的数据，易于发现差错。

5.3.3 全球定位系统（GPS）技术

全球定位系统（Global Positioning System，GPS）是“由美国建设和控制的一组卫星所组成的、24 小时提供高精度的全球范围的定位和导航信息的系统”（见 GB/T 18354—2006 中 5.29 条）。可提供定位和导航的卫星星座主要有五大星座（如表 5－1 所示），具有在海、陆、空进行全方位实时三维导航与定位能力。美国军方所拥有的 GPS 系统由 21 颗工作卫星和 3 颗在轨备用卫星组成 GPS 卫星星座，记作（21＋3）GPS 星座。24 颗卫星均匀分布在 6 个轨道平面内，轨道倾角为 55 度，各个轨道平面之间相距 60 度，即轨道的升交点赤经各相差 60 度。每个轨道平面内各颗卫星之间的升交角距相差 90 度，任一轨道平面上的卫星比西边相邻轨道平面上的相应卫星超前 30 度。这种结构与设备配置使 GPS 具有全球性、实时性、全天候、连续、快速、高精度的功能特点，可提供全球范围从地面到 9000 公里高空之间任一载体的高精度的三维位置、三维速度和精确的时间信息。安装在车辆上的车载单元只要能收到来自三颗卫星的定位信号，就可定出该辆车的经、纬度位置和时间信息。

表 5－1　全球定位系统的五大星座

英文简称	GPS	GLONASS	INMARSATE	GALILEO	Northern STARS
英文全称	Global Positioning System	Global Navigation Satellite System	International Maritime Satellite		
中文名称	全球定位系统	全球卫星导航系统	国际海事卫星	伽利略	北斗
卫星数量	21＋3	21＋3	3＋1	27＋3	2
轨道高度	20180	19130	35000	24000	N/A
拥有者	美国军方 美国宇航局	俄罗斯军方 俄罗斯航天局	国际海事组织	欧洲航天局 中国	中国

GPS 在物流领域可以应用于汽车自动定位、跟踪调度以及铁路运输等方面的管理以及用于军事物流。

第一，在汽车自动定位、跟踪调度方面的应用。利用 GPS 的计算机管理信息系统，可以通过 GPS 和计算机网络实时收集公路汽车所运货物的动态信息，可实现汽车、货物追踪管理，并及时地进行汽车的调度管理。据丰田汽车公司的统计和预测，日本公司在利用全球定位系统开发车载导航系统，使日本车载导航系统的市场在 1995 年至 2000 年间将平均每年增长 35% 以上，全世界在车辆导航上的投资将平均每年增长 60.8%，因此，车辆导航将成为未来全球定位系统应用的主要领域之一。我国已有数十家公司在开发和销售车载导航系统。

第二，在铁路运输方面的管理。利用 GPS 的计算机管理信息系统，可以通过 GPS 和计算机网络实时收集全路列车、机车、车辆、集装箱及所运货物的动态信息，可实现列车及货物的追踪管理。只要知道货车的车种、车型和车号，就可以立即从近 10 万公里的铁路网上流动着的几十万辆货车中找到该货车，还能得知这辆货车现在何处运行或停在何处，以及所有的车载货物发货信息。铁路部门运用这项技术可大大提高其路网及其运营的透明度，为货主提供更高质量的服务。

第三，用于军事物流。全球定位系统首先是因为军事目的而建立的，在军事物流中应用相当普遍，如后勤装备的保障等方面。通过 GPS 技术及系统，可以准确地掌握和了解各地驻军的数量和要求，无论在战时还是在平时都能及时地进行准确的后勤补给。

5.3.4 地理信息系统（GIS）技术

地理信息系统（Geographical Information System，GIS）是"由计算机软硬件环境、地理空间数据、系统维护和使用人员四部分组成的空间信息系统。可对整个或部分地球表层（包括大气层）空间中有关地理分布数据进行采集、储存、管理、运算、分析显示和描述"（见 GB/T 18354—2006 中 5.28 条）。

地理信息系统是 20 世纪 60 年代开始迅速发展起来的地理学研究新成果，是多种学科交叉的产物，它以地理空间数据为基础，采用地理模型分析方法，适时地提供多种空间的和动态的地理信息，是一种为地理研究和地理决策服务的计算机系统。其基本功能是将表格型数据（无论它来自数据库、电子表格文件或直接在程序中输入）转换为地理图形显示，然后对显示结果浏览、操作和分析。其显示范围可以从洲际地图到非常详细的街区地图，显示对象包括人口、销售情况、运输线路以及其他内容。

GIS 是一种为地理研究和地理决策服务的计算机技术系统，它采用地理模型分析方法，以地理空间数据为基础，适时提供多种空间和动态的地理信息。GIS 的基本功能是将表格型数据（无论它来自数据库、电子表格文件或直接在程序中输入）转换为地理图形显示，然后对显示结果浏览、操作和分析。其显示范围可以从洲际地图到非常详细的街区地图，显示对象包括人口、销售情况、运输线路等。

GIS 技术主要应用于物流分析，是指利用 GIS 强大的地理数据功能来完善物流分析技术。目前一些国外公司已经开发出利用 GIS 为物流分析提供专门分析的工具软件。

完整的 GIS 物流分析软件集成了车辆路线模型、网络物流模型、分配集合模型和设施定位模型等。具体表现如下：

1. 车辆路线模型

主要用于解决一个起始点、多个终点的货物运输中，如何降低物流作业费用并保证服务质量的问题。包括决定使用多少辆车以及每辆车的路线等。

2. 网络物流模型

主要用于解决最有效地分配货物路径问题，也就是物流网点布局问题。如将货物从N个仓库运往M个商店，每个商店都有固定的需求量，因此，需要确定由哪个仓库提货送给那个商店，所耗的运输代价最小。

3. 分配集合模型

是根据各个要素的相似点把同一层上的所有或部分要素分为几个组，主要用以解决和确定服务范围、销售市场范围等问题。如某一家公司要设立X个分销点，要求这些分销点要覆盖某一个地区，而且要使每个分销点的顾客数目大致相等。

4. 设施定位模型

主要用于确定一个或多个物流设施的位置。在物流系统中，物流中心、仓库和运输线共同组成了物流网络，物流中心和仓库处于网络的结点上，结点决定着线路，如何根据供求的实际需要并结合经济效益等原则，在既定区域内设立多少个物流中心和仓库，每个物流中心和仓库的位置、规模以及物流中心和仓库之间的物流关系等，运用此模型均能很容易地得到解决。

5.4 物流信息处理的相关辅助技术

5.4.1 数字分拣系统（DPS）

数字分拣系统（Digital Picking System，DPS）中常用的技术是电子标签辅助拣货技术，它是一种无纸化的拣货系统。一般传统拣货是拣选人员根据拣货单逐一进行拣货，工人劳动强度大，容易造成错拣或漏拣现象。而数字分拣系统是把打印拣货单的过程省略，而在货架上加装一组LED显示器及线路，客户的订单资料直接由电脑传输到货架上的显示器，拣货人员根据显示器上的数字进行拣货，拣货完成之后在确认键上按一下即可。采用这种方式可大大提高拣选效率，降低工人的劳动强度。数字分拣有两种方式，即摘取式和播种式两种数字分拣方式。

1. 摘取式数字分拣技术

摘取式数字分拣技术是在拣货操作区中的所有货架上，为每一种货物安装一个电子标签，并与系统的其他设备连接成网络。控制电脑可根据货物位置和订单清单数据，发出出货指示并使货架上的电子标签亮灯，操作员根据电子标签所显示的数量及时、准确、轻松地完成以“件”或“箱”为单位的商品拣货作业。由于DPS在设计时合理安排了拣货人员的行走路线，所以降低了操作员无谓的走动。DPS系统还实现了用电脑进行实时现场监控，具有紧急订单处理和缺货通知等各项功能。

2. 播种式数字分拣技术

播种式数字分拣技术是利用电子标签实现播种式分货出库的系统。DPS中的储位代表每一位客户（各个商店，生产线等），每一个储位都设置电子标签。操作员先通过条码扫描把将要分拣货物的信息输入系统中，下订单客户的分货位置所在的电子标签就会亮灯、发出蜂鸣声，同时显示出该位置所需分货的数量，分拣员可根据这些信息进行快速分拣作业。因为 DPS 系统是依据商品和部件的标识号来进行控制的，所以每个商品上的条码是支持 DPS 系统的基本条件。当然，在没有条码的情况下，也可通过手工输入的办法来解决。

5.4.2　电子订货系统（EOS）

电子订货系统（Electronic Order System，EOS）是“不同组织间利用通信网络和终端设备进行订货作业与订货信息交换的系统”（见 GB/T 18354—2006 中 5.34 条）。EOS 按应用范围可分各企业内的 EOS（如连锁店经营中各个连锁分店与总部之间建立的 EOS 系统），零售商与批发商之间的 EOS 系统以及零售商、批发商和生产商之间的 EOS 系统。

1. EOS 系统的作用

EOS 系统能及时准确地交换订货信息，它在企业物流管理中的作用如下：

（1）对于传统的订货方式，如上门订货、邮寄订货、电话、传真订货等，EOS 系统可以缩短从接到订单到发出订货的时间，缩短订货商品的交货期，减少商品订单的出错率，节省人工费。

（2）有利于降低企业库存水平，提高企业的库存管理效率，同时也能防止商品特别是畅销商品缺货现象的出现。

（3）对于生产厂家和批发商来说，通过分析零售商的商品订货信息，能准确判断畅销商品和滞销商品，有利于企业调整商品生产和销售计划。

（4）有利于提高企业物流信息系统的效率，使各个业务信息子系统之间的数据交换更加便利和迅速，丰富企业的经营信息。

2. EOS 的应用

在商业化迅速发展的今天，EOS 也越来越显示出它的重要性，随着科学技术不断发展和 EOS 系统的日益普及，EOS 的标准化和网络化已经成了当今 EOS 系统的发展趋势。

要实施 EOS 系统，必须做一系列的标准化准备工作。以日本 EOS 的发展为例，从 20 世纪 70 年代起即开始了包括对代码、传递、通信及网络传输的标准化研究，如商品的统一代码，企业的统一代码，传递的标准格式，通信程序的标准格式以及网络资料交换的标准格式等。

在日本，许多中小零售商、批发商在各地设立了地区性的 VAN 网络，即成立区域性的 VAN 营运公司和地区性的咨询处理公司，为本地区的零售业服务，支持本地区的 EOS 系统的运行。

在贸易流通中，常常是按商品的性质划分行业的，如食品、医药品、玩具、衣料等，因此形成了各个不同的行业。1975 年，日本各行业为了流通现代化的目标，分别制定了自己的标准，形成了专业的 VAN。目前已提供服务的有食品、日用杂品、医药品等专业。

利用地区网、专业网的 EOS 系统工作形式如图 5－10 所示。

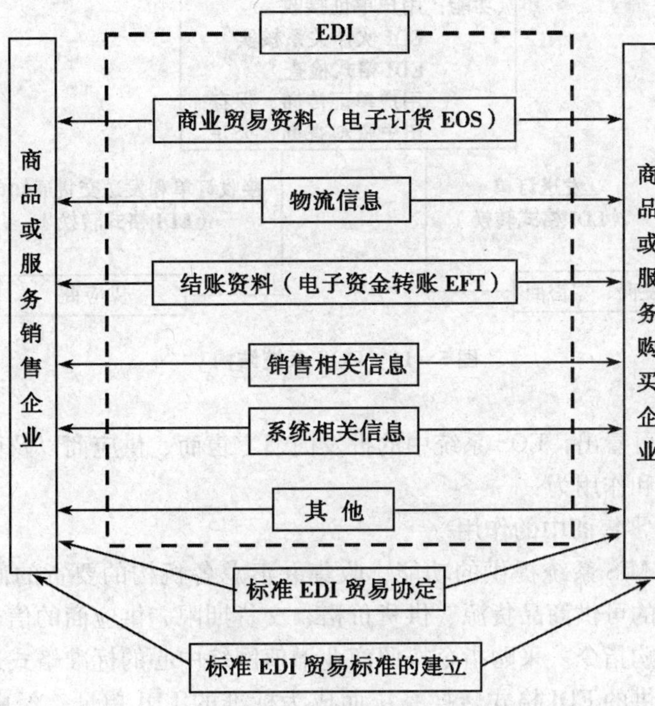

图 5－10　EOS 系统的应用

EOS 系统在日本应用已相当普及，目前已有日用杂品、家庭用品、水果、医药品、玩具、眼镜、钟表、成衣等专业网络的用户，可通过自己商店内标准的 POS 终端机向网内的批发商订货，订货的依据就是统一的通用商品条码，这个商品条码可以直接从商品通过条码扫描而获得，既快又准。

由于 EOS 系统给贸易伙伴带来了巨大的经济效益和社会效益，专业化的网络和地区网络在逐步扩大和完善，交换的信息内容和服务项目都在不断增加，EOS 系统正趋于系统化、社会化、标准化、国际化。

由此可知，计算机、网络通信是支持 EOS 系统的硬件基础，而商品的统一标识、企业代码的统一等是支持 EOS 系统的软件基础。没有货物的统一标识，就没有信息交换资源共享的统一语言，电子订货系统（EOS）、电子数据交换（EDI）就无法实现。

3. EOS 系统的结构

EOS 系统并非是单个的零售商与单个的批发商组成的系统，而是许多零售商和许多批发商组成的大系统的整体运作方式。EOS 系统结构如图 5－11 所示。

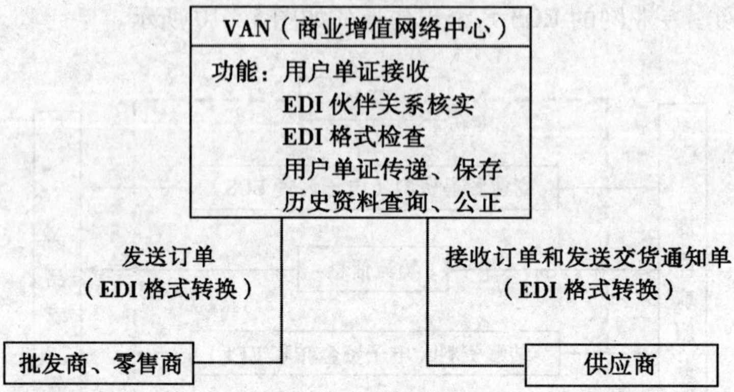

图 5－11　EOS 系统结构

从图 5－11 中可看出，EOS 系统中的批发商、零售商、供应商以及商业增值网络中心在商流中的角色和作用为：

（1）批发商、零售商中的作用

采购人员根据 MIS 系统提供的功能，收集并汇总各机构的要货的商品名称、要货数量，根据供应商的可供商品货源、供货价格、交货期限、供应商的信誉等资料，向指定的供应商下达采购指令。采购指令按照商业增值网络中心的标准格式进行填写，经商业增值网络中心提供的 EDI 格式转换系统而成为标准的 EDI 单证，经由通信界面将订货资料发送至商业增值网络中心，然后等供应商发回有关信息。

（2）商业增值网络中心的作用

不参与交易双方的交易活动，只提供用户连接界面，每当接收到用户发来的 EDI 单证时，自动进行 EOS 交易伙伴关系的核查，只有互有伙伴关系的才能进行交易，否则视为无效交易。确定有效的交易还必须进行 EDI 单证格式检查，只有交易双方均认可的单证格式，才能进行单证传递，并对每笔交易进行长期保存，供用户今后查询或在交易双方发生贸易纠纷时，可以根据商业增值网络中心所储存的单证内容作为司法证据。

（3）供应商的作用

将商业增值网络中心传来的 EDI 单证，通过商业增值网络中心提供的界面和 EDI 格式转换系统，转换成为一张标准的商业订单。根据订单内容和供应商的 MIS 系统提供的相关信息，供应商可及时安排出货，并将出货信息通过 EDI 传递给相应的批发商和零售商，从而完成一次基本的发货作业。

当然，交易双方交换的信息不仅仅是订单和交货通知，还包括订单更改、订单回复、变价通知、提单、对账通知、发票、退换货等许多信息。

VAN（商业增值网络中心）是公共的信息中心，它是通过通信网络让不同机构的计算机或各种终端相连，促进信息的收发更加便利的一种共同的信息中心。实际上，在这个流通网络中，VAN 也发挥了莫大的功能。VAN 不单单是负责信息的转换工作，也可以与国内外其他地域 VAN 相连并交换信息，从而扩大了客户资料交换的范围。

4. EOS 系统的流程

EOS 系统的基本流程如图 5－12 所示。

（1）在零售商的终端利用条码阅读器获取准备采购的商品条码，并在终端机上输入订货材料；利用电话线通过调制解调器传到批发商的计算机中。

（2）批发商开出提货传票，并根据传票，同时开出拣货单，实施拣货，然后依据送货传票进行商品发货。

（3）送货传票上的资料便成为零售商的应付账款资料及批发商的应收账款资料。

（4）并接到应收账款系统中去。

（5）零售商对送到的货物进行检验后，便可以陈列和销售了。

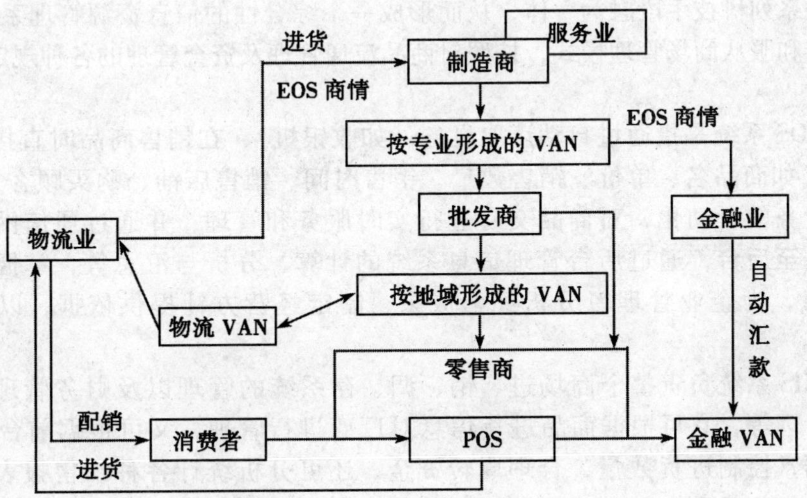

图 5－12　EOS 系统的基本流程

5.4.3　销售时点系统（POS）

1. POS 的基本概念

销售时点系统（Point of Sale，POS）是“利用光学式自动读取设备，按照商品的最小类别读取实时销售信息以及采购、配送等阶段发生的各种信息，并通过通信网络将其传送给计算机系统进行加工、处理和传送的系统”（见 GB/T 18354—2006 中 5.33 条）。

我们一般所说的 POS 系统有两种说法：一种是商业应用的 POS 系统，它是由电子收款机和计算机联机构成的商店前台网络系统。该系统对商店零售柜台的所有交易信息进行加工整理，实时跟踪销售情况、分析数据、传递反馈、强化商品营销管理。

另一种是指银行应用的 POS 机或 POS 系统，即称为销售点电子转账服务作业系统（Electronic Fund Transfer Point of Sales System）。它是由银行设置在商业网点或特约商户的信用卡授权终端机和银行计算机系统通过公用数据交换网联机构成的电子转账服务系统。它的功能是提供持卡人在销售点购物或消费，通过电子转账系统直接扣账或信用记账的服务。

我们在此主要介绍商业用 POS 系统，包含前台 POS 系统和后台 MIS 系统两大基本部分。它最早应用于零售业，以后逐渐扩展至金融、旅馆等服务性行业，利用 POS 信息的范围也从企业内部扩展到整个供应链。现代 POS 系统已不仅仅局限于电子收款技术，而是要考虑将计算机网络、电子数据交换技术、条码技术、电子监控技术、电子收款技术、电子信息处理技术、远程通信、电子广告、自动仓储配送技术、自动售货、备货技术等一系列科技手段融为一体，从而形成一个综合性的信息资源管理系统。同时，它必须符合和服从商场管理模式，按照对商品流通管理及资金管理的各种规定进行设计和运行。

前台 POS 系统是指通过自动读取设备（如收银机），在销售商品时直接读取商品销售信息（如商品名、单价、销售数量、销售时间、销售店铺、购买顾客等），实现前台销售业务的自动化，对商品交易进行实时服务和管理，并通过通信网络和计算机系统传送至后台，通过后台管理信息系统的计算、分析与汇总等，掌握商品销售的各项信息，为企业管理者分析经营成果、制定经营方针提供依据，以提高经营效率。

后台 MIS 系统负责整个商场进、销、调、存系统的管理以及财务管理、库存管理、考勤管理等。它可根据商品进货信息对厂商进行管理，又可根据前台 POS 提供的销售数据，控制进货数量，合理周转资金，还可分析统计各种销售报表，快速准确地计算成本与毛利，并可对售货员、收款员业绩进行考核，是职工分配工资、奖金的客观依据。因此，商场现代化管理系统中前台 POS 与后台 MIS 是密切相关的，两者缺一不可。

2. POS 系统的主要功能

POS 系统一般采用 C/S（Client/Server）结构，前台系统和后台系统具有不同的系统功能，具体说明如下：

前台系统包括：独立/联网运行，停电保持，暂停付款及恢复付款，收款员密码保护，选择删除功能。采用数字商品编码（条码或射频码），每台收款机的商品种类不受限制，可使用零售、折扣、变价、退物、现金、支票、信用卡、会员卡、储值卡、积分卡、赠送等销售方式，多货币兑换率自动处理，可使用条码、磁卡阅读器等辅助输入设备，自动计算钱柜中各币种的金额，可打印收款员报表（本班次）及收款员损益报表等。

后台 MIS 系统具有进、销、调、存管理功能，包括档案管理，进货调拨，应付款项管理，储值卡管理，会员卡管理，批发管理，库存盘点管理，以及零销商品分析、畅销分析、成本毛利、分类统计查询、综合分析等。

3. POS 系统的效益分析

我们可以从系统效益和系统作业流程层面进行商业 POS 系统效益分析。

（1）POS 系统效益分析

POS 的系统效益可以用表 5－2 来表示。

表 5－2　　POS 系统效益

效益	内　　容	说　　明
提高服务品质	缩短结账时间	解决高峰时刻顾客等候时间
	减少收银结账错误	减少因人为错误所引起的误会
	提供多样化的销售形态	接受非现金购物服务
	改变商家形象	提供顾客现代化购物环境
降低成本	畅通物流	利用 POS 系统，提高商品效益
	人员效率提升	缩短时间，有效利用人力资源
	精确行政账务管理	防范作业人员舞弊，使现金管理合理化
增加效益	提高销售量	利用 POS 系统的客户分析功能，适当调整商品结构，增加销售业绩
	提升采购效率	精确掌握单品库，适时适量采购策略
	最佳商品计划	精确统计分析单品销售量，掌握畅、滞销商品
	有效运用陈列空间	使商品陈列位置合理化
	掌握营业目标	透过 POS 系统，达成营业目标
	资金灵活调度	营业资料的收集迅速属实，数据可靠
	增加商场竞争能力	分析消费趋势，以调整销售策略及经营方针

（2）POS 对作业流程的影响

POS 系统简化了作业流程，提高了工作效率。如表 5－3 所示。

表 5－3　　　　POS 系统对作业流程的影响

	导入 POS 系统前	改进方式
前台收银作业	商品庞大且繁杂，无法掌握人工入账，耗费时间且错误率高，而收银员培训成本高，现金不易掌握	利用条码分类管理，用扫描器输入，可降低收银作业错误，节省人工，且当人员流动时，培训容易，而智能型收款机与后台系统联机，可随时查询，掌握销售状况
销售管理	1. 凭直觉或经验，判断商品销售高峰、低谷时段，价格带，及畅、滞销品 2. 变价、促销、特价有赖人工处理 3. 不易达成顾客购买倾向	前台销售数据传至后台系统，产生各类报表，透过计算机交叉分析，更精确掌握销售实况
库存管理	难以掌握现有库存量及金额，采购人员依直觉进货，主观进货，造成存货积压而没有觉察	可从计算机对进货情况一目了然，并可设定安全库存以达成自动采购效益，同时对盘点或耗损也可纳入计算机记录，追踪查询呆滞品
上游商品情报	商品、供货商等各项信息由采购人员掌握，易产生弊端，供货商品稽核不易	纳入后台管理，可随时查询送货时效，付款条件，供应品等

实际上，商业 POS 系统的应用给应用企业带来了信息面、管理面和企业内部稽核面上的效益。可以用表 5－4 来表示。

表 5－4　　　　商业 POS 系统的综合效益评价

	效益指标	说　明
信息面	购买动向分析 消费客层分析 畅、滞销品分析	针对 POS 系统所收集数据进行分析，可以获悉消费者的购买动机、目标客户层、畅销品及滞销品等重要信息
管理面	商品的配置 陈列的管理 特卖、促销、变价管理 盘点及进货管理	根据 POS 系统所收集的各项数据，可作为商品陈列的参考，并可进行商品比率、结构调整，也可作为单品库存与订货的参考
内部稽核面	合理化作业 防止舞弊 简化收银作业、减少人工输入	通过 POS 系统作业，推动商店作业合理化，建立制度，并简化收银作业，防止员工舞弊，避免因人为的疏忽而产生的弊端

5.4.4 配送需求计划（DRP）

配送需求计划（Distribution Requirements Planning，DRP）是“一种既保证有效地满足市场需求，又使得物流资源配置费用最省的计划方法，是物料需求计划（MRP）原理与方法在物品配送中的运用”（见 GB/T 18354—2006 中 6.21 条）。该技术主要解决分销物资的供应和调度问题。基本目标是合理进行分销物资和资源配置，以达到既有效地满足市场需求又使得配置费用最省的目的。

1. DRP 的原理

DRP 主要在以下两类企业中得到应用，一类是流通企业，如储运企业、配送企业、物流中心、流通中心等。这些企业的基本特征是不一定搞销售，但必须有储存和运输的业务。这些企业具有较强大的储存能力和运输能力，受生产企业的委托存货或自己从这些生产厂购进货物存放在自己的仓库里，为生产企业销售部门或企业订货用户进货。另一类是生产企业，大多数中、小型企业生产的产品是交给经销商或零售商去销售，自己没有销售网络，但一部分较大型的生产企业有自己的销售网络和储运设施，这样的生产企业是面对市场来生产自己的产品，既搞生产，又搞流通，这两类企业的共同之处是：①以满足社会需求为企业的宗旨。②依靠一定的物流能力（储运、包装、装卸、搬运等）来满足社会的需求。③为满足社会需求，要从制造企业或物资资源市场组织物资资源。

DRP 的原理如图 5－13 所示，实施 DRP 时，要输入三个文件，输出两个计划。输入的三个文件是：①社会需求文件。其内容包括所有用户订货单、提货单和供货合同，也包括下属子公司、企业的订货单。将这些需求按品种、需求日期进行统计构成一个文件，制定出社会需求文件。②库存文件。它是仓库里所有库存物资量的列表。仓库里有的物资，从仓库里提货送货，送货的数量不得超过现有的库存量，仓库里没有，就应订货进货。所以仓库文件也是制定 DRP 计划必需的文件。③生产厂资源文件。其包括可供的物资品种，也包括生产厂的地理位置情况。生产厂资源文件主要是为 DRP 制定订货计划用的。

输出的两个文件是：①送货计划。是对用户的送货计划。由于仓库与用户、下属子公司都有一定路程，所以提货送货要提前一定时间开始作业。对于大批量需求的需求者实行直送，对于数量众多的小批量需求可以进行配送。②订货进货计划。这里指从生产厂订货进货的计划。对于需求物资，如果仓库内无货或库存不足，则需要到生产厂订货进货。因为订货进货需要时间，所以也需要设定订货提前期。

2. DRP 的应用

针对物流配送中心的经理而言，要决定某种商品的需求量，首先需要弄清该产品的预测需求量，然后去检查该商品的库存量并计算库存能够维持多久的时间。如果需要维持一个安全库存，就必须将它从计算维持时间的库存中扣除。假设没有在途商品，这里

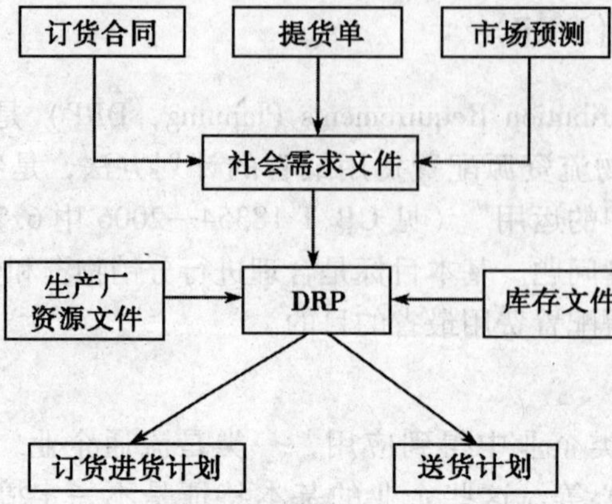

图 5－13　DRP 原理图

计算的日期是仓库缺货的日期（如果考虑安全库存则是低于安全库存的日期）。如果考虑在途商品，必须将在途商品加入库存以决定库存能够维持的时间。这样，库存商品与购进在途商品数量之和用完的日期就是下次订货进货到达的最佳日期。商品到达物流中心的日期与中央订货供应点的装运配送日期可能不一致。这里应考虑从中央供应点的订货进货提前期。这段时间包括：由本物流中心的装运、运输的时间以及本物流中心的验货收货时间等。进货批量应当是规定的订货批量。同样，对本中心送货方的处理也应考虑送货提前期来确定送货日期，即由用户的需求日期倒退一个送货提前期，以确定本物流中心向用户送货的日期。

5.4.5　物流资源计划（LRP）

物流资源计划（Logistics Resource Planning，LRP）是“以物流为手段，打破生产与流通界限，集成制造资源计划、能力资源计划、配送资源计划以及功能计划而形成的资源优化配置方法”（见 GB/T 18354—2006 中 6.24 条）。其实质是把 MRP 和 DRP 结合起来应用，在生产厂系统内部实行 MRP，在生产厂外部实行 DRP，它最显著的特点是在计划时考虑了物流的因素，把物流作为联系二者的纽带。因此它是一种联系产、供、销，既适时适量保障相互之间物资供应又使总费用最省的物流资源计划方法。

1. LRP 的设计思想

MRP 是在生产领域中进行物流资源配置的技术，它能够实现加工装配过程中各种零部件和原材料按时按量的需求计划和装配到位，但它不适用于流通领域。而 DRP 是在流通领域中配置物资资源的技术，它能够实现流通领域中物资资源按时间、按数量的需求计划和需求到位，但它不适用于生产领域。如果一个企业又搞生产，又搞流通，则这个企业应当怎么样进行物资资源配置呢？为此，在这里提出一种新的计划方法——LRP方法。

设计LRP的基本动机是想既适用于生产领域，又适用于流通领域，以利于既搞生产又搞流通的企业来制定物流资源计划。它的基本思想是面向大市场，以物流为基本手段，打破生产和流通的界限，为企业生产和社会流通的物资需求进行经济有效的物资资源配置。

它包含以下几个基本点：①站在市场的高度，从社会大市场和企业内部经济有效地组织资源；②打破生产和流通的界限以降低物资资源配置成本；③以物流为手段，跨越生产和流通来组织和配置物资资源；④打破地区、部门、所有制等多种多样的界限，灵活运用各种手段来组织企业经营活动。

2. LRP的原理

LRP实际上是把MRP和DRP结合起来应用，在生产厂系统内部实行MRP，在生产厂外部实行DRP，而将物流作为联系二者的纽带。物流之所以能成为联系纽带，是因为二者虽然在原理上有许多不同之处，但在物流上有共同之处，即它们都包含物资时间、空间位置的转移。LRP的处理逻辑原理如图5-14所示。

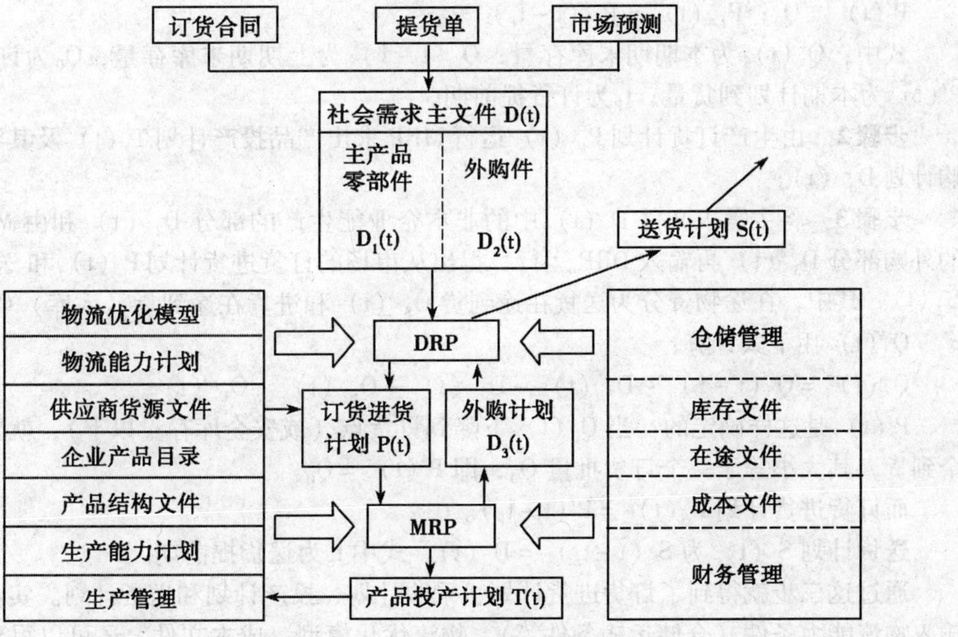

图5-14　LRP的处理逻辑原理

由图5-14可以看出，它输入社会需求主文件、产品结构文件、生产能力文件、物流能力文件、生产成本文件和供应商货源文件等，形成产品投产计划、生产能力需求计划、送货计划和订货进货计划、运输计划、物流能力需求计划等，并进行成本核算。而社会需求主文件（即社会订货）总是先由 DRP 从库存中予以供应，仓库中不够的再向 MRP 订货进货。与一般 MRP 不同之处在于，这里的 MRP 输入的是 DRP 生成的订货进货计划 P（t）的一部分，即向生产部门的订货，其输出除了一般 MRP 生成的产品投产计划 T（t）之外，还加上了向 DRP 输入的外购计划 D_3（t）。MRP 根据 DRP 的生产订货进货计划进行 MRP 处理，制定生产任务单、产生加工任务单交生产部门加工，外购件又加入 DRP 系统的需求文件，进入 DRP 处理。DRP 仍然先从仓库供应，仓库不够的由订货进货计划到资源市场去采购进货。

具体实施时可以分成以下三步：

步骤 1 将主需求文件 D（t）中本企业能够生产的主产品和零部件（根据企业产品目录确定）D_1（t）单独运行 DRP，得出需向企业生产部门的订货进货计划 P_1（t）。其中内部主需求计划 D_1（t）是主需求文件 D（t）中的一部分，即企业能够生产的一部分。这一部分在 DRP 处理时，总是先由仓库库存中供应，当库存下降到安全库存量时，再向生产部门发出订货。

这时，各参数按如下公式确定：

$Q(t)=Q(t-1)-D_1(t)$

$P'(t)=Q_0$；$P_1(t)=P'(t-t_P)$

式中：Q（t）为本期期末库存量；Q（t－1）为上期期末库存量；Q_0为订货批量；P′(t) 为本期计划到货量；t_P为订货提前期。

步骤 2 由生产订货计划 P_1（t）运行 MRP 求出产品投产计划 T（t）及其零部件外购计划 D_3（t）。

步骤 3 将主需求文件 D（t）中的非本企业能生产的部分 D_2（t）和由 MRP 得出的外购部分 D_3（t）再输入 DRP 运行，得出从市场的订货进货计划 P（t）和送货计划 S（t）。其中，在途物资分为送货在途到货 O_S（t）和进货在途到货（入库）O_P（t）。

Q（t）用下式计算：

$Q(t)=Q(t-1)-D_2(t)-D_3(t)+O_S(t)+O_P(t)$

P′(t) 是这样确定的：当 Q（t）下降到订货点（或安全库存量以下），就要安排一个到货，其大小等于一个订货批量 Q_0，即 $P'(t)=Q_0$。

而订货进货计划 $P(t)=P'(t-t_P)$。

送货计划 S（t）为 $S(t-t_S)=D(t)$，式中 t_S为送货提前期。

通过这三步就得到了订货进货计划、采购计划、投产计划和送货计划。实际上如果输入物流能力条件（仓储运输条件等）、物流优化模型、成本文件，还可以得到物流能力计划、统一运输方案和物流成本。

3. LRP 的应用

LRP 的实际原形可以用图 5－15 表示，这基本上是一个企业集团的模式。它包含有多个生产厂和多个流通中心，整个企业处于市场之中，由资源市场取得资源投入企业生产过程，获得生产产品或服务去满足需求市场或流通中心的需要。企业也可以从资源市场获取资源进入流通中心去满足需求市场的需要。LRP 在其中的作用就是站在大市场的高度，打破生产和流通的界限，对整个企业的生产和流通进行资源配置，对社会需求进行资源配置。

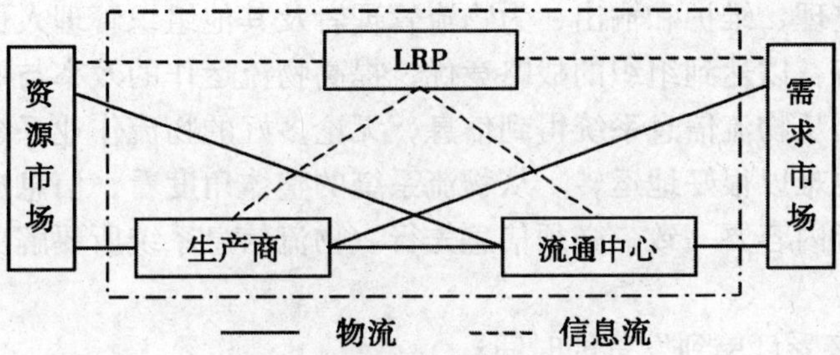

图 5－15　LRP 的实际原型

这种 LRP 应用特点在于它是一种包含企业生产、供应和销售的、完全而又精细的计划。它有产品投产计划、生产过程的物料需求计划、采购供应计划、车辆运输计划、库存计划、用户送货计划、物流能力计划（运输能力、仓储能力）等。可以说涵盖了企业日常业务的各个方面。它们以复杂的关系相互间紧密连接，全盘规划指挥着整个企业的工作有条不紊地进行。这些计划通过计算机运行一次就产生出来，代替了整个企业各个部门许许多多计划人员繁重复杂的计划工作。不但大大节约了劳动力，而且提高了工作质量。

LRP 最显著的特点是在计划时考虑了物流的因素，即它不但考虑了物资的搬运、进货、送货的数量和时间，还考虑了物流路线、运输方案的优化，使得物资运作不但能及时到位，而且费用总是最省。其原因就是计算机在做计划时，同时运用了相应的物流优化模型，从而得出的计划都是使物流费用最省的计划。LRP 适用于所有需要兼产、供、销于一身的企业，大的可以是企业集团，小的可以到一般的大中型企业和商店。在这样的企业中，它可以代替整个企业计划部的工作。

5.5 物流信息系统

5.5.1 物流信息系统概述

随着企业和社会现代物流业务和应用的不断发展，物流信息量会变得越来越大，物流信息更新的速度也越来越快，如果仍对信息采取传统的手工处理方式，则会引发一系列信息滞后、信息失真、信息不能共享等瓶颈效应，从而造成整个物流系统的效率低下。因此，为了提高物流系统的整体效率，建立基于计算机和通信技术的物流信息系统将成为现代物流系统的必由之路。

1. 物流信息系统的概念

物流信息系统（Logistics Imformation System）是由人员、计算机硬件、软件、网络通信设备及其他办公设备组成的人机交互系统，其主要功能是进行物流信息的收集、存储、传输、加工整理、维护和输出，为物流管理者及其他组织管理人员提供战略、战术及运作决策的支持，以达到组织的战略竞优，提高物流运作的效率与效益。物流作业系统的启动往往需要从物流信息系统得到信息，无论多好的物流作业系统，如果不能与信息系统相默契，也难以很好地运转。从物流系统的整体角度看，信息流和物流是同时进行的，关键是两者内容要一致，必须信息先行。物流信息系统所要解决的问题主要包括以下几个方面。

（1）缩短从接受订单到发货的时间；

（2）库存适量化；

（3）提高搬运和装卸的作业效率；

（4）提高运输效率；

（5）使接受订货和发出订货更为省力；

（6）提高接受订货和发出订货精度；

（7）防止发货、配送出现差错；

（8）调整需求和供给；

（9）回答信息咨询；

（10）提高成本核算与控制能力。

物流信息系统解决上述问题的目的都是为了提高对顾客的服务水平和降低物流总成本。需要注意的是，提高物流服务和降低物流总成本之间存在经济学上的“二律背反”关系，而物流信息系统起着控制物流各种机能并加以协调的作用。

2. 物流信息系统的基本功能

物流系统的各个层次以及不同作业环节之间是通过信息流紧密联系在一起的，因此，物流信息系统中都需要具备以下基本功能。

（1）数据的收集和录入。首先，物流信息系统用某种方式记录下物流系统内外的有关数据，集中起来并转化为物流信息系统能够接收的形式并输入到系统中。

（2）信息的存储。数据进入系统之后，经过整理和加工，成为支持物流系统运行的物流信息，这些信息需要暂时存储或永久保存，以供使用。

（3）信息的传播。物流信息来自物流系统内外有关单元，又为不同的物流职能所用，因此，克服空间障碍的信息传输是物流信息系统的基本功能之一。

（4）信息的处理。物流信息系统的最基本目标就是将输入数据加工处理成物流信息。信息处理可以是简单的查询和排序，也可以是复杂的模型求解和预测。信息处理能力的强弱是衡量物流信息系统能力的一个重要方面。

（5）信息的输出。物流信息系统的目的是为各级物流人员提供信息。为了便于人们的理解，系统输出的形式应力求易读易懂、直观醒目，这是评价物流信息系统的主要标准之一。

物流信息系统应向信息采集的在线化（如采用条码技术、射频技术等）、信息存储的大型化（如采用大型关系数据库）、信息传输的网络化（基于 Intranet/Extranet/Internet）、信息处理的智能化（采用知识推理、专家系统、神经网络等）以及信息输出的图形化（采用表格、曲线、图表等）方向发展。

3. 物流信息系统的结构

按垂直方向，物流信息系统可以划分为三个层次，即管理层、控制层和作业层；从水平方向，信息系统贯穿供应物流、生产物流、销售物流、回收物流和废弃物流的运输、仓储、装卸搬运、包装、流通加工等各个环节，如图 5－16 所示呈金字塔结构。可见物流信息系统是物流领域的神经网络，遍布物流系统的各个层次、各个方面。

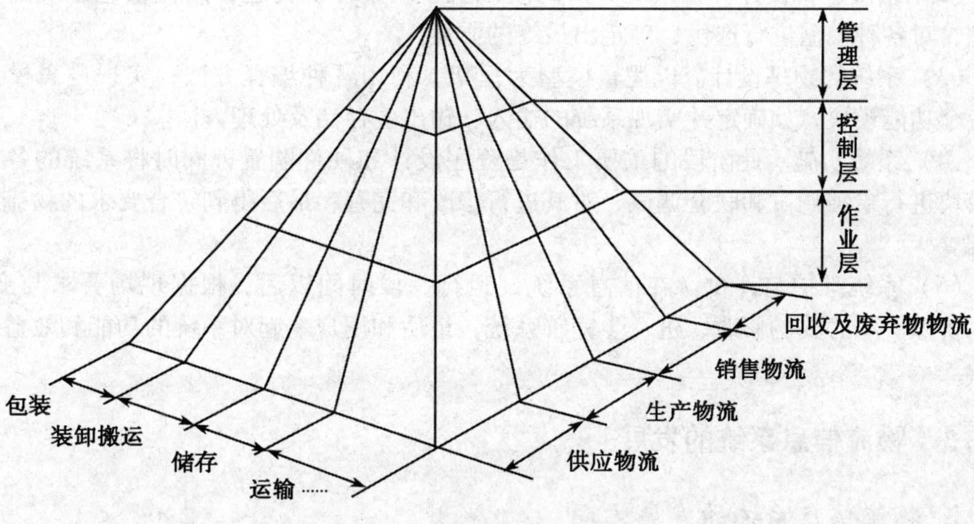

图 5－16　物流信息系统的结构

5.5.2　物流信息系统的设计与开发

1. 物流信息系统的开发过程

建立物流信息系统，不是单项数据处理的简单组合，必须要有系统规划。因为它涉及传统管理思想的转变、管理基础工作的整顿提高以及现代化物流管理方法的应用等许多方面，是一项范围广、协调性强、人机紧密结合的系统工程。

物流信息系统规划是系统开发最重要的阶段，一旦有了好的系统规划，就可以按照数据处理系统的分析和设计持续进行工作，直到系统的实现。物流信息系统的总体规划基本上分为四个基本步骤。

（1）定义管理目标。确立各级管理的统一目标，局部目标要服从总体目标。

（2）定义管理功能。确定管理过程中的主要活动和决策。

（3）定义数据分类。在定义管理功能的基础上，把数据按支持一个或多个管理功能分类。

（4）定义信息结构。确定信息系统各个部分及其相互数据之间的关系，导出各个独立性较强的模块，确定模块实现的优先关系，即划分子系统。

2. 物流信息系统的开发内容

有了系统规划以后，还要进行非常复杂的开发过程，物流信息系统的开发内容主要包括以下几个方面。

（1）系统分析。主要对现行系统和管理方法以及信息流程等有关情况进行现场调查，给出有关的调研图表，提出信息系统设计的目标以及达到此目标的可能性。

（2）系统逻辑设计。在系统调研的基础上，从整体上构造出物流信息系统的逻辑模型，对各种模型进行选优，确定出最终的方案。

（3）系统的物理设计。以逻辑模型为框架，利用各种编程方法，实现逻辑模型中的各个功能模块，如确定并实现系统的输入、输出、存储及处理方法。

（4）系统实施。此阶段的重要工作是程序设计和硬件购置，同时将系统的各个功能模块进行单独调试和联合调试，对其进行修改和完善，最后得到符合要求的物流信息系统。

（5）系统维护与评价。在信息系统试运行一段时间以后，根据现场要求与变化，对系统做一些必要的修改，进一步完善系统，最后和用户一起对系统的功能和效益作出评价。

5.5.3 物流信息系统的发展

1. 物流信息系统的发展方向

前面已经提到，物流信息系统应向信息采集的在线化和自动化、信息存储的大型化、信息传输的网络化、信息处理的智能化以及信息输出的图形化、社会系统化的方向发展。其中向社会系统化方向的发展，今后将越来越具有战略意义。

（1）目前在企业日益重视经营战略的情况下，建立物流信息是必要的、不可缺少的。具体地说，为确保物流竞争优势，建立将企业内部的销售信息系统、物流信息系统、生产、供应系统综合起来的信息系统势在必行。

（2）由于信息化的发展，各企业之间的关系日益紧密。如何与企业外销售渠道的信息情报系统、采购系统中的信息情报系统以及与运输信息系统连接起来将成为今后重点研究解决的课题。亦即建立不仅限于本企业还包括社会上多个企业之间的信息情报系统的重要性将日趋增加。

(3) 企业的物流已经不只是一个企业的问题，被编组进入社会系统的部分将日益增多。在这种形势下，物流信息情报系统将日益成为社会信息情报系统的一个组成部分。

总之，上述数据关系在信息系统中非常广泛。它们之间的关联总是通过一定的数据项来实现的，这些可以说是它们的共性。因此，利用这些共性，可以将这些有类似关系的数据维护抽象成一个类型，从而降低了软件的费用，方便了系统的维护。

2. 计算机辅助采购及物流支持

计算机辅助采购及物流支持（Computer - aided Acquisition and Logistics Support，CALS）是一种利用Internet技术、现代化管理方法、生产技术、自动控制和系统工程技术将整个社会经济运行中的各经济要素有机地结合起来，实现资源优化配置、降低成本、提高效益的综合管理系统。CALS是在CIMS（计算机集成制造系统）的基础上，结合了网络经济而发展起来的。

1985年，美国国防部为解决武器的开发成本、质量以及时间问题，实施了比较简单而原始的CALS。冷战之后，CALS的重要作用为工商界所认识，美国商业部开始将CALS引入美国的社会经济体系中。随后，日本和西欧发达国家也相继开发了CALS，并已取得了良好的效果。于是，CALS开始风靡世界。

CALS的技术基础是Internet和统一数据格式。它的优点是其对象超越单个企业，面向整个社会经济。CALS利用网络技术把企业内部的CIMS系统与企业间的信息系统结合起来。这样，它就能立足于服务全社会的经济运行，将社会经济的各个环节连成一体，为克服市场机制的盲目性和滞后性提供了一种很好的管理和调控方式。CALS的信息流还可以通过信息的集成化、标准化和信息共享，联系着产需双方，实现对商品流通过程的主动调控，并在一定程度上促进了专业化生产。例如一个生产、流通一体化的企业即使流通业务是盈利的，如果生产方面占很大优势，根据比较利益原则，也有可能放弃流通业务，而把人力、物力和财力投入到生产过程。

它还能调动各个环节协调运作，完成材料采购、商品生产、运输、仓储、包装、装卸以及流通加工等一系列物流活动。这样，不仅提高了物流设备利用率，还可以达到即时生产、即时流通（JIT）以及零库存，企业将节省大量的流通费用。而且由于CALS是电脑控制的，因而出错率极低，物流质量就会大幅提高。由于CALS既是管理系统又是生产系统，它还可以在流通过程中根据内外部环境的变化，利用柔性制造系统（FMS）对包装和流通加工进行辅助设计，有利于流通服务的发展。

另外，在流通过程中，CALS还有辅助决策的功能。它从社会各个方面收集到信息后，自动地加以分析和处理数据，并能提供决策建议，使物流企业能比较方便地从CALS中找出适应市场需求变化的最终决策方案。

从社会角度来看，CALS加速了整个社会经济的运行速度，提高了运营质量以及系统内的整体竞争能力。如果能形成国际统一的技术标准，则CALS将成为国际化物流的基础，为世界经济一体化做出重大贡献。

3. 物流信息系统的发展

随着工业和技术的不断进步，物流作业的方式也发生了很大的变化，我们可以将其大致分为四个阶段，即人工阶段、机械化阶段、自动化阶段以及集成化阶段。配合物流作业方式的变化，我们也可以将物流信息系统的发展分为四个阶段：人工作业阶段、合理化和计算机应用阶段、自动化信息整合阶段以及智能化信息整合阶段。在不同的阶段，物流信息系统具有不同的功能，发挥着不同的作用。物流信息系统在不同阶段所涵盖的内容及其发展如表5－5所示。

表5－5　物流信息系统在不同阶段的发展

发展阶段	人工作业阶段	合理化和计算机应用阶段	自动化信息整合阶段	智能化信息整合阶段
状态说明	1. 人工制单 2. 用人工方式进行数字统计、汇总 3. 人工转账 4. 具有简易管理功能	1. 事物作业合理化 2. 报表单据合理化和标准化 3. 引进计算机制单 4. 计算机汇总统计 5. 计算机结算 6. 计算机提供各项管理报表 7. 各计算机之间彼此独立、拥有独立的数据库	1. 计算机软硬件集成化 2. 建立数据库管理系统 3. 做信息统计分析、制定各类决策 4. 系统对外联网做信息接收、储存、转换、输出	1. 引入人工智能 2. 引入专家系统 3. 经营决策计算机
主要内容	1. 制作出入库凭证 2. 制作财务、会计凭证 3. 制作结算单 4. 人事薪金计算和制单 5. 人工制作会计账目 6. 人工填写库存账册	1. 订单信息处理系统 2. 出入库处理系统 3. 库存管理系统 4. 会计总账系统 5. 人事考核和薪金管理系统 6. 采购管理系统 7. 应收、应付账款管理系统 8. 票据、发票管理系统	1. 订单信息处理系统（包括通过网络的订购） 2. 销售预测系统 3. 物资管理系统 4. 车辆调派系统 5. 运输线路选择、规划系统 6. 供应商管理系统 7. 财务成本核算系统 8. 银行转账、结算系统 9. 信息系统的集成化连接 10. 绩效考核管理系统	1. 建立后勤支持系统 2. 物流动态分析系统 3. 安全库存量自动控制系统 4. 仓库规划布局系统 5. 车辆运输自动调度系统 6. 仓库软硬件设备、人力使用分析控制系统

物流信息系统的发展，对于整个物流系统的发展，乃至整个企业的发展，都具有十分重要的意义。随着信息技术的发展，物流信息系统在技术方面将会得到很大的发展。特别是在今天，随着 Internet 的广泛应用，基于 Internet 的物流信息系统将是今后发展的一个主要趋势。

另外，对于企业自身来说，今后的物流信息系统将向社会系统化的方向发展。这是因为随着社会的进步，各企业间的关系将日趋紧密，企业自身的发展也要求企业之间从原先的竞争状态向合作状态发展，对物流系统来说，更是如此。企业的物流系统必须与供应商、批发商、零售商以及顾客紧密相连，并在这个网络中进行信息的传递与共享，这样，就必然会加强企业之间以及企业与客户之间的联系，同时，也标志着企业的物流系统必须建立在社会整体的物流系统之上。因此，物流信息系统的社会化趋势也就在所难免了。

6 供应链管理

供应链管理是近年来在国内逐渐受到重视的一种新的管理理念与模式。随着全球经济一体化和知识经济时代的到来，以及全球制造业的出现，供应链管理得到了普遍重视和应用。在新的经济条件下，产品的生命周期越来越短，产品的种类和数量越来越多，客户对服务的要求也越来越高，如何满足客户的需求，提升市场占有率，降低成本以获得良好的经营利润是摆在企业家面前的重要难题，而供应链管理的发展和应用，就是从物流的全过程的角度，统一考虑物流各环节之间的连贯、协调等问题，通过改造和集成业务流程，通过与供应商以及客户建立协同的业务伙伴关系，从而提高企业的市场竞争力。本章主要介绍供应链的概念及特征、供应链的分类、供应链的结构模型及供应链管理的相关概念和基本内容。

6.1 供应链的概念及其特征

6.1.1 供应链的概念

供应链一词源于英文的“Supply Chain”，供应链的真实含义是什么？这里以到附近的酒类专卖店去购买啤酒为例进行说明。购买啤酒可以去附近的酒类专卖店，也可以去超市、便利店、折扣店等处购买。陈列于零售店的啤酒，在消费者取到手之前是经过怎样的途径到商店的？啤酒制造商生产啤酒，首先要采购大麦、啤酒花等原材料，并进行酿造。酿造出来的啤酒为了保持鲜度，需要通过各种流通渠道，快速地运送到零售商店。小规模的酒类专卖店通过批发商进货，大型连锁零售商则不通过批发商，直接从制造商进货。一般而言，某一商品从生产到消费者手中，有如下的厂商及相关人员依次参与：供货商、制造商、批发商、零售商、消费者，将这些与供货密切相关的企业和人员的衔接称为供应链。从另一个角度出发，供应链也具有其他称谓。例如，从商品的价值是在业务连锁中渐渐增值的角度看，可称为“价值链”（Value Chain）；从满足消费者需求的业务连锁角度看，可称之为“需求链”（Demand Chain）。

早期的观点认为供应链是生产企业中的一个内部过程，是指把从企业外部采购的原材料和零部件，通过生产转换和销售等活动，再传递到零售商和用户的一个过程。传统的供应链概念局限于企业内部操作层次上，注重企业自身资源的利用，并没有太多注意与之相关的企业。

随着供应链观念的发展，有些学者把供应链的概念与采购、供应管理相关联，用来表示与供应商之间的关系，这种观点得到了研究合作关系、JIT关系、精细供应、供应商行为评估和用户满意度等问题的学者的重视。但这样一种关系也仅仅局限在企业与供应商之间，而且供应链中的各企业独立运作，忽略了与外部供应链其他成员企业的联系，往往造成企业间目标冲突。

后来供应链的概念注意了与其他企业的联系和供应链的外部环境，认为它是一个“通过链中不同企业的制造、组装、分销、零售等过程将原材料转换成产成品，再到最终用户的转换过程”，这是更大范围、更为系统的概念。例如，美国的史迪文斯（Stevens）认为：“通过增值过程和分销渠道控制从供应商的供应商到用户的用户的流就是供应链，它开始于供应的源头，结束于消费的终点。”伊文斯（Evens）认为“供应链管理是通过前馈的信息流的反馈的物料流及信息流，将供应商、制造商、分销商、零售商直到最终用户连成一个整体的模式”。这些定义都体现了供应链的完整性，考虑了供应链中所有成员操作的一致性（链中成员的关系）。

到了最近，供应链的概念更加注重围绕核心企业的网链关系，如核心企业与供应商、供应商的供应商乃至与一切上游企业的关系，与用户、用户的用户及一切下游企业的关系。此时对供应链的认识形成了一个网链的概念。哈理森（Harrison）进而将供应链定义为：“供应链是执行采购原材料、将它们转换为中间产品和成品，并且将成品销售到用户的功能网链。”这些概念都同时强调供应链的战略伙伴关系问题。菲利普（Phillip）和温德尔（Wendell）认为供应链中战略伙伴关系是很重要的，通过建立战略伙伴关系，可以与重要的供应商和用户更有效地开展工作。

在《中华人民共和国国家标准·物流术语》对供应链（Supply Chain）的定义为：“生产及流通过程中，涉及将产品或服务提供给最终用户所形成的网链结构”（见GB/T 18354—2006中2.5条）。我们对这个术语可以这样来理解，即供应链是围绕核心企业，通过对信息流、物流、资金流的控制，从采购原材料开始，制成中间产品以及最终产品，最后由销售网络把产品送到消费者手中的将供应商、制造商、分销商、零售商直到最终用户连成一个整体的功能网链结构模式。这个定义具有以下特点：①它是一个范围更广的企业结构模式，它包含所有加盟的结点企业，从原材料的供应开始，经过链中不同企业的制造加工、组装、分销等过程直到最终用户；②它不仅是一条连接供应商到用户的物品链、信息链、资金链，而且是一条增值链，物品在供应链上因加工、包装、运输等过程而增加其价值，给企业都带来收益；③在这个网络中，每个贸易伙伴既是其客户的供应商，又是其供应商的客户，它们既向上游的贸易伙伴订购产品，又向下游的贸易伙伴供应产品。

6.1.2 供应链的特征

供应链的特点在于网链结构、由顾客需求拉动；高度一体化的提供产品和服务的增值过程；每个结点代表一个经济实体以及供需的两个方面；具有物流、信息流和资金流等多种表现形态。

供应链还主要具有以下特征：

1. 复杂性

因为供应链结点企业的组成跨度（层次）不同，供应链往往由多个、多类型的企业构成，它们之间的关系错综复杂，关联往来和交易非常之多。所以供应链结构模式比一般单个企业的结构模式更为复杂。

2. 动态性

供应链管理因企业战略和适应市场需求变化的需要，其中的结点企业需要动态的更新和调整，这就使得供应链具有明显的动态性。

3. 面向用户需求

供应链的形成、存在、重构，都是基于一定的市场需求而发生的，并且在供应链的运作过程中，用户的需求拉动是供应链中信息流、产品、服务流、资金流运作的驱动源。

4. 交叉性

结点企业可以是这个供应链的成员，同时也可以是另外一个供应链的成员，大多数的供应链形成交叉结构，增加了协调管理的难度。

5. 创新性

供应链夸大了原有的单个企业的物流渠道，充分考虑了供应链整个物流过程以及影响此过程的各个环节和因素。它向着物流、商流、信息流、资金流各个方向同时发展形成了一套相对独立而完整的体系，因而具有创新性。

6. 风险性

供应链的需求匹配是一个持续性的难题，供应链上的消费需求和生产供应，始终存在着时间差和空间分割。通常，在实现产品销售的数周和数月之前，制造商必须先确定生产的款式和数量，这一决策直接影响到供应链系统的生产、仓储、配送等功能的容量设定，以及相关成本的构成。因此，供应链上供需匹配隐含着巨大的财务风险和供应风险。

供应链的特征还表现在其是增值的（Value Added）和有利可图的（Profitable），否则就没有存在的必要。所有的生产运营系统都是将一些资源进行转换和组合，增加适当的价值，然后把产品“分送”到那些在产品的各递送阶段可能考虑到也可能被忽视的顾客手中。制造业的增值包括物理形式的转变，生产有形产品；物流系统对产品、服务和/或顾客进行重新分布。在分送过程中可以通过重新包装或重新分割尺寸而产生价值，也可通过在商店集中展示汇集在一起的多品种的产品而增加价值。在某种程度上讲，所有的增值过程都是通过供应商的重视和关心，提供相似的顾客满意感。更深层的意义是，供应商在某种程度上提供的是产品或服务适合消费者需求的一种“保证”。所有这些内容，都可以通过提供与产品和服务相关的一系列信息得到支持与加强。

供应链作为习惯称呼，是从上下游关系来理解从供应商的供应商到用户的用户关系。但事实上不可能是单一链状结构，而是交错链状的网络结构（Supply Network）。供应链竞争的竞争模式是这样的：核心企业处于相互依赖的网络中心位置，这个网络中的其他参与者通过优势互补形式结成联盟，供应链之间的竞争是通过这种网络进行竞争的。因此，核心企业为了在供应链竞争中处于领导地位，必须在内部整合的基础上，专注于供应链的网络联盟管理。供应链时代的网络竞争建立在高水平的、紧密的战略发展规划，这就要求供应链中各合作者必须共同讨论网络的战略目标和实现战略目标的方法及手段，在相互合作中，共同提高绩效以获得双赢。这里的双赢不是指参与的双方各得盈利的50%，而是指所有的合作者都从合作中受益。

6.2 供应链的分类

6.2.1 根据链管理的研究对象划分

史蒂芬·纽（Stephen. New）的研究工作的特殊贡献在于将供应链管理的研究对象分为企业供应链、产品供应链和基于供应链合作伙伴关系的供应链三种类型，这三种类型分别对应供应链管理的三种研究方法。

这里所说的供应链管理的研究对象是指供应链所涉及的企业及其产品、企业的活动、参与的成员和部门。随着对供应链管理问题日益引起关注，相关的研究也越来越多，由于考察角度不同，人们对其进行研究时侧重点也不尽相同。有些着眼于整个供应链，而另一些则注重其中的某些部分、某些企业之间或内部的问题。有些企业职能部门往往更注重该部门与其他企业部门的联系。例如，采购部门可能认为供应链管理就是管理供应商，因为最初供应链是由其供应功能决定的，供应链管理要求供应商能够以适当的形式、时间、地点、数量和效用提供客户或企业所需要的产品和服务就行；另外一种考察角度是着眼于供应链管理所包括的职能部门的活动。一般得到公认的供应链管理中的职能主要有信息系统的一体化，供应链的计划和控制活动。也有人认为，供应链成员之间的合作也应包括在供应链管理范围内，比如一些率先实施供应链管理策略的企业，如3M、惠普、施乐等公司，将产品开发、运作管理、生产管理、客户服务管理也包括在供应链管理策略中。

1. 企业供应链

企业供应链管理是就单个公司所提出的含有多个产品的供应链管理，该公司在整个供应链中处于主导者地位，不仅考虑与供应链上其他成员合作，也较多地关注企业多种产品在原材料购买、生产、分销、运输等技术资源的优化配置问题，并且拥有主导权。如经常提到的生产企业主导的供应链（如海尔的供应链）、大型零售企业主导的供应链（如沃尔玛的供应链）等。在这样的供应链中，必须明晰主导者的主导权，如果主导权模糊不清，不仅无助于供应链计划、供应链设计和供应链管理的实施，而且也无法维系整个供应链建立起强有力的组织和有效的运作。这里主导权是能否成为统一整个供应链理念的关键要素，供应链的概念更加注重围绕核心企业的网链关系，如核心企业与供应商、供应商的供应商乃至一切前向的关系，与用户、用户的用户乃至一切向后的关系。企业供应链中的“企业”是指供应链中的核心企业（Focal Company），它是对整个供应链起关键影响作用的企业。从核心企业来看，供应链包括其上游的供应商及其下游的分拨渠道。供应链包括对信息系统、采购、生产调度、订单处理、库存管理、仓储管理、客户服务、包装物及废料的回收处理等一系列的管理活动。

2. 产品供应链

产品供应链是与某一特定产品或项目相关的供应链，如某种品牌饮料的供应链和汽车生产的供应链。一个生产汽车公司的供应商网络包括上千家企业，为其供应从钢材、塑料等原材料到变速器、刹车等复杂装配件等多样的产品。基于产品供应链的供应链管理是对由特定产品的顾客需求所拉动的整个产品供应链运作的全过程的系统管理。采用信息技术是提高产品供应链的运作绩效、新产品开发以及完善产品质量的有效手段之一。在产品供应链上，系统的广告效应和行业的发展会引起对该产品的需求。而仅仅在物流运输、分销领域进行供应链管理的改进是收效甚微的。比如，衬衣制造商是供应链的一部分，它的上游是化纤厂和织布厂，下游是分销商和零售商，最后到最终消费者。按定义，这条供应链的所有企业都是相互依存的，但实际上它们却彼此并没有太多的协作，要关注的是围绕衬衣所连接的供应链链节及其管理。

3. 基于供应链合作伙伴关系（供应链契约）的供应链

供应链合作伙伴关系主要是针对这些职能成员间的合作进行管理。供应链管理是对内供应商、制造商、分销商、顾客等组成的网络中的物流、信息流、资金流（成本流）进行管理的过程。供应链的成员可以定义为广义的买方和卖方，只有当买卖双方组成的结点间产生正常的交易时，才发生物流、信息流、资金流（成本流）的流动和交换。表达这种流动和交换的方式之一就是契约关系，供应链上的成员通过建立契约关系来协调买方和卖方的利益。另一种形式是供应链合作伙伴关系建立在与竞争对手结成的战略合作基础上的供应链。

以上三种供应链管理对象的区分意义是彼此相关的，在一些方面是相互重叠的，然而这对考察供应链和研究不同的供应链管理方法是有帮助的。

6.2.2 根据结构划分

供应链以网状结构划分有发散型的供应链网（“V”形供应链）、会聚型的供应链网（“A”形供应链）和介于上述两种模式之间的供应链网（“T”形供应链）之分。

1. “V” 形供应链

“V” 形供应链是供应链网状结构中最基础的结构。物料是以大批量的方式存在，经过企业加工转换为中间产品，如石油、化工、造纸和纺织企业，提供给其他企业作为它们的原材料。生产中间产品的企业往往客户要多于供应商，呈发散状。这类供应链在产品生产过程中每个阶段都有控制问题。在这些发散网络上，企业生产大量的多品种产品使其业务非常复杂。为了保证满足客户服务需求，需要库存作为缓冲，这种缓冲是用来确保工厂满足不确定性需求和确保工厂生产能力而设定的，当然库存会占用企业大量的资金。由订单和物料驱动的供应链系统是不适合 “V” 形供应链的。“V” 形供应链常常出现在本地业务而不是为了全球战略。对这些 “V” 形结构的成功计划和调度主要依赖于对关键性的内部能力瓶颈的合理安排，它需要供应链成员制定统一详细的高层计划。

2. “A” 形供应链

当核心企业为供应链网络上最终用户服务时，它的业务本质上是由订单和客户驱动的。在制造、组装和总装时，它们遇到一个与 “V” 形结构供应链相反的问题，即为了满足相对少数的客户需求和客户订单时，需要从大量的供应商手中采购大量的物料。这是一种典型的会聚型的供应链网，即形成 “A” 字形状。如航空工业（飞机制造）、汽车工业、重工业等企业，这些企业是受服务驱动的，它们集中精力放在重要装配点上的物流同步服务上。物料需求计划（MRP）成了这些企业进一步发展的阶梯。来自市场缩短交货期的压力迫使这些组织寻求更先进的计划系统来解决物料同步问题。它们拥有策略性的、由需求量预测决定的通用件、标准件仓库。这种结构的供应链在接受订单时考虑供应提前期并且能保证按期完成的能力，因此关键之处在于精确地计划和分配满足该订单生产所需的物料和能力，考虑企业现实可用的产能、企业原有库存以及库中尚缺的关键性物料的名称、种类、型号规格、数量和供应时间等因素。在供应链系统中，所有的供应链结点都必须详细考虑，需要关键路径的各个供应链成员之间的紧密联系与合作。

3. “T” 形供应链

介于上述两种模式之间的许多企业通常结成的是 “T” 形供应链。这种情形在接近最终用户的行业中普遍存在，如医药保健品、汽车备件、电子产品、食品和饮料等行业；在那些为总装配提供零部件的公司也同样存在，如为汽车、电子器械和飞机主机厂商提供零部件的企业。这样的公司从与它们的情形相似的供应商采购大量的物料和给大量的最终用户和合作伙伴提供构件和套件。这种 “T” 形的企业根据现存的订单确定通用件，并通过对通用件的制造标准化来降低复杂程度。“T” 形供应链是供应链管理中最复杂的，这类企业往往投入大量的资金用于供应链方案的解决，需要尽可能限制提前期（Lead Time）来稳定生产而无须保有大量库存，其中预测和需求管理是 “T” 形供应链成员考虑的一个重点。与前两类结构不同的是，这种供应链的多点控制因素变得很重要，例如在哪里生产最好，在哪里开展促销活动，采取什么决定影响分销成本等。从控制的角度来说，按相似产品系列进行汇集的办法常是最成功的。处理这种组织的最好方法是减少产品品种和运用先进方法，或是利用先进的计划工具来维护和提高供应链控制水平。

6.2.3 根据产品的生命周期、需求稳定程度划分

根据产品的生命周期、需求稳定程度可将产品分为两大类，即功能型产品（Functional Products）和创新型产品（Innovative Products）。

功能型产品一般用于满足用户的基本需求，变化很少，具有稳定的、可预测的需求和较长的生命周期，但它们的边际利润较低，如日用百货等；创新型产品对市场来说很新，因此需求的不确定性很高，需求一般不可预测，生命周期也较短，如时装等。创新型产品一旦畅销其边际利润就会很高，随之会引来许多仿造者，基于创新的竞争优势会迅速消失，因此这类产品的生命周期较短。为了避免低边际利润，许多企业在创新型产品的式样或技术上不断革新，以寻求消费者的购买，从而获得高的边际利润。

与功能型产品和创新型产品相对应，需要有功能型供应链和创新型供应链去满足不同的管理需要。

1. 功能型供应链

对于功能型产品，由于市场需求比较稳定，比较容易实现供求平衡。对各成员来说最重要的是如何利用供应链上的信息协调他们之间的活动以使整个供应链的费用降到最低，从而提高供应链的整体效率。功能型供应链的重点在于降低生产、运输、库存等方面的费用，即以最低的成本将原材料转化成产品。

2. 创新型供应链

对创新型的产品而言，市场的不确定性是问题的关键。因而，为了避免供大于求造成的损失，或供低于求而失去的机会收益，管理者应该将其注意力集中在市场调研及其费用价格的变化上。这时管理者既需要利用供应链中的信息，还要特别关注来自市场的信息。

这类产品的供应链应该考虑的是供应链的响应速度和柔性，只有响应速度快、柔性程度高的供应链才能适应多变的市场需求。

3. 产品生命周期与供应链策略

对于一种产品来说，特别是功能型产品，从其生产投放市场直到过时淘汰，一般都要经历几个典型的生命阶段，即引入、成长、成熟、衰退四个阶段（见图6－1）。在产品生命周期的各个阶段，产品有其明显区别于其他阶段的特征。对供应链的要求相应有所不同。因而对同一产品在生命周期的不同阶段，要注意控制内容和侧重点，采取相应的供应链策略，如表6－1所示。

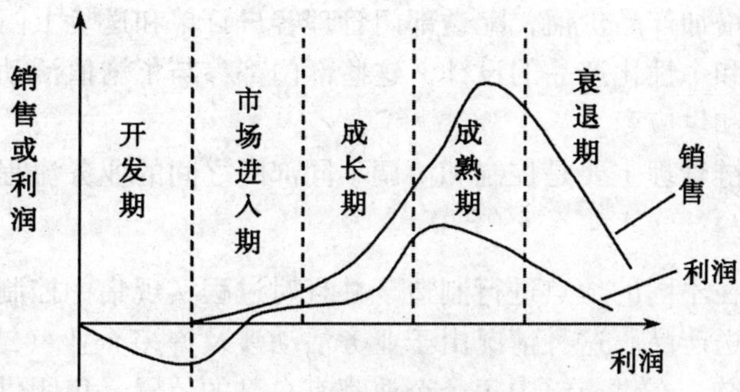

图 6－1 产品生命周期

表 6－1 不同产品生命周期时的供应链策略

产品生命周期	特　征	供应链策略
引入期	无法准确预测需求量，大量的促销活动，零售商可能在提供销售补贴的情况下才同意储备新货，订货频率不稳定且批量小，缺货将大大抵消促销努力，产品未被市场认同而夭折的比例较高	供应商参与新产品的设计开发，在产品投放市场前制定完善的供应链支持计划，原材料、零部件的小批量采购，高频率小批量的发货，保证高度的产品可得性和物流灵活性，避免缺货发生，避免生产环节和供应链末端的大量库存，建立安全追踪系统，及时消除安全隐患，追回问题产品，供应链各环节信息共享
成长期	市场需求稳定增长，营销渠道简单明确，竞争性产品开始进入市场	批量生产，较大批量发货，较多存货，以降低供应链成本做出战略性的顾客服务承诺以进一步吸引顾客，确定主要顾客并提供高服务水平，通过供应链各方的协作增强竞争力，服务与成本的合理化
成熟期	竞争加剧，销售增长放缓，一旦缺货将被竞争性产品所代替，市场需求相对稳定，市场预测较为准确	建立配送中心，建立网络式销售通路，利用第三方物流企业，降低供应链成本并为顾客增加价值，通过延期制造、消费点制造来改善服务，减少成品库存
衰退期	市场需求急剧下降，价格下降	对是否提供配送支持及支持力度进行评价，对供应链进行调整以适应市场的变化，如供应商、分销商、零售商等数量的调整及关系的调整等

6.2.4 根据分布范围划分

1. 公司内部供应链

在每个公司里，不同的部门在物流中参与了增值活动。如采购部门是资源的来源部门，制造部门直接增加产品价值，配送部门管理客户订单和送货上门，工程设计部门完成一般产品的设计和个性化产品的设计，这些部门都参与了增值活动，是供应链中业务流程中的内部顾客和供应商。

公司内部供应链管理主要是控制和协调不同部门之间的业务流程和活动。

2. 集团供应链

一个集团可以在不同的地点进行制造，并且对过程实现集中控制，通过自有的区域和本地仓库网络配送产品。这种情况由于业务活动涉及许多企业（或部门），成为一种形式上的集团供应链。在供应链中每个企业都有自己的位置。集团供应链有一个物品流向下游客户的供给链和一个从上游供应商流向核心企业的供应链。在集团供应链中，大量的信息需要快速地传递，供应链上业务流程也必须集成。集团供应链必须有效地管理集团内核心公司及其供应商与客户，通过现代信息技术加强与客户和供应商的沟通能力。

3. 扩展的供应链

扩展的供应链表现为参与从原材料到最终用户的物流活动的公司日益增多，这种趋势在生产最终商品公司的供应和配送活动中尤为明显。复杂的网络包含着几层供应商结点，这些供应商在供应链中从事着增值活动，同样地，分销商网络能够把产品带到更远的消费者手中。随着供应链的延伸，供应商和最终用户之间的距离在拉大，由于供应链过于分散和冗长，导致供应商和客户之间交易成本逐步增加，成为供应链管理的主要压力，也使公司很难对客户的需求和市场变化做出快速反应。

扩展的供应链是在个性化生产、提前期的缩短和业务量的增加的因素影响下，迫使核心企业实现物流、商流、信息流同步，成为一个联结着供应商和分销商的复杂的产业供应链。值得进一步的研究与探讨。

4. 全球网络供应链

因特网的应用以及电子商务的出现，彻底改变了商业方式，也改变了现有供应链结构。它转换、削减、调换在传统销售、交易方面投资的实体资产；通过省略销售过程的中间商来压缩供应链的长度；创建了在电子化市场上运作的扩张性企业、联合制造业和跨部门集团；在贸易伙伴间进行实时数据存取、传递。图 6－2 表示的是基于因特网的全球网络供应链。

在网络上的企业都具有两重身份，既是客户又是供应商，它不仅是上网交易，更重要的是构成该供应链的一个元素。在这种新的商业环境下，所有的企业将面临更为严峻的挑战，它们必须在提高客户服务水平的同时，努力降低运营成本，必须在提高市场反应速度的同时给客户以更多的选择。同时，因特网和电子商务也将使供应商与客户的关系发生重大改变，其关系将不再仅仅局限于产品的销售，更多的将是以服务的方式满足客户的需求来替代将产品卖给客户。越来越多的客户不仅以购买产品的方式来实现其需求，而且更看重未来应用的规划与实施、系统的运行维护

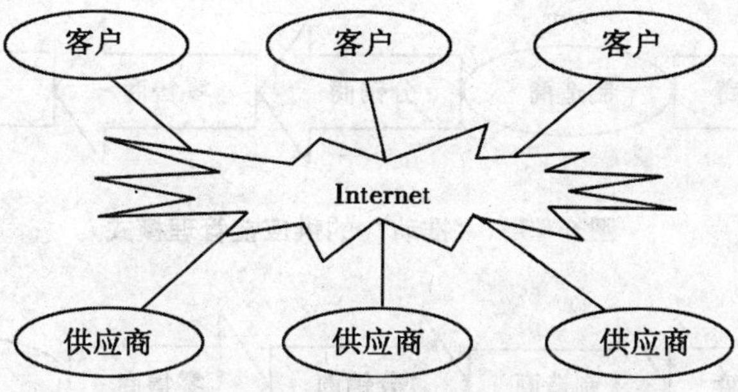

图 6－2 基于因特网的全球网络供应链

等。本质上讲它们需要的是某种效用或能力，而不是产品本身，这将极大地改变供应商与客户的关系。企业必须更加细致、深入地了解每一个客户的特殊要求，才能巩固与客户的关系。

在全球网络供应链中，企业的形态和边界将产生根本性的改变，整个供应链的协同运作将取代传统的电子订单，供应商与客户间信息交流层次的沟通与协调将是一种交互式的协同工作。此时，有可能会出现新的组织模式，即虚拟企业，也就是说，若干成员企业为共同获得某个市场机会的优势而组成的暂时的经营实体，是企业之间的动态联盟，机会一旦消失，虚拟企业即告解散。它不是一个具有独立法人资格的企业，而是各成员企业的全部或部分资源动态组合而成的一种组织，是企业之间的动态联盟，是全球网络供应链资源整合的一种形式。成员企业可以集中精力发展其关键资源、核心能力，成员间优势互补、风险共担、成果共享，并且可以根据市场机会，借助全球网络供应链迅速实现企业资源的重组，创造出具有高弹性的竞争优势。这不仅有利于企业的发展，而且增强了市场竞争的理性，减少了由于盲目性导致稀缺资源的浪费，促进了整个社会资源的优化配置。在虚拟企业中，传统的企业隔离墙被打破，计算机网络使各成员企业获得市场机会信息，做出快速反应，网络是企业间相互联系、紧密合作的主要技术手段。虚拟企业是网络经济时代的一大创新。一些新型的、有益于供应链的代理服务商将替代传统的经销商，并成为新兴业务，如交易代理、信息检索服务等，将会有更多的商业机会等待人们去发现。

6.2.5 根据供应链动力因素的来源划分

根据供应链动力因素的来源划分可以分为“推式”供应链和“拉式”供应链两种（见图 6－3 和图 6－4）。“推式”的供应链管理，管理的出发点是从原材料推到产成品、市场，一直推至客户端；“拉式”的供应链管理，管理的出发点是以客户及客户满意度为中心的管理，以客户需求为原动力的管理。

传统的供应链模式叫做“推式”模式，即根据商品的库存情况，有计划地将商品

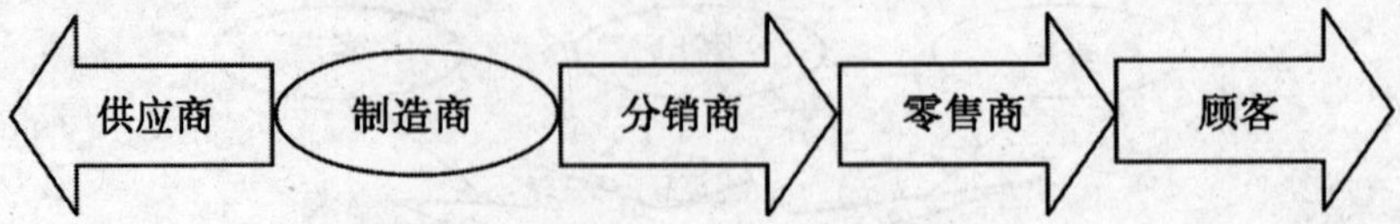

图 6-3　“推动”的供应链管理模式

图 6-4　“拉动”的供应链管理模式

推销给客户。“推式”供应链管理以企业资源计划（ERP）为核心，要求企业按计划来配置资源。制造商领导的“推式”供应链，要求高度多样化，庞大的备用存货。而现今流行的供应链模式是“拉动”模式，该供应链模式源于客户需求，客户是该供应链中一切业务的源动力。“拉动”的概念既简单又复杂。在超市的收款台前，扫描器采集到客户所购商品的确切信息。这种行为将最终引发产品从分销仓库中发出，数据在分销仓库进一步集中后又传送给制造商，这样，制造商就可以为下一次交货以补充分销仓库提前做准备，为此，制造商将调整交货计划和采购计划，同时更新生产计划，以便原材料供应商改变它们相应的交货计划。

“拉动”模式的要求有：增加产品的可替换形式；缩短订货间隔期；改进质量，降低单位成本；提高运作优势；设立执行评估系统。

供应链的动力因素对商业战略正施加着巨大压力。公司不应只在质量或价格上获得竞争优势，而应依靠适物、适量、适时的发货能力占领市场。然而，有效的供应链管理需要企业快速、准确地收集客户需求；尽可能以最低成本满足客户需求；从原材料采购到制造/组装产品的所有决策在整个供应链中应是开放的；将成品分销到客户手中并收集必要款项。

6.2.6　其他划分

1. 根据供应链存在的稳定性划分

根据供应链存在的稳定性划分可以分为稳定的供应链和动态的供应链。相对稳定、单一的市场需求而组成的供应链稳定性较强，而基于相对频繁变化、复杂的需求而组成的供应链动态性较高。在实际供应链管理中，需要根据市场需求的不断变化，相应地调整和改变供应链成员的构成。

2. 根据供应链容量与用户需求的关系划分

根据供应链容量与用户需求的关系可以划分为平衡的供应链和倾斜的供应链（如

图6－5所示)。一个供应链具有一定的、相对稳定的设备容量和生产能力（所有结点企业能力的结合，包括供应商、制造商、运输商、分销商、零售商等)。但用户的需求处于不断变化的过程中，当供应链的容量能满足用户需求时，供应链处于平衡状态，而当市场变化加剧，造成供应链成本增加、库存增加、浪费增加等现象时，企业不是在最优状态下运作，供应链则处于倾斜状态。

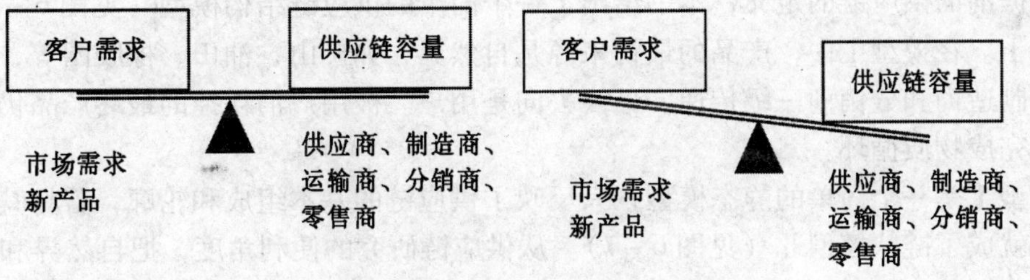

图6－5 平衡的供应链和倾斜的供应链

3. 根据供应链中各子系统的交互作用划分

根据供应链中各子系统的交互作用划分可以分为合作型供应链和对抗型供应链。合作型供应链的各子系统之间是一种平等关系，各子系统的决策者都同意通过信息共享和策略联盟合同来实现整个供应链达到动态优化的共同目标。这一合同就是双方（或多方）同意并遵守的法则，而法则体现了在某一时间内各子系统认可的理性优化和预测目标，事实证明，用这种方法可使供应链动态性能显著改善。

对抗型供应链是指供应链上各成员之间的交互作用比较薄弱，参与方之间除物流关系外没有多少交互作用，每一个子系统只考虑自身的利益，不太关心是否对其他子系统造成影响。而且，供应链上的各子系统还积极地互相抵制，每一个子系统都想尽可能战胜有联系的其他子系统而使自己成功。

4. 根据供应链所涉及的范围划分

根据供应链所涉及的范围划分可分为内部供应链和外部供应链。内部供应链是指企业内部产品生产和流动过程中所涉及的原材料采购、生产产品、存储原材料及产品、销售产品等环节组成的网络；外部供应链是指企业外部的，与企业相关的产品生产和流动过程中所涉及的供应商、运输商、销售商以及消费者组成的供需网络。内部和外部供应链共同组成了企业产品从原材料、半成品、成品到消费者的完整供应链。内部供应链是外部供应链的浓缩，它们的区别在于后者比前者的范围更大，涉及的企业更多，企业之间的协调更困难。

6.3 供应链的结构模型

6.3.1 供应链的链状结构模型

根据前面供应链的定义，本书给出了一个简单的供应链结构模型（见图6-6），称为模型Ⅰ。在模型Ⅰ中，产品的最初来源是自然界，如矿山、油田、橡胶园等，经过供应商、制造商和分销商三级传递，最终去向是用户。被用户消耗掉的最终产品仍回到自然界，完成物质循环。

模型Ⅰ是一个简单的静态模型，只反映了供应链的基本组成和轮廓，若将其进一步简化则就成了链状模型Ⅱ（见图6-7）。从供应链研究的便利角度，把自然界和用户放到模型中没有太大的作用。因此，在模型Ⅱ中，把模型Ⅰ中的厂商都抽象成一个个结点，并用字母或数字来表示，结点以一定的方式和顺序联结成一串，构成一条图论中的供应链。在模型Ⅱ中，若假设C是制造商，则B为供应商，D为分销商；同样，若假定B为制造商，则A为供应商，C为分销商。在模型Ⅱ中，产品的最初来源（自然界）、最终去向（用户）以及产品的物质循环过程都被隐含抽象掉了，只注重供应链中间过程的研究。

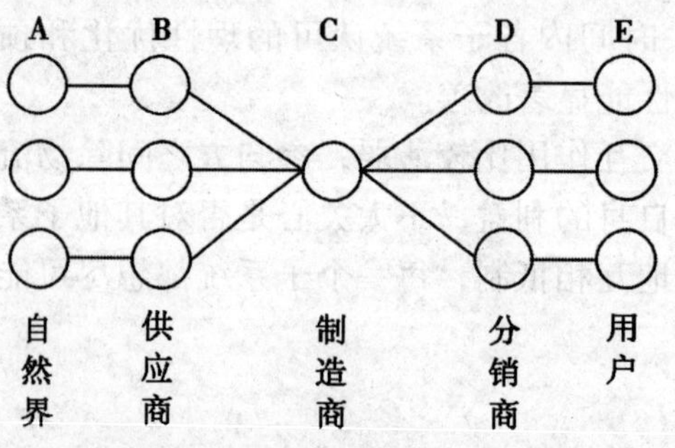

图6-6 供应链的结构模型Ⅰ

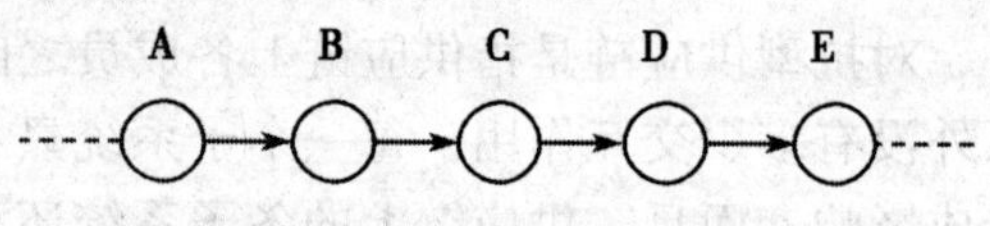

图6-7 供应链的结构模型Ⅱ

1. 供应链的方向

在供应链上除了有物流和信息流外，还存在资金流。在正常情况下，物流的方向一般都是从供应商流向制造商，再流向分销商。在供应商的研究中，也按照物流的方向来定义供应链的方向，以确定供应商、制造商和分销商之间的顺序关系。模型Ⅱ中的箭头方向即表示供应链的物流方向。

2. 供应链的级

在模型Ⅱ中，定义C为制造商时，可以相应地认为B为一级供应商，A为二级供应商，而且还可递规地定义三级供应商、四级供应商……同样，可以认为 D 为一级分销商，E 为二级分销商，并递规地定义三级分销商、四级分销商……一般地讲，一个企业应尽可能考虑多个供应商或分销商，这有利于从整体上了解供应链的运行状态。

6.3.2 供应链的网状结构模型

现实中的产品供应关系是十分复杂的，一个厂商一般会与多个厂商相互联系，也就是说，在模型Ⅱ中，C 的供应商可能不止一家，而是有 B_1，B_2，…，B_n等 n 家，分销商也可能有 D_1，D_2，…，D_m等 m 家。动态地考虑，C 也可能有 C_1，C_2，…，C_k等 k 家，这样模型Ⅱ转变为一个网状模型，即供应链的结构模型Ⅲ（见图 6－8）。在理论上，网状模型可以涵盖世界上所有厂商，把所有厂商都看做是其上面的一个结点，并认为这些结点之间存在着联系。网状模型对供应关系的表述性很强，适合于从宏观上把握供应关系。

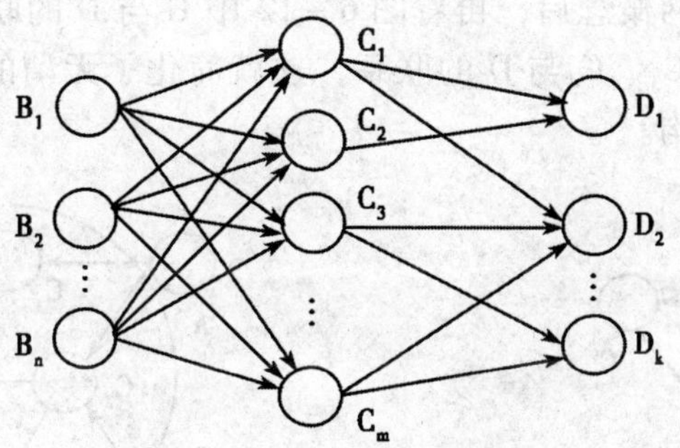

图 6－8　供应链的结构模型Ⅲ

1. 入点和出点

在网状模型中，物流作有向流动，从一个结点流向另一个结点，即从某些结点补充流入，从某些结点分流流出。这里把这些物流进入的结点称为入点，把物流流出的结点称为出点。入点相当于矿山、油田、橡胶园等原始材料提供商，出点相当于用户。图 6－9 中 A 结点为入点，F 结点为出点。有的厂商既为入点也为出点，为了简化网链的表示，将代表这些厂商的结点一分为二，变成两个结点：一个为入点，一个为出点，并用实线将其框起来（见图 6－10）。A_1为入点，A_2为出点。同样，如有的厂商相对于另一厂商既为供应商也为分销商，也可以将这个厂商一分为二，甚至一分为三或更多，变成两个结点：一个结点表示供应商，另一个结点表示分销商。也用实线将其框起来（见图 6－11），B_1是 C 的供应商，B_2是 C 的分销商。

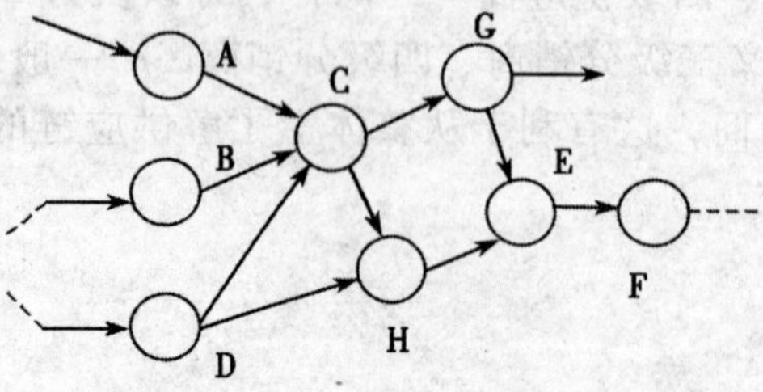

图 6－9　入点和出点

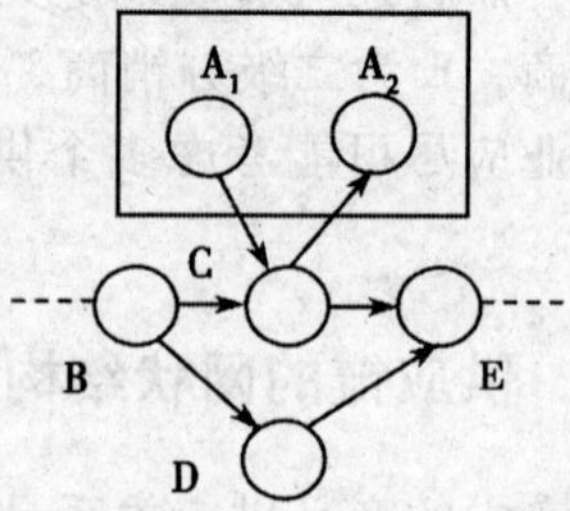

图 6－10　包含出点和入点的厂商

2. 子网

有些厂商规模非常大，内部结构十分复杂，与其他厂商相联系的只是其中一个部门，而且内部也存在着产品供应关系，用一个结点不能表示这些复杂关系，本书将表示这个厂商的结点分解成很多相互联系的小结点，这些小结点构成一个网，称之为子网（见图 6－12）。引入子网概念后，再看图 6－12 中 C 与 D 的联系，这时只考虑 C_1 与 D 的联系，而不考虑 C_2、C_3、C_4 与 D 的联系，这就简化了无谓的研究。子网模型适合于描述企业集团的组织结构。

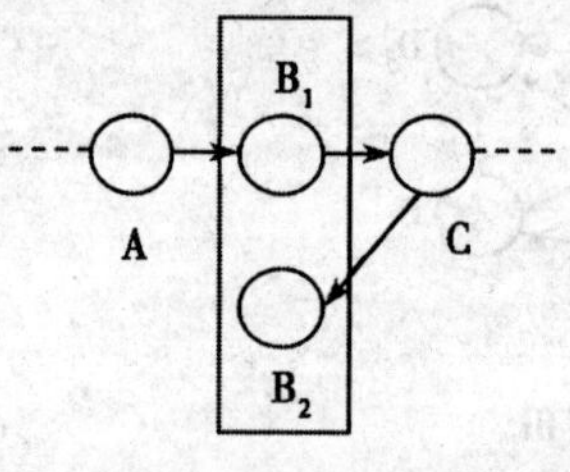

图 6－11　包含供应商和分销商的厂商

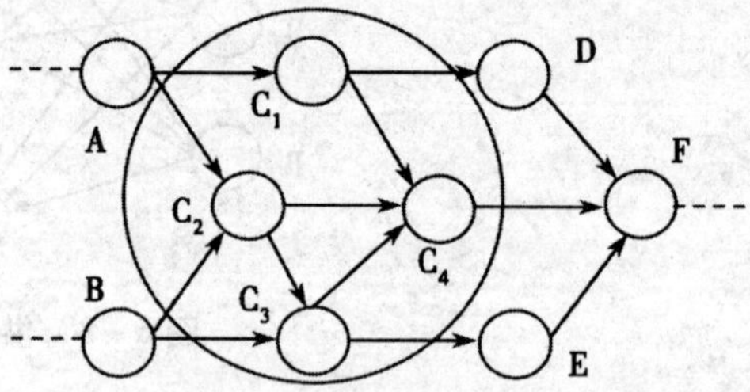

图 6－12　子网模型

6.4　供应链管理的概念和内涵

6.4.1　供应链管理的概念

1. 供应链管理的概念

供应链管理的概念最早提出时间是在 1982 年[①]。开思·奥立夫（Keith Oliver）和麦考尔·威波尔（Michael D. Webber）在《观察》杂志上发表“供应链管理：物

① Francis J Quinn. Supply Chain Management Review，1997

流的更新战略”，首次提出了“供应链管理”。在1990年前后，学术界开始探讨供应链管理与传统物流管理的区别①。由于供应链管理理论源于物流管理研究，其产生背景不可分割地与物流管理联系在一起。事实上供应链管理思想的提出经历了一个由传统物流管理到供应链管理的演化过程。学术界和企业就对它有不同的理解。对于供应链管理的含义，至今仍有不同的理解，有的认为供应链管理与物流管理的内涵是相同的，有的认为供应链管理是物流管理的延伸，有的认为供应链是一种企业业务的综合等，表6－2中列举了若干关于供应链管理的不同看法。事实上，供应链管理的概念与物流管理的概念密切相关，在物流管理的理解上，也有广义（即跨越组织间的界限，寻求综合的物流控制和管理）以及狭义（即企业内部的库存、运输管理）的区分，显然广义的物流管理与供应链管理是一致的。但是，目前通行的看法是供应链管理并不仅仅是物流管理，较之后者有更多机能，例如Copper、Lambert、Pagh认为供应链是物流管理范畴的扩展，它除了包含与物品实体运动相关的种种活动外，还包括组织间的协调活动和业务流程的整合过程，正是在这个意义上才称之为供应链管理。比如在新产品开发过程中，营销、研发、生产、物流及财务等不同的供应流程都需要统一起来。此外，为了提高市场的应对能力，还需要与外部的企业寻求合作，亦即由供应链构成的多数企业间业务流程的整合被看做是供应链管理。与他们的观点相类似，Handfield和Nichools将供应链定义为确保原材料到最终消费者整个过程中所发生的与物流和信息流相关的所有活动，而供应链管理则是为获得持续的竞争优势，在供应链关系（Supply Chain Relations）基础上种种活动的整合。显然，从这一定义可以看出，供应链的构成是以生产者为中心，由位于上游的供给阶段和下游的流通渠道中所有企业所组成的，供应链的活动，包括信息系统的管理、采购管理、生产管理、订货管理、在库管理、顾客服务以及废弃物处理等。

表6－2　　供应链管理的若干定义②

学　者	具体定义
Houlihan（1988）	供应链管理是对从供应商开始，经生产者或流通业者，到最终消费者的所有物质流动进行管理的活动
Langeley 和 Houlcomb（1991）	供应链管理是为提供能给最终消费者带来最高价值的产品或服务，而开展的渠道成员间的相互作用
Cavinato（1991）	从企业到最终顾客整个过程中所发生的购买活动附加值活动和营销活动

① Martha C. Cooper, etc, SCM, More than a new name to Logistics, 1997

② 资料来源：Bechetel, Jayaram（1997），“Supply Chain Management: A Strategic Perspective”, the International Journal of Logistic Management

续 表

学　者	具体定义
Navack（1991）	供应链管理是以从供应商开始，经生产者或流通业者，到最终消费者的所有物质流动作为管理对象
Stevens（1990）	从供应商开始，经附加价值（生产）过程或流通渠道，到顾客整个过程中，物质流动的管理
Tumer（1993）	从原材料供应商开始，经过生产、保管、流通等各种阶段，到最终顾客等整个过程的连接
Johannson（1994）	供应链管理是为实际商品采购而使用的手段，这种手段追求的是供应商参与者之间的信息的恰当提供，供应链管理中种种成员之间所产生的信息流，对供应链全体的绩效而言是极其重要的
Ellram（1993）	所谓供应链管理就是为取得系统整体最高的绩效，面对供应商开始到最终用户整个网络的分析、管理
Cooper（1990）	从供应商开始到最终使用者流通渠道流的全面管理
Farmer（1995）	供应链管理这个概念更应该用无缝隙性需求整合（seamless demand pipeline）来取代

从表6-2我们可以看出对供应链管理有许多不同的定义，因此也就有了许多不同的称呼，如有效顾客反应（Efficient Consumer Response，ECR）、快速反应（Quick Response，QR）、虚拟物流（Virtual Logistics，VL）或连续补充（Continuous Replenishment，CR）等。这些称呼因考虑的层次、角度不同，但都通过计划和控制实现企业内部和外部之间的合作，实质上它们一定程度上都集成了供应链和增值链两个方面的内容。

《中华人民共和国国家标准·物流术语》对供应链管理（Supply Chain Management）是这样定义的："对供应链涉及的全部活动进行计划、组织、协调与控制。"（见GB/T 18354—2006中2.6条）本书遵循这一定义。

对供应链管理概念的理解，可以从以下几个方面来把握：

第一，供应链管理把对成本有影响和在产品满足顾客需求的过程中起作用的每一方都考虑在内，从供应商和制造工厂经过仓库和配送中心到批发商和零售商以及商店。

第二，供应链管理的目的在于追求效率和整个系统的费用有效性，使系统总成本达到最小，这个成本包括从运输和配送成本到库存成本。因此，供应链管理的重点不在于简单地使运输成本达到最小或减少库存，而在于用系统方法来进行供应链管理。

第三，因为供应链管理是围绕着把供应商、制造商、分销商（包括批发商和零售商）有效地结合成一体这一问题来展开的，因此它包括公司许多层次上的活动，从战略层次到战术层次一直到作业层次。

2. 供应链管理的发展历程

供应链管理的发展可以从内部供应链管理开始，一直到供应管理、串行结构的供应链管理、网状结构的供应链管理。

内部供应链管理：早期的观点认为供应链是企业把从外部采购的原材料和零部件，通过生产、组装和销售等活动，将成品传递到用户的过程。供应链管理的重点在管理库存上，通过企业内部销售、计划、制造和采购等部门之间的协调，寻求把产品迅速、可靠地送到用户手中的费用与生产费用、库存费用之间的平衡点，确定最佳的库存投资额。

供应管理：供应链逐渐与采购、供应管理相联系，强调企业与其供应商之间建立合作关系，协调供需关系。供应链管理的内容包括了供应商的选择与定位、降低成本、控制质量、保证连续性和经济性等问题。

串行结构的供应链管理：后来供应链管理注意到了企业之间的联系，将各个企业看做共享利益、共担风险、协调发展的有机整体。认为供应链是通过不同企业的制造、组装、分销、零售等过程将原材料转换成产品，再到最终用户的转换过程。管理内容也扩展到对贯穿于各个企业之间的物流、信息流、资金流等的协调与控制。

网状结构的供应链管理：到了最近，供应链管理更加注重围绕核心企业的网络关系。供应链的形式扩展到以核心企业为中心的双向树状网络系统。供应链管理的实践已经扩展到一种所有参与企业之间的长期合作关系，供应链管理从一种作业性的管理工具上升为一种战略性的管理模式。

3. 对供应链管理的不同理解

“供应链管理”的提出只有不到20年的时间，人们的理解还没有统一，从不同的角度出发，对供应链管理的理解也不尽相同。

国外学者的观点：国外学者对供应链管理的理解，大体可以分为物流型、信息型和整合型三种观点。

物流型。Jones 和 Riley 认为，“所谓供应链管理是指从供应商到最终使用者整个过程中对物体流动的所有管理活动。”（1985 年）

Houlihan 认为，“供应链管理是对从供应商开始，经过生产者或流通业者，到最终消费者的所有物质流动进行管理的活动。”（1988 年）

Stevens 认为，“供应链管理是对于从供应商开始，经附加价值（生产）过程或流通渠道到顾客的整个过程中，物质流动的管理。”（1990 年）

信息型。John Mon 认为，“供应链管理是为实现商品调达而使用的手段，这种手段追求的是供应链参与者之间信息的恰当提供，供应链管理中各种成员间的信息流，对供应链全体的绩效而言是极其重要的。”（1994 年）

整合型。Ellall 和 Cooper 认为，“所谓供应链管理就是为取得系统整体最高的绩效，面对供应商开始到最终用户整个网络的分析、管理。”（1993 年）

6.4.2 供应链管理的特点

供应链管理与传统的管理模式相比有着明显的区别，主要体现在以下几个方面：

1. 供应链管理是一种集成化管理模式

传统的管理以职能部门为基础，往往由于职能矛盾、利益目标冲突、信息分散等原因，各职能部门无法完全发挥其潜在效能，因而很难实现整体目标最优。而供应链管理把供应链中所有结点企业看成一个整体，以供应链的流程为基础，物流、信息流、价值流、资金流、工作流贯穿于供应链的全过程。通过业务流程重组，消除各职能部门以及供应链成员企业的自我保护主义，实现供应链组织的集成与优化。

2. 供应链管理是全过程的战略管理

供应链是由供应商、制造商、分销商、零售商、客户组成的网络结构，链中各环节不是彼此分割的，而是环环相扣的一个有机整体。因此从整体上考虑，如果只依赖于部分环节信息，则由于信息局限或失真，就可能导致决策失误、计划失控、管理失效。进一步讲，由于供应链上供应、制造、分销等职能目标之间的冲突是经济生活中不争的事实，这样只有高层管理层才能充分认识到供应链管理的重要性。只有运用战略管理的思想才能有效实现供应链的管理目标。

3. 供应链管理提出了全新的库存观

传统的库存管理思想认为，库存是维系生产与销售的必要措施，因而企业与其上下游企业之间在不同的市场环境下只是实现了库存的转移，整个社会库存量并未减少。供应链的形成使供应链上各个成员间建立了战略合作关系，通过快速反应致力于总体库存的大幅度降低，库存是供应链管理的平衡机制。

4. 供应链管理以最终用户为中心

不管供应链的连接企业有多少类型，也不论供应链是长还是短（供应链的层次多少），供应链都是由客户需求驱动的，正是最终用户的需求，才使得供应链得以存在；而且，只有客户取得成功，供应链才能延续发展。因此供应链管理必须以最终客户为中心，将客户服务、客户满意与客户成功这“3Cs”作为管理的出发点，并贯穿于供应链管理的全过程。将改善客户服务质量，实现客户满意，促进客户成功作为创造竞争优势的根本手段。

6.4.3 供应链管理的作用

1. 降低库存量

供应链管理可以有效地减少成员之间的重复工作，剔除流程的多余步骤，使供应链流程实现低成本、高效化。此外，通过建立公共的电子数据交换系统，既可以减少因信息交换不充分带来的信息扭曲，又可使成员间实现全流程无缝作业，大大提高工作效率，减少失误。

许多企业长期存在库存的不确定性，并用一定的人力、物力准备来应付不确定性，这种不确定性既存在于物流过程中，也存在于信息流过程中，供应链管理通过对组织内部业务流程的重组，链上各成员建立战略合作伙伴关系，实现物资通畅，信息共享，从而有效地消除不确定性，减少各环节的库存数量和多余人员。

2. 为决策人员提供服务

主要表现在以下几个方面：分析供应链中不确定性因素，确定库存量，制定订货政策，优化投资；评估各方案以选择其中最有利的方案；评价供应链运行中库存和服务政策的影响，通过协调提高整体效益。

3. 改善企业与企业之间的关系

供应链管理使企业与企业之间的竞争转变为供应链与供应链之间的竞争，它强调核心企业通过和其上下游企业之间建立的战略伙伴关系，每一个企业都发挥自己的优势，达到“共赢”的目的。这一竞争方式将会改变企业的组织结构、管理机制，企业文化以及企业与企业之间的关系。

4. 提高服务质量，刺激消费需求

供应链通过企业内外部之间的协调与合作，大大缩短了产品的生命周期，把适销对路的产品及时送到消费者手中。供应链管理还使物流服务系列化，在储存、运输、流通加工等服务的基础上，新增了市场调查与预测、配送、物流咨询、教育培训。快速、优质的服务可塑造企业良好的形象，提高消费者的满意度，提高产品的市场占有份额。

5. 实现供求的良好结合

供应链把供应商、生产商、销售商紧密结合在一起，并对它们进行协调、优化。使企业与企业之间形成和谐的关系，使产品、信息的流通渠道最短，进而可以使消费者的需求信息沿供应链逆向迅速地、准确地反馈到销售商、生产商、供应商。它们据此做出正确的决策，保证供求的良好结合。

综上所述，供应链管理使企业与其相关企业形成了一个融会贯通的网络整体。加速产品从生产到消费的过程，缩短了产销周期，使企业可以对市场需求变化做出快速反应，大大增强供应链企业的市场竞争能力。

6.4.4 供应链管理的原则

1. 以客户需求为中心

顾客化的需求是当今市场竞争的新特点，供应链管理的任务在于通过有效的链上的企业之间的合作，快速响应顾客化的需求。供应链管理从战略上采取客户服务的思想，企业根据不同细分市场要求的客户服务水平，提供多样化的产品和服务，以满足客户多样化的需求。针对复杂、成熟的客户提供高层次的服务，对简单、不成熟的客户提供较低层次的服务。不管供应链是长还是短，也不论链上企业有多少类型，供应链都是客户需求驱动的。只有顾客满意，供应链才能延续和发展。供应链管理必须以最终客户为需求中心，把客户服务作为管理的出发点，并贯穿供应链的全过程。将改善客户服务质量、实现客户满意作为创造竞争优势的根本手段。

2. 相关企业间共享利益、共担风险

供应链管理不同于传统的企业管理，它强调供应链整体的集成和协调，要求链上的企业围绕物流、商流、资金流、信息流进行信息共享与经营协调，实现稳定高效的供应链关系。成功的供应链能够创造更多的利润，这些利润在链上各成员之间进行分割，若因互相扯皮、互设障碍而导致整个供应链效率低下，造成风险和损失，也会分摊到每个成员身上。

3. 应用信息技术，实现管理目标

物流信息化是现代物流的基本要求，也是实现管理目标的手段，物流信息化表现为物流信息收集的数据化和代码化，物流信息处理的计算机化和电子化，物流信息传递的标准化和实时化。高效率供应链管理的实现，既需要快速的物流、资金流，更需要快速、准确的信息流，而网络技术和电子商务的应用和发展，为信息的快速、准确的传递提供了保证。快速、准确的信息流可以使整个供应链对市场需求做出快速反应，从而给供应链带来极大的效益。

4. 信息共享

供应链管理的关键是信息共享。供应链管理需要来自链上各成员的及时、准确的信息，为了实现信息共享，供应链的各成员应做到建立统一的系统功能和结构标准；统一定义、设计信息系统，实施连续的试验、检测方法；运用恰当的技术提高运行速度以降低成本，力求业务信息需求与关键业务指标一致。

6.4.5 供应链管理的内容

供应链管理覆盖了从供应商的供应商到客户的客户的全部过程，主要涉及供应、生产计划、物流、需求四个主要领域。供应链管理是以同步化、集成化生产计划为指导，以各种技术为支持，尤其是以 Internet/Intranet 为依托，围绕供应、生产计划、物流、满足需求来实施的。供应链管理的目标在于提高用户服务水平和降低总的交易成本，并寻求两者之间的平衡，供应链管理主要有以下 7 大关键业务：

（1）客户关系管理。顾客是供应链管理的核心和基本出发点。供应链管理的第一步就是识别对企业的经营使命至关重要的那些关键客户，并与他们发展合作关系。

（2）客户服务管理。一方面服务是获取客户信息的唯一来源，另一方面为顾客提供实时、在线的产品和信息，以支持客户对交货期和货物状态的查询。

(3) 需求管理。一个好的需求管理系统利用POS系统和关键客户数据来提高供应链效率和减少不确定性，并平衡客户需求和企业供应能力。

(4) 完成订单。要高效地完成客户订单，需将企业的制造、分销和运输计划综合在一起。

(5) 生产流程管理。供应链中的生产是“拉式”按需生产，企业要进行柔性生产以适应频繁的市场需求变化。生产流程管理的改进可以缩短生产周期，提高客户响应速度。

(6) 采购。与供应商发展长期合作关系，以支持企业生产和新产品开发工作。

(7) 产品开发和商品化。一定要让顾客和供应商参与到新产品开发过程中，以便在更短的时间内，以更低的成本，开发出客户需要的成功产品。

供应链一体化管理的目的在于协调传统的各项职能，而传统的职能部门一般都倾向于保持自己的职能优势，这样的组织结构阻碍了供应链一体化的发展和成功。因此，供应链一体化管理的关键就在于完成一个转变，即从管理个别职能到把不同的活动整合成供应链关键业务过程的转变。

6.4.6 供应链管理实施的基本步骤

在供应链管理实施步骤上，应做到：

1. 制定供应链战略实施计划

实施供应链战略首先应该制定可行的计划，这项工作一般分为四个步骤：(1) 将企业的业务目标同现有能力及业绩进行比较，首先发现现有供应链的显著弱点，经过改善，迅速提高企业的竞争力；(2) 同关键客户和供应商一起探讨、评估全球化、新技术和竞争局势，建立供应链的远景目标；(3) 制定从现实过渡到理想供应链目标的行动计划，同时评估企业实现这种过渡的现实条件；(4) 根据优先级安排上述计划，并且承诺相应的资源。根据实施计划，首先定义长期的供应链结构，使企业在与正确的客户和供应商建立的正确的供应链中，处于正确的位置；然后重组和优化企业内部和外部的产品、信息和资金流；最后在供应链的重要领域如库存、运输等环节提高质量和生产率。

2. 构建供应链

现代供应链的重心已向销售领域倾斜，在市场日益规范、竞争日趋激烈的情况下，建立供应链、推行供应链管理是企业必须采取的对策。企业可以采取如下主要措施建立供应链：

(1) 明确自己在供应链中的定位。供应链由原料供应商、制造商、分销商、零售商及消费者组成。一条富有竞争力的供应链要求组成供应链的各成员都具有较强的竞争力，不管每个成员为整个供应链做什么，都应该是专业化的，而专业化就是优势。在供应链中总会有处于从属地位的企业。任何企业都不可能包揽供应链的所有环节，它必须根据自己的优势来确定自己的位置，制定相关的发展战略，比如对自己的业务活动进行调整和取舍，着重培养自己的业务优势等。

（2）建立物流、配送网络。企业的产品能否通过供应链快速地分销到目标市场上，这取决于供应链上物流、配送网络的健全程度及市场开发状况等，物流、配送网络是供应链存在的基础。一个供应链组建物流、配送网络时应该最大限度地谋求专业化。

（3）广泛采用信息技术。目前在我国，少数生产企业处在生产引导消费的阶段，大量的生产企业则处于由消费引导生产的阶段，无论哪种情况，都应该尽可能全面地收集消费信息，零售店铺的Pos系统可以收集一部分信息，物流、配送环节的信息就比较难收集，应该通过应用条码及其他一些自动数据采集系统进行采集。供应链的领导者还应该倡导建立整个供应链管理的信息系统。

3. 改造供应链流程

企业的目标是决定该在哪个变化的部分投入改造的努力。企业供应链流程可从范畴和深度两个角度来思考，企业供应链流程改造其本质上是从使命导向，或问题导向来衡量。使命导向追求差异化，问题导向追求效率。因此，前者的流程范围须根据使命重新理清，后者的流程范围则相当清楚而容易确认。使命导向改造的重点是关键流程与整合；问题导向改造的重点则是流程分析与原因确认。其绩效指标，前者为修改或建立新的指标，后者为确认并努力减少差异的指标。

而一般企业若遇到新产品导入时效慢、交货准确率差、存货周转率差、产品成本过高，而须进行企业流程改造，这属于问题导向，策略应是以新的做法，维持竞争优势。

基本上，企业流程改造须考虑策略、基础架构、流程、信息科技、变革等几项要素所形成的基本架构。

4. 评估供应链管理绩效

供应链管理绩效的评价指标应该是基于业务流程的绩效评价指标，能够恰当地反映供应链整体运营状况以及上下结点企业之间的运营关系，而不是孤立地评价某一供应商的运营情况。对于供应商的指标应该有循环期、准时交货、产品质量等；制造商的指标应该有循环期、交货可靠性、产品质量等；而对于分销商的指标应该有循环期、订单完成情况等。

6.4.7 供应链管理的经济学解释

1. 供应链管理的重复博弈解释

工商企业之间的供应链合作问题可以运用重复博弈的理论给予解释。企业间的供应链关系其实质就是企业间的长期交易关系，长期交易与一次性交易之间的相互替代，从个体的角度来看，就是在与他人交易时对不同策略的选择。利益对立的个体之间的对策问题，正是博弈论的研究内容。博弈论突出地表达了交易关系的这样一种性质，即一个人的收益不取决于他自己的行为，还要取决于与之交易的对方的行为。

企业交易中的博弈方式可以分为两类：合作与不合作。合作即博弈双方通过谈判达成协议，然后一致行动。不合作即博弈双方不能达成协议或达成协议后背叛协议，无法一致行动。由于交易双方的利益冲突，因此在每一方采取行动时，不合作的可能性更大。任何一方在他必须做出自己的策略选择时，并不知道对方的策略，但每一方都会对另一方所采取的策略做出预期。这一均衡是建立在自身利益最大化的基础上的。不为博弈双方的共同利益而合作而做出的行动并不一定导致帕累托最优的结果，囚徒困境就是最好的解释，但是当同样的博弈无限重复进行下去，则可能采取合作策略，使纳什均衡与帕累托最优结合起来。我们以供应链中的生产商和零售商之间的交易关系为例进一步阐述。

假设生产商和零售商双方都可以独立地选择合作与不合作（背叛），那么用支付矩阵来表示可有4种组合，可以用表6－3来表示。

表6－3　　生产商与零售商合作与不合作策略选择

		生产商	
		合　作	背　叛
零售商	合　作	(4，4)	(－2，6)
	背　叛	(6，－2)	(2，2)

从上表中可以看出，生产商与零售商在一次交易中只有策略组合（2，2），即双方都选择背叛，达到了纳什均衡。当零售商选择背叛的策略，生产商所作出的最佳选择便也是背叛，因为选择背叛得到的收益2要大于合作的收益－2。同样生产商选择背叛的策略时，零售商所作出的最佳选择也是背叛，因为选择背叛的收益2要大于选择合作的收益－2。然而这一纳什均衡并未达到帕累托最优。从表中我们可以看出，双方采取合作的策略才是帕累托最优的选择，但这种情形在一次交易中是很难做到的。从零售商的角度来看，若生产商采取合作的策略，则零售商采取背叛的策略比合作的收益大（6>4）；同理，若零售商采取合作的策略，生产商也同样会采取背叛策略。生产商和零售商之所以都选择背叛的策略是因为它们都估计到对方将采取背叛的策略。

然而，如果这种交易在生产商和零售商之间反复进行，则情况大不相同。在重复博弈中，每个当事人都有机会树立合作的信誉，并以此鼓励对方也树立信誉，使“合作—合作”变为纳什均衡点。为达到这一均衡点，双方可以采取“针锋相对”的策略。零售商可以对生产商宣布如下策略：如果你采取合作策略，我也将一直采取合作策略；如果你半路偷换成背叛策略，那么我下一次也采取背叛策略。只要双方都以长期利益最大化为目标，那么不合作的威胁就足以说服它们采取帕累托最优的策略。但是，这种策略是否可行，取决于博弈重复的次数是固定的还是无限的这一事实。

如果交易是固定的，那么最后一次交易就不必考虑对今后的影响，如同进行一次交易，因此可以预期将采取背叛策略。在倒数第二次交易时，如果甲采取合作策略，乙仍可以采用背叛策略，进而在最后一次交易中甲采取背叛策略，而乙仍采取背叛策略，并未对乙构成惩罚。依此类推，只要不存在将来交易的可能性，就没有人会采取合作的策略。反之，如果交易将反复无限多次，将出现（4，4）的最佳组合。

总之，重复博弈理论提示了供应链管理存在与发展的经济合理性。假如交易活动仅限于一次，各企业必然着眼于自己的一时性利益而行动。如果交易关系持续下去，双方并不一定采取使自己一时利益最大化的行动。实施供应链管理的企业，很容易产生与长期性博弈中的合作关系相同的关系。

2. 供应链管理的交易费用经济学解释

重复博弈理论着重强调了供应链结点上的企业合作问题，但并未提供供应链管理的基本动力。实际上，供应链结点企业通过建立相互信任、共担风险、共享收益的合作伙伴关系，可以节约交易费用。下面从交易费用的角度来解释供应链管理的经济学原理。

交易费用的概念最早由诺贝尔奖得主罗纳德·科斯（R. H. Coase）在1937年发表的《企业的性质》一文中提出的。他认为市场运行中存在着交易费用，它是“运用价格机制的成本”。至少包括两项内容：一是寻求贸易伙伴和市场价格的确定信息必须付出的费用；二是订立合同、执行交易、监督违约行为并对之制裁等方面的费用支出。后来威廉姆森对交易费用理论进行了进一步的拓展，他认为交易费用与交易特性有密切关系，即资产专用性、交易的不确定性和交易的频率。

运用交易费用理论来解释供应链管理是十分有意义的，它提供了供应链伙伴关系存在的理论依据。经济学中交易的定义，是指货物或服务在两个技术上可分离的企业间的转移。交易的实现可以有三种途径：通过市场进行、通过一定的组织内部进行、通过中间组织——介于市场与企业之间的混合的形式进行，但无论选择哪种方式的交易都会发生一定的费用。交易费用经济学认为，企业实行供应链一体化运作的一个重要动机便是节约交易费用。

从交易的全过程来看，供应链中各结点企业通过建立伙伴关系，实行一体化运作，可以减少交易过程中的相关费用。由于供应链上合作伙伴之间能经常进行沟通与合作，可以使寻找交易对象方面的费用大为降低；由于伙伴之间的相互信任和承诺，也可以减少各种履行合约的风险。

从交易主体的行为来看，供应链的协作关系建立将促进伙伴之间的“组织学习”，从而提高对不确定性环境的认知能力，减少因交易主体的“有限理性”而产生的交易费用，供应链企业之间的长期合作将在很大程度上抑制交易双方间的机会主义行为。

从交易特性来看，也促使企业组成供应链合作关系，建立联盟。交易的不确定性和市场的可变性与交易主体的有限理性和机会主义行为都密切相关。交易双方都不可能对未来的一切洞察秋毫，如交易双方信息不对称也很难避免其中一方产生机会主义行为，而通过合作的供应链组织代替市场交易，显然可以减少类似的情况发生。交易频率越高意味着双方交易量越大且交易经常不断进行，从而产生较高的交易费用，通过寻求一种有效的组织形式消除交易频率较高带来的负面影响，而供应链联盟则是可考虑的制度安排。

综上所述，从交易的全过程、交易主体行为和交易特性等领域和环节中所产生的种种交易费用，增加了行为主体在经济中的理性。因此，可以说供应链管理是节约交易费用的制度安排。

6.4.8 供应链管理中的“牛鞭效应”

美国著名的供应链管理专家 Hau L. Lee 对需求信息扭曲在供应链中传递的现象进行了深入的研究，提出了“需求变异加速放大原理”即“牛鞭效应”（The Bullwhip Effect）。它的主要思想是当供应链的某个结点企业只根据来自其相邻的下级企业的需求信息进行生产或制定策略时，需求信息的不真实性会沿着供应链逆流而上，产生逐级放大的现象，达到最源头的供应商时，其获得的需求信息和实际消费市场中的客户需求信息之间发生了很大的偏差，需求变异系数比分销商和零售商的需求变异系数大得多（如图 6－13 和图 6－14 所示）。例如，零售商为达到一定的客户响应水平，其订单变动大于客户需求的变动，批发商为了达到与零售商同样的服务水平，被迫持有比零售商更多的安全库存（一定商品可得性下的库存水平），或者保持比零售商更高的供货能力。伴随需求变动的累加，安全库存由零售商到供应商逐级增加，订货和交货提前期逐级延长，大大延缓了客户响应，导致整个供应链产生巨量库存冗余，造成系统运行低效。

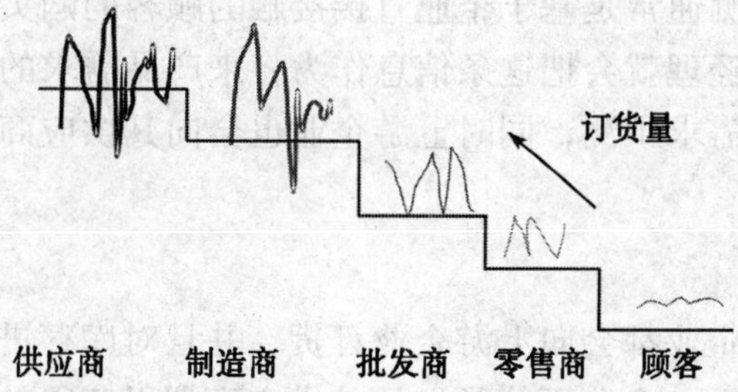

图 6－13 牛鞭效应示意图

牛鞭效应产生的原因是需求信息在沿着供应链向上传递的过程中被不断曲解。企业的产品配送成为被零售商所夸大的订单的牺牲品，反过来它又进一步夸大了对供应商的订单。造成这种现象的原因如下：

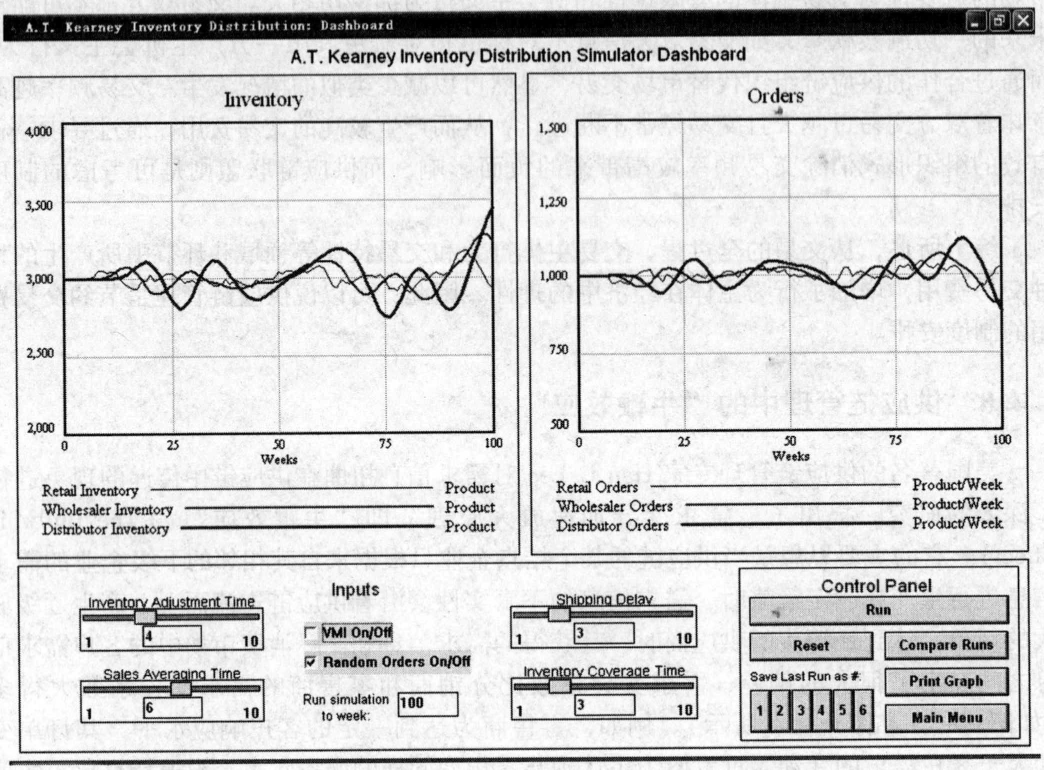

图 6－14　牛鞭效应的仿真示意图①

1. 需求预测变动

为了安排生产进度，计划产量，控制库存和计划物料需求，供应链中的企业通常都会预测产品需求。而预测通常是基于企业直接接触的顾客的购买历史进行的。当下游企业订购时，上游企业的经理就会把这条信息作为将来产品需求的信号来处理。基于这个信号，上游经理会调整需求预测，同时上游企业也会向其供应商增加订购，使其做出相应的调整。

2. 批量订购

在供应链中，每个企业都会向上游企业订货，并且对库存进行一定程度的监控。由于入库的物料在耗尽以后，企业不能马上从其供应商那里获得补给。因此，企业经常都会进行批量订购，在再次发出订购之前保持一定的存货。运输费用高也是阻碍企业经常订货的障碍之一，卡车满负荷载重时，单位产品运输成本最低。因此当企业向供应商订购时，它们都会倾向大批量订货以降低单位运输成本。

---

① 资料来源：A. T. Kearney Inventory Distribution Simulator Version 1. 0b

3. 价格波动

制造商通常会进行周期性促销，如价格折扣、数量折扣、优惠券等，这些优惠实质上是一种间接的价格优惠。制造商的价格优惠会促使其分销商提前购买日后所需的产品。而提前购买的结果是顾客所购买的数量并不反映他们的即时需求，这些批量足以供他们将来一段时间使用。

4. 限量供给与短缺博弈

当需求大于供给时，制造商常常会对消费者实行定量供货，即制造商按订单定量分配产品。这种配给制，往往使消费者在订货时就夸大了其真正需求，消费者预期短缺的订货行为，产生了博弈效应。它使供应商不能得到准确、真实的需求信息。

7 第三方物流与第四方物流

物流在西方发达国家的实践中是降低成本的“第三利润源”，是提高服务水平的利器，因此物流理论引入我国后，受到了我国各级政府和各类企业前所未有的关注。作为物流专业化、社会化集中表现的第三方物流，备受推崇并迅速升温。跨国公司更是对我国的物流市场觊觎已久，入世后已经逐步进驻我国物流市场。越来越多的人对第三方物流的前景看好，物流成为继 IT、金融之后最受追捧的行业之一。

7.1 第三方物流概述

7.1.1 第三方物流的典故

美国福特汽车公司的创始人——亨利·福特一直有一个梦想，就是要成为一个完全自给自足的行业巨头。于是，除了规模庞大的汽车制造产业，还在底特律建造了内陆港口和错综复杂的铁路、公路网络。为了确保原材料供给，福特还投资了煤矿、铁矿、森林、玻璃厂，甚至买地种植制造油漆的大豆。他还在巴西购买了 250 万英亩的土地，建起了一座橡胶种植园，以满足他的汽车王国对橡胶的巨大需求。此外，他还想投资于铁路、运货卡车、内河运输和远洋运输，这样整个原材料供应、制造、运输、销售等都纳入他所控制的范围。

这是他要建立世界上第一个垂直一体化公司辛迪加计划的一部分，本来还有很多很多。但日久天长，福特发现在自己控制之外的独立专业化公司有些工作比福特公司自己的官僚机构干得更好。随着全球政治、经济环境的不断变化，福特公司高层逐步感觉到，公司的主要金融资源应该被转移去开发和维持自己的核心能力——汽车设计、制造、销售等方面，核心力之外的工作可以交给独立的社会化、专业化公司去做。

福特在此方面的转变表明，在社会分工日益专业化的现代经济中，没有哪一家厂商能够完全做到自给自足，只有将企业有限的资源投入到加强自身核心竞争力上，才能够成为赢家。同样，如果企业自己不是物流公司，那么最好将企业的物流业务交给一个独立的专业化的物流公司去做。

7.1.2 第三方物流的兴起

第三方物流的兴起，首先要从物流需求的社会化产生谈起。工业化的发展，使流通从生产中分离出来，随之而来的社会化大生产，则使流通规模、数量越来越大，流通越来越复杂。大规模流通已经超越了生产企业本身的能力，不能再像小规模生产时那样由企业自己来解决自身产品的流通问题，这是社会化物流需求产生的主要原因；另一方面，一些国家和地区经济的迅速发展，商业贸易日益发达，由于商贸本身的社会化，使物流较早进入社会化领域，给物流需求创造了一个可以依靠的市场和一个广阔的发展空间，在这种情况下，生产企业不一定是本身发展的需求，而是一个现成的市场拉动对物流的社会化需求。正是由于社会化大生产的推动，商贸市场发展的拉动，社会化的物流需求得以产生。

社会化的物流需求是物流资源配置的非常重要的动力，它的重要结果是物流活动的社会化，原来服务一个企业物流活动，一旦面向社会，就必然成为一种经营服务方式。物流服务的出现，标志物流活动的专业化的开始，无论是系统的物流活动，还是局部领域的物流活动，都通过社会化的物流服务而变成一个专门的行业。

在网络经济时代，随着物流服务的发展，现代社会所产生的物流需求，已经可以不依靠企业本身去实现，而是可以依靠社会上的专业物流企业去实现。企业再也没有必要在“大而全”、“小而全”上面去浪费宝贵的资源。从社会上可以找到满意的解决方案。物流服务的最高水平，从当前社会经济发展水平来看，是能够为众多物流需求商承担完整的物流服务的。

7.1.3 第三方物流的概念和内涵

现代物流是以满足顾客的需求为目标，把制造、运输、销售等市场情况统一起来考虑的一种战略措施，追求的是降低成本、提高效率与服务水平进而增强企业竞争力。随着社会大生产的扩大和专业化分工的深化，专业化的第三方物流应运而生。

“第三方物流”（Third Party Logistics，3PL 或 TPL）是 20 世纪 80 年代中期由欧美提出的。在 1988 年美国物流管理协会的一项顾客服务调查中，首次提到“第三方服务提供者”一词。目前对于第三方物流解释很多，国外尚没有一个统一的定义，在 2007 年 5 月开始施行的新修订的《物流术语》国家标准将第三方物流定义为：“独立于供需双方，为客户提供专项或全面的物流系统设计或系统运营的物流服务模式”（见 GB/T 18354—2006 中 2.9 条）。对第三方物流的理解可以从物流业务的运作者、第三方物流在现代物流中所处的地位以及第三方物流与传统的业务外包的区别三个角度来进行。

1. 第三方物流是独立于供方与需方的物流运作形式

根据运作主体的不同，可将物流的运作模式划分为第一方物流（卖方）、第二方物流（买方）以及第三方物流。第三方物流实际上是相对于第一方物流和第二方物流而言的。

（1）第一方物流是由卖方、生产者或供应方组织的物流，这些组织的核心业务是生产和供应商品，为了自身生产和销售业务需要而进行物流自身网络及设施设备的投资、经营与管理。

（2）第二方物流是由买方、销售者组织的物流，这些组织的核心业务是采购并销售商品，为了销售业务需要投资建设物流网络、物流设施和设备，并进行具体的物流业务运作组织和管理。

（3）第三方物流则是专业的物流组织进行的物流，其中的"第三方"是指提供物流交易双方的部分或全部物流功能的服务提供者，即物流企业，是独立于第一、第二方之外的组织，具有比这二者明显资源优势的承担物流业务、组织物流运作的主体。

2. 第三方物流是一种社会化、专业化的物流

学术界往往将物流划分为社会物流和企业物流。发生在企业外部的物流活动总称为社会物流，它是超越一家一户的以一个社会为范畴、面向社会服务为目的的物流，这种社会性很强的物流往往是由专业的物流组织来承担的。企业物流则是发生在企业内部的物流活动的总称，是具体的、微观的物流活动的典型领域，又可细分为企业生产物流、企业供应物流、企业销售物流、企业回收物流以及企业废弃物物流。第三方物流是企业生产和销售外的专业化物流组织提供的物流，第三方物流服务不是某一企业内部专享的服务，第三方物流供应商是面向社会众多企业来提供专业服务，因此具有社会化的性质，可以说是物流专业化的一种形式。对于第三方物流在其中所处的位置，可用图 7－1 来表示。

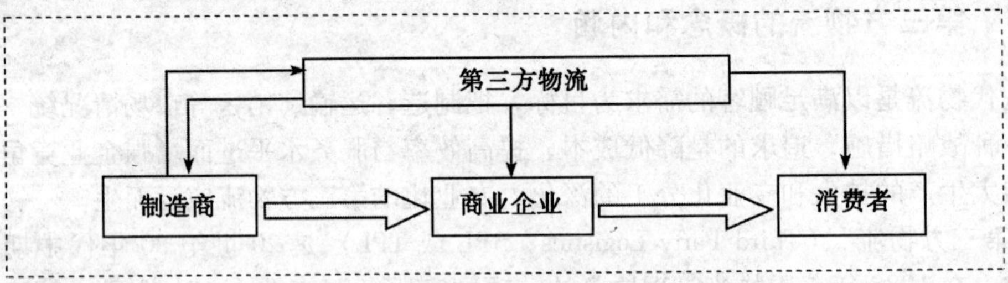

图 7－1　第三方物流的社会地位

3. 第三方物流是综合系列化的服务

国外一般将第三方物流看做类似于外包（Outsourcing）或契约物流的业务形式。对第三方物流有多种表述，如"外协所有或部分公司的物流功能，相对于基本服务，契约物流服务提供复杂、多功能物流服务长期互益的关系为特征"，"是在物流渠道中由中间商提供的服务，是中间商以合同的形式在一定期限内提供企业所需的全部或部分物流服务。"等。不管表述如何，需明确传统的物流作业对外委托的形态与第三方物流的区别。企业传统的外包主要是将物流作业活动如货物运输、存储等交由外部的物流公司去做，相应的产生了仓储、运输公司等专门从事某一物流功能的企业，它们通过利用自有的物流设施来被动地接受企业的临时委托，以费用加利润的方式定价，收取服务费。但是像库存管理、物流系统设计之类的物流管理活动仍保留在本企业。第三方物流则根

据合同条款规定的要求，而不是临时需要，提供多功能，甚至全方位的物流服务。一般来说，第三方物流企业能提供物流方案设计、仓库管理、运输管理、订单处理、产品回收、搬运装卸、物流信息系统、产品安装装配、运送、报关、运输谈判等近30种物流服务。依照国际惯例，服务提供者在合同期内按提供的物流成本加上需求方毛利额的20%收费。可见，第三方物流是以合同为导向的系列化服务。

基于上述要点，可将第三方物流理解成是由供方和需方外的物流企业提供物流服务、承担部分或全部物流运作的业务模式，是在特定的时间段内按照特定的价格向使用者提供的个性化的系列物流服务，是专业化、社会化和合同化的物流。

7.1.4 第三方物流的特征

第三方物流除具有专业化、社会化、系列化的特征外，还具有以下特征。

1. 第三方物流是“三流”合一的物流

在商流、物流、信息流、资金流四大流中，第三方物流至少应集后三大流于一身。现代企业的规模在扩大，网点在增多，使企业的物流活动变得越来越分散与复杂，企业对物流控制的要求也越来越高。要满足企业对物流服务的需求，仅仅依靠手工、人力是不可能的，第三方物流的运作必须建立在现代信息技术基础上，具有将物流、信息流和资金流有机结合的能力。常用于支撑第三方物流的信息技术有：实现信息快速交换的EDI技术、实现资金快速支付的EFT技术、实现信息快速输入的条码技术和实现网上交易的电子商务技术等。在借助信息技术完成物流运作的同时，物流企业往往还要完成货款结算、提供资金垫付等附加服务，体现第三方物流“三流”合一的特点。

2. 第三方物流是集成化、系统化的服务

第三方物流有别于传统外包的优势就在于它是从系统角度统筹规划一个公司整体的各种物流活动，处理好物流与商流及公司目标与物流目标之间的关系，不求单个活动的最优化，但求整体活动的最优化。不管第三方物流供应商所承担的是企业的部分或全部物流业务，关键的是它所提供的是一整套有助于解决企业某类物流需求的服务组合，即使是完成单项功能，也要结合其他物流要素通盘考虑企业整体物流的合理化，而不是一个个互相独立、分离的服务。集成化、系统化就是将运输、仓储、装卸搬运、配送、流通加工、包装、信息处理等物流诸要素有机结合起来，借助现代物流设施和技术及信息、通信等技术使子系统协调运作，实现客户以较少成本快速、安全交付货物的要求，同时能够为客户提供物流系统设计、运营、物流计划、物流管理及咨询等延伸服务，达到帮助顾客使自身物流要素趋向完备、物流系统化的目的。集成化包括物流功能的集成、物流渠道之间的集成、物流渠道与商流渠道的集成、物流环节与制造环节的集成等。

3. 第三方物流是个性化或客户定制化服务

尽管第三方物流服务是由社会化的物流企业来提供的，面向社会经济活动中的生产、销售企业，但其服务对象相对来说都比较少，只有数家甚至一家。这是因为需求方的业务流程各不相同，而物流、信息流是随价值流流动的，第三方物流企业需要按照客户要求进行投资，按客户的业务流程来确定和调整服务方案，针对特定的顾客设计合适的物流服务，以满足不同客户的不同需求。这也表明物流服务从“产品推销”（Sales）阶段发展到了“市场营销”（Marketing）阶段。

4. 企业之间是战略联盟关系

第三方物流企业要为客户提供增值的物流服务，可能要涉及长期的投资承诺、信息共享、相互保密、人员的交流和培训等诸多策略性问题，因此要求企业与第三方物流企业在认识双方的依赖性和价值的基础上，建立战略性伙伴关系，双方能相互信任，才能使达到的效果比单独从事物流活动所能取得的效果更好，而且，从物流服务提供者的收费原则来看，它们之间是共担风险、共享收益；此外，第三方物流的服务时间比较长，企业之间所发生的关联不是仅一两次的短期市场交易，虽然在交易维持了一定时期之后，可以相互更换交易对象，但在行为上，追求的不是自身利益最大化，而是追求共同利益的最大化！在物流方面通过契约结成优势互补、风险共担、要素双向或多向流动的中间组织。

5. 第三方物流企业的利润来源与客户的利益是一致的

从本质上讲，第三方物流企业的利润来源于物流管理科学的推广所产生的新价值。以美国为例，1980 年全美企业存货成本总和占 GDP 的 29%，由于物流管理中零库存控制的实施，到 1992 年这一比例下降到 19%，下降了近 10 个百分点。可以说这种库存成本的节约就是物流科学创造的新价值。这种新价值是第三方物流与客户共同分享的，这就是所谓“双赢”的结果。

第三方物流企业的利润来源与客户的利益不是矛盾的。第三方物流服务的利润来源不是来自运费、仓储费用等直接收入，而是来源于与客户一起在物流领域创造的新价值，通过供需双方的共同努力，降低供应链的整体成本，而不是把成本转嫁给某一方。因此，第三方物流为客户节约的物流成本越多，利润率就越高。

虽然，现有的物流企业在交易方式上还没有摆脱传统的以运费、仓储费用为指标的结算方式，但“以降低客户经营成本为根本的经营目标”已经被中外物流企业所接受，这代表了物流业发展的方向，也是实现与客户的双赢、利益一体化的真实反映。也是解除企业后顾之忧、真正实现战略合作的经济基础。

6. 客户中心化

与传统企业被动地接受客户委托，围绕其委托的服务开展作业不同，第三方物流企业要站在客户的立场上主动地提供服务，以客户的物流合理化为目标，围绕客户的需求开展物流服务。

7. 服务创新性

第三方物流企业不仅仅是单纯地按客户的要求完成物流运作。仅仅了解客户当前需求是远远不够的，要为客户提供高水平的物流服务，还必须了解客户的运作流程、行业特点、外包物流的动机，还有要为客户提供满意的服务要建立怎样的企业间的协作关系、合作双方是否能够取得双赢的结果等。必须在满足客户当前需求的同时去发现客户的潜在需求，挖掘其未来需求，从而开发出适合于不同企业的物流服务，因此决定了这种服务是带有创新性的。

7.1.5　第三方物流是现代物流发展的重要方向

第三方物流随着物流业发展而发展，是物流服务社会化和专业化的先进形式。物流业发展到一定阶段必然会出现第三方物流，而且第三方物流的占有率与物流产业的水平之间有着非常紧密的相关性。西方国家的物流业实证分析证明，独立的第三方物流至少占社会的50%时，物流产业才能形成。所以，第三方物流的发展程度反映和体现着一个国家物流业发展的整体水平。

放眼全球，现代意义上的第三方物流是一个约有10～15年历史的行业。在美国，第三方物流业被认为尚处于产品生命周期的发展期，到1998年，美国的第三方物流总收入已经达到396亿美元，净收入达214亿美元，2001年超过700亿美元。在欧洲，尤其在英国，普遍认为第三方物流市场有一定的成熟程度。欧洲目前使用第三方物流服务的比例约为76%，美国约为58%，且其需求仍在增长中。研究表明，欧洲24%和美国33%的非第三方物流服务用户正积极考虑使用第三方物流服务；欧洲62%和美国72%的第三方物流服务用户认为他们有可能在三年内增加对第三方物流服务的运用。一些行业观察家已对市场的规模作出估计，整个美国潜在的第三方物流市场的规模相当于4200亿美元，欧洲潜在物流市场的规模估计约为9500亿美元。由此可见，全世界的第三方物流市场具有潜力大、渐进性和高增长率的特征。

在我国，第三方物流的发展同样表现出强劲的增长势头和广阔的发展前景。据2005年年初中国仓储协会对全国450家大中型工业企业进行调查，结果表明目前工业企业的物流全部由企业自理的占26%，部分委托第三方代理的占52%，有45%的企业将在未来一两年内选择新的物流商，其中75%的企业将选择新型的物流企业，而不是原来的仓储运输企业，并且60%的企业将把所有的综合物流业务外包给新型的第三方物流企业。整个中国第三方物流市场2000—2005年的年增长率达到了25%。

以上数字反映出，第三方物流服务的市场前景巨大，无论在国外还是国内，第三方物流在现代物流发展中都占有相当重要的地位，是21世纪现代物流发展的主流方向。

7.2　第三方物流的价值

第三方物流之所以在世界范围内受到企业的青睐，根本原因就在于其独特的作用与价值，能够帮助客户获得诸如利润、价格、供应速度、服务、信息的准确性和真实性，以及新技术的应用等。

7.2.1 第三方物流的成本价值

企业考虑把物流业务运作外包给第三方物流的一大驱动力就是降低成本。因为，事实证明，企业单靠自己的力量降低物流费用存在很大的困难。尽管从20世纪70年代至90年代，企业在提高物流效率方面已经取得了巨大的进展，但要取得更大的进展将付出更多努力，要想实现新的改善，企业不得不寻求其他途径，选择第三方物流。采用第三方物流能够降低成本，主要表现在以下几个方面：①企业将物流业务外包给第三方物流企业，以支付服务费用的形式获得服务，而不需要自己内部维持运输设备、仓库等物流基础设施和人员来满足这些需求，从而可以使得公司的固定成本转化为可变成本，这对于那些业务量呈现季节性变化的公司其影响更为明显；②由于拥有强大的购买力和货物配载能力，一家第三方物流企业可以通过其自身广泛的结点网络实施共同配送，或者可以从运输公司或者其他物流服务商那里得到比他的客户更为低廉的运输报价，可以从运输商那里大批量购买运输能力，然后集中配载不同客户的货物，大幅度地降低单位运输成本；③许多第三方物流企业已在信息技术方面进行了大量的投入，生产流通企业与合适的第三方物流企业合作，企业不需大量进行物流信息系统方面投资，就可以以最低的投入充分享用更好的信息技术；④第三方物流企业通过利用自身的信息系统和专业技能，可帮助客户提高单证处理效率，加强库存管理控制，从而减少单证处理费用，降低存货水平，削减存储成本等。

7.2.2 第三方物流的服务价值

服务水平的改善会提高顾客满意度，增强企业信誉，促进企业的销售，提高利润率，进而提高企业市场占有率。因此在市场竞争日益激烈的今天，高水平的顾客服务对于现代企业来说是至关重要的，可以成为一个企业的竞争优势。帮助企业提高顾客服务水平和质量也就成了第三方物流所追求的根本目标。而物流能力是企业服务的一大内容，会制约企业的顾客服务水平。例如，在生产时由于物流问题使采购的材料不能如期到达，也许会迫使工厂停工，不能如期交纳顾客订货而承担巨额违约金，更重要的是可能会使企业自身信誉受损，销量减少，甚至失去良好的顾客。由此可见物流服务水平的重要性，它实际上已成为企业实力的一种体现。而第三方物流在帮助企业提高自身顾客服务水平上自有其独到之处：①第三方物流企业利用其信息网络和结点网络的优势，能够加快对顾客订货的反应能力，加快订单处理流程，缩短从订货到交货的时间，进行“门对门”（点对点）运输，实现货物的快速交付，提高顾客满意度；②第三方物流企业通过其先进的信息和通信技术，可加强对在途货物的监控，及时发现、处理配送过程中的意外事故，保证订货及时、安全送达目的地，尽可能实现对顾客的承诺；③第三方物流企业还可以完成产品的售后服务，做到送货上门、退货处理、废品回收等，保证企业为顾客提供稳定、可靠的高水平服务。

7.2.3 第三方物流的风险规避价值

企业如果自己运作物流，要面临两大风险：一是投资的风险，企业如果自己运作物流，需要进行物流设施、设备及运作等的巨大投资，而非物流企业内部对物流设施的需求往往是有限或波动的，物流管理能力也不强，因此很容易造成企业内部物流资源的闲置浪费，效率低下，如果把这些用在物流上的巨额投资投到企业的核心业务上，可能会产出更大的效益，因此企业物流投资有着巨大的机会成本；二是存货的风险，企业由于自身配送、管理能力有限，为能对顾客订货及时做出反应，防止缺货，快速交货，往往采取高水平库存的策略，即在总部以及各分散的订货点处维持大量的存货。而且一般来说，企业防止缺货的期望越大，所需的安全储备就越多，平均存货数量也越多。在市场需求高度变化的情况下，大量的存货对于企业来说有着很大的资金风险。因为存货要挤占大量资金，而且随着时间的推移，变现能力会减弱，有着贬值的风险，所以在存货没有销售出去变现之前，任何企业都要冒着巨大的资金风险。企业如果利用第三方物流的运输、配送网络，通过其管理控制能力，可以提高顾客响应速度，加快存货的流动周转，从而减少内部的安全库存量，降低企业的资金风险，或者把这种风险分散一部分给第三方物流企业来共同承担。

7.2.4 第三方物流的竞争力提升价值

在专业化分工越来越细的今天，企业不可能面面俱到，任何企业都要面临自身资源有限的问题，因此，对于那些并非以物流为核心业务的企业而言，将物流运作外包给第三方物流企业来承担，有助于使企业专注于自身的核心能力，提高竞争力。这主要表现在：第一，随着企业生产经营规模的不断扩大，对物流提出了更高的要求，企业本身已很难满足自身的物流需求，只有寻求专业化的物流服务；第二，企业既要把更多的精力投入到生产经营当中，又要注重市场的开拓，资源容易受到限制。而许多大型第三方物流企业在国内外都有良好的运输和分销网络，因此希望拓展国际或其他地区市场以寻求发展的企业可以借助这些网络进入新的市场；第三，随着企业业务规模的扩大，交往的对象增多，所要处理的渠道关系变得复杂，容易分散企业的精力。如果将企业与客户间的订货、配送转由第三方物流企业来承担，在物流作业上可由直接面对多个客户变成面对第三方物流企业，从而避免直接与众多客户打交道的复杂性，把更多精力投入自身的生产经营中，如图7-2所示；第四，现代企业要在激烈的竞争环境中立于不败之地，越来越需要与其他企业建立良好的合作与联盟的关系，作为面向社会众多企业提供物流服务的第三方物流企业，可以站在比单一企业更高的角度上来处理物流问题，可以与整个制造企业的供应链完全集成在一起，为其设计、协调和实施供应链策略，通过提供增值信息服务来帮助客户更好地管理其核心能力。而且第三方物流企业的客户可能遍及供应链的上下游，通过它可以将各相关企业的物流活动有机衔接起来，形成一种更为强大的供应链竞争优势，这是个别企业，特别是中小型企业所无法实现的工作。

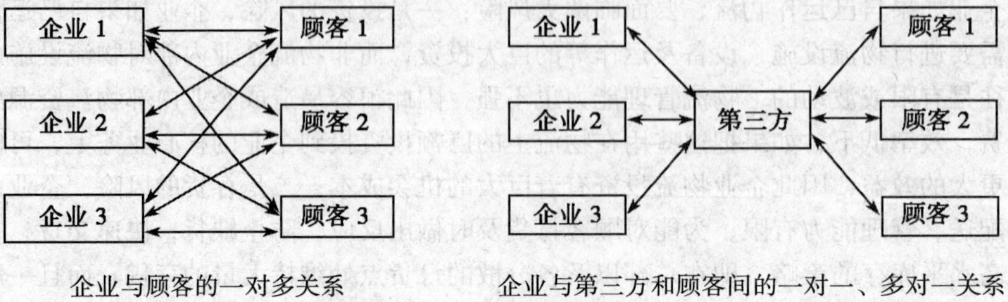

图 7－2　第三方与顾客间关系图

7.2.5　第三方物流的社会效益

除了经济效益外，第三方物流还具有社会效益。首先，第三方物流可将社会的众多闲散物流资源有效整合、利用起来。在过去的计划经济体制下，受“大而全”、“小而全”思想的影响，我国很多企业都建有自己的仓库、保有车队，而且往往存在仓储设施老化、仓储管理人员素质低下等问题。企业各自进行分散存储，导致物流设施使用低效，有的企业仓库不足，需扩建，而有的企业仓库则大量闲置、浪费，造成社会物流资源的不合理配置；自行组织运输则使运输效率低下，社会运力得不到有效利用，车辆空驶现象普遍，运输成本高。而且企业由于受到原有一套物流系统的限制，很难依靠自身力量来进行更新改造，强化物流管理。而通过第三方物流企业专业的管理控制能力和强大的信息系统，对企业原有的仓库、车队等物流资源进行统一管理、运营，组织共同存储、共同配送，将企业物流系统社会化，实现信息、资源的共享，则可从另一个高度上极大地促进社会物流资源的整合和综合利用，提高整体物流效率。其次，第三方物流有助于缓解城市交通压力。通过第三方物流的专业技能，加强运输控制，通过制定合理的运输路线、采用合理的运输方式、组织共同配送、货物配载等，可减少城市车辆运行数量，减少车辆空驶、迂回运输等现象，解决由于货车运输的无序化造成的城市交通混乱、堵塞问题，缓解城市交通压力。再次，由于城市车辆运行效率的提高，可减少能源消耗，减少废气排放量和噪声污染等，有利于环境的保护与改善，促进经济的可持续发展。最后，第三方物流的成长和壮大可带动中国物流业的发展，对中国产业结构的调整和优化有着重要的意义。

7.3　第三方物流企业的类型细分

我国的物流企业，由于对第三方物流本身没有正确的认识，对国外的第三方物流企业的发展规律也没有深入的分析，造成市场定位和业务模型雷同，形成盲目竞争的局面。实际上，在成熟的物流市场中，第三方物流企业由于其核心优势、资金投入能力等的不同，可以分为很多种类型，因此研究第三方物流的分类，对于认识第二方物流的发展和运营规律，正确定位自己的业务范围和客户群体，具有重要的意义。

第三方物流企业有不同的划分方法。根据其服务内容和服务对象的多少，第三方物流企业可以分为四类，如图 7－3 所示。

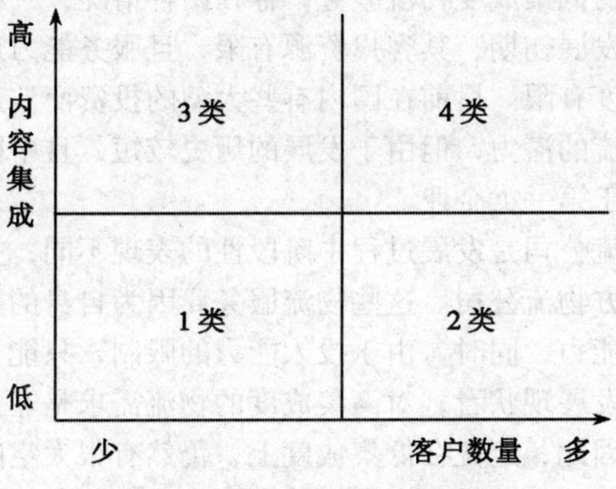

图 7－3　第三方物流分类

就服务内容的集成度而言，从低到高的顺序如图 7－4 所示。

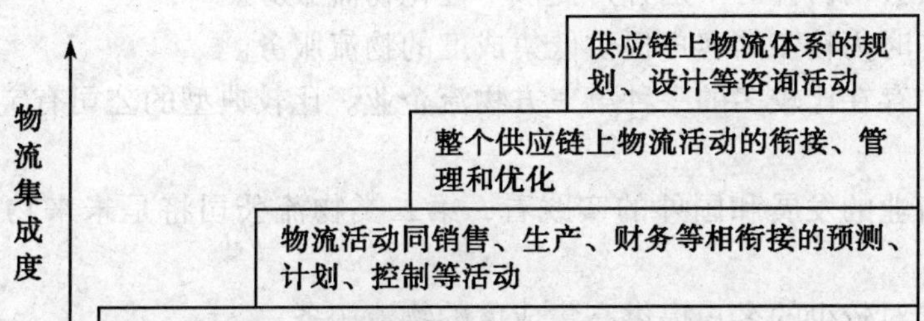

图 7－4　物流服务集成内容阶梯图

就服务客户的多寡而言，从一个到几百个不等。

实践表明，服务集成度的高低同服务对象的多寡有反向的相关关系。假定企业的基本规模和能力相同，其提供服务的集成度越高，其能够服务的对象将呈现减少的趋势，而提供服务的集成度越低，其能够服务的对象将增多。这主要是因为集成度越高，物流活动的个性化越强，物流活动中可以共享的资源越少，这种资源的不可共享性限制了其发展新客户的能力。

例如，比较高集成度的物流服务活动可能涉及客户对象现场物流资源的调度和管理，如工厂内原材料仓库的管理，工厂现场的成品包装和管理，作业地点一般在客户端，这些资源是无法在不同的客户之间共享的，这必然限制物流公司拓展新的服务对象的能力。

图 7－3 中的四类第三方物流企业，其基本情况如下：

第一类：针对少数客户提供的低集成度的物流服务。

针对少数客户提供的低集成度物流服务，存在两种情况，一种是作为成长的阶段性存在的，即物流公司在发展初期，其客户资源有限，且服务能力还处于不完善阶段，能够提供的物流服务集成度有限。目前在国内有些大型的投资商涉足物流，尽管它们有为更多客户提供一体化物流的潜力，但由于发展的历史较短，且中国的物流需求市场还没有完全启动，基本上属于第一类企业。

同有些第一类的物流公司是发展过程中阶段性的表现不同，另一些物流服务商的市场定位就是第一类第二方物流公司。这些物流服务商因为自身的规模和能力限制，不具备提供高集成度物流的能力，同时，由于投入能力的限制，只能为很有限的客户提供服务。从中国物流市场的发展现状看，对高集成度的物流需求是非常有限的，大多数物流需求还是低集成度的，因此，定位在低集成度上，仍然有很大空间。同时，针对极有限的几个客户提供物流服务，应该是中国大多数中小型的物流企业比较可行的定位，比较极端的情况，有些物流企业只有一个客户，相当于客户的一个物流管理部门。其实这种情况在西方也普遍存在的，就是大型的物流公司，其在从事第三方物流业务时，也往往成立专门的项目公司，针对个别客户提供个性化物流服务。

第二类：同时为较多的客户提供低集成度的物流服务。

这也是目前存在比较多的一种第三方物流企业。比较典型的公司有宝供物流、虹鑫物流等。

从国内物流业的发展和国外的实践看，第二类物流公司将是未来物流市场的主流模式。

第三类：针对较少的客户提供高集成度的物流服务。

这也是西方物流服务的一种典型形式。值得注意的是，很多大型物流集团，在操作具体客户时，采用同客户共同投资新的物流公司的方式，全面管理客户的物流业务，就这个新公司而言，就是专门为特定客户提供高集成度的物流服务的典型。如联邦快递在欧洲，就同某家具公司联合成立了一家物流公司，专门负责该家具公司全球物流业务的管理和运作。

TNT 在澳大利亚也有这样的物流公司。如 TNT 的电信物流，就是专门为 TELSTRA 通讯公司提供物流服务而成立的一家物流公司。

在我国，这种针对特定客户成立物流公司的情况也已经出现。如上海莲雄物流，在天津就同某化工集团成立物流公司，专门负责该化工集团物流业务的管理。

高集成度的物流服务由于个性化很强，物流企业渗入客户的营运的程度很深，一般不适合大规模运作，即一家公司同时为很多家企业同时提供高集成度的物流服务是很困难的。

第四类：同时为较多的客户提供高集成度的物流服务。

在介绍第三类公司时我们已经提到，同时为较多的客户提供高集成度的物流服务是很困难的。即便在西方发达国家，能同时为很多家企业提供高集成度物流服务的公司，目前还没有出现。这种现象有几个可能的原因：

1. 高集成度的物流服务不适合大规模运作。高集成度物流需要个性化定制，资源无法在不同客户中共享，运作成本比较高，不适合大规模运作。

2. 高集成度物流服务具有强烈的排他性。高集成度物流深入客户内部的战略、计划和管理，同客户是亲密无间的战略型合作伙伴关系，这种合作具有排他性，降低了物流服务提供商为同类客户提供服务的可能性。

3. 高集成度物流服务需求市场不旺。高集成度物流是物流业务的完全外包，客户企业面临的风险巨大，因此，大多数客户对高集成度物流持审慎的态度。

4. 高集成度物流服务的供应能力还不足。物流在全球范围内，还处于发展的初期，物流公司还不具备同时为多家客户提供高集成度物流服务的能力。

7.4　第三方物流企业的来源

目前，第三方物流企业在我国面临飞速发展的时期，各类不同背景的企业纷纷转型第三方物流或将第三方物流作为新的增长点，通过国内外的实践可以看出，第三方物流企业一般从传统的与物流相关的企业发展而来，如运输业、仓储业、货代业等。

7.4.1　起源于运输业的第三方物流企业

尽管没有数据统计，但从运输业发展来的第三方物流在市场上应该占最大的比重。就国外的情况看，以陆运和空运为主的快运、快递公司发展第三方物流的有 UPS、FedEx、TNT、DHL 等；从海运发展起来的物流企业有 Maersk Logistics、美集物流等。

中国目前也出现了类似的趋势，如以陆上运输为主的企业，先后有中外运、大通、上海交通运输集团、广州市交通运输集团等在国内有一定影响的运输企业将第三方物流作为新的发展方向。而国内最有影响的海运企业，如中国远洋运输（集团）总公司、中国海运（集团）总公司等纷纷宣布成立第三方物流企业。传统的运输企业发展第三方物流，有以下优势：

1. 客户资源

在国外，许多运输企业发展第三方物流，实际上是客户驱动的，如有些运输业务的客户，希望运输企业能够提供更加完整和个性化的服务，由此产生了物流服务。因此，运输企业发展物流，客户资源丰富，优势明显。

2. 网络资源

大型的运输企业一般都有相对健全的运输服务网络，这些网络为网络化的物流服务提供了基础。

3. 运作能力

现代物流服务内容丰富，但核心的物流活动依然是运输，运输能力强弱往往是衡量物流公司管理和运作水平最重要的指标。由传统运输业务发展而来的第三方物流企业，往往依托母公司在运输方面的优势，提高自己的竞争能力。

7.4.2 起源于仓储企业的第三方物流企业

同运输环节一样，仓储也是物流活动中最重要的环节之一，因此，许多提供公共仓储服务的公司也通过功能延伸，为客户提供综合物流服务。在欧洲，Exel 和 Tibbet&Britten 都是由公共仓储业发展成为第三方物流服务商的。我国的公共仓储业向物流企业转变的趋势也比较明显。如以仓储业务为重要服务内容的上海商业储运公司，成立上海商业物流公司，积极从事第三方物流业务。

7.4.3 起源于货运代理的第三方物流企业

货运代理企业转型现代物流在西方也比较多，如 Emery、BAX、MSAS、Schenker、AEI、Circle 等。货运代理企业转型现代物流是在原有的信息服务和货运过程的协调的基础上，通过实物存储和运输环节的延伸，达到为客户提供综合一体化物流的目的。由于信息技术的发展和电子商务环境的成熟，简单的提供以信息为基础的货代服务，空间越来越小，在货代业务的基础上发展第三方物流，已经成为国内货代业发展的热点。如华润物流有限公司，在华夏货运 50 多年货代经营的基础上，于 2001 年 1 月 1 日成立物流公司，仅仅一年时间，就先后赢得国内外 10 余家大型客户。

7.4.4 起源于托运人的第三方物流企业

这一类型的公司是从大公司的物流组织演变而来的。它们将物流专业的知识和一定的资源，如信息技术，用于提供第三方物流服务。在国外，这类物流企业有 Caterpillar 物流公司（来自 Caterpillar 集团）、IBM（来自 IBM 公司）等。其实中国这类企业目前也不断增多，并成为物流市场上的亮点，如海尔集团组建海尔物流公司、美的集团组建安得物流等，就是托运人从事第三方物流的典型。

7.4.5 起源于财务和信息咨询服务的第三方物流企业

原本主要致力于建立系统的系统集成商，为了给客户增加更多的价值，它们也主动提供有关电子商务、物流和供应链概论的工作，这类企业有 Accenture、GE Information

Services 等。在我国，以物流信息集成为主业的招商迪辰系统有限公司也曾经尝试过为客户提供第三方物流服务，但由于种种原因，该项业务没有得到更大拓展。

7.4.6　起源于港口码头/铁路等的第三方物流企业

这类企业基于终端作业的优势，并将业务延伸至运输和配送，目前，这类企业的典型代表是 PSA 和 CWT。PSA 从 1997 年开始，在中国内地投资物流业，比较大的物流项目有上海招商新港物流有限公司。

7.4.7　起源于电子分销商的第三方物流企业

零部件分销商和增值服务分销商，也开始进入物流增值服务的领域。服务内容包括系统配置、EDI、货物跟踪、信息系统集成、库存管理等，比较典型的公司有 Arrow，Avnet，Synnex Techn，Serial Systems 等，而为中国业界所熟悉并奉为电子分销商楷模的英迈国际其实也是这类企业。

7.5　第四方物流

7.5.1　第四方物流的概念

第三方物流作为一种新型的物流方式活跃在流通领域，它的节约物流成本、提高物流效率的功能已为众多企业认可。随着企业要求的提高，“第三方物流”在整合社会所有的物流资源以解决物流瓶颈、达到最大效率方面开始力不从心；虽然从局部来看，第三方物流是高效率的，但从一个地区、一个国家的整体来说，第三方物流企业各自为政，难以解决经济发展中的物流瓶颈，尤其是电子商务发展中新的物流瓶颈。另外，物流业的发展需要技术专家和管理咨询专家的推动，而第三方物流恰恰缺乏高技术、高素质的人才队伍支撑。

对此有人提出，必须密切客户和第三方物流的关系并进行规范化管理。于是“第四方物流”（Fourth Party Logistics，4PL）便应运而生。

“第四方物流”的概念首先是由著名的管理咨询公司埃森哲公司（又名安盛咨询公司）提出，并且将“第四方物流”作为专有的服务商标进行了注册，并定义为“一个调配和管理组织自身的及具有互补性服务提供商的资源、能力与技术，来提供全面的供应链解决方案的供应链集成商”。尽管其中有业内人士怀疑咨询公司此举有进行圈地和独霸行业的嫌疑，然而，业界的广泛共识是，物流管理的日益复杂和信息技术的爆炸性发展，使得供应链管理过程中，的的确确需要一个“超级经理”来进行管理协调，而且，学术界、管理顾问公司、第三方物流公司和最终客户都认为对这种实体的需要越来越强烈。它的主要作用应该是：对制造企业或分销企业的供应链进行监控，在客户和它的物流和信息供应商之间充当唯一“联系人”的角色。

7.5.2 第四方物流与第三方物流的关系

第三方物流与第四方物流的关系，可以用图 7－5 进行阐述。第三方物流供应商为客户提供所有的或一部分供应链物流服务，以获取一定的利润。第三方物流公司提供的服务范围很广，它可以简单到只是帮助客户安排一批货物的运输，也可以复杂到设计、实施和运作一个公司的整个分销和物流系统。第三方物流公司和典型的运输或其他供应链服务公司的关键区别在于：第三方物流的最大的附加值是基于自身特有的信息和知识，而不是靠提供最低价格的一般性的无差异的服务。“第三方物流”的主要利润来自效率的提高及货物流动时间的减少。然而，在实际的运作中，大多数第三方物流公司缺乏对整个供应链进行运作的战略性专长和真正整合供应链流程的相关技术。于是第四方物流正日益成为一种帮助企业实现持续运作成本降低和区别于传统的外包业务的真正的资产转移对象。第四方物流企业依据业内最优秀的第三方物流供应商、技术供应商、管理咨询顾问和其他增值服务商，为客户提供独特的和广泛的供应链解决方案。这是任何一家公司所不能单独提供的。

为了更好地阐明第三方物流和第四方物流的区别，我们可以举个例子来说明：病人找医生看病，医生开了处方，然后病人拿着处方去药店抓药——第三方物流是药店，而第四方物流（供应链公司）就是开处方的医生。

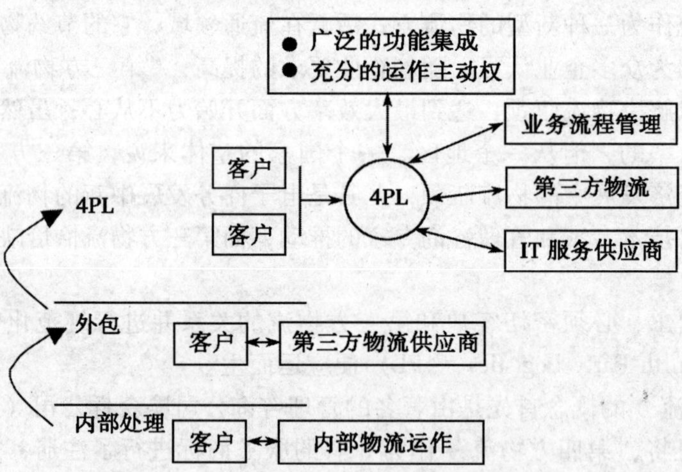

图 7－5 第三方物流与第四方物流的关系

从定义上讲，埃森哲公司最早提出了第四方物流的概念：第四方物流供应商是一个供应链的集成商，它对公司内部和具有互补性的服务供应商所拥有的不同资源、能力和技术能进行整合和管理，并提供一整套供应链解决方案（源自“Strategic Supply Chain Alignment” by John Gattorna）。

尽管埃森哲公司拥有“第四方物流”这个专有名词，其他的咨询公司也开始使用类似的服务，称之为“总承包商”或“领衔物流服务商”。无论称谓如何，这些新型的服务供应商可以通过其影响整个供应链的能力来为客户提供更为复杂的供应链解决方案和价值。第四方物流可以使迅速、高质量、低成本的产品运送服务得以实现，将使实现零库存的目标距离又缩短。

7.5.3 第四方物流的优势和功能

“第四方物流”同“第三方物流”相比，其服务的内容更多，覆盖的地区更广，对从事货运物流服务的公司要求更高，要求它们必须开拓新的服务领域，提供更多的增值服务。“第四方物流”最大的优越性，是它能保证产品得以“更快、更好、更廉”地送到需求者手中。当今经济形式下，货主/托运人越来越追求供应链的全球一体化以适应跨国经营的需要，跨国公司由于要集中精力于其核心业务因而必须更多地依赖于物流外包。基于此理，它们不只是在操作层面上进行外协，而且在战略层面上也需要借助外界的力量，昼夜期间都能得到“更快、更好、更廉”的物流服务。

第四方物流的基本功能有3个方面：

（1）为供应链管理功能，即管理从货主、托运人到用户、顾客的供应全过程；

（2）为运输一体化功能，即负责管理运输公司、物流公司之间在业务操作上的衔接与协调问题；

（3）为供应链再造功能，即根据货主/托运人在供应链战略上的要求，及时改变或调整战略战术，使其经常处于高效率地运作状态。第四方物流成功的关键是以“行业最佳的物流方案”为客户提供服务与技术。

第三方物流要么独自提供服务，要么通过与自己有密切关系的转包商来为客户提供服务，它不大可能提供技术、仓储和运输服务的最佳整合。因此，“第四方物流”就成了“第三方物流”的“协助提高者”，也是货主的“物流方案集成商”。

7.5.4 第四方物流的主要运作模式

1. 超能力组合的协同运作模式

第四方物流和第三方物流共同开发市场，第四方物流向第三方物流提供一系列的服务，包括技术、供应链策略、进入市场的能力和项目管理的专业能力。第四方物流往往会在第三方物流公司内部工作，其思想和策略通过第三方物流这样一个具体实施者来实现，以达到为客户服务的目的。第四方物流和第三方物流一般会采用商业合同的方式或者战略联盟的方式合作。

2. 方案集成商模式

在这种模式中，第四方物流为客户提供运作和管理整个供应链的解决方案。第四方物流对本身和第三方物流的资源、能力和技术进行综合管理，借助第三方物流为客户提供全面的、集成的供应链方案。第三方物流通过第四方物流的方案为客户提供服务，第四方物流作为一个枢纽，可以集成多个服务供应商的能力和客户的能力。

3. 行业创新者模式

第四方物流为多个行业的客户开发和提供供应链解决方案，以整合整个供应链的职能为重点，第四方物流将第三方物流加以集成，向上下游的客户提供解决方案。在这里，第四方物流的责任非常重要，因为它是上游第三方物流的集群和下游客户集群的纽带。行业解决方案会给整个行业带来最大的利益。第四方物流会通过卓越的运作策略、技术和供应链运作实施来提高整个行业的效率。

第四方物流无论采取哪一种模式，都突破了单纯发展第三方物流的局限性，能做到真正的低成本、高效率、实时运作，实现最大范围的资源整合。因为第三方物流缺乏跨越整个供应链运作以及真正整合供应链流程所需的战略专业技术。第四方物流可以不受约束地将每一个领域的最佳物流提供商组合起来，为客户提供最佳物流服务，进而形成最优物流方案或供应链管理方案。

7.5.5 信息技术在第四方物流中的重要作用

随着信息管理的日益重要，公司需要制定一个合适的信息技术策略。一个真正有效的信息技术策略必须涵盖企业资源规划系统，它既包括决策支持、交易支持又包括管理职能。近年来，在供应链管理技术方面的突破使得供应链的参与者可以真正对整个供应链有一个全面的、实时的“全最式”扫描。技术能力已经可以覆盖影响企业竞争能力的诸多方面，包括产品流的可视性、事件管理和绩效管理等。

技术所提供的实时信息，能够帮助企业在必要的时候重新调整产品流，并且预测内向和外向的流量。它还可以帮助用户对供应链上的各个层次的绩效数据进行量化和对绩效进行跟踪，同时寻找机会进行持续改善。根据 Forrester Research 的分析，“虚拟企业完全可以由虚拟的物流外包商来提供端到端的供应链服务”。这些新兴技术将会使“第四方物流”有能力为服务供应商、客户及其供应链伙伴，提供一整套集成的解决方案。

8 物流系统

物流系统工程是指在物流管理中，从物流系统整体出发，把生产、流通和消费全过程的物流和信息流融为一体，运用系统工程的理论和方法进行物流系统的规划、管理和控制，通过优化，以最低的物流费用、最高的物流效率、最好的顾客服务，达到提高社会经济效益和企业经济效益目的的综合性组织管理活动过程。物流系统工程是集现代管理理论与方法、技术与装备于一体的系统工程，它囊括了管理学、运筹学、营销学、经济学、统计学等理论；综合运用了现代信息技术，特别是计算机技术、通信技术、数据库技术、电子商务技术、条码技术、射频技术、全球定位系统技术、地理信息系统技术以及自动化技术、建模与仿真技术、运输技术、仓储技术、包装技术、分拣与加工技术等现代技术。

本章主要阐述现代物流系统的概念、构成、特点、分类等相关内容，初步探讨物流系统工程中有关预测及物流系统的仿真方法。

8.1 物流系统概论

8.1.1 系统的概念及系统的一般模式

“系统”这个词来源于古希腊语 System，有“共同”和“给以位置”的含义。现代关于系统的定义很不统一，一般可以理解为“系统是由两个以上相互区别或相互作用的单元之间有机结合起来，完成某一功能的综合体”。系统中每一个单元也可以称为一个子系统。系统与系统的关系是相对的，一个系统可能是另一个更大系统的子系统，而一个系统也可以继续分成更小的系统。在现实中一个机组、一个工厂、一个部门、一项计划、一个研究项目、一套制度等都可以看成是一个系统。由定义可知，系统的形成应具备以下条件，即系统是由两个或两个以上要素组成；各个要素都具有一定的目的；各要素间相互联系，使系统保持相对稳定；系统具有一定结构，保持系统的有序性，从而使系统具有特定的功能。

系统是相对外部环境而言的，并且和外部环境的界限往往是模糊过渡的，所以严格地说系统是一个模糊集合。外部环境向系统提供劳力、手段、资源、能量、信息，称为系统的“输入”。将系统的“输入”进行必要的转换处理活动，使之成为有用的产成品，供外部环境使用，称之为系统的“输出”。输入、处理和输出是系统的三要素。如一个工厂输入原材料，经过加工处理，得到一定产品作为输出，这就成为生产系统。外部环境因资源有限、需求波动、技术进步以及其他各种变化因素的影响，对系统加以约束或影响，这些因素称为系统的“干扰”因素。此外，输出的成果不一定是理想的，可能偏离预期目标，因此要将输出的信息返回给输入，以便调整和修正系统的活动，这称为系统的“反馈”。系统的一般模式如图 8 -1 所示。

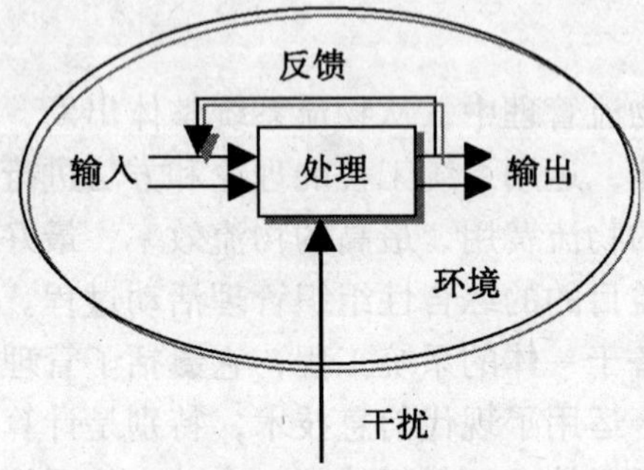

图 8 -1　系统的一般模式

8.1.2　物流系统的概念及一般模式

物流系统（Logistics System）是由两个或两个以上的物流功能单元构成的，以完成物流服务为目的的有机集合体。

物流系统同样具备系统的一般要素，即具备输入、处理（转换）、输出、干扰（限制和制约）、反馈等功能。结合现代信息技术发展的特点以及行业发展趋势，我们认为，现代物流系统是信息化、现代化、社会化和多层次的物流系统。该系统主要是指针对现代物流企业的需要，采用网络化的计算机技术和现代化的硬件设备、软件系统及先进的管理手段，严格地、守信用地进行一系列分类、编配、整理、分工和配货等理货工作，定时、定点、定量地交给没有范围限制的各类用户，满足其对商品的需求。物流系统的一般模式的具体内容如图 8 -2 所示。

1. 输入

输入也就是通过提供资源、能源、设备、劳动力等手段对某一系统发生作用，统称为外部环境对物流系统的输入。

2. 处理（转换）

它是指物流本身的转换过程。从输入到输出之间所进行的生产、供应、销售、服务等活动中的物流业务活动称为物流系统的处理或转换。具体内容有物流设施设备的建设；物流业务活动，如运输、储存、包装、装卸、搬运、流通加工、物流信息处理等。

3. 输出

物流系统与其本身所具备的各种手段和功能，对环境的输入进行各种处理后所提供

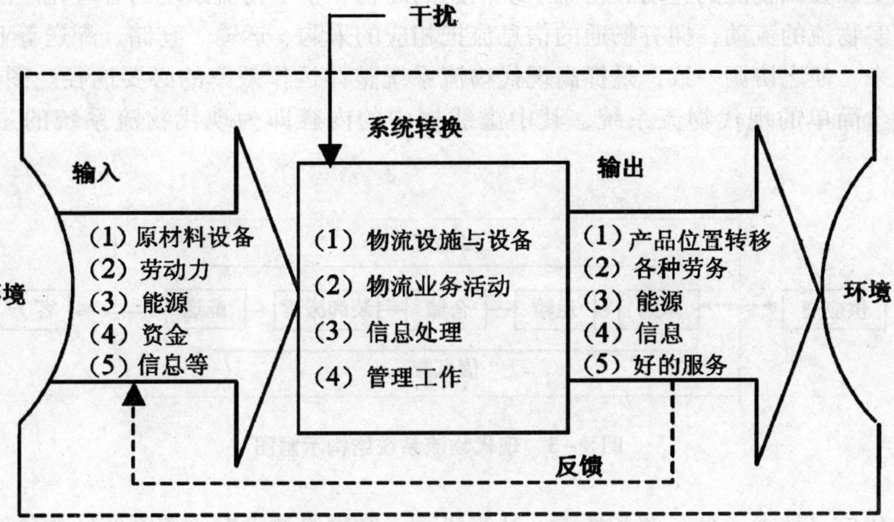

图 8－2　物流系统的一般模式

的物流服务、物流成本与运作效率称为系统的输出。如产品位置与场所的转移、各种劳务、合同的履行、服务质量和水平等。

4. 干扰（限制和制约）

外部环境对物流系统施加一定的约束称之为外部环境对物流系统的制约和干扰。具体有资源限制，能源限制，资金与生产能力限制；市场价格和需求变化的影响；仓库容量；物流作业能力；政策变化等。

5. 反馈

物流系统在把输入转换为输出的过程中，由于受系统各种因素的限制，不能按原计划实现，需要把输出结果返回给输入，进行调整，即使按原计划实现，也要把信息返回，以对工作做出评价，这称为信息反馈。信息反馈的内容包括各种物流活动分析报告；各种统计报告数据；典型调查；国内外市场信息与有关动态等。

8.1.3　物流系统的构成

正如前面定义所描述的，物流系统是由采购、运输、储存、装卸搬运和配送等各环节所组成的，它们也可以称为物流的子系统。作为物流系统的输入是指资源、能源、设备、劳动力，处理是指运输、储存、搬运装卸、流通加工、信息处理等物流业务活动过程，物流系统的输出，即是物流的成本、对客户的服务水平、系统本身的运作效率。

现代物流系统与传统物流系统是有区别的，不同之处就在于现代物流系统突出强调一系列电子化、机械化、自动化工具的应用以及准确、及时的物流信息对物流过程的监督，它更加强调物流的速度、物流系统信息的通畅和整个物流系统的合理化。随着交易过程中实物流的流动，拥有畅通的信息流把相应的采购、运输、仓储、配送等业务活动联系起来，使之协调一致，是提高现代物流系统整体运作效率的必要途径。图 8－3 所示是一个简单的现代物流系统，其中虚线框中的内容即为现代物流系统的主要结构模块。

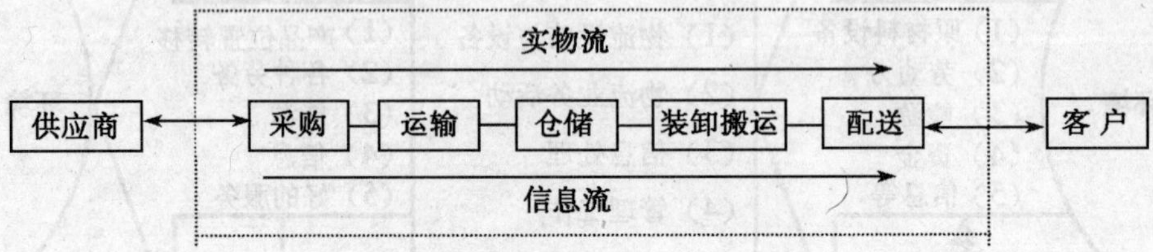

图 8－3　现代物流系统结构示意图

现代信息技术、电子商务技术、计算机技术和网络技术对物流系统结构的影响主要表现在以下几个方面。

1. 中介逐渐消失

由于网上客户可以直接面对制造商并可获得个性化服务，所以，传统物流渠道中的批发商和零售商等中介将被逐步取代，但是区域销售代理将受制造商委托逐步加强其在渠道和地区性市场中的地位，作为制造商产品营销和服务功能的直接延伸。

2. 运输范围的扩大和速度的提高

由于网上时空的“零距离”特点与现实世界的反差增大，客户对产品的可得性的心理预期加大，以致企业交货速度的压力变大。因此，物流系统中的港、站、库、配送中心、运输线路等设施的布局、结构和任务将面临较大的调整。如尤尼西斯公司在 1988 年采用了 EDI 的 MRP 系统后，将其欧洲区的 5 个配送中心和 14 个辅助仓库缩减为 1 个配送中心。在企业保留若干地区性仓库以后，更多的仓库将改造为配送中心。由于存货的控制能力变强，物流系统中仓库的总数将减少。随着运管政策的逐步放宽，更多的独立承运人将为企业提供更加专业化的配送服务，配送的服务半径也将加大。

3. 组织结构趋向分散

由于信息共享的即时性使制造商在全球范围内进行资源配置成为可能，所以，其组织结构将趋于分散并逐步虚拟化。当然，这主要是那些拥有品牌的、产品在技术上已经实现功能模块化和质量标准化的企业。

4. 特殊物流系统趋于隐形化

由于大规模的电信基础设施的建设和发展，将使那些能够在网上直接传输的产品的物流系统隐形化。这类产品主要包括书报、音乐、软件等，即已经数字化的产品的物流系统将逐步与网络系统重合，并最终被网络系统取代。

8.1.4 物流系统的特点

现代物流配送系统是对整个物流系统实行统一信息管理和调度，按照用户订货要求，在物流基地进行理货工作，并将配好的货物送交收货人的一种物流方式。这种体系要求物流系统提高服务质量、降低物流成本及优化资源配置，提高系统的运作效率。为了达到上述目的，现代物流系统需要具备以下主要特点。

1. 功能集成化

现代物流系统着重于将物流与供应链的其他环节进行集成，包括物流渠道与商流渠道的集成、物流渠道之间的集成、物流功能的集成、物流环节与制造环节的集成等。物流系统的竞争优势主要取决于它的功能整合与集成的程度。

在现代信息技术时代，物流发展到集约化阶段，这种一体化配送中心不仅提供仓储和运输服务，还必须开展配货、配送和各种提高附加值的流通加工服务，也可按照客户的需要提供其他服务。现代供应链管理通过综合从供应者到消费者供应链的运作，使物流达到最优化。

企业追求全面的、系统的综合效果，而不是单一的、孤立的片面效果。作为一种战略概念，供应链也是一种产品，而且是可增值的产品，其目的不仅是降低成本，更重要的是提供用户期望以外的增值服务，以产生和保持竞争优势。从某种意义上讲，供应链是物流系统的充分延伸，是产品与信息从原料到最终消费者之间的增值服务。

2. 系统具有复杂性、动态性

现代物流系统与传统物流系统相比更为复杂，它要求物流系统提供更加完备、迅速和灵活的服务，并随时保持物流信息的畅通，因此具有快捷和灵活要求的物流系统将比以往的物流系统更为复杂，而且需要具有一定的柔性，以随时根据环境和需求变化进行动态调整。

3. 服务系列化

现代物流配送系统除强调物流配送服务功能的恰当定位与完善化、系列化以及传统的储存、运输、包装和流通加工等服务外，还在外延上，向上扩展至市场调查与预测、采购及订单处理，向下延伸至物流配送咨询、物流系统方案的选择与规划、库存控制策略建议、货款回收与结算、教育培训等增值服务，而且在内涵上提高了以上服务对决策的支持作用。

4. 手段现代化、流程自动化

现代物流配送系统使用先进的技术、设备与管理为销售提供服务，生产、流通和销售的规模越大、范围越广，物流配送技术、设备及管理越现代化。而物流系统流程自动化是指运送规格标准，仓储、货箱排列装卸、搬运等按照自动化标准作业，商品按照最佳路线配送等。

5. 组织网络化和规模化

Internet 的无边界性特点导致了客户配送区域的离散性与不确定性，显然，过于分散的配送网络不利于物流企业实施集中的批量配送。但随着现代通信技术、网络技术和连锁经营业的发展，构建跨地区的物流网络已经成为可能。为了保证对产品提供快速、全方位的物流支持，现代物流系统就需要建立全国性、规模性的物流网络，保证整个物流网络有最优化的库存水平及库存分布。

6. 经营市场化

现代物流系统的具体经营采用市场机制，无论是企业自营物流，还是委托第三方物流企业承担物流工作，都必须确保整个物流系统以最小的输入得到最佳的物流服务效果，都必须以服务市场为首要宗旨。从当前物流的现状来看，物流系统不仅要为本地区服务，而且还要提供长距离的服务。因此，如何满足市场需要便成了物流系统的中心课题。

此外，物流系统不仅与生产厂家保持密切的伙伴关系，而且直接与客户联系，能及时了解客户的需求信息，起着沟通厂商和客户的桥梁作用。

7. 目标分散性

在经济一体化、信息全球化日益明显的今天，网络企业要十分注意企业的灵活性和相对独立性，不要将企业的业务高度集中在一两个点上或一两个大城市，要分散目标，分散风险。而网络企业的目标分散也导致了物流系统的目标分散性。

8. 企业信息化

在网络经济时代，要提供最佳的服务，物流系统必须要有良好的信息处理和传输系统。物流信息化不仅包括存储、运输等物流活动的信息管理和信息传送，还包括为物流过程中的各种决策活动提供支持，即充分利用计算机分析物流数据、进行决策、降低成本和提高效率。

大型的物流配送公司现在一般都建立了 ECR 和 JIT 系统。所谓 ECR（Efficient Customer Response），即有效客户信息反馈。一般仓库商品的周转次数每年为 20 次左右，若利用客户信息反馈这种有效手段，可增加到 24 次，使仓库的吞吐量大大增加。通过 JIT（Just In Time）系统，可从零售商店很快地得到销售反馈信息。配送不仅实现了内部的信息网络化，而且增加了配送货物的跟踪信息，从而大大提高了物流企业的服务水平，降低了成本，增强了竞争力。

9. 管理法制化

宏观上，要有健全的法规、制度和规则；微观上，新型物流企业要依法办事，按章行事。

8.2 物流系统预测方法

8.2.1 预测概述

所谓预测就是人们对某一不确定的或未知事件的表述。一般这个不确定的未知事件具有未来的性质，具体来说，预测就是把某一未来事件发生的不确定性极小化。

从本质上来看，预测是以变化为前提的。如果没有变化，预测也就不存在了，可以说预测就是掌握变化的规律。做预测有几点要求：第一要正确地掌握变化的原因；第二要了解变化的状态；第三要从量的变化中找出因果关系；第四从以上的变化中找出规律性的东西对未来进行判断。

总之，做预测就是要从变化的事物中找出使事物发生变化的固有规律，寻找和研究各种变化现象的背景及其演变的逻辑关系，去揭示事物未来的面貌。我们要从复杂的、瞬息万变的世界中找出不变的固有规律，去揭示事物未来的面貌，必须以辩证的认识论为指导，以各个领域内的经典理论和最新理论为基础，以当代的最新科技成果及数学、计算机为工具，与其他学科的具体实践相结合，去研究适用于各个领域内预测的理论和方法。由此可见，预测是一门应用科学。但是，如何运用这些科学的理论、方法、工具，去掌握事物发展变化的原因、状态、因果关系，找出事物演变的逻辑，作出比较符合事物未来真实面貌的预测，这就是艺术了。这要靠预测人员的知识、经验、洞察力和远见卓识。

在物资流通领域，对物资的流向、流量、资金周转及供求规律等进行调查研究，取得各种资料和信息，运用科学的方法，预计和推测一定时期内的物流状态，可为国民经济发展提供战略决策，为生产和流通部门及其企业的经营管理和决策提供科学依据。

预测的主要过程如图 8－4 所示。

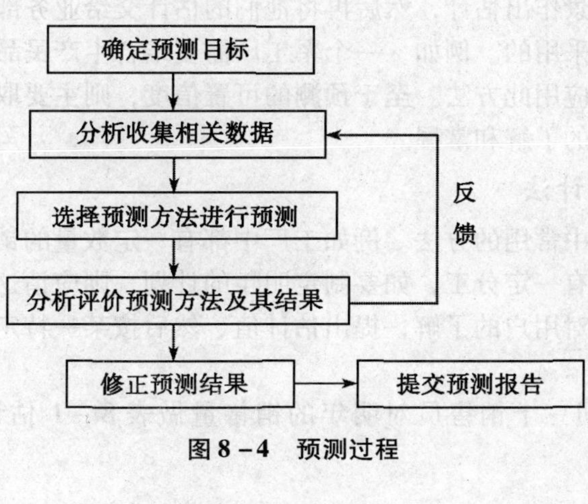

图 8－4　预测过程

物流系统预测的作用可归纳为两个方面：

1. 预测是编制计划的基础

物流系统的存储、运输等各项业务活动的计划都是以预测资料为基础制定的，因而预测资料的准确与否，直接影响到计划的可行性，进而决定企业经营的成败。

例如，2001 年夏天，北京地区气候异常，持续高温，40 年所罕见。很多轻工纺织企业在制定产销计划时未预见到这种情况，致使很多产品脱销，如游泳衣裤、痱子粉、爽身粉等；但也有许多产品积压，如塑料雨衣等，由于高温少雨积压了 70 多万件，使很多企业受到损失。

2. 预测是决策的依据

有些管理学家认为“管理就是决策”，而决策的前提是预测。正确的决策取决于可靠的预测。例如，无锡无线电五厂，1995 年在收音机销路不畅的情况下，开展市场调查，提供了可靠的预测资料，该厂据此作出了增产袖珍收音机的决策，使企业取得了好的经济效益。

物流系统预测的内容很多，凡是影响物流系统活动的诸因素都是预测对象。例如，有关物流系统的人力、物力、财力以及资源、销售、交通等的状况，国家的政策方针，经济发展的形势和自然条件等，都是预测的内容。

8.2.2 判断预测方法

判断预测方法是一个简单易行且实用的方法，因此它的应用非常广泛。据统计，美国 20 世纪 70 年代中期这类方法的应用约占全部预测方法的 1/4 以上。

常用的判断预测方法有下列几种：

1. 部门负责人评判意见法

这种方法既简便又迅速。即召集生产厂与销售部门第一线的专家或负责人，请他们对市场情况和发展远景作出估计，然后再将他们的估计交给业务部门进行分析。这种方法在企业里是经常被采用的。例如，一个军工厂需要结合生产民品，怎样选型、产品方向如何拟订等都可以应用此方法。至于预测的可置信度，则主要取决于企业中部门负责人与专家平时对情况的了解和掌握。

2. 销售人员估计法

这也是工业企业中常用的方法。例如工厂中都有一定数量的销售人员，他们或是按产品，或是按地区各有一定分工，如要制定明年的计划，则应请这些销售人员根据对地区经济情况的了解，对用户的了解，提出估计值，然后按某一特定的方式相加，作为企业的预测值。

例 8－1 某公司三个销售员对明年的销售量做表 8－1 估计，试预测明年的销售量。

表 8－1　　　　　　　　　销售预测量

	程度	销售额	概率	销售额×概率
销售员甲	最高	1000	0.3	300
	最可能	700	0.5	350
	最低	400	0.2	80
	期望			**730**
销售员乙	最高	1200	0.2	240
	最可能	900	0.6	540
	最低	600	0.2	120
	期望			**900**
销售员丙	最高	900	0.2	180
	最可能	600	0.5	300
	最低	300	0.3	90
	期望			**570**

假设三者预测比重相同，则取三者之平均值为销售员预测值：

(730＋900＋570)／3＝2200／3＝733.3（单位）

公司两位销售经理，根据自己的经验，观察判断，已分别指出预测值：经理甲为1000，经理乙为800，则有经理预测值：

(1000＋800)／2＝900（单位）

然后再将经理预测值与销售人员预测值作加权平均，因经理是部门负责人，意见的权威性大，然后再将销售员预测值和经理预测值进行加权平均，因经理是部门负责人，意见的权威性大一些，故采取2∶1加权，则：

明年销售的预测值＝（1×733.3＋900×2）／3＝844.4（单位）

3. 德尔菲法（Delphi）

前述两种方法简单易行，能对趋势变化迅速做出反应，但极易受有声望或能说会道人员的影响，如果决策人员有某种偏见或专家之间相互有某种影响存在，都极易使预测结果受到影响。

德尔菲法是兰德公司研究发展后，进行推广的一种方法，即依靠技术专家小组背靠背的判断，来代替面对面的会议，使不同专家以近分歧的幅度和理由都能够表达出来，经过客观的分析，以求达到符合客观规律的一致意见。

这种方法由主持预测的单位在选定与预测课题有关的领域和专家后，通过函询与这些专家建立直接的联系，以匿名的方式经过几轮的函询，征求并收集专家们的意见，并对每一轮所收集的要素进行汇总、整理，再作为参考资料匿名反馈给各位专家，供他们重新作出分析、判断，以提出新的意见，这样经过多次反复，逐步使专家的意见趋向一致，并以此作为预测的根据。

其具体做法是，聘请企业内外若干学有专长的专家，对所需预测的问题组成技术专家小组，但组内成员一般没有人是整个问题的专家。决定问题的步骤通常如下：

（1）各种独立性预报在明确目标以后，小组内每个专家都用简明扼要的书面形式，提出每人的独立性预测；

（2）由协调人员负责综合编辑，使这些论述通顺易懂；

（3）协调人员把一系列综合反映专家意见的书面资料提供给有关专家做更深入的讨论，直至在背靠背的条件下，问题能得到相对集中为止。

德尔菲预测法在不易获得较多历史的数据性资料或数据不完整的情况下被经常采用。它的主要预测方法是首先确定预测课题并编制咨询表，然后选择好参与预测的专家，进行四轮次左右的函询与反馈，最后处理专家们的意见并做出预测结果。

4. 历史类比法

顾名思义即按类似产品的历史发展规律、可替代产品的历史发展规律或国外同一产品的历史发展规律进行的预测。这种预测方法也是企业经常采用的方法之一。

8.2.3　时间序列预测方法

时间序列又称时间数列，是指贯彻或记录到的一组按时间顺序排列的数据，如某段时间内某种物资市场可供资源量按时间顺序的统计数据；某企业的采购成本的历史统计资料等，由于事物的时间序列展示了事物在一定的时期内的发展变化过程，因而可以从事物的时间序列分析入手，寻找出事物的变化特征及变化趋势，并通过选择适当的模型形式和模型参数建立预测模型，运用惯性原理进行趋势外推预测，这种方法比较适应于市场预测。经常使用的时间序列预测方法有平均数预测法、移动平均预测法、指数平滑预测法和季节指数预测法等。由于平均数预测法是以算术平均数或加权平均数的数值为预测值，方法简单并且它只能用一个或一条水平线表示事物的发展变化，而不能反映事物的变化规律，因此就不做具体介绍了。下面首先要讲的方法是移动平均预测法。

1. 移动平均预测法

移动平均预测法中的“平均”是取预测对象的时间序列中最近一组实际值（或历史数据）的算术平均值，其中的“移动”是指参与平均的实际值随预测期的推进而不断更新，并且每一个新的实际值参与到“平均”值时，都要剔除掉已参与“平均”值中的最陈旧的一个实际值，以保证每次参与“平均”的实际值都有相同的个数，按照上述办法可以简单地推导出移动平均法的计算公式。

例 8-2　某物资企业统计了某年度 1 月～11 月的钢材实际销售量，统计结果见表 8-2，请用移动平均预测法预测其 12 月的钢材销售量。

表 8－2　　钢材销售量统计与预测

月份	实际销售量（吨）	移动平均数 $Mt^{(1)}$		月份	实际销售量（吨）	移动平均数 $Mt^{(1)}$	
		n＝3（t）	n＝6（t）			n＝3（t）	n＝6（t）
1	22400			7	25700	22533	22417
2	21900			8	23400	23967	22967
3	22600			9	23800	24067	23216
4	21400	22300		10	25200	24300	23416
5	23100	21967		11	25400	24133	24049
6	23100	22367		12		24800	24433

取 n＝3 及 n＝6，对 12 个月的钢材销售量进行预测并将预测结果填入表中。

通过计算可知，当 n＝3 时，用移动平均法预测的 12 月钢材销售量为 24800 吨；当 n＝6 时，用移动平均法预测的 12 月钢材销售量为 24433 吨。

由表 8－2 中所列的结果来看，由移动平均计算后所得到的新数列，其数据起伏波动的范围变小了，异常大和异常小的数据值被修匀了，从而异常数据对移动平均值的影响不大。因此移动平均预测有较好的抗干扰能力，可以在一定程度上描述时间序列变化的趋势。

移动平均预测法对时间序列中数据变化的反应速度及对干扰的修匀能力，取决于 n 的值。随着 n 的减小，移动平均对时间序列数据变化的反应敏感性增加，但修匀能力下降；而 n 增大，移动平均对时间序列数据变化的反应敏感性减小，但对时间序列的修匀能力却上升。所以移动平均法的修匀能力与时间序列数据变化的敏感性是矛盾的，两者不可兼得，因此在确定 n 的时候，一定要根据时间序列的特点来确定。

一般的选择原则是：①要由所需处理的时间序列的数据点的多少而定，数据点多，n 可以取得大一些；②要由已有的时间序列的趋势而定，趋势平稳并基本保持水平状态的，n 可以取得大一些；趋势平稳并保持阶梯性或周期性增长的，n 应该取得小一些，趋势不稳并有脉冲式增减的，n 应取得大一些。

一次移动平均预测法，使用起来比较简单，但是由于受加入平均值之中的前面月份销售量的影响，预测结果会出现滞后偏差，这时如果近期内情况变化发展较快，利用一次移动平均预测就不太适宜。这是由于一次移动平均对分段内部的各数据同等对待，而没有特别强调近期数据对预测值的影响。

为了解决一次移动平均预测法的滞后偏差问题，可以采取二次移动平均方法。

二次移动平均预测法是在求得一次移动平均数的基础上，对有线性趋势的时间序列所作的预测。在以一次移动平均数组成的序列为一个新的时间序列的基础上，再一次进行移动平均，其预测公式为：

$M_t^{(2)} = M_{t-1}^{(1)} + M_{t-2}^{(1)} + \cdots + M_{t-n}^{(1)} / n$

在此基础上，对有线形趋势的时间序列做出预测，其预测公式为：

$y_{t+T} = a_t + b_t T$

式中：$a_t = 2M_t^{(1)} - M_t^{(2)}$

$b_t = 2(M_t^{(1)} - M_t^{(2)}) / (n-1)$

上述推导得到的公式，能较好地解决滞后偏差问题，又由于该方法计算上较为便利，因此得到了广泛的运用。

例 8－3 对例 8－2 的问题用二次移动平均预测法进行预测。

解：先计算表 8－2 的所给时间序列的一次移动平均值及二次移动平均值并填入表 8－3，其中：n＝3。

表 8－3　　钢材销售量移动平均值

月份	实际销售额（万元）	一次移动平均值 $M_t^{(1)}$ n＝3	二次移动平均值 $M_t^{(2)}$ n＝3
1	22400		
2	21900		
3	22600		
4	21400	22300	
5	23100	21967	
6	23100	22367	
7	25700	22533	22211
8	23400	23967	22289
9	23800	24067	22956
10	25200	24300	23522
11	25400	24133	24111
12		24800	24167

再计算二次平均预测法中参数的取值，有：

$a_t = 2M_t^{(1)} - M_t^{(2)} = 2 \times 24800 - 24167 = 25433$（吨）

$b_t = 2(M_t^{(1)} - M_t^{(2)}) / (n-1) = 2 \times (24800 - 24167) / (3-1) = 633$（吨）

由此得到预测模型：

$y_{11+T} = 25433 + 633$（吨）

则 12 月的销售额预测值为：

$y_{11+1} = 25433 + 633 \times 1 = 26066$（吨）

在预测中，移动平均预测法适用于对时间序列数据资料进行分析处理，以突出市场及各因素的发展方向和趋势。在市场较稳定，外界环境变化较少的情况下，是一种较有效的预测方法，尤其是其短期预测效果更佳。但在预测计算过程中，需要较多的历史数据，并且计算量较大，因此预测起来不太方便，所以人们又通过对移动平均预测法的研究，发展研制出一种只需要较少历史数据的改进方法，这就是指数平滑法。

2. 指数平滑预测法

指数平滑预测法，是在加权移动平均预测法的基础上发展起来的一种预测方法。它是指利用时间序列中本期的实际值与本期的预测值加权平均作为下一期的预测值，其基本公式为：

$F_{t+1}=\alpha X_t+(1-\alpha)F_t$

式中：F_{t+1}——对 t+1 时刻的预测值；

α——平滑系数；

X_t——在 t 时刻的实际值。

例 8-4 某汽车运输公司今年前 8 个月的配车次数如表 8-4 中第 2 列，分别用指数平滑系数为 0.3 和 0.7 两种情况预测第 9 月份的配车次数。

表 8-4　指数平滑方法预测表

时间 t	实际值 X_t	预测值 Y_{t+1}	
	配送车次 X_t（$\alpha=1$）	指数平滑预测（$\alpha=0.3$）	指数平滑预测（$\alpha=0.7$）
1月	10	10.00	10.00
2月	12	10.00	10.00
3月	11	10.60	11.40
4月	10	10.72	11.12
5月	8	10.50	10.34
6月	9	9.75	8.70
7月	10	9.53	8.91
8月	12	9.67	9.67
9月		10.37	11.30

根据指数平滑公式，容易求出第 3 列和第 4 列数值。

指数平滑预测中的 α 称为平滑系数，其值为 $0\leqslant\alpha\leqslant1$，取值大小体现了不同时期数据在预测中所起的作用，$\alpha$ 值越大，对近期数据影响越大，模型灵敏度越高；α 值越小，则对近期数据影响越小，消除了随机波动性，只能反映长期的大致发展趋势。如 $\alpha=1$，说明下一期的预测值等于上一期的实际值；如 $\alpha=0$，下一期的预测值就等于上一期的预测值。例如本题我们将采用不同 α 值的预测结果绘制到一张图中（见图 8-5）可以看出，α 值越小，平滑效果越好，但预测精度越小。如何掌握 α 值，是用好指数平滑模型的一个重要技巧，一般采用多方案比较方法，从中选出最能反映实际值变化规律的 α 值。

无论移动平均预测法还是指数平滑预测法，都是通过取数据的加权求和，以便于“平滑掉”短期的不规则性的过程。平滑的数据反映了有关长期市场趋势的信息和经济

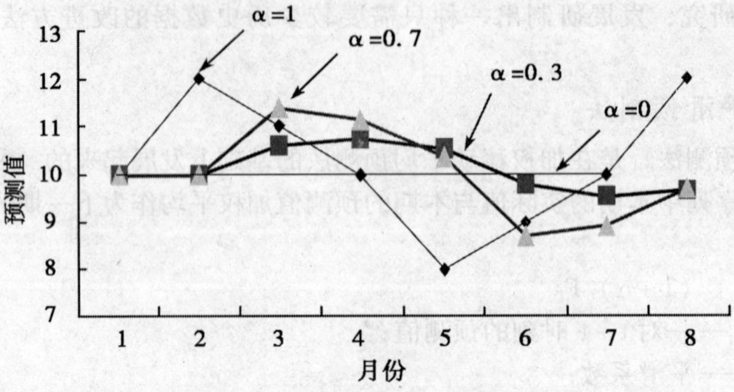

图 8-5　不同 α 值的预测值

周期的信息。因此在物流系统预测中是极其有用的一种方法，特别是由于这二类预测法所用的数据量，就总体而言并不很多，对任何时间序列都有较好的适用性，因而被广泛应用于物流市场资源量、采购量、需求量、销售量及价格的预测中。

8.2.4　回归分析预测方法

世界上各种事物之间或每个事物的各个方面之间总处于两种状态，即有关系或无关系，如果把各种事物或每个事物的各个方面用最能反映其本质特征的变量来表示，那么这些变量之间也只能存在两种状态：有关系或无关系。比如，物资的需求与价格，物资的采购量与需求量，物资的采购成本与销售利润等，如果变量间有关系，那么这种关系通常又可以用变量间的确定性与非确定性两种形式表现出来。

变量间的确定性关系又称为变量间的函数关系，是指一个变量可以被一个或若干个其他变量按一定规律唯一确定的关系，或者说如果一些变量之间的关系能用确定的数学公式表示，就称这些变量间有确定性关系。比如说采购物资的总额与采购该物资时的单价及数量之间就是确定性关系，再比如某企业年采购物资总数量与该年度企业每月应采购物资总量间也是确定性关系。但在市场采购活动中，各种影响采购因素间的关系极为复杂，并且时常还受一些偶然因素的影响。因此，有关采购的变量之间存在完全确定的函数关系的情况是极为少见的，大部分是在变量之间存在着某种相互联系、相互制约的关系，而这种关系又有某些不确定性，故称这些变量间存在着非确定性关系。在物资采购之中，例如物资的需求量与物资价格之间的关系就是非确定性的相关关系。一般而言，物资价格下降，需求量肯定上升，但我们却不能用确切的函数关系式表示每减少一个单位的价格肯定能增加多少的需求量，而只能用统计的方法表示出对某种物资每降低一个单位的价格，大约能增加多少需求量。再如物资的采购成本与销售利润之间也同样存在着非确定性的相关关系。

变量间非确定性的相关关系不能用精确的函数关系式唯一地表达，但在统计学意义上，它们之间的相关关系可以通过统计的方法给出某种函数表达方式，这种用来描述变量间相关关系的方法就是回归分析方法。而回归分析预测法是通过大量收集统计数据，在分析变量间非确定性关系的基础上，找出变量间的统计规律性，并用数学方法把变量间的统计规律较好地表现出来，以便进行必要的预测。

1. 一元线性回归预测法

变量间最简单的非确定性相关关系，就是线性相关关系。因此，对回归分析预测方法的介绍，也就从最简单的关于两个变量间线性相关关系的一元线性回归预测法开始。

要研究两个变量 x、y 之间的关系，首先应收集两个变量 n 次独立观测值，然后利用散点图观察这两个变量间是否存在线性相关的关系。如果这两个变量 x 与 y 线性相关，那么在散点图上肯定有一条直线 L 可以用来描述或表示这两个变量间的关系，在得知了这条直线的方程后，就能够对这两个变量的发展变化过程进行预测了。

因此，在回归分析预测法中，求得变量的关系方程，是进行预测的关键，最常用的求回归直线方程的方法是最小二乘法。

设变量 x 与变量 y 之间有相关关系，且当 x 确定之后，y 有某种不确定性，如果在散点图上可以看出 x 与 y 之间有线性相关关系，其相关方程为：

$$y = a + bx$$

式中：a，b——回归系数。

$$b = \frac{\sum x_i y_i - n\bar{x}\bar{y}}{\sum x_i^2 - n\bar{x}^2}$$

$$a = \bar{y} - b\bar{x}$$

$$\bar{x} = \frac{1}{n}\sum x_i$$

$$\bar{y} = \frac{1}{n}\sum y_i$$

例 8－5　某汽车运输公司为了预测 2008 年派车的次数，统计并收集了最近 5 年的派车次数和年货运周转量（见表 8－5），2008 年计划货运周转量为 34000 万吨·公里，据此估计 2008 年要派车多少次。

表 8－5　　**派车次数与货运周转量统计表**

序号 I	年份 t	派车次数 x（万辆）	周转量 y（万吨·公里）
1	2003	13.98	19180
2	2004	13.52	19937
3	2005	12.54	21719
4	2006	14.91	30262
5	2007	18.60	30399
6	2008	?	34000

由表 8－5 可以看出，年货运周转量 y 随年派车次数 x 的增加而增加，因而得到第一个结论是：变量 y 与变量 x 之间有相关关系，为了进一步明确是什么样的相关关系，将每年的一对 x_i 与 y_i 数据标在坐标平面上，描出散点图，如图 8－6 所示。

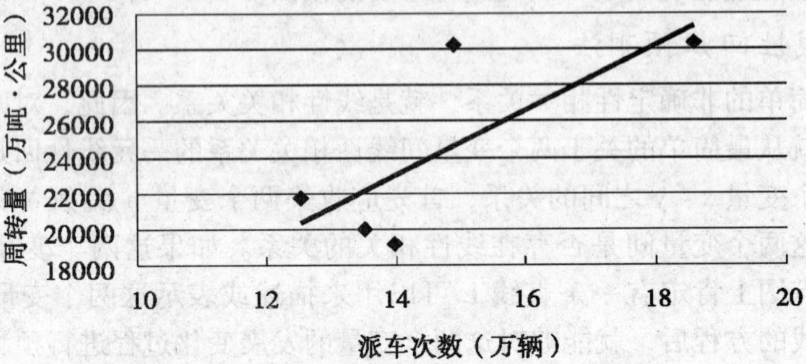

图 8－6　派车次数与周转量的散点图

从图 8－6 中可以看出，派车次数 x 与周转量 y 的关系，能够近似地用一条直线 L 表示，这条直线称之为拟合线，也即回归线，这样又得到第二个结论：派车的次数 x 与周转量 y 之间存在着线性关系。如果能求出这条直线的方程，那么就可以参照这一方程来预测 2008 年的派车次数了。

利用公式计算回归系数：

$$b = \frac{\sum x_i y_i - n\bar{x}\bar{y}}{\sum x_i^2 - n\bar{x}^2} = 1807.05$$

$$a = \bar{y} - b\bar{x} = -2282.27$$

则年周转量 y 与年派车次数的函数关系式为：$y = -2282.27 + 1807.05x$，将 2006 年预计年周转量 34000 万吨·公里，代入求解得到 2008 年预计派车次数为 20.08 万辆。

例 8－6　某企业为了制定企业的采购计划，对企业的历年采购总值进行一番统计，其结果见表 8－6。经散点图分析知该企业的年采购总值与时间之间有线性相关关系，试求出其线性相关方程并预计 2008 年该企业的采购总值。

表 8－6　　企业历年采购总值统计表

时间（t）	2001	2002	2003	2004	2005	2006	2007
采购总值（y）	50	65	67	78	80	78	85

解：由于采购总值与时间线性相关，所以可用最小二乘法求得其相关方程。

为计算方便，先将时间因素作简化处理。处理方法如表 8－7 所示。以 2001 年为第一年，直到 2007 年为第七年。在此基础上，将表 8－6 中的数据作适当处理，其结果见表 8－7。

表 8－7　　时间因素简化处理表

时间（t）	2001	2002	2003	2004	2005	2006	2007
简化处理值（x）	1	2	3	4	5	6	7

因为：n＝7，所以有：

$$\bar{x}=\frac{1}{n}\sum x_i=\frac{1}{7}\times 28=4$$

$$\bar{y}=\frac{1}{n}\sum y_i=\frac{1}{7}\times 503=71.86$$

表 8－8　　一元线性回归分析计算表

序号	时间（x_i）	采购额（y_i）	x_i^2	y_i^2	x_iy_i
1	1	50	1	2500	50
2	2	65	4	4225	130
3	3	67	9	4489	201
4	4	78	16	6084	312
5	5	80	25	6400	400
6	6	78	36	6084	468
7	7	85	49	7225	595
Σ	28	503	140	37007	2156

这时有：

$$b=\frac{\sum x_iy_i-n\bar{x}\bar{y}}{\sum x_i^2-n\bar{x}^2}=\frac{2156-7\times 4\times 71.86}{140-7\times 4^2}=5.14$$

$$a=\bar{y}-b\bar{x}=71.86-5.14\times 4=51.3$$

因此，企业的年采购额与时间之间的相关方程为：

$$y=51.3+5.14x$$

预计在 2008 年，企业的采购总值为：

$$y=51.3+5.14\times 8=92.42\text{（万元）}$$

通过以上例题可以看到，在求解过程中，应根据两个变量 x 与 y 现有的统计资料作散点图，在初步结论认为两者间存有线性相关关系的基础上，对统计数据进行处理以得到计算参数 a，b 所用的数据。最后用最小二乘法计算参数 a 和 b，以求得回归直线方程。在本例题中，为了简化计算，还对时间变量进行了简化处理，这在回归分析中是允许的，另一种时间变量的简化处理方法（仍以例 8－5 为例）如表 8－9 所示。

表 8-9　　　　时间因素简化处理表

时间（t）	2001	2002	2003	2004	2005	2006	2007
简化处理值（x）	-3	-2	-1	0	1	2	3

但须注意只有在时间个数为奇数时才能用这个方法。

从求回归方程参数的公式来看，对任意一组数据（x_1，y_1），（x_2，y_2），…，（x_n，y_n）都可以用来计算参数 a、b，因而也都能建立起一个回归方程，并可以进行进一步的预测。如果所收集的这组数据中涉及的变量间属于线性相关的关系，则所建立的回归方程及以此为基础所进行的所有分析都是可行的；如果涉及的变量间不是线性相关的关系，则所建立的回归方程及以此为基础所进行的所有分析都是完全错误的，因此所进行的预测也是不科学的。所以在求出线性回归方程后，还应确定两个变量间是否有线性相关关系以及两变量间线性相关的程度，这就是相关性检验问题。

2. 相关性检验

研究两个变量 x 与 y 之间是否存在线性相关关系，通常的办法是将独立的 n 对观测数据（x_1，y_1），（x_2，y_2），…，（x_n，y_n）在坐标上画出散点图，由直观观察进行判断，前面的例题都是这样做的。但是这两个变量的线性相关程度到底有多大，却不得而知。对于既能判断两个变量线性相关又能回答这两个变量的线性相关程度的方法，可以借助于数理统计分析手段。

对两个变量的线性相关性的检验可以通过数理统计中的 F 检验和 R 检验来进行，计算回归平方和与残差平方和所占的比重。F 检验即计算由线性因素引起的变量 y 的分散程度与由其他因素引起的变量 y 的分散程度哪个比较大一些；R 检验即计算由线性因素引起的变量 y 的分散程度与总的变量 y 的分散程度的比重有多大。对于这部分的内容，感兴趣的读者可参考数理统计方面的资料。

3. 多元线性回归预测分析

在物流系统中，不仅存在一个因素作用于一个变量的情况，而且多个因素同时作用于某一变量的情况也很常见。如果对前一种情况可以用一元回归分析方法进行有关的预测，那么对后一种情况就可以用多元回归分析方法进行有关的预测。多元线性回归分析方法是一元线性回归理论与技术在多变量线性关系系统中的重要延伸，也是预测中常使用的方法。

多元线性回归分析预测法是对自变量和因变量的 n 组统计数据（x_{1i}，x_{2i}，…，x_{ni}；y_i）（i=1，2，…，n）在明确因变量 y 与各个自变量间存在线性相关关系的基础上，给出适宜的线性回归方程，并据此作出关于因变量 y 的发展变化趋势的预测。因此，多元线性回归分析预测法的关键是找到适宜的回归方程。限于篇幅，这里不展开描述。

8.3 物流系统仿真

8.3.1 物流系统仿真方法

物流系统仿真（Logistics System Simulation）是“借助计算机仿真技术，对物流系统建模并进行实验，得到各种动态活动及其过程的瞬间仿效记录，进而研究物流系统性能的方法”（见 GB/T 18354—2006 中 5.38 条）。

自从有人类以来，人们为了满足自身的基本需要，一直在同外部环境发生着联系，随着时间的流逝，人类所依赖的这种联系方式变得日趋复杂并多样化。人类在科学和工程技术上所做的研究就是努力理解真实世界并能掌握与真实世界发生联系的形式。随着科学和工程技术的发展，人们认识自然和改造自然的能力和手段也不断增强。回顾科学和工程技术的发展历史，在计算机出现之前，科学研究中的绝大部分工作是利用数学手段或其他方法对事物或真实世界进行描述，这也就是建模活动。计算机的出现对科学和工程技术的发展产生了深远的影响，使人们能对复杂事物和复杂系统建立模型并利用计算机进行求解，这些手段和方法逐步形成了计算机仿真技术。建模与仿真成为当今现代科学技术研究的主要内容，建模与仿真技术也渗透到物流系统及物流工程的技术领域。

现代仿真技术的发展是与控制工程、系统工程和计算机技术的发展密切相关的。控制工程是仿真技术较早应用的领域之一，控制工程技术的发展为现代仿真技术的形成和发展奠定了良好的基础；系统工程的发展进一步完善了系统建模与仿真的理论体系，同时使系统仿真广泛应用于非工程系统的研究和预测。

计算机仿真技术不论是在理论上还是在实践上都已经取得了丰硕的成果，积累了大量的系统仿真模型和行之有效的仿真算法。但仿真技术目前仍然存在一些缺陷，例如建模方法尚不完善，研究同一个系统的同一个问题可以建立出不相同的模型，而且有些社会经济系统中的问题尚无法建立准确的模型进行求解。同时，决策者必须通过建模者和仿真实验人员才能介入对系统的仿真分析中。随着建模与仿真的理论和方法的研究不断深入，以及作为其支撑技术之一的计算机技术的不断发展和进步，计算机仿真技术在应用过程中出现的问题将逐步得到解决。进入 21 世纪后，计算机技术的各个方面都取得了异乎寻常的进展。微处理器性能的增长使得利用微型计算机和工作站进行复杂系统的仿真分析成为可能，当然像中长期天气预报这样模型复杂、数据繁多、实时性要求高的问题的计算仍离不开巨型机。在软件设计中广泛采用了面向对象的思想和方法，再加上计算机图形技术的进步，仿真过程中的人机交互越来越方便直观。总之，计算机仿真技术正朝着一体化建模与仿真环境的方向稳步发展。

8.3.2 仿真软件在物流系统分析中的应用

目前市面上流行的各种物流仿真软件有通用仿真软件（General - purpose Simulation Software）和面向应用的仿真软件（Application - oriented Simulation Software）两类。从仿真软件发展之初，就有从通用软件向专用软件发展的趋势，强调软件使用的易用性。可以由应用针对性的过程语言编程提供子程序库，而最终过程语言又发展成为通用目的的仿真语言。随后，这些通用语言逐渐获得了界面和菜单系统的形式，使得实际的编程过程在界面和菜单系统中完成，而隐藏了编程过程。随着软件用户群的发展，仿真软件根据不同的行业应用进行界面裁剪，如面向制造行业，或者医疗与远程通信的服务业等。仿真软件的专业性越高，意味着越多的细节和专门的信息可以建立到模型中去。例如，仿真软件 COMNET 包括了特定传输电缆和协议的预定结构，仿真软件 MEDMODEL 则提供了医疗服务设施的典型实体的逻辑和动画图标。

功能界面化已经成为仿真软件的一个发展特征。很多仿真软件都具有将其建模功能集成在其界面中的特征，如基于 SLAM 的 AweSim 仿真软件，以及 Witness 仿真软件、Promodel 仿真软件、Taylor Ⅱ仿真软件和 AutoMod 仿真软件等，都将建模功能集成到界面中，强调各自的易用性和全面强大的功能。

在建模技术上，有些软件采用层次建模结构。例如 Arena 和 Slx 仿真软件就是具有层次建模结构的软件。其最底层的单元可以用来建立在模型中，或代表一般的单元组合（如在制造装置中，表示输入传送带、缓冲站、服务机，以及可能的检验站的组合），或者代表特定应用领域中的特定模块（如一个加工单元及其动作）。这样的层次结构为应用导向的仿真器带来了优势，较低层次的模型允许其与通用仿真语言相关联。有些软件则同时具有两种方式，通过层次设计，在顶层允许用户与程序互动，似乎专门为其专业应用所做，同时又提供了从最基本的层面使用语言的机制，为软件开发提供了全面的灵活性。

与其他计算机软件一样，物流仿真软件越来越多地与其他应用软件共享信息。许多软件能够从不同类型的电子表格和数据库格式接受数据，并同时向它们输出数据。绝大多数产品都提供程序设计语言（如 C、VB 等语言），可以与仿真代码连接，以获取特定的信息资源或者进行专门的计算，如仿真系统内的调度和决策支持计算等。

物流仿真软件包的集成度越来越高。通过软件商提供的附加软件，在能力规划、排程调度、输入建模和运行控制等方面的功能越来越全面。对于那些没有包括输入建模的软件，用户往往通过其他的工具来对观测数据进行拟合，从而生成输入数据模型。这种分析工具如 ExpertFit 和 StatFit 等，都可以进行观测数据拟合，提供多种分布，并且还提供了与部分仿真软件的接口。

目前已经发布的仿真软件有几十种，根据 James J. Swain 的广泛调查，在台式电脑上运行的离散事件仿真软件产品就有四五十种。这些软件有不同的应用目的和应用背景，各有侧重。软件商与他们的用户通过产品邮件、定期的产品时事通信和年会保持联系和沟通，进一步促进了仿真软件的不断发展。

目前几个应用较多的大型物流仿真套件有英国 Lanner 公司推出的 Witness，美国 Brooks Automation 公司开发的 AutoMod，美国 System Modeling 公司开发的 Arena 和美国 Imagine That 公司开发的通用仿真平台 Extend，美国 3i 公司设计开发的 SIMAnimation，美国 Flexsim Software Products 公司开发的 Flexsim，日本 AIS 公司开发的 RaLC 等。在仿真领域，交通运输仿真又往往有专门的仿真软件，如美国 TransCAD 公司开发的专门用于交通的物流系统仿真软件 TransCAD，以及世界各科研单位或机构自行开发的仿真软件等。

仿真软件中的 AutoMod、Flexsim、Promodel、Extend、Arena、RaLC、ProcessWizard、MatLab 等工具是物流系统分析中常用的仿真软件。有兴趣的读者可以对这些软件进行初步的学习，了解其基本功能和应用。图 8－7 是对自动化立体出库系统的仿真画面，图 8－8 是 Flexsim 物流仿真软件的对象库。

图 8－7　仿真画面输出

这上述软件可谓各有特点，各有所长。人们通常选择三维实体效果比较好的软件进行物料搬运和物流机械的仿真分析，选择适合做系统分析和流程分析的软件进行供应链网络的系统分析，而选择能嵌入优化算法的扩展功能较好的软件来进行复杂物流系统的调度问题的研究。

未来的仿真软件将在以下几个方面得到进一步的发展：

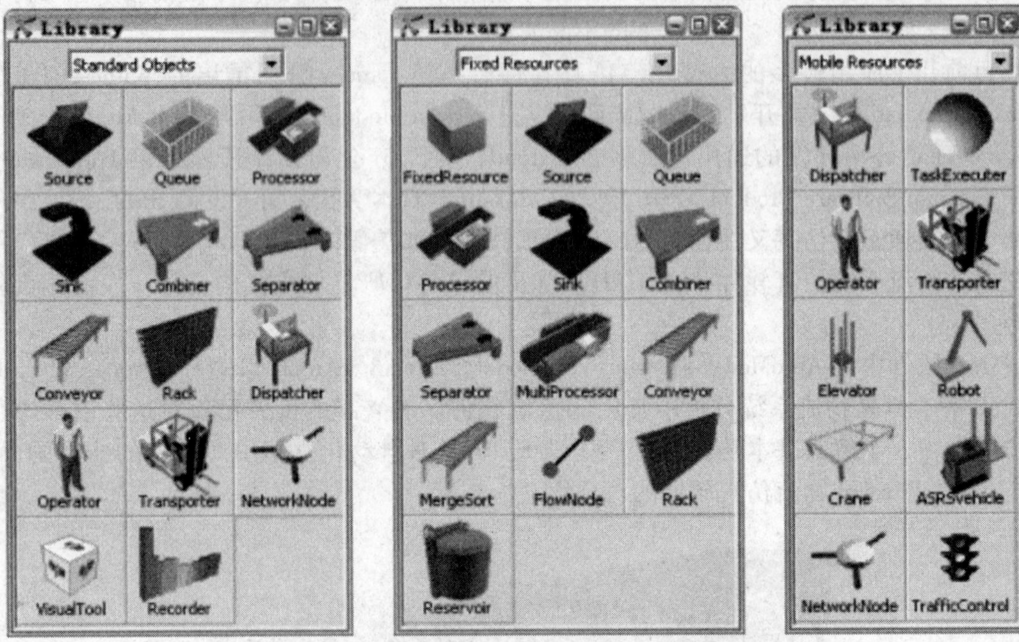

图 8－8　Flexsim 物流仿真软件的对象库

（1）采用新的建模仿真方法学、人工智能等新技术改善建模仿真功能；
（2）增强对建模仿真全生命周期活动的支持功能；
（3）基于标准及基于软总线的开放的体系结构；
（4）注重面向专业领域、面向用户，扩大应用领域；
（5）支持复杂系统虚拟样机的开发；
（6）开发及完善支持分布仿真工程的支撑框架。

9 物流网络

物流网络的构造对于企业管理者而言属于战略层次的宏观决策问题，要从供应链的整体角度来考虑。物流网络的构建涉及物流结点和制造工厂的数量、布局和产能，同时涉及商品在销售网络中的流动方式及在生产、库存、运输和一定服务水平的条件下，选择各物流配送结点的位置和容量，各结点之间的运输配送流量等方面的问题。

9.1 物流网络概述

9.1.1 物流网络的概念

物流网络（Logistics Network）是“物流过程中相互联系的组织、设施与信息的集合”（见 GB/T 18354—2006 中 2.22 条）。是由制造工厂、仓库、物流配送中心、零售商以及在各机构之间流动的物质产品组成的实体网络以及流动的信息所组成的信息网络的集合。物流网络构造就是通过网络分析、优化确定整个物流供应链中的工厂、物流配送中心、仓库等设施的位置、数量，使物流系统合理化，在保证一定的物流服务水平的条件下实现降低物流成本的目的。

9.1.2 物流网络的组成

物流网络是由物流结点（Node）和线路（Line）组成的，有时线路也称为通道或连线。

1. 物流结点

物流结点又称物流结点，是物流网络中连接物流线路的结节之处。物流结点是物流网络的重要组成部分，是组织各种物流活动、完成各种物流功能，提供物流服务的重要场所，其合理布局不但对于降低企业物流成本、提高物流效率，改善物流服务水平具有重要作用，而且对于提高社会物流效率，降低全社会物流成本，发展社会经济，改善人民生活水平也具有重要意义。因此，建设适应企业发展的物流结点，不但有利于企业物流资源的有效整合以发挥企业整体优势，实现物流一体化运营，提高物流经营的规模效益，而且有助于整个社会物流的合理化。物流结点构成系统一般包含四个层次：

第一层：供应方

供应方指的是广义的概念，包括原材料供应商，产成品、半成品供应商等组成的供应实体。供应方将物料、产品通过干线运输送达大型物流中心（Logistics Center，LC），以便集中所在区域的物流供应，更好地发挥共同配送的功能，提高供应物流效率，降低供应成本。

第二层：物流中心（LC）

物流中心是具有储存、分拣、流通加工、增值包装、订单处理和废弃物回收处理和信息处理等功能、辐射范围广的大型区域性货物集散中心，主要面向社会服务。每个区域物流中心根据订单信息向其供应方发出订货指令，对运达货物进行必要的物流处理后，根据所在区域内配送中心（DC）或中转站（Cross Docking Center，CDC）的订单信息，进行分货、配货、拣选和货物发运工作。区域物流中心所处理的物流对象一般是大批量、少品种、少批次的货物，进出库比较频繁。

第三层：配送中心（DC）和中转站

配送中心是具有完善信息网络、配送功能健全、辐射范围小的物流结点，配送物品多为小批量、多品种、个性化商品，主要为特定的用户服务，服务对象包括零售商、店铺和最终消费者等。中转站是指不经过仓库或站点，在同种或不同运输工具之间直接进行换装换载的物流设施结点，又叫货运站、转运站等。中转站所处理的货物是从区域物流中心运来后不经存储，直接换装到另一种运输工具，并送往客户处。中转站的设置目的是为了避免入库、出库、发运这样多余的流程，实现各种运输方式的无缝对接，从而建立一种更加顺畅的物流通道。

第四层：需求方

需求方是指包括零售商、店铺、最终消费者在内的需求群体。

2. 物流配送线路

在物流网络系统中，物流结点和物流线路是整个物流系统实体要素中最重要的部分。其中，物流线路作为物流系统必不可少的组成部分，是衔接各个物流结点，扩大结点辐射范围的重要基础设施，各种物流线路的有效衔接对实现物流系统的高效运作至关重要，对经济发展起到极大的促进作用。

经济的发展要求规划一体化物流线路体系。所谓一体化的物流线路，是指公、铁、空、水等各种货运通道能够形成合理配置、合理分工、高效衔接、有机配合的通道体系。图 9－1 所示的物流网络构成体系充分考虑到各种货运通道的有效衔接，体现了一体化、高效化的原则。

要规划一体化的城市物流线路体系，首先，需要加快各种通道的发展，实现铁路、公路、航空等通道的有机配置，尤其应当强调铁路运输主通道的作用，公路运输的延伸、辐射到户的作用，以及航空货运的补充完善作用，形成完善的立体化综合物流线路体系。

其次，应当提高各通道的通过能力。要成为区域乃至全国的物流枢纽，通道必须有足够大的通过能力作为保障。因此必须通过多种方式与途径扩大运能，提高公路、铁路主通道的通过能力，以适应未来物流发展的需要。同时，航空运输要迅速发展，需要根

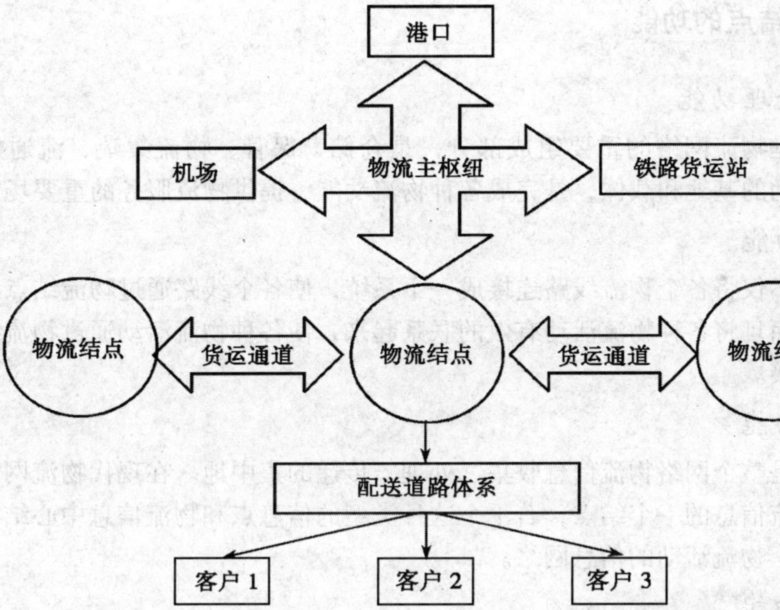

图 9 - 1　物流网络构成体系

据航空货物的主要流向与流量，相应增加航线，完善机场配套设施。

最后，各种物流线路的有机衔接与配合至关重要。物流线路的有机衔接与配合主要是指由各种运输方式组成的结构合理、四通八达的现代化综合交通运输体系，即针对城市交通现状，对各种运输通道进行综合、统筹、全面地规划，形成有机衔接，构成畅通的物流系统。

9.2　物流结点

物流过程是许多运动和停顿过程的组合。与之相对应，物流网络也是由执行运动使命的线路和结点两种基本元素所组成。线路与结点的相互关系、相对配置以及其结构、联系方式的不同，形成了不同的物流网络。物流网络水平的高低、功能的强弱，取决于网络中两个基本元素的配置和两个基本元素本身。

全部物流活动都是在线路和结点进行的。其中，在线路上进行的活动主要是运输，包括集货运输、干线运输、配送运输等。物流功能要素中的其他所有功能要素，如货物储存、分拣、理货、配货、分放、倒装、分装、装卸搬运、简单加工等活动，都是在结点上完成的，并且物流线路上的活动也是靠结点进行组织和联系的。所以，从这个意义来讲，物流结点是物流系统的核心，如果脱离了结点，物流线路上的运动必然陷入瘫痪状态。

9.2.1 物流结点的功能

1. 物流处理功能

物流结点是物流网络的重要组成部分，是仓储、保管、物流集疏、流通加工、配货、包装等活动的基地和载体，是完成各种物流功能、提供物流服务的重要场所。

2. 衔接功能

物流结点不仅将各个物流线路连接成一个系统，使各个线路通过物流结点形成相互贯通的网络，而且将各种物流活动有效的联系起来，使各种物流活动通过物流结点的整合实现无缝链接。

3. 信息功能

物流结点是整个网络物流信息收集、处理、传递的集中地。在现代物流网络中每一个结点都是物流信息的一个结点，若干个这种类型的信息点和物流信息中心结合起来便形成了管理整个物流活动的信息网络。

4. 管理功能

物流网络的管理设施和机构基本集中设置于物流结点之中。物流结点是集管理调度、信息物流处理为一体的物流综合设施，整个物流系统运转的有序化、合理化、效率化都取决于物流结点的管理水平。

9.2.2 物流结点的类型

物流结点的形式很多，仓库、堆场、航空港、港口、货运站以及目前讨论得比较多的配送中心、物流中心和物流园区都属于物流结点。在这里主要阐述后三种物流结点。

1. 配送中心

2007 年 5 月开始施行的新修订的《物流术语》国家标准对配送中心是这样定义的（见 GB/T 18354—2006 中 2.14 条）：

配送中心（Distribution Center）是从事配送业务且具有完善信息网络的场所或组织。应基本符合下列要求：

a）主要为特定客户或末端客户提供服务；

b）配送功能健全；

c）辐射范围小；

d）提供高频率、小批量、多批次配送服务。

有关配送中心的特点、功能和分类请参考本书 4.4 节。

2. 物流中心

（1）物流中心的概念

物流中心与配送中心都是英译而来的，都是现代物流网络中的物流结点。在现代物流网络中，这些结点不仅执行一般的物流职能，而且越来越多地执行指挥调度、信息处理、作业优化等神经中枢的职能，是整个物流网络的灵魂所在。因此，又被称为物流中枢或物流枢纽。近年来，物流中心也由于这一特殊职能得到越来越多人们的重视。

随着现代物流的不断发展，人们对物流中心的认识也在不断提高。

2007 年 5 月开始施行的新修订的《物流术语》国家标准对物流中心是这样定义的（见 GB/T 18354—2006 中 2. 11 条）：

物流中心（Logistics Center）是从事物流活动且具有完善信息网络的场所或组织。应基本符合下列要求：

a）主要面向社会提供公共物流服务；

b）物流功能健全；

c）集聚辐射范围大；

d）存储、吞吐能力强；

e）对下游配送中心客户提供物流服务。

由上述两则定义和其特点可以看出：物流中心是综合性、地域性、大批量的物资位移集中地，它集商流、物流、信息流和资金流为一体，成为产销企业间的中介。配送中心是以组织配送或供应，执行实物配送为主要职能的流通型结点，它既有集货中心（集零为整）的职能，又有分货中心（化整为零）的职能。为了优质、高效地配送，它还有较强的流通加工能力，也可以说配送中心是集货中心、分货中心和加工中心的高度综合。由此可见，配送中心作为物流中心的一种主要形式，其称呼与物流中心等同也是很自然的。

除此之外，在国内还有一些人把物流中心用狭义和广义来区分，他们认为广义的物流中心应包括货运车站、港口和卡车终点站、商品集散中心、企业拥有的物流设施等，这些功能各异的事物都可被视为物流中心，其所涵盖的内容和范围十分广泛。而狭义的物流中心则排除了货运车站、港口设施和道路等物流基础设施部分，它是指为实施商品高效流通而建立的组织管理、控制、调配的物流中枢据点。狭义物流中心的主要概念是指物流的管理效能与行为。

按照现代物流观点来看物流中心，与其说是物流据点，倒不如说是一种“流通工厂”。但是流通工厂与生产工厂大不相同，生产工厂可根据生产计划使生产作业标准化、均衡化，做到生产作业标准化、流程化；而物流中心（流通工厂）要以对需求订单做出快速反应为首要条件，要确保对需求波动性的应变和与配送业务的连动性及同步化，减少对各种需求订单的错误处理和缺货，以提高物流服务水平为宗旨。因此，传统的物流仓库是以提高商品的保管效率为中心，而物流中心的主要着眼点却放在如何提高响应速度和分拣操作效率等方面。

（2）物流中心的作用

在现代物流体系中，如果把物流网络用环和分支点来表示，那么环主要是指运输，即汽车、火车、船舶及飞机等运输；分支点（连接点）主要是指工厂、店铺、物流中心等物流发生地和集中地。在物流网络中，物流中心所起的作用是作为商品周转、分拣、配货、保管和流通加工等活动的据点，克服在流通过程中所产生的时间和空间障碍，促进商品按顾客要求顺利转移。

1）商品集散中心的作用

将零星产品集中成批量商品，称其为“集货”。在生产厂数量很多，每个生产厂产量有限的地区，只要这一地区某些产品总量达到一定规模，就可以设置起聚集作用的物流中心。随着市场经营规模的扩大，生产与消费之间的距离越来越远，流通渠道也越来越复杂，特别是在强调差异化营销的时代，商品流通呈现出多批次、少批量的趋势，这样从整个运输过程来看，就必然分化为大量商品统一输送的干线运输和都市内终端配送，这两者在输送管理的方法和手段上都有差异。如此多样、复杂的物流体系显然是生产企业自身无法完全控制管理的。具体来看，在干线运输中，如果由单个企业直接承担小规模商品运输，不仅因为平均运送商品量较少造成成本增加，而且由于运输次数频繁，造成过度使用道路、堵塞交通、污染环境等现象，也增加了社会成本。相反，如果在干线运输的源头或厂商集散地建立物流中心，在中心内统一集中各中小企业的商品，加以合理组合，再实施干线运输，既发挥了物流规模效益，使成本得以降低，又有效地抑制了社会成本的上升。同样，干线运输的商品再在运输消费地附近的配送中心统一进行管理，再安排相应的小型货车进行配送，这样可以大大提高物流的效率。

2）商品分拣、配货中心的作用

随着流通体系的不断完善和营销渠道的进一步细分，在商品、原材料进货或发货方面，越来越显现出多样化、差异化的趋势。在这种趋势下，商品的分拣、配货职能愈显得日益重要。商品分拣与配货对保证商品的顺利流动，建立合理、高效的物流网络系统具有积极的意义。而物流中心正是专门从事分拣、配货工作的机构或物流据点，例如，把各个不同工厂生产的商品调运至物流中心，通过对各用户订单的处理，按客户要求的种类、数量进行集中配置在一起，然后，再通过物流中心向各类用户（批发商或零售商）发货，这样可以大大节约商品分拣、配货的作业量。对于连锁形式的零售业来说，利用物流中心的分拣、配货功能直接配送到货架，同样可以节约大量的费用，并能提高整个连锁业的竞争力，有利于实施企业整体的发展战略。除此之外，物流中心的分拣、配送职能对整个社会的发展和产业的利益也有重要影响。因为商品的分拣和配货是集中在物流中心统一完成的，而非每个企业各自完成的，这就实现了商品配送的集约化，有效地避免了分散运输、迂回运输等不合理运输现象，实现了总物流成本下降和社会效益最好的目标。

3）流通加工中心的作用

商品从生产地到消费地的过程中要经过很多流通加工作业，特别是在开展集中配送后，在消费地附近需要把大批量运达的商品按照用户要求进行细分，诸如小件包装、分割、计量、组配、价格贴付、标签贴付、商品检验等操作，这些作业都需要在物流中心内进行；除此之外，随着商品零售业的不断发展，特别是便利店的快速兴起及普及化，物流中心的流通加工功能，如蔬菜冷藏加工、食品速冻加工、食品保鲜及食品加工等功能，也得到了进一步的发挥。在生产资料需求相对集中的地方，对原材料进行深加工，例如，平板玻璃的开片套裁、钢板剪板加工、水泥预制件或商品混凝土的加工等，既实现了销售，又强化了服务，由此可见，物流中心的流通加工功能在市场需求差异化不断增强、现代零售业竞争日益激烈的今天，已经变得越来越重要，已成为现代物流的基本功能之一。

4）调节供需矛盾的作用

在现代经济社会中，由于社会生产与商品消费都按着各自的规律进行，所以商品生产与消费之间存在着各种矛盾。诸如有些商品生产是均衡的，而消费是不均衡的（如饮料的生产与消费）；而有些商品的生产是不均衡的，但消费却是均衡的（如粮食的生产与消费）。因此，在商品生产与消费之间存在着时间上的分离，即生产与消费不同步。同理，生产与消费在空间上也是分离的，即此地生产，彼地消费。此外还存在季节、地区间的供需矛盾等。物流中心就可以充分发挥时空的调节机能和价格的调整功能，消除时空差存在的矛盾与分离，有效地衔接产需，调节供求矛盾。应当指出的是，物流中心所具有的调节保管功能与传统的仓库保管是有区别的。物流中心的调节保管职能与企业经营战略紧密相连，是一种企业管理职能，而仓库的保管只是一种静态的商品储存活动，其本身并不具有经营管理活动的性质。

5）商品在库管理中心的作用

在现代世界上，任何一个有一定经济规模的国家，为了保证国民经济的正常运行，保证企业生产经营工作的正常开展，保证市场的正常运转，以仓库为储备的形式是不可缺乏的，总还有一批仓库或储备中心以储备为其基本职能。在我国这种类型的储备中心还占多数。近年来，随着企业生产规模的不断扩大，产品成本的不断下降，很多企业都提出压缩库存和零库存管理的想法和做法。为了削减库存量并实现零库存管理，众多企业提出要建立能实现在库集约化管理的物流中心，这种物流中心在削减各企业库存量的同时，也使各企业节约大量仓储费用和存储空间。特别是连锁经营的快速发展，这种物流中心为各连锁店提供了强有力的支持，使批发商和零售商有可能实现了零库存管理和商品集中在库管理。

3. 物流园区

物流园区作为物流业发展到一定阶段时产生的新兴物流集疏方式，在日本、德国等发达国家已经得到了快速发展，我国不少地区目前也正在大力发展物流园区，以此来推动本地区的经济和社会的发展。

（1）物流园区的概念

物流园区（Logistics Park）是“为了实现物流设施集约化和物流运作共同化，或者出于城市物流设施空间布局合理化的目的而在城市周边等各区域，集中建设的物流设施群与众多物流业者在地域上的物理集结地”（见 GB/T 18354—2006 中 2.15 条）。

物流园区有时也称物流基地。物流园区最早出现在日本东京，近几年来在我国也开始出现，它是政府从城市整体利益出发，为解决城市货运功能紊乱，缓解城市交通拥挤，减轻环境压力，顺应物流业发展趋势，实现"货畅其流"，在小区域城乡结合部、主要交通干道附近开辟专用场地，通过逐步配套完善各项基础设施、服务设施，提供各种优惠政策，吸引大型物流（配送）中心在此聚集，使其获得规模效益，降低物流成本，同时减轻大型配送中心在市中心分布所带来的种种不利影响。简言之，物流园区是对物流组织管理结点进行相对集中建设与发展的，具有经济开发性质的城市物流功能区域；同时，也是依托相关物流服务设施降低物流成本，提高物流运作效率，改善企业服务有关的流通加工、原材料采购、便于与消费地直接联系的生产等活动，具有产业发展性质的经济功能区。

物流园区本身主要是一个空间概念，与工业园区、科技园区、高教园区等概念一样，是具有产业一致性或相关性，且集中连片的物流用地空间。理解这个概念要注意物流园区与物流中心之间的联系和区别。物流园区是物流中心的空间载体，与从空间角度所指的物流中心往往是一致的。但是，它不是物流的管理和经营实体，而是数个物流管理和经营企业的集中地。

（2）物流园区的特点

物流园区是物流企业集中布局的场所。它提供一定种类、一定规模、较高水平的综合物流服务。它的特点主要为：

①作为物流基础设施，物流园区的建设具有投资大、资金回收期长的特点，单独的企业难以承担物流园区的基础建设。尤其在目前我国物流市场还远未达到成熟阶段的情况下，物流企业数量多、规模小，无法形成对物流园区建设的集中投资建设。

②建设物流园区的核心目标是实现集约化和规模效应，单独企业的物流配送中心不能满足这个要求。从每个企业自身的角度来看，对物流园区的选址及功能定位都各有不同的需求。但是如果不能把众多企业的需求统一起来，就无法实现物流业的集约化和规模效应。统一物流企业的需求和集中建设资金的方法有多种多样，例如日本是由多个企业共同组成的社团来进行物流园区的建设和管理，我国深圳市政府则担任起了公用的物流基础设施建设的组织管理职责。

③物流园区可能会干扰城市的正常生活，对城市环境具有一定的负面影响，因此物流园区的建设需要政府部门进行统一规划。对物流企业来讲，物流园区距离城市中心区越近，运输线路越短，运输成本就越低；而对城市居民来讲，如果物流园区离城市中心区过近，将会增大城市道路交通的压力，干扰城市生活。如何解决这个矛盾，需要市政管理部门及交通运输管理部门进行统筹规划、统一管理。

（3）物流园区的作用

作为城市物流功能区，物流园区包括物流中心、配送中心、运输枢纽设施、运输组织及管理中心和物流信息中心，以及适应城市物流管理与运作需要的物流基础设施；作为经济功能区，其主要作用是开展满足城市居民消费、就近生产、区域生产组织所需要的企业生产和经营活动。对于物流园区的主要作用可以概括为：

1）物流园区的集约作用

①量的集约，将过去许多个货站、场集约在一处；

②货物处理的集约，表现在将过去多处进行分散的货物处理集约在一处；

③技术的集约，表现在物流园区中采用类似生产流方式的流程和大规模处理设备；

④管理的集约，可以利用现代化手段进行有效地组织和管理。

2）物流园区的有效衔接作用

主要表现在实现了公路、铁路、航空、港口等不同运输形式的有效衔接。

3）物流园区对联合运输的支撑作用

主要表现在对已经应用的集装、散装等联合运输形式，通过物流园区使这种联合运输形式获得更大的发展。

4）物流园区对于联合运输的扩展作用

受过去条件的限制，联合运输只在集装系统等领域获得了稳固的发展，其他散杂和分散接运的货物很难进入联合运输的领域。采用物流园区之后，可以通过物流园区之间的干线运输和与之衔接的配送、集货运输使联合运输的对象大为扩展。

5）物流园区对提高物流水平的作用

主要表现在缩短了物流时间，提高了物流速度，减少了多次搬运、装卸、储存环节。提高了准时服务水平，减少了物流损失，降低了物流费用。物流园区对改善城市环境的作用主要表现在减少了线路、货站、货场、相关设施在城市内的占地，减少车辆出行次数，集中进行车辆出行前的清洁处理，从而起到减少噪声、尾气、货物对城市环境的污染。

6）物流园区对促进城市经济发展的作用

主要表现在降低物流成本对降低企业生产成本从而促进经济发展方面的作用，以及完善物流系统在保证供给、降低库存从而解决企业后顾之忧方面的作用。

（4）物流园区的分类

在建设物流园区经验方面，德国、日本和我国台湾地区走在了世界的前列。根据它们的经验和物流园区的功能，可以把物流园区分为四大类：按物流服务地域，可分为国际性物流园区、全国性物流园区、区域性物流园区和城市物流园区。按服务对象，可分为为生产企业服务的物流园区、为商业零售业服务的物流园区、面向全社会的社会型物流园区。按主要功能，可以分为配送中心型物流园区、仓储型物流园区、货运枢纽型物流园区。货运枢纽型物流园区，又可以分为：①为港区服务的物流园区——港口物流园区；②为陆路口岸服务的物流园区——陆路口岸物流园区；③为区域物流服务的物流园区——综合物流园区。从专业化的角度讲，可分为行业物流园区和第三方物流园区。有的学者认为，物流就其功能而言，主要是服务，因此物流园区的分类过细也是不适宜的，因为服务的对象、范围、内容等方面都有综合性的要求。对物流园区划分种类除了研究和设计的方便外，更重要的是突出物流园区规划设计的综合性、系统性和前瞻性。

以深圳物流园区规划为例来说明。结合深圳物流的实际，深圳物流园区的分类可以根据物流园区分类来进行。从主要功能上讲，深圳的物流园区主要可以分为两大类型：①配送中心型物流园区；②货运枢纽型物流园区。货运枢纽型物流园区又可分为三类：a. 为港区服务的物流园区——港口物流园区；b. 为陆路口岸服务的物流园区——陆路口岸物流园区；c. 为区域物流服务的物流园区——综合物流园区。在深圳市物流与物流用地现状及其预测和规划研究工作的基础上，结合深圳城市物流与地域空间结构特点，根据物流园区规划布局的目的与原则，经过综合分析和统筹考虑，对深圳市物流园区的总体规划布局为：①配送中心型物流园区：配送中心型物流园区以服务于城市消费物流为主，是城市消费品配送服务中心集中的地方。受深圳城市组团结构的影响，结合实际用地条件，深圳消费物流规划布局了四个物流园区，分别为：笋岗——清水河物流园区、航空城物流园区、南山物流园区和龙岗物流园区；②港口物流园区：深圳主要分东、西两大港区，因此，在西部港的妈湾和东部的盐田港后方陆域各为西部港和盐田港规划了一个主要为港口物流服务的物流园区，主要作为港口物流集散、拆箱、拼箱、处理和简单加工的场所；③陆路口岸物流园区：陆路口岸物流是深圳物流量比较大而集中的物流，也是目前存在的问题比较多和需要加强管理和增强服务的物流，目前还没有为口岸公路物流专门服务的场地。因此建议，结合华南集装箱联运项目，在梅林关外开辟一个为通香港陆路口岸物流服务的物流园区，作为口岸集装箱货运接驳、拼箱、拆箱、联检的基地和口岸物流的集散中心；④综合物流园区：平湖物流园区是深圳市和龙岗区政府基于平湖的铁路交通区位优势而开发建设的，将它定位于主要服务于区域物流的"综合物流园区"，其主要功能是依托铁路，作为发展公铁联运、水铁联运的中转物流园区，同时也作为经铁路运进深圳的大批量消费性物资的集中供、配货点。

（5）物流园区的功能

物流园区具有两大功能，即物流组织管理功能和依托物流服务的经济开发功能。前者一般包括：货物运输、分拣包装、储存保管、集疏中转、市场信息、货物配载、业务受理等，而且多数情况下是通过不同结点将这些功能进行有机结合和集成体现的，从而在园区形成一个社会化的高效物流服务系统。物流园区是物流组织活动相对集中的区域，在外在形态上不同园区有相似之处，但是，物流的组织功能因园区的地理位置、服务地区的经济和产业结构及企业的物流组织内容和形式、区位交通运输地位及条件等存在较大不同或差异；后者包括物流基础设施项目的经济开发功能，而物流园区的经济开发功能首先体现在物流基础设施及经营所产生的经济开发上。基础设施项目的建设对经济发展具有开发性的功能和作用。

1）新建设施的开发功能。物流园区一般从区域经济发展和城市物流功能区的角度进行建设，具有较大的规模，国内目前较大的物流园区一般占地均在千亩之上，经济发达国家更有占地在数平方公里之多。因此，物流园区的开发和建设将因在局部地区的大量基本建设投入，而带动所在地区的经济增长。此外，现代物流在我国尚处于发展初期，物流管理技术的落后和现代物流基础设施的缺乏，均是阻碍物流快速发展的因素，加快物流园区大量、大规模基础设施的建设，将对改善物流发展环境及基础条件，培育物流产业有重要意义和作用。以物流业在国民经济中的地位，物流园区将因带动物流业发展而产生新的经济增长点，从而开发出新的经济发展领域。

2）设施及资源的整合功能。开发和建设物流园区，将因物流组织规模较大和管理水平较高等因素而对既有物流设施在功能上产生替代效应，在既有设施已客观存在局部过剩的情况下，物流园区并非简单的重复建设，而是通过在功能设计和布局上对当前及未来物流组织管理的适应，并通过规模化和组织化经营，实现对既有设施的合理整合。

简言之，物流园区的功能可以概括为八个方面，即综合功能、集约功能、信息交易功能、集中仓储功能、配送加工功能、多式联运功能、辅助服务功能、停车场功能。

9.3 物流结点的布局方法

9.3.1 一元网点布局

一元网点布局是指单一物流结点的选址问题，是指在计划区域内设置唯一网点数目的物流网点布局规划问题。在实际流通领域中，一元网点布局问题并不多见，较多的则是多元网点布局问题。不过，对于多元网点布局，为了使模型简单化、计算工作量减少，有时将它变换成一元网点布局问题来处理。因此，了解和掌握一元网点布局的处理方法也是十分必要的。

1. 一元网点布局的图解法

图解法是早期的一种古典方法，它是韦伯（Weber）提出来的，所以也叫韦伯图解法。该方法利用二维坐标图进行直接分析，先在图上以资源点和需求点为中心画出等成本线，然后由等成本线画出总成本等位线。总成本等位线必收敛于总成本最小点，则此点为网点最佳设置点。

由于一元网点布局问题在计划区域内只设置一个网点，则网点规模可根据需求预测确定。因此，网点规模是已知的，与网点规模有关的网点设置成本和仓储费用也是固定不变的，而且与网点位置无关。绘制成本曲线时可不考虑此两项费用，只考虑运杂费。

现举例说明韦伯图解法的求解过程。

某计划区域内有一资源点 A 和两需求点 B_1、B_2，须设置网点 D。A 点的资源量为 3500 单位，B_1 的需求量为 1000 单位，B_2 的需求量为 2500 单位。假定运输费率已知，且与运输距离呈非线性关系。

先分别以 A、B_1、B_2 为中心画出运输成本等位线（运输成本为运输费率与运输量之乘积），如图 9－2 中的虚线所示。虚线旁边的数字为等位线上的运输成本。根据图中三束等位线，对平面上的任意点一一求出运输总成本。如点 x，由 A 点至 x 点的运输成本为 42，点 x 至 B_1、B_2 的运输成本分别为 12 和 32。由此可知 x 点的总运输成本为

72。这时，再由各点的总成本绘出总成本等位线，如图 9－2 中实线所示。在图中可以看到，本例中总成本等位线收敛于 A 点，即最佳点位置正好与资源点 A 重合。

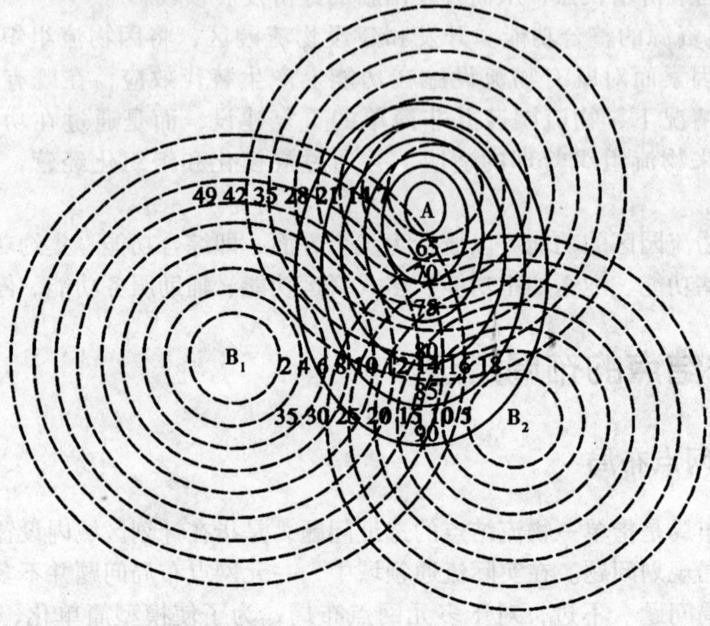

图 9－2　运输成本等位线图

图解法对费用函数为非线性情况的处理是方便的，这时成本曲线的密度为非均匀的。更大的好处在于，它不仅可以找出最优解，而且还能给出最优点附近的各种总成本等位线。这对决策者尤为重要，因为他们在进行最后决策时，由于考虑其他某些因素，如土地成本、公共设施等，有时不得不放弃数学上的最优解，而选择稍次于最优解的满意方案。

韦伯图解法最大的缺点是对大规模问题感到困难。在资源点和需求点较多的情况下运用此方法，计算工作量太大，难以求解。

2. 一元网点布局的重心法和微分法

（1）重心法

重心法是一种模拟方法。这种方法将物流系统中的需求点和资源点看成是分布在某一平面范围内的坐标点，各点的需求量和资源量分别看成是物体的重量，物体的重心作为物流网点的最佳设置点，利用求整个系统重心的方法来确定物流网点的位置。

现仅讨论用重心法在计划区域内设置一个网点的简单情况。

在某计划区内，有 n 个资源点和需求点，各点的资源量或需求量为 W_j（j＝1，2，…，n），它们各自的坐标是（x_j，y_j）（j＝1，2，…，n）。须设置一个网点，设网点的坐标为（x，y），网点至资源点或需求点的运费率为 C_j。

根据求平面中物体系统重心的方法有：

$$\begin{cases} x \cdot \sum_{j=1}^{n} C_j W_j = \sum_{j=1}^{n} C_j W_j X_j \\ y \cdot \sum_{j=1}^{n} C_j W_j = \sum_{j=1}^{n} C_j W_j Y_j \end{cases}$$

整理后得重心坐标公式：

$$\begin{cases} x = \sum_{j=1}^{n} C_j W_j X_j / \sum_{j=1}^{n} C_j W_j \\ y = \sum_{j=1}^{n} C_j W_j Y_j / \sum_{j=1}^{n} C_j W_j \end{cases}$$

代入数字，实际求得（x，y）的值即为所求物流结点位置的坐标，记为（$\bar{x}$，$\bar{y}$）。

重心法的最大特点是计算方法较简单，但这种方法并不能求出精确的最佳网点位置（当然这种精确位置有时可能是没有实用价值的），因为这一方法将纵向和横向的距离视为互相独立的量，与实际是不相符的，往往其结果在现实环境中不能实现，因此只能作为一种参考结果。

例 9－1 华联万家福超市要在某地建立一所地区级中央配送中心，要求该配送中心能够覆盖该地区五个连锁分店，分店的坐标及每月的销售量数据如表 9－1 所示，要求求出一个理论上的配送中心的位置。

表 9－1 **各分店的地理位置坐标**

位置	坐标	月销售量（TEU）
连锁一分店	（325，75）	1500
连锁二分店	（400，150）	250
连锁三分店	（450，350）	450
连锁四分店	（350，400）	350
连锁五分店	（25，450）	450

解：重心法首先要在坐标系中标出各个地点的位置（如图 9－3 所示），目的在于确定各点之间的相对距离。为了方便，我们也将各点的需求量（物流运作量）标注在点的旁边。坐标系可以随便建立，但必须反映各点的相对距离。在国际选址中，采用经度和纬度建立坐标是很有用的。

根据上面的坐标图和重心坐标的计算公式，可以计算出重心的 X 和 Y 坐标，如下。

$$X = \frac{(325 \times 1500) + (400 \times 250) + (450 \times 450) + (350 \times 350) + (25 \times 450)}{1500 + 250 + 450 + 350 + 450}$$

$$= 307.9$$

$$Y = \frac{(75 \times 1500) + (150 \times 250) + (350 \times 450) + (400 \times 350) + (450 \times 450)}{1500 + 250 + 450 + 350 + 450}$$

$$= 216.7$$

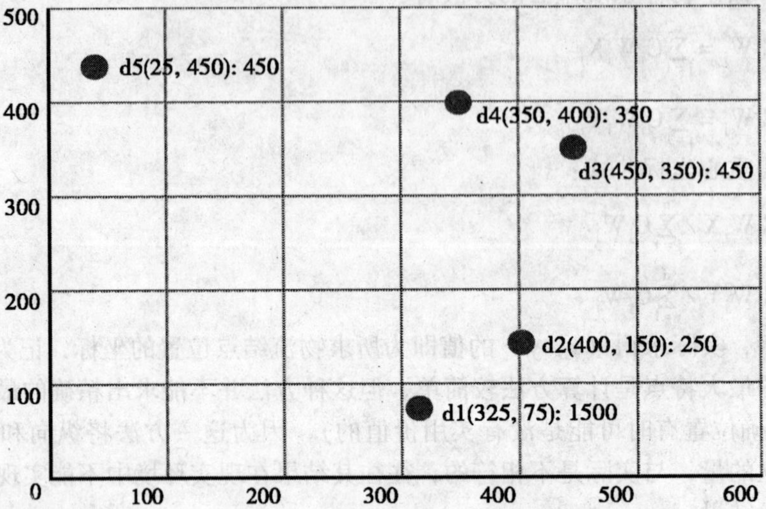

图 9-3　分店的地理位置分布

故所求配送中心的理论位置在原坐标系里的位置为（307.9，216.7）。

（2）微分法

微分法是为了克服重心法的上述缺点而提出来的，但它要利用重心法的结果作为初始解，通过多次迭代，获得精确解。

仍以重心法讨论的系统为例，设总运输费用为 F，则：

$$F=\sum_{j=1}^{n}C_jW_j\left[(x-x_j)^2+(y-y_j)^2\right]^{1/2}$$

使总运输费用 F 最小的网点位置，其坐标（x，y）必须满足：

$$\begin{cases}\dfrac{\partial F}{\partial x}=\sum_{j=1}^{n}C_jW_j(x-x_j)/\left[(x-x_j)^2+(y-y_j)^2\right]^{1/2}=0\\ \dfrac{\partial F}{\partial y}=\sum_{j=1}^{n}C_jW_j(y-y_j)/\left[(x-x_j)^2+(y-y_j)^2\right]^{1/2}=0\end{cases}$$

由以上公式可以求解得一元网点布局的微分公式：

$$\begin{cases}x=\dfrac{\sum C_jW_jx_j/\left[(x-x_j)^2+(y-y_j)^2\right]^{1/2}}{\sum C_jW_j/\left[(x-x_j)^2+(y-y_j)^2\right]^{1/2}}\\ y=\dfrac{\sum C_jW_jy_j/\left[(x-x_j)^2+(y-y_j)^2\right]^{1/2}}{\sum C_jW_j/\left[(x-x_j)^2+(y-y_j)^2\right]^{1/2}}\end{cases}$$

上述公式右边仍含有未知数 x，y，此时最佳网点位置坐标（$\bar{x}$，$\bar{y}$）还不能解出。如果要将式中右边的 x，y 完全消除，计算起来是相当复杂的。为此，下面采用一种简便的迭代方式求解。

迭代法求解必须事先给出一个初始解，通常的方法是由重心法求得系统的重心坐标，以重心坐标作为初始解。记重心坐标为（x^0，y^0），将（x^0，y^0）代入微分公式求得（x^1，y^1），再将求得的（x^1，y^1）代入微分公式，求得（x^2，y^2），反复进行，直至两次迭代结果相同或者两次迭代结果误差很小时停止迭代。这时即获得网点最佳位置坐标（$\bar{x}$，$\bar{y}$），但在实际运用中还只是一个参考值。

例 9－2 计划区域内资源点与需求点的分布情况，如图 9－4 所示，各点资源量、需求量和运费率如表 9－2 所示。须在该地区设置一个物流网点 D，只考虑运输费用，求 D 的最佳位置。

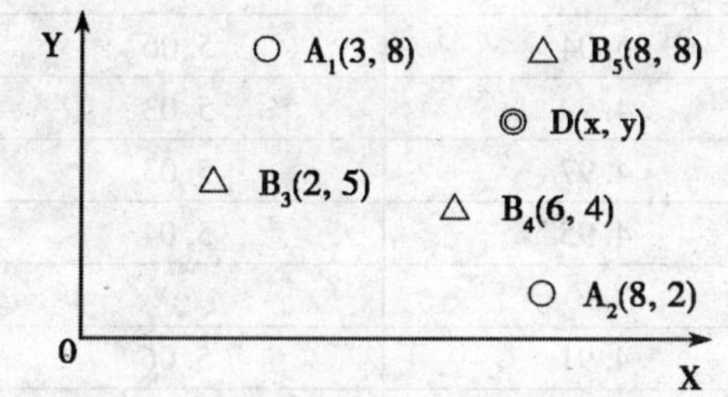

图 9－4　资源点和需求点的分布图

表 9－2　　各点资源量、需求量和运费率

	资源量或需求量	至网点的运费率
A_1	2000	0.5
A_2	3000	0.5
B_3	2500	0.75
B_4	1000	0.75
B_5	1500	0.75

解：先由重心坐标公式求得重心坐标（x^0，y^0）

$$x^0=\frac{2000\times0.5\times3+3000\times0.5\times8+2500\times0.75\times2+1000\times0.75\times6+1500\times0.75\times8}{2000\times0.5+3000\times0.5+2500\times0.75+1000\times0.75+1500\times0.75}$$

$=5.16$

$$y^0=\frac{2000\times0.5\times8+3000\times0.5\times2+2500\times0.75\times5+1000\times0.75\times4+1500\times0.75\times8}{2000\times0.5+3000\times0.5+2500\times0.75+1000\times0.75+1500\times0.75}$$

$=5.18$

将 x^0，y^0，代入微分公式得：

$x^1=5.04$，$y^1=5.06$

再将 x^1，y^1 代入微分公式得 x^2，y^2。如此反复进行，将各次迭代结果列表，如表 9－3 所示。

求得网点最佳位置坐标为：

$\bar{x}=4.91$，$\bar{y}=5.06$

即 D（$\bar{x}$，$\bar{y}$）＝D（4.91，5.06）

最低运输成本为 214250 元。

表 9－3　　迭代结果

迭代次数（K）	x^k	y^k	总运费（元）
0	5.16	5.18	215000
1	5.04	5.06	214310
2	4.99	5.03	214270
3	4.97	5.03	214260
4	4.95	5.04	214250
…	…	…	…
29	4.91	5.06	214250
30	4.91	5.06	214250

微分法虽能求得精确最优解，但用这种方法所得到的精确解在现实生活中往往是难以实现的，与前面讨论的图解法一样，在精确最优解的位置上由于其他因素的影响，决策者考虑这些因素后有时不得不放弃这一最优解的位置，而去选择现实中可行的满意方案。另外，微分法迭代次数较多，计算工作量比较大，计算成本也较高。

微分模型是一种连续型模型，上述微分法的缺陷正是连续型模型的通病之一。连续型模型的更大弊病还在于，模型中将运输距离用坐标来表示，把运输费用看成是两点间直线距离的函数，这与实际情况是不相符的，因而计算出的结果可靠性较差。

鉴于上述原因，对于物流网点布局问题，通常采用离散型模型求解。

9.3.2　多个相关物流结点位置的选择方法

典型的布置分析考虑的是单一物流结点的选址问题，其目标有供需之间的运输时间或距离极小化，成本的极小化，平均反应时间的极小化（上面讲述的单一物流结点选址都是考虑成本极小化）。但是，有些选址分析涉及多个目标或多个设施，其决策目标相对模糊，甚至带有感情色彩。解决这类选址问题的一个方法是使用德尔菲分析模型（该模型应用于很多领域，比如前面第 8 章讲到的物流系统预测），该模型在决策过程中考虑了各种影响因素。使用德尔菲分析模型涉及三个小组，即协调小组、预测小组和战略小组。每个小组在决策中发挥不同的作用。使用该模型的步骤如下：

1. 成立三个工作小组

由企业内部资深人员组成顾问团，充当协调者，负责设计问卷和指导德尔菲调查；

由顾问团中从企业中选出一部分人成立预测小组和战略小组。预测小组负责预测，包括各个地区各个时间段的物流量和偏差值以及外部环境对系统的影响；战略小组确定物流的战略目标以及其优先次序，一般而言，预测小组的成员从企业的专业技术人员中选拔，战略小组的成员则从企业各部门的高层管理人员中挑选。

2. 识别存在的威胁和机遇

经过几轮问卷调查后，协调小组应该向预测小组询问各个地区各个时间段的物流量和偏差值以及外部环境的影响。这一阶段，要尽可能听取多数人的意见。

3. 确定物流的战略方向与战略目标

协调小组将预测小组的调查结果反馈给战略小组，战略小组利用这些信息来确定组织的战略方向与战略目标。

4. 提出备选方案

一旦战略小组确定了长期目标，就应集中精力提出各种备选方案。备选方案是对物流结点现有设施的扩充或压缩，对工厂的全部或局部位置进行的变更等。

5. 优化备选方案

步骤 4 中提出的备选方案应提交给战略小组中的有关人员进行讨论，以获得他们对各方案的主观评价。如果评价复杂，可用层次分析法（Analytic Hierarchy Process, AHP）加以量化，有关层次分析法详细内容参见相关书籍。

总的来说，在考虑组织优势和劣势的基础上，德尔菲分析模型可识别出组织的发展趋势和机遇。此外，该模型还考虑了企业的战略目标，在现代企业中被作为一种典型的综合性群体决策方法被广泛使用。

9.4 物流线路

物流网络中除结点外，还涉及许多线路问题。如线路的规划、线路的选择设计等。在进行线路选择设计时，不仅要考虑运输距离，还要考虑运输工具、运输时间和运输费用等因素。因此，线路设计实际上是一个多目标决策。运输线路合理与否，直接影响着物流的速度和成本。因此采用科学的方法进行线路设计是物流网络规划中一项非常重要的工作。进行线路设计就是要用最少的运力、走最短的里程、花最少的费用、经最少的环节，以最快的速度把货物送至用户手中。选择一条从原点到终点的线路要受到一个以上目标的影响。决策目标可以是运输费用最少、运输风险最小、运输时间最短或需求满足情况最好。在一般情况下，多目标的线路设计的各个目标之间会发生冲突。例如运输时间快了，费用就不一定最省；运输费用省了，运输时间就不一定最短。这样就没有任何一条线路是最佳的。这时就需要对各种目标进行综合比较分析，在几种可行的方案中，确定一种较为满意的方案。

9.4.1 运输线路的类型

1. 往复式运输线路

往复式运输线路是指车辆在两个装卸作业点之间的线路上，做一次或多次重复运行的运输线路。这种运输线路的几何形状可近似地看做是直线型，可分为单程有载往复式、回程部分有载往复式和双程有载往复式三种。这三种线路类型，以双程有载往复式线路的里程利用率最高，而单程有载往复式里程利用率最低，在实际的运输组织工作中应尽量避免选择单程有载往复式运输线路。

2. 环行式运输线路

环行式运输线路是指车辆在若干个装卸作业点组成的封闭回路上，做连续单向运行的运输线路。在环行式运输线路的选择中，以里程利用率最高为原则。

3. 汇集式运输线路

汇集式运输线路是指车辆沿分布于运行线路上各装卸作业点，依次完成相应的装卸作业，且每次货物装卸量均小于该车额定载重，直到整个车辆装满（卸空）后返回出发点的行驶线路。这种形式的运输线路的组织工作较为复杂，但有利于做到“取货上门，送货到家”，可有效满足客户需求，在配送运输中被广泛应用，在汇集式运输线路的选择中，以运输费用最低为原则。

9.4.2 运输线路选择的目标

运输线路选择的目标就是运输线路的合理化。所谓运输线路合理化就是按照货物流通规律，组织货物运输，力求用最少的劳动消耗，获得最高的经济效益，即在完成货运任务、满足客户需求的前提下，使货物运输经过最短的里程、最少的环节、花费最少的时间和最低的成本。运输线路合理化是物流企业运输管理的最基本要求，合理化的运输线路可以节省运力、缩短运输时间，最终表现为节约运输成本和提高运输质量，增强物流企业的竞争优势。在确定运输线路选择目标时，可根据物流企业具体情况，选择如下具体目标。

1. 以效益最高或成本最低为目标

即以利润最大化或成本最低化为目标，此目标是运输线路选择时常用的一个目标。

2. 以里程最短为目标

如果运输成本与运输里程相关性较强，与其他因素相关性较弱时，运输里程最短的实质就是运输成本最低，则可考虑以运输里程最短为目标；当运输成本不能通过运输里程来反映时，如道路收费和运行条件严重影响成本，单以最短里程作为目标就不适宜。

3. 以配送服务水准最优为目标

当准时配送要求成为第一位或需要牺牲成本来确保服务水平时，则需要以服务水准作为首选目标。这种成本的损失可以从其他方面弥补回来，如优质服务可采用较高的价格策略。

4. 以运输周转量最小为目标

在完成运输任务的前提下，运输周转量越小，运输费用有可能越低。

实际上，企业物流配送的运输线路选择常常不是以上述一个目标来操作的，而是多个目标的综合，涉及了多目标决策问题。例如某商业流通型企业物流配送中心为城区众多零售企业配送，送货司机司机选择的配送线路常常不是路径最短的线路，而是选择配送时间最短、红绿灯数量最少、街道最不拥挤的线路，其次才考虑配送距离远近的问题。

9.4.3 运输线路选择的优化模型

要实现运输线路的优化，必须使用系统分析等科学方法，合理制订运输方案，防止迂回、对流、过远等不合理运输的发生，实现满意的运输活动。所谓的系统分析方法即是把运输活动看做为一个由多种因素组成的相互影响、相互制约的整体，把影响系统功能的各种因素，模拟成约束条件，在客观因素定量化的前提下，加以系统组合，形成严密的数学模型，运用运筹学、人工智能、神经网络等方法进行定量分析，从中选择最优方案。

运输线路选择的优化模型一般可以描述为：已知有 m 个生产地 A_i，$i=1, 2, \cdots, m$，其产量分别为 a_i，有 n 个销地 B_j，$j=1, 2, \cdots, n$，其需要量分别为 b_j，$j=1, 2, \cdots, n$，从 A_i 到 B_j 运输单位物资的运价（单价）为 C_{ij}，若用 x_{ij} 表示从 A_i 到 B_j 的运量，那么在产销平衡的条件下，要求得总运费最小的调运方案。即求解以下数学模型：

$$\min z = \sum_{i=1}^{m}\sum_{j=1}^{n} c_{ij}x_{ij}$$

$$\sum_{j=1}^{n} x_{ij} = a_i, \ i=1, 2, \cdots, m$$

$$\sum_{i=1}^{m} x_{ij} = b_j, \ j=1, 2, \cdots, n$$

$$x_{ij} \geqslant 0$$

上述也是运输问题的数学模型。它包含 $m \times n$ 个变量，$(m+n)$ 个约束方程。这类运输问题可以分两种方法来求解，对简单的问题，可以采用图上作业法求解，对复杂的和一般的运输问题，需要使用表上作业法来求解。

例 9－3　某种商品由 3 个发运点 A_1、A_2、A_3，调运到 4 个收货点 B_1、B_2、B_3、B_4。3 个发运点的发运量分别是 4 吨、10 吨和 8 吨，4 个收货点的收货量分别是 8 吨、

5吨、3吨和6吨。并已知各点的距离和交通图（见图9-5）。问：如何调运才能使总的周转量最小?

此类问题可以用线状线路的图上作业法求解。这类图形是指在运输线路中没有回路，规划其合理的调运方案时，只要避免发生对流，便可得到一个最优的运输方案。具体作业步骤如下:

①在图上画出发货点和收货点。用○表示发货点，用□表示收货点，并把发货收货数量标识在上面。各点之间的长度，记在线路旁边，以公里表示。规划商品的运输方向用箭头，并画在前进方向的右边。

②规划运输方向时，要按照“先端点由外向里”，就近调拨的原则，来进行各收发点的产销平衡。

按照图9-6的图上作业法显示的调运方案可知:

总的周转量 $=5\times5+5\times8+1\times20+4\times6+3\times15+4\times10=194$（吨公里）

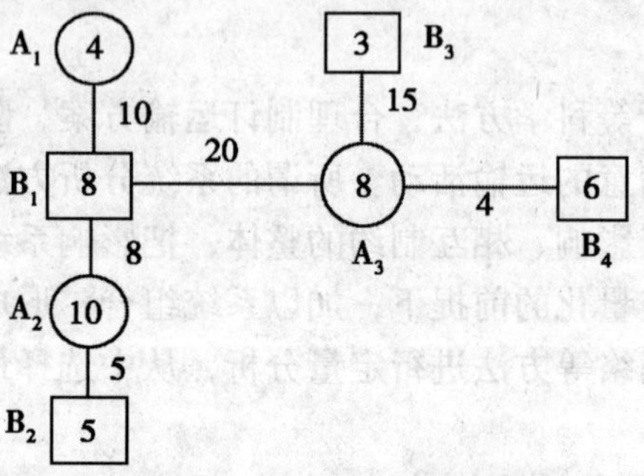

图9-5　线状运输网络图

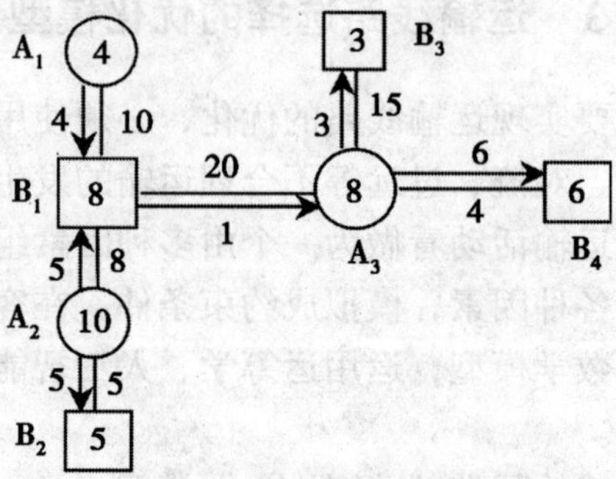

图9-6　线状运输网络图求解

例9-4　设某种商品的发货点共有三个，收货点共有五个，形成一个环状的线路图（见图9-7），各发货点、收货点的供需量及它们之间的距离已给出，问如何规划调运方案使运输的周转量最小?

此类问题可以用环状线路的图上作业法求解。这类图形是指在运输线路中有一环状回路，规划其合理的调运方案时，避免发生对流和迂回运输，对商品的流向进行规划。在规划时，为便于计算，凡商品流向属于顺时针方向运行的画在圈内，逆时针方向运行的画在外圈。凡是内圈或外圈的流向总里程小于或等于该圈长的一半时，则是合理的；反之，就是不合理的。运用图上作业法，具体作业见图9-8。

计算此环状调运方案的总圈长 $=80+100+120+20+50+40+70+60=540$（公里）

分别计算内圈和外圈的长度:

外圈长 $=120+20+60=200<540\div2=270$（公里）

外圈长 $=100+70+40+50=260<540\div2=270$（公里）

由于内圈和外圈的长度都小于总圈长的一半，说明图上的调运方案是最优的。如果内外圈之一的长度超过该圈长总长的一半，就说明出现了不合理运输，需要进行调整。调整的办法为：从超过圈长一半的流向中的最小流量入手，缩短这一流向，延长另一流向，直到两个流向的长度小于或者等于圈长总长的一半为止。

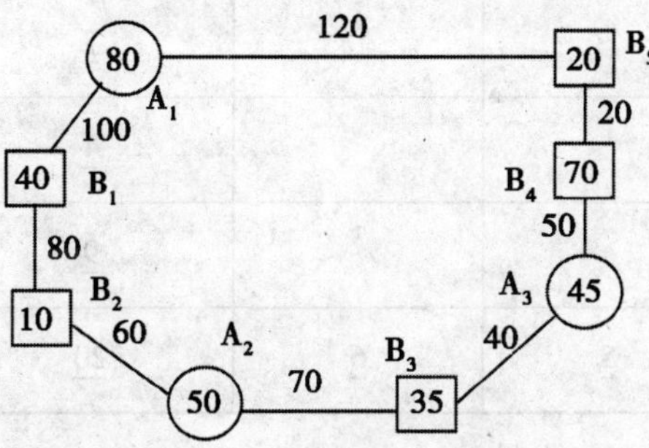

图 9－7　环状运输网络图

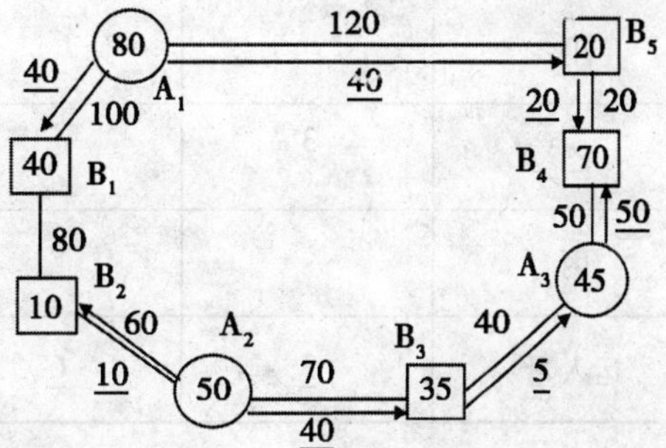

图 9－8　环状运输网络图的求解

例 9－5　有甲乙丙三个商品产地，其可调出量分别是 7 吨、4 吨和 9 吨，有 A、B、C、D 四个销售地，调入量分别为 3 吨、6 吨、5 吨和 6 吨。总调出量和调入量相同。设运输费用与各地之间的运输距离成正比，其调入调出量和各地之间的运输距离和运输量如表 9－4 所示，求合理的调运方案及最小吨公里数。

表 9－4　　　　　　　　　　　运距和运量表

销地 运距 产地	A	B	C	D	运出量
甲	3	11	3	10	7
乙	1	9	2	8	4
丙	7	4	10	5	9
运入量	3	6	5	6	20

这类问题，可以用表上作业法求解。表上作业法就是运用表格进行运算的一种方法，以此来求得无数产地和销地的商品调运的最小吨公里。即在表上表明某种商品的调出量、调入量和产销运输距离，按照产销平衡的要求，依次选择最近的运输距离，制订合理的调运方案，这种方法适用于商品调运范围广，产销运输线路交错复杂，而用图上作业法不易规划和确定。解的一般步骤为：

①用西北角法则确定初始可行解（见表 9－5）。

表 9－5　　初始解

销地 运量 产地	A	B	C	D	运出量
甲			4	3	7
乙	3		1		4
丙		6		3	9
运入量	3	6	5	6	20

②用闭合回路法求出对应每个空格的检验数：

甲 A 检验数 = 3 − 3 + 2 − 1 = 1；

甲 B 检验数 = 11 − 10 + 5 − 4 = 2；

乙 B 检验数 = 9 − 2 + 3 − 10 + 5 − 4 = 1；

乙 D 检验数 = 8 − 10 + 3 − 2 = −1；

丙 A 检验数 = 7 − 1 + 2 − 3 + 10 − 5 = 10；

丙 C 检验数 = 10 − 3 + 10 − 5 = 12。

③如每个空格的检验数都不小于零，则停止计算，否则再用闭合回路法调整空格检验数大于零的格，得到新的调运方案，再转到步骤②。

由于乙 D 检验数 = −1 < 0，故要求乙 D 空格入基，做如下调整（见表 9－6）：

表 9－6　　运量调整表

销地 运量 产地	A	B	C	D	运出量
甲			4（+1）	3（−1）	7
乙	3		1（−1）	（+1）	4
丙		6		3	9
运入量	3	6	5	6	20

得到新的调运方案如下（见表 9－7）：

表 9－7　　改善后的方案表

销地 运量 产地	A	B	C	D	运出量
甲			5	2	7
乙	3			1	4
丙		6		3	9
运入量	3	6	5	6	20

新调运方案的检验数为：

甲 A 检验数 $=3-10+8-1=0$；

甲 B 检验数 $=11-10+5-4=2$；

乙 B 检验数 $=9-8+5-4=2$；

乙 C 检验数 $=2-3+10-8=1$；

丙 A 检验数 $=7-1+8-5=9$；

丙 C 检验数 $=10-3+10-5=12$。

这时所有检验数已经全部大于等于零，方案已达最优，最小周转量为：

$3\times5+10\times2+1\times3+8\times1+4\times6+5\times3=85$（吨公里）

9.4.4　车辆调度模型

车辆调度是一个典型的指派问题，指派问题是 0－1 规划的特例，也是一个特殊的运输问题。指派问题的一般描述为：有 n 项任务指派给 n 个工作单位去完成，每人只能完成其中某项任务，指派 i 单位去完成 j 任务的工作效率是 c_{ij}，求怎样分配任务效率最高？

可以根据以上描述列出指派问题的数学公式：

$$x_{ij}=\begin{cases}1 & \text{当指派 i 人去完成 j 项任务}\\ 0 & \text{当不指派 i 人去完成 j 项任务}\end{cases}$$

目标函数 $\min z=\sum_i\sum_j c_{ij}x_{ij}$

$$\text{约束方程}\begin{cases}\sum_j x_{ij}=1,\ i=1,\ 2,\ \cdots,\ n\\ \sum_i x_{ij}=1,\ j=1,\ 2,\ \cdots,\ n\\ x_{ij}=1\ \text{或}\ 0\end{cases}$$

例 9－6　有四批货物等待运走，这四批货物记作 A、B、C、D，需要四辆卡车来运输，这四辆卡车记作甲、乙、丙、丁。这四辆卡车运输这些货物需要的时间如表 9－8 所示，问怎样指派任务使所需总时间最少？

表 9－8　　　　车辆运货时间表

货物 时间 卡车	A	B	C	D
甲	2	15	13	4
乙	10	4	14	15
丙	9	14	16	13
丁	7	8	11	9

指派问题的解的步骤为：

步骤一：使指派问题的系数矩阵经过变换，在各行各列中都出现 0 元素。

（1）从系数矩阵的每行元素减去该行的最小元素；

（2）再从所得系数矩阵的每列元素中减去该列的最小元素。若某行（列）已经有 0 元素，就不必再减了。如上例为：

$$\begin{vmatrix} 2 & 15 & 13 & 4 \\ 10 & 4 & 14 & 15 \\ 9 & 14 & 16 & 13 \\ 7 & 8 & 11 & 9 \end{vmatrix}\begin{matrix} \min \\ 2 \\ 4 \\ 9 \\ 7 \end{matrix} \rightarrow \begin{vmatrix} 0 & 13 & 11 & 2 \\ 6 & 0 & 10 & 11 \\ 0 & 5 & 7 & 4 \\ 0 & 1 & 4 & 2 \end{vmatrix} \rightarrow \begin{vmatrix} 0 & 13 & 7 & 0 \\ 6 & 0 & 6 & 9 \\ 0 & 5 & 3 & 2 \\ 0 & 1 & 0 & 0 \end{vmatrix}$$

$$\min \quad 4 \quad 2$$

步骤二：进行试指派，以寻求最优解。因此，按以下步骤进行。

系数矩阵中每行每列都已经有了 0 元素；但需要找出 n 个独立的 0 元素。若能找出，就以这些独立的 0 元素对应解矩阵（x_{ij}）中的元素 1，其余为 0，这就得到最优解。当 n 较小时，可用观测法、试探法去找出 n 个独立的 0 元素。若 n 较大时，就必须按一定的步骤去找，常用的步骤为：

（1）从只有一个 0 元素的行或列开始，给这个 0 元素加圈，记作○。这表示对这行所代表的人，只有一种任务可指派。然后画去○所在列（行）的其他 0 元素，记作 Φ。这表示这列所代表的任务已经指派完成，不必再考虑别人了。

（2）给只有一个 0 元素列（行）的 0 元素加圈，记作○；然后画去○所在行的 0 元素，记作 Φ。

（3）反复进行步骤（1）、（2），直到所有 0 元素都被圈出或画掉为止。

（4）若仍有没有加圈的 0 元素，且同行（列）的 0 元素至少有两个（表示对这人可以从二项任务中指派其一）。这可用不同的方法去试探。从剩有 0 元素最少的行

（列）开始，比较这行各 0 元素所在列中 0 元素的数目，选择 0 元素少的那列的这个 0 元素加圈（表示选择性多的要“礼让”选择性少的）。然后画掉同行同列的其他 0 元素。可反复进行，直到所有 0 元素都圈出或画掉为止。

现用上例中的矩阵，按上述步骤进行运算，按步骤（1），先给 b_{22} 加圈，然后给 b_{31} 加圈，画掉 b_{11}，b_{41}；按步骤（2），给 b_{43} 加圈，画掉 b_{44}，最后给 b_{14} 加圈，得到：

$$\begin{vmatrix} \Phi & 13 & 7 & \bigcirc \\ 6 & \bigcirc & 6 & 9 \\ \bigcirc & 5 & 3 & 2 \\ \Phi & 1 & \bigcirc & \Phi \end{vmatrix}$$

○元素数目 m 等于矩阵的阶数 n，得到最优解为：

$$(x_{ij}) = \begin{vmatrix} 0 & 0 & 0 & 1 \\ 0 & 1 & 0 & 0 \\ 1 & 0 & 0 & 0 \\ 0 & 0 & 1 & 0 \end{vmatrix}$$

（5）若 $m < n$，则转入下一步（这里省略，相关解法在有关运筹学书籍里可以找到答案）。

例 9－7 某汽车运输公司有四辆空车，可以在四个配载市场配货，为了避免返空，每辆车只能去某一个配载市场配货，问怎样指派才能使车辆总行驶里程最短（坐标图如图 9－9 所示，假设汽车到配载市场配货是走折线，如甲到 B 配载市场行走 2 个单位里程）？

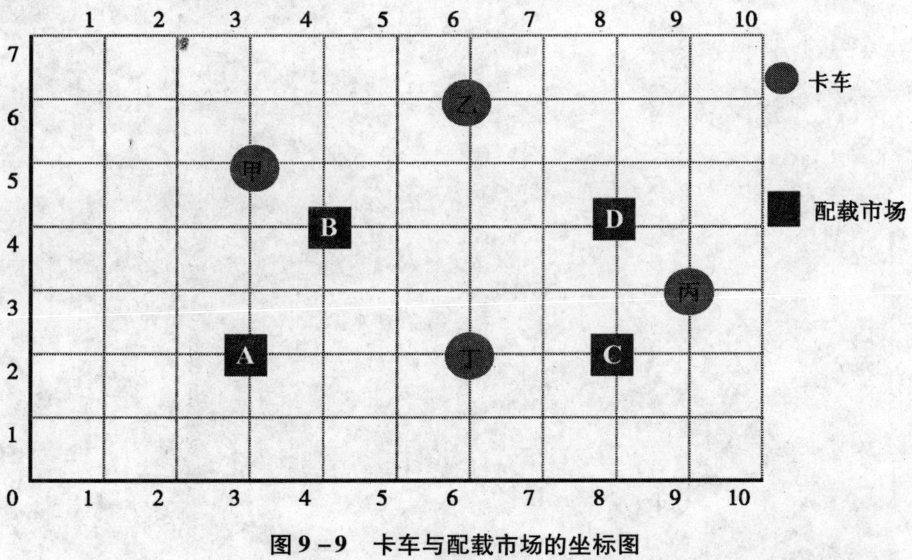

图 9－9 卡车与配载市场的坐标图

根据以上图表可以列出四辆卡车与四个配载市场的距离矩阵，见表9－9。

表9－9　　卡车与配载市场的距离矩阵

	A	B	C	D
甲	3	2	8	6
乙	7	4	6	4
丙	7	6	2	2
丁	6	4	2	4

根据以上求解方法，可以求出甲车到配载市场A运货，乙车到配载市场B运货，丙车到配载市场D运货，丁车到配载市场C运货。

10 国际物流

目前我国已正式成为世界贸易组织成员国，国际贸易和跨国经营都面临着巨大商机和严峻挑战，为了使我国在世界贸易格局中占据有利的地位，提高中国公司的竞争能力和成本优势，开展和加强国际物流的研究和应用具有重要的战略意义和深远影响。

本章主要介绍国际物流的概念、分类、作用、特点以及国际物流的发展趋势，阐述国际贸易与国际物流的关系、国际物流系统的构成以及国际贸易的主要方式。

10.1 国际物流概述

网络经济的发展尤其是电子商务的发展，加快了世界经济的一体化，凸显了国际物流在整个商务活动中的重要性。在1992—2005年间，我国国民经济生产总值平均保持10%以上的年增长速度，对外贸易增长速度达到20%以上，同期国际物流中，集装箱运量增长速度为30%以上，我国国际物流量和对外贸易量均超过了同期国民生产总值的增长速度。由此可见，国际贸易的顺利进行，要以有效的国际物流作为保证和支持。据有关权威机构统计，日前跨国公司控制着全球生产总值的40%左右、国际贸易的50%以上和国际投资的90%以上。跨国公司正在由各国子公司独立经营的阶段向围绕公司总部战略、协同经营一体化方向发展，从而对国际物流提出了更高的要求。我国大型企业要进入世界企业100强或500强的行列，必须积极地提高我国国际物流的支持能力。

10.1.1 国际物流的概念

国际物流（International Logistics）是“跨越不同国家（地区）之间的物流活动”（见GB/T 18354—2006中2.30条）。国际物流的实质是按国际分工协作的原则，依照国际惯例，利用国际化的物流网络、物流设施和物流技术，实现货物在国际间的流动与交换，以促进区域经济的发展和世界资源优化配置。

国际物流的总目标是为国际贸易和跨国经营服务的，即通过选择最佳的方式与路径，以最低的费用和最小的风险，保质保量适时地将货物从某国（供方）运送到另一国（需方）。国际物流使各国物流系统相互“接轨”，因而与国内物流系统相比，具有国际性、复杂性和风险性等特点。

国际性是指国际物流系统涉及多个国家，系统地理范围大。这一特点又称为国际物流系统的地理特征。国际物流跨越不同地区和国家，跨越海洋和大陆，运输距离长，运输方式多，这就需要合理选择运输线路和运输方式，尽量缩短运输距离和货物的在途时间，加速货物的周转并降低物流成本。

在国际间的经济活动中，生产、流通和消费三个环节之间存在着密切的联系。由于各国社会制度、自然环境、经营管理方法以及生产习惯不同，一些因素变动较大，因而在国际间组织货物从生产到消费的流动是一项复杂的工作。国际物流的复杂性主要包括国际物流通信系统设置的复杂性、法规环境的差异性和商业现状的差异性等。

国际物流的风险性主要包括政治风险、经济风险和自然风险。政治风险主要指由于所经过国家的政局动荡，如罢工、战争等原因造成货物可能受到损害或灭失；经济风险又可分为汇率风险和利率风险，主要指从事国际物流必然要发生的资金流动，因而产生汇率风险和利率风险；自然风险则指物流过程中，可能因自然因素，如台风、暴雨等，而引起的风险。

10.1.2 国际物流的发展阶段

国际物流的概念是最近才提出并得到人们的重视，国际物流活动随着国际贸易和跨国经营的发展而发展。国际物流在20世纪主要经历了以下几个阶段。

第一阶段：20世纪50年代至80年代初。这一阶段，物流设施和物流技术得到了极大的发展，建立了物流配送中心，广泛运用电子计算机进行管理，出现了立体无人仓库，一些国家建立了本国的物流标准化体系等。物流系统促进了国际贸易的发展，物流活动已经超出了一国范围，但物流国际化的趋势还没有得到人们的重视。

第二阶段：20世纪80年代初至90年代初，随着经济技术的发展和国际经济往来的日益扩大，物流国际化趋势开始成为世界性的共同问题。美国密歇根州立大学教授波索克斯认为，进入80年代，美国经济已经失去了兴旺发展的势头，陷入长期倒退的危机之中。因此，必须强调改善国际性物流管理，降低产品成本，并且要改善服务和扩大销售，在激烈的国际竞争中获得胜利。与此同时，日本正处在成熟的经济发展期，以贸易立国，要实现与其对外贸易相适应的物流国际化，并采取建立物流信息网络和加强物流全面质量管理等一系列措施，提高物流国际化的效率。这一阶段物流国际化的趋势局限在美、日和欧洲一些发达国家。

第三阶段：20世纪90年代初至今，这一阶段国际物流的概念和重要性已为各国政府和外贸部门所普遍接受。贸易伙伴遍布全球，必然要求物流设施国际化，物流技术国际化、物流服务国际化、货物运输国际化以及包装国际化和流通加工国际化等。世界各国广泛开展国际物流方面的理论和实践方面的大胆探索。人们已经形成共识：只有广泛开展国际物流合作，才能促进世界经济繁荣，物流无国界。

10.1.3 国际物流的分类

1. 按照货物流向进行划分

按照货物流向进行划分可分为进口物流和出口物流。凡存在进口业务中的国际物流行为被称为“进口物流”，而存在于出口业务的国际物流行为称为“出口物流”。鉴于各国的经济政策、管理制度、外贸体制的不同，反映在国际物流中的具体表现既有交叉，又有类型的不同，因此须加以区别。

2. 按照不同国家所划定的关税区域划分

按照不同国家所划定的关税区域予以区别，可分为国家间的物流与经济区域间的物流。这两种类型物流，在形式和具体环节上存在着较大差异。如欧共体区域间物流、欧共体与其他国家、欧共体与其他地域间物流的差异现象。

3. 按照国家间进行货物传递和流动的方式划分

按照国家间进行货物传递和流动的方式划分，国际物流又分为：国际商品物流、国际军火物流、国际邮品物流、国际展品物流、国际援助和救助物资物流等。围绕国际物流活动而涉及国际物流业务的企业有：国际货运代理、国际物流公司、国际配送中心、国际运输及仓储、报关行等具体企业。

10.1.4 国际物流的特点

与国内物流相比，国际物流有以下几方面的特点：

1. 物流环境差异大

国际物流的一个非常重要的特点是各国物流环境存在较大差异，尤其是物流软环境的差异。不同国家的不同物流适用法律使国际物流的复杂性远高于一国的国内物流，甚至会阻断国际物流；不同国家的不同经济和科技发展水平会造成国际物流处于不同科技条件的支撑下，甚至有些地区根本无法应用某些技术而迫使国际物流全系统水平下降；不同国家的不同标准也造成国际间“接轨”的困难，因而使国际物流系统难以建立；不同国家的风俗文化也使国际物流受到很大局限。

由于物流环境的差异迫使一个国际物流系统需要在几个不同法律、人文、习俗、语言、科技、设施的环境下运行，无疑会大大增加物流的难度和系统的复杂性。

2. 物流系统范围广

由于物流本身的功能要素、系统与外界的沟通已很复杂，国际物流再在复杂系统上增加不同国家的要素，这不仅是地域的广阔和空间的广阔，而且所涉及的内外因素更多，所需的时间更长，广阔范围带来的直接后果使难度和复杂性增加，风险增大。企业物流是将企业作为一个系统，研究原材料从进厂到通过加工，将产品输送市场上的物流过程；城市物流研究的对象是城市系统，它是一个庞大的社会系统；而国际物流研究的领域大大地超过了企业物流和城市物流的范畴，其研究对象是国际贸易中的物流现象及其规律。正因如此，国际物流一旦融入现代化系统技术，其效果会更显著。例如，开通某个“大陆桥”运输后，国际物流速度会成倍提高，效益会显著增加。

3. 国际物流运输的主要方式具有复杂性

在国内物流中，由于运输线路相对比较短，而运输频率较高，主要的运输方式是铁路运输和公路运输。而在国际物流中，由于货物运送线路长、环节多、气候条件复杂，对货物运输途中的保管、存放要求高，因此海洋运输、航空运输尤其是国际多式联运是其主要运输方式，具有一定的复杂性。

4. 国际物流必须有国际化信息系统的支持

国际化信息系统是国际物流，尤其是国际联运非常重要的支持手段。国际化信息系统建立的难度，一是管理困难，二是投资巨大，再由于世界上有些地区物流信息水平较高，有些地区较低，所以会出现信息水平不均衡，使信息系统的建立更为困难。

建立国际物流信息系统一个较好的办法就是和各国海关的公共信息系统联网，以及时掌握有关各个港口、机场和联运线路、站场的实际状况，为供应或销售物流决策提供支持。国际物流是最早发展 EDI 的领域，以 EDI 为基础的国际物流将会对物流的国际化产生重大影响。

在网络经济环境下，以网络为主体的商务活动已经极大地解决了同种物流中信息系统中信息传递问题。要求在网络经济中以网络信息为特征开展的商务活动和结算方式，需要同时与物流活动相适应的综合信息和物流经济体系，创造一个与网络经济活动相适应的国际物流中心会更好地解决商务与物流配送的问题。

5. 国际物流的标准化要求较高

要使国际间物流畅通起来，统一标准是非常重要的，可以说，如果没有统一的标准，国际物流水平是不能提高的。目前美国、欧洲基本实现了物流工具和设施的统一标准，如托盘采用1000mm×1200mm、集装箱的几种统一规格及条码技术等，这样，大大降低了物流费用，降低了转运的难度；而不向这一标准靠拢的国家，必然在转运、换车等许多方面要耗费更多时间和费用，从而降低其国际竞争能力。

在物流信息传递技术方面，欧洲各国不仅实现企业内部的标准化，而且也实现了企业之间及欧洲统一市场的标准化，这就使欧洲各国之间比亚、非洲等国家交流更简单、更有效。

10.1.5 国际物流运作的主要业务活动

随着物流全球化的形成，企业物流国际化运作已成为必然。但其业务活动较为广泛，且远比国内物流复杂，主要有如下几个方面。

1. 进出口业务

一个典型和较完整的进出口物流流程如图 10－1 所示。在实际业务中，有可能只涉及其中的一部分。

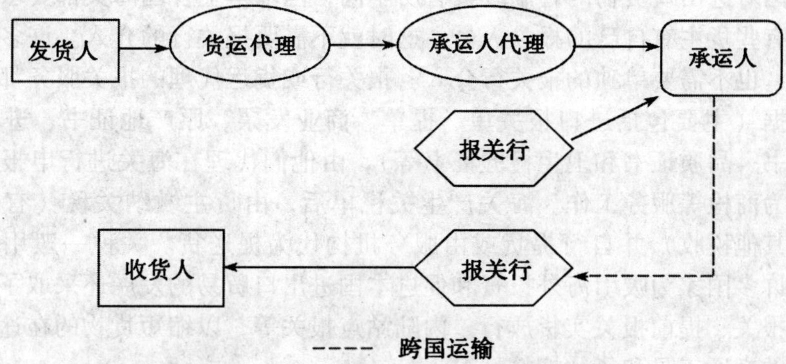

图 10－1　进出口物流流程图

进出口业务涉及的有关参与方有以下几方面。

(1) 发货人 (Shipper)

进出口业务中的发货人即是供应商。它可以是生产厂家或它们的经销商，有时也可能是货运公司或货运代理。

(2) 货运代理 (Forwarder)

货运代理是随着国际贸易的发展及货运业务的日益复杂以及传统承运人（船公司或航空公司）的业务专门化，在近二三十年新发展起来的行业。货运代理是介于货主和实际承运人之间的中间商，他一方面代为货主租船订舱，另一方面又代为实际承运人揽货，从中收取整箱（车）货和零担货之间的差价或收取佣金。对于承运人，货运代理被相对地看做是货主（发货人或收货人）；对于货主，货运代理则被相对地看做是承运人。

货运代理角色的出现，使得整个货运行业日趋专业化。目前大多数的进出口货物运输均是与货运代理打交道，因此了解货运代理的业务，将使企业对国际货运中的成本和时间控制有很大帮助。此外，当前的许多货运代理正不断地演变成第三方物流企业。

20 世纪 90 年代以后，随着国际贸易和货运体系的不断完善，特别是银行信用证、海关和商业保险体系对货运代理运单的认可，使得货运代理的地位逐渐提高。

(3) 承运人代理 (Shipping Agent)

承运人代理主要是替承运人（如船公司、航空公司）在港口安排接泊、装卸、补给等业务，有时代理承运人签发运单。承运人代理在海运中较为常见，而在空运中较为少见。有的承运人代理也从事货运代理的业务。

(4) 承运人 (Carrier)

承运人是实施运输的主体，在国际贸易运输中主要指船公司或航空公司。虽然有的承运人也直接面对货主，但在多数情况下，货主已经不直接与其打交道了。

（5）报关行（Customs Broker）

虽然各国对进出口货物的管制政策有所不同，但基本上各国海关都要求进出口货物进行申报。有些货主有自己的报关人员，这时就不需要报关行的介入。许多货运代理也有报关资格，也不需要单独的报关行介入。报关行或货运代理的报关服务都需要货主提供必要的单据（主要包括进口报关单、提单、商业发票、原产地证书、进口许可证或进口配额证书、品质证书和卫生检验证书等），由他们代理在海关进行申报。有的报关行还提供代为商检等服务工作。海关产生关税单后，由货主缴纳关税（有时还包括由海关代收的其他税收）并自行提货或由服务机构代为提送货。关税一般用征税国本国货币支付。许多国家为吸引海外投资和促进本国进出口贸易的发展还采取了多种报关方式，如电子报关、提前报关实货放行、内陆站点报关等，以缩短货物的在途时间，缓解进出口口岸的交通工具和货物拥挤情况。

（6）收货人（Consignee）

运单上所指的收货人情况较为复杂。一般来说收货人应是货物的进口人。有时，由于进口管制的原因，最终的收货人并不体现在运单上。运单上的收货人往往是进口代理商，而在“通知人 Notify Party”上显示的可能才是真正的收货人。另外，在复杂的货运情况下，主运单和分运单上所示的收货人的意义有所不同。分运单上的收货人往往才是真正的收货人，而主运单上的收货人则往往是货运代理人。

进出口业务流程是通过各种业务单证的流转来完成的，业务单证是上述各关系人业务交接、责任划分、风险承担及费用结算的凭证和法律依据。因此，在进出口业务过程中，单证起着重要作用。进出口业务中基本单证有：进出口合同（Import & Export Contract）、运单（海运的 B/L，Bill of Lading，或空运的 Airway Bill）、商业区发票（Commercial Invoice）、信用证（Letter of Credit）、保险单（Insurance Policy）、装箱单（Packing List），还有报关单、商检证书、原产地证书等单据。

2. 国际运输

国际运输是指跨越一国边界的货物或服务的出口或进口。一般最常用的国际运输方式是海洋运输，此外还有航空运输和铁路运输。

由于国际运输中货物需要跨越国境，且多为远洋运输，货物在途时间往往较长并一旦赴运就很难更改目的地，这就极大地限制了企业物流运作的弹性。企业在进行跨国经营时必须具有较高的市场预测能力，才能保证将正确数量的正确货物在正确的时间内配送到目标市场，否则就会导致有些市场断货，而有些市场则有过剩库存。企业一旦将一定数量的商品运到目标市场，再进行不同市场之间的调货就会造成大量的额外开支，并造成供需时间不一致，长此以往必然削弱企业的竞争能力。

随着现代通信手段的进步和专业物流企业服务水平的提高，现在已经有一些物流企业通过采用卫星全球定位系统（GPS）实现对货主货物的全程监控，并可以对在途货物重新进行调度，使货主可根据市场需求情况重新进行库存定位，随时修改货物目的地，避免地区性调货带来的额外成本并使企业的配送活动成效得以极大提高。

3. 库存与仓储管理

今天，存货管理已成为最关键也最有挑战性的物流活动之一。在跨国范围内管理存货更加困难。由于距离远、港口工作拖延、海关拖延以及转运时间长，需要保有比国内物流更多的存货，这当然提高了存货的成本。而政府对于外贸的管制以及关税的征收更加剧了存货管理的问题。公司不得不保有额外存货以应付断货情况。

国际仓储与国内仓储功能相同，包括收货、转运、配货及发送。但通常人们会更重视货物在仓库系统中的快速运转。

4. 包装与物料搬运

保护性包装在跨国经营中所起的作用比在国内更为重要，这是由于货物在途时间长，搬运次数多，要经历更恶劣的天气变化，等等。通常，跨国性经营的产品的包装会大幅度地增加物流成本，其中一部分是由于特殊的包装要求，此外还有标签和包装标志方面的原因。由于目的国不同，标签要求也不相同。各国对产品标签有许多不同的规定，总的来说，标签规定的目的在于:

①迫使货主遵守现行产品标准;

②对添加剂的使用加以限制和控制;

③禁止使用误导性信息;

④建立对产品的标准说明。

物料搬运系统在全球各地都不相同，澳大利亚、新西兰、中国香港、新加坡等地的物料搬运系统属于世界上最先进的系统，均已实现了机械化或自动化。然而，在许多发展中国家，大多数物料搬运系统仍然是人工的，产品在仓库和工厂中的搬运效率很低，并且对有些货物可能根本就无法进行处理。例如集装箱装卸，有些港口只能处理20英尺集装箱。

5. 信息作业

国际物流中的信息作业主要涉及物流过程中所涉及的各种单据传输的电子化，在途货物的跟踪定位以及市场信息的跨国传递。主要信息通信手段包括电子数据交换EDI (Electronic Data Interchange)、Internet以及人造卫星通信系统GPS (Global Positioning System)。

尽管许多发达国家已经具备了复杂的物流信息系统，而许多第三世界国家仍停留在纸和笔的年代，上述先进系统在这些国家根本就无法加以利用，这不仅造成了企业物流国际化运作中的信息传递受阻现象，也使这些国家在国际物流网络中只能处于附属地位。

10.1.6 国际物流的发展趋势

目前，国际物流的发展趋势呈现如下几个特点:

1. 国际物流发展步伐加快

随着国际贸易的扩大，国际物流跨国公司也在不断向全球扩张。

2. 网络经济和电子商务技术推进国际物流快速发展

电子商务以因特网为基础网络环境，演义跨国界的实际市场环境，以计算机网站为基本单位，虚拟市场的实际单元，使实际的商务事务处理数字化、电子化，极大地提高了物流运行效率和经济效益。

3. 物流形式多样，规模不断扩张，集约化程度提高

目前国际上流行的物流形式主要有以下几种：

（1）综合物流中心是将两种以上不同类型的物流中心集约在一起，成为一个综合职能和高效率的物流设施，如将铁路货站、公路运输货栈集约在一起等形式。

（2）专业物流中心是集约经营的一种业态。物流中心有时也称为“配送中心”，目前台湾环玮物流公司先后在台北、台中、高雄、林口成立了四个物流中心，为客户提供全省性、全通路和及时性的物流服务。

（3）物流园区，也称物流团地。是政府从城市整体利益出发，在小区域城乡结合部、主要交通干道附近开辟专用场地，通过逐步配套完善各项基础设施、服务设施，提供各种优惠政策，吸引大型物流（配送）中心在此聚集，使其获得规模效益，降低物流成本，同时减轻大型配送中心在市中心分布所带来的种种不利影响，物流园区是一家或多家物流（配送）企业在空间上集中布局的场所，它提供一定品类、一定规模、较高水平的综合物流概念，与工业园区、科技园区等概念一样，是具有产业一致性或相关性，且集中连片的物流用地空间。

4. 第三方物流发展迅速

第三方物流是中间商以合同的形式在一定期限内，提供企业所需的全部或部分物流服务。他们并不在供应链中占有一席之地，仅是第三方，但通过提供一整套物流活动来服务于供应链。现代意义上的第三方物流是一个有 10 ~ 15 年历史的行业。欧洲目前使用第三方物流服务的比例为 76%，美国约为 58%，且其需求仍在增长。行业专家估计，美国第三方物流业的收入 1994 年为 150 亿美元，2002 年已突破 650 亿美元。

5. 物流作业高度自动化

高新技术的引入正在使国际物流业发生一场深刻的变革，电脑的普遍使用和自动分拣系统、无人驾驶叉车等构成了物流业的智能化和自动化。

6. 配送中心功能多样化

目前国外主要盛行的有九种配送中心。一是专业配送中心；二是柔性配送中心；三是供应配送中心；四是销售配送中心；五是城市配送中心；六是区域配送中心；七是储存配送中心；八是流通型配送中心；九是加工配送中心。

7. 传统物流业转型步伐加快

从国际范围来看，传统的物流正在抓紧时机转型。

(1) 传统批发企业。已经逐步变为以物流中心或信息中心、配送中心为外壳而存在的批发企业。

(2) 连锁业。在发达国家大型连锁企业的背后，都有一套强大的物流支撑系统，这种物流支撑系统，要么由连锁企业自己拥有，要么由专业化第三方物流企业向连锁企业提供。这套物流支撑系统的存在，使得连锁经营企业能迅速、灵活地满足瞬息万变的市场需求。

(3) 制造业。可以划分为充实原材料、零部件等调度活动的物流，生产产品搬运过程中的制造业物流或企业内部物流，以及将生产出的产品向批发商或零售商传递的销售物流三种类型。

(4) 港口。是远洋运输的起点和终点。

8. 物流设施、技术进步促使零售业发展周期缩短

物流设施的飞跃发展，大大地推进了物流和零售业的发展。20 世纪 20 年代，美国高速公路的修建衔接了城乡，带动了家庭大批量、长周期的消费，从而支持了购物中心、仓储超市等快速周转的运营方式。同时，物流技术的进步促进了零售业成熟期不断缩短。

总之，国际物流正在快速的发展。在发展的过程中，也面临一些新的问题，主要有以下几个方面：一是国际物流日趋复杂化，在国际物流经营中，跨越国界线的各种壁垒较多，尤其是一些国家间设置的人为障碍，使国际物流更增添了诸多困难。由于国际物流环节多，加之国际货运运输时间一般较长，使国际物流更加复杂；二是国际物流发展不平衡，物流发达国家的物流管理理念、物流意识、物理基础设施建设、物流管理技术，大大领先于世界水平；而物流发展落后的国家和地区基础设施、技术手段都相对滞后，并呈现管理技术、经营实力差距不断拉大之势；三是国际物流频繁而批量小，使现代物流的难度加大；四是跨国公司垄断日益加剧；五是土地紧缺和发达国家劳动力不足导致物流成本上升，物流业面临着发展空间不足、增加物流成本的问题，对物流经营效益有一定的负面影响。

10.2 国际物流系统

10.2.1 国际物流系统的组成

国际物流系统是由商品的运输、储存、装卸搬运、包装、检验、外贸加工及国际物流信息等子系统构成的。运输和储存子系统是物流系统的主要组成部分，国际物流通过商品的储存和运输，实现其自身的时间和空间效益，满足国际贸易活动和跨国公司经营

的要求。

1. 国际货物运输子系统

国际货物运输作业克服了商品生产国和需要国之间的空间距离，创造了商品的空间效益。国际货物运输是国际物流的核心。商品通过国际货物运输作业由卖方转移给买方。国际货物运输具有线路长、环节多、涉及面广、手续繁杂、风险性大和时间性强等特点。运输费用在国际贸易商品价格中占有很大比重。国际货物运输主要环节包括运输方式的选择、运输单据的处理以及投保等有关方面。

目前，我国国际物流运输存在的主要问题是：

第一，海运力量不足、航线不齐、港口较少等，影响了进出口货物及时流进流出，特别是出口货物的运输更加不足。我国出口货物主要靠海运。目前虽然我国已拥有近2000万吨的运载能力，列为世界第八位，成为我国外运的主力，并能为第三国开展货运经营，但总运输力的增长远远跟不上国际贸易发展的速度，运输力仍然不足。20世纪90年代初期曾发生过的最严重的月份缺船量达30条。目前，现有的船型结构也不合理，中等船舶奇缺。由于船舶较大，运输间隔时间又长，这对要求批量小、需求供货快是很不适应的。我国港口不足和布局不合理也比较突出。例如我国输往中南美、澳大利亚、新西兰、南太平洋和西非等地的货物几乎全部运到香港地区中转，运费较高，严重地影响了我国出口商品的竞争力。

第二，铁路运输不足，内陆出口更困难。我国同朝鲜、蒙古、越南等虽然有铁路连接，但运力仍然不足。如供香港地区作为港口运输的货物中有三分之一是靠铁路运输，其运输量是很大的。又如内陆有的省份即使有货，而且有些货也是国际市场急需的，但由于铁路运力不足也不能卖出。

第三，航空运输力不足，加上运价昂贵，难以适应外贸发展需要。20世纪80年代以来，世界空运货物已被广泛采用，而我国在这方面却很落后。目前主要靠客运飞机捎带，真正的货运飞机数量少，年运量只有20万吨左右，远远满足不了外贸发展的需要。

总之，为解决外贸出口运输的困难，必须由国家和地方联合发展船队，加速沿海码头建设和海运事业的发展。

2. 进出口商品储存子系统

商品储存、保管使商品在其流通过程中处于一种相对停滞状态，这种停滞是完全必要的。因为商品流通是一个由分散到集中，再由集中到分散的源源不断的流通过程。国际贸易和跨国经营中的商品从生产厂或供应部门被集中运送到装运港口，有时须临时存放一段时间，再装运出口，是一个集和散的过程。如外贸商品从生产厂或工业部门被集中运送到装运出口港（站、机场）以备出口，有时须临时存放一段时间，再从装运港装运出口，是一个集和散的过程。为了保持不间断的商品往来，满足销售出口需要，必然有一定量的周转储存；有些出口商品需要在流通领域内进行出口商品贸易前的整理、组装、再加工、再包装或换装等，形成一定量的贸易前的准备储存；有时，由于某些出口商品在产销时间上的背离，例如季节性生产但常年消费，常年生产但季节性消费的商品，则必须留有一定数量的季节储备。当然，有时也会出现一些临时到货，货主一时又运不走，更严重的是进口商品到了港口或边境车站，但通知不到货主或无人认领，这种特殊的临时存放保管也是有的，即所谓压港、压站现象的出现。可见，这种情况下，国际物流就被阻塞了，给贸易双方或港方、船方等都带来损失。因此，国际货物的库存量往往高于内贸企业的货物库存量也是可以理解的。

由此可见，国际货物运输是克服了外贸商品使用价值在空间上的距离，创造物流空间效益，使商品实体位置由卖方转移到买方；而进出口商品储存保管是克服外贸商品使用价值在时间上的差异，物流部门依靠储存保管创造商品的时间价值。

3. 进出口商品外贸加工子系统

流通加工业是随着科技进步，特别是物流业的发展而不断发展的。流通加工业的兴起，是为了促进销售，提高物流效率和物资利用率以及为维护产品的质量而采取的，能使物资或商品发生物理或化学以及形态变化的加工过程，并保持进出口商品质量达到要求。出口商品的加工业，其重要作用是使商品更好地满足消费者的需求，不断地扩大出口；同时也是充分利用本国劳动力和部分加工能力，扩大就业机会的重要途径。

进出口商品的流通加工具体内容包括服务性的流通加工和生产外延性的流通加工，服务性的流通加工具体内容包括：袋装、定量小包装、贴标签、配装、挑选、混装、刷唛等为出口贸易商品服务；生产性外延加工包括：剪断、平整、套裁、打孔、折弯、拉拔、组装、改装、服装的检验和熨烫等。这种出口加工或流通加工，不仅能最大限度地满足客户的多元化需求，同时，由于是比较集中的加工，它还能比没有加工的原材料出口赚取更多的外汇。

4. 进出口商品装卸与搬运子系统

进出口商品的装卸搬运作业，相对于商品运输来讲，是短距离的商品搬移，是仓库作业和运输作业的纽带和桥梁，实现的也是物流的空间效益。它是保证商品运输和保管连续性的一种物流活动。搞好商品的装船、卸船、商品进库、出库以及在库内的搬倒清点、盘库、转运转装等，对加速国际物流十分重要，而且节省装卸搬运费用也是物流成本控制的重要环节。有效搞好装卸搬运和保管之间的摩擦，充分发挥商品的储存效率。

5. 商品检验子系统

由于国际贸易和跨国经营具有投资大、风险高、周期长等特点，使得商品检验成为国际物流系统中重要的子系统。通过商品检验，确定交货品质、数量和包装条件是否符合合同规定。如发现问题，可分清责任，向有关方面索赔。在买卖合同中，一般都订有商品检验条款，其主要内容有检验时间与地点、检验机构与检验证明、检验标准与检验方法等。

根据国际贸易惯例，商品检验时间与地点的规定可概括为三种做法：

一是在出口国检验。可分为两种情况：在工厂检验，卖方只承担货物离厂前的责任，运输中品质、数量变化的风险概不负责；装船前或装船时检验，其品质和数量以装船后的检验结果为准，买方对到货的品质与数量原则上一般不得提出异议。

二是在进口国检验。包括卸货后在约定时间内检验和买方营业处所或最后用户所在地查验两种情况。其检验结果可作为货物品质和数量的最后依据。在此条件下，卖方应承担运输过程中品质、数量变化的风险。

三是在出口国检验、进口国复验。货物在装船前进行检验，以装运港双方约定的商检机构出具的证明作为付货款的凭证，但货到目的港后，买方有复验权。如复验结果与合同规定不符，买方有权向卖方提出索赔，但必须出具卖方同意的公证机构所出具的检验证明。

在国际贸易中，从事商品检验的机构很多，包括卖方或制造厂商和买方或使用的检验单位，有国家设立的商品检验机构以及民间设立的公证机构和行业协会附设的检验机构。在我国，统一管理和监督商品检验工作的是国家进出口商品检验局及其分支机构。究竟选定由哪个机构实施和提出检验证明，在买卖合同条款中必须明确加以规定。

商品检验证明即进出口商品经检验、鉴定后，应由检验机构出具具有法律效力的证明文件。如经买卖双方同意，也可以采用由出口商品的生产单位和进口商品的使用部门出具证明的办法。检验证书是证明卖方所交货物在品质、重量、包装和卫生条件等方面是否与合同规定相符的依据。如与合同规定不符，买卖双方可据此作为拒收、索赔和理赔的依据。此外，商品检验证也是付货款的单据之一。

商品检验可按生产国的标准进行检验，或按买卖双方协商同意的标准进行检验，或按国际标准或国际习惯进行检验。商品检验方法概括起来可分为感官鉴定法和理化鉴定法两种。理化鉴定法对进出口商品检验更具有重要作用，一般是采用各种化学试剂、仪器器械鉴定商品品质的方法，如化学鉴定法、光学仪器鉴定法、热学分析鉴定法以及机构性能鉴定法等。

6. 商品包装子系统

国际市场上的消费者是通过商品来认识企业的，而商品的商标和包装就是企业的面孔，它反映了一个国家的综合科技文化水平。在考虑出口商品包装时，应把包装、装卸、搬运、储存、运输有机地联系起来，实现现代物流系统的“包、储、运一体化”。即从商品一开始包装，就要考虑储存的方便、运输的快速，以加速流通，方便储运，减少物流费用等现代物流系统涉及的各种要求。

现在我国出口商品存在的主要问题有：出口商品包装材料主要靠进口；包装产品加工技术水平低，质量上不去；外贸企业经营者对出口商品包装缺乏现代意识，表现在缺乏现代包装观念、市场观念、竞争观念和包装的信息观念。仍存在着“重商品、轻包装”以及“重商品出口、轻包装改进”等思想。

为提高商品包装系统的功能和效率，应提高广大外贸企业对出口商品包装工作重要性的认识，树立现代包装意识和包装观念；尽快建立起一批出口商品包装工业基地，以适应国际贸易发展的需要，满足国际市场、国际物流系统对出口商品包装的各种特殊要求；认真组织好各种包装物料和包装容器的供应工作。这些包装物料、容器应具有品种多、规格齐全、批量小、变化快、交货时间急和质量要求高等特点，以便扩大外贸出口和创汇能力。

7. 国际物流信息子系统

国际物流信息子系统的主要功能是采集、处理和传递国际物流的信息情报。没有功能完善的信息系统，国际贸易和跨国经营将寸步难行。国际物流信息的主要内容包括进出口单证的作业过程、支付方式信息、客户资料信息、市场行情信息和供求信息等。

国际物流信息系统的特点是信息量大，交换频繁，传递量大，时间性强，环节多，线路长。在建立技术先进的国际物流信息系统中，一方面，电子商务和EDI的发展是一个重要趋势，我国应该在国际物流中加强推广电子商务和EDI的应用；另一方面，在国际贸易与国际物流中建立基于Internet的物流信息系统，建设国际贸易和跨国经营的高速公路，也是势在必行。

上述主要系统应该和配送系统、流通加工系统等有机联系起来，统筹考虑全面规划，建立我国适应国际竞争要求的国际物流系统。

10.2.2 国际物流系统的模式

国际物流系统也是遵循系统的一般模式和原理，即国际物流系统也包括系统的输入、处理和输出部分。现以国际物流出口模型为例阐述国际物流系统的模式，国际出口物流系统模式如图10－2所示。

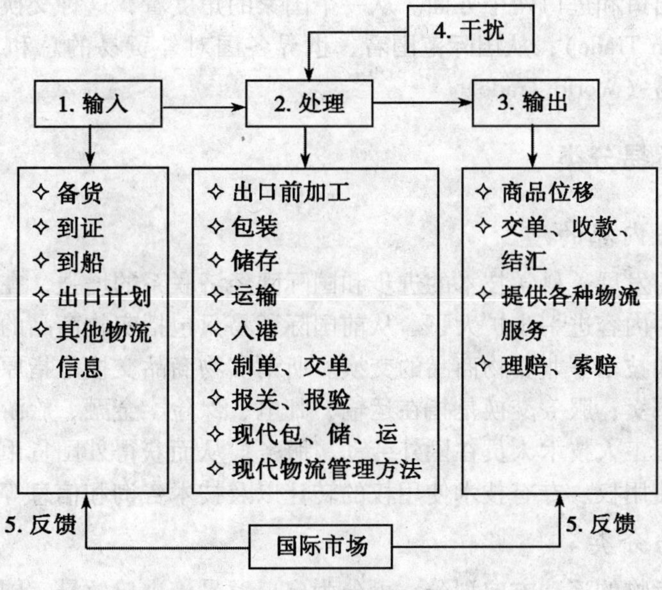

图10－2 国际物流系统模式（出口）

国际物流系统输入部分的内容有：备货、货源落实；到证，接到买方开来的信用证；到船，买方派来船舶；编制出口货物运输计划；其他物流信息。

国际物流的处理部分包括：商品出口前的加工整理；包装、标签；储存；运输；商品进港、装船；交单；保管；报验；以及现代管理方法、手段和现代物流设施的介入。

输出部分内容有：商品实体从卖方经过运输过程送达买方手中；交齐各项出口单证；结算、收汇；提供各种物流服务；经济活动分析及理赔、索赔。

除了上述三项主要内容外，还经常有许多外界不可控因素的干扰，使系统运行偏离原计划内容。这些不可控因素可能受国际的、国内的、政治的、经济的、技术上的和政策法令、风俗习惯等的制约，这是很难预先控制的。它对物流系统的影响很大，如果物流系统具有很强的应变能力，遇到这种情况，马上能提出改进意见，变换策略，那么，这样的系统具有很强的生命力。如1956—1967年苏伊士运河封闭，直接影响国际货物的外运。这是事先不可预见的，是因为受到外界政治因素的严重干扰的结果。当时日本的外贸商品运输，正是因此而受到严重威胁，如果将货物绕道好望角或巴拿马运河运往欧洲，则航线增长、时间过长、经济效益太差。为此，日本试行利用北美横贯大陆的铁路线运输，取得良好的效果，大陆桥运输得名于此。这说明当时日本的国际物流系统设计，面对外部环境的干扰，采取了积极措施，使系统具有新的生命力。

10.3 国际物流与国际贸易

国际贸易（International Trade）是指世界各国（地区）之间的商品以及服务和技术交换活动，包括出口和进口两个方面。从一个国家的角度看，这种交换活动称为该国的对外贸易（Foreign Trade）；从国际范围看，世界各国对外贸易的总和，构成了国际贸易，也称世界贸易（World Trade）。

10.3.1 国际贸易分类

1. 国际贸易内涵的演变

随着生产力的发展、科学技术的进步和国际间经济联系的增强，在当代，国际贸易这一概念所包含的内容进一步扩大了。从前国际贸易只包括实物商品的交换，现在国际贸易还包括服务和技术等非实物商品的交换。所谓实物商品交换是指原材料、半制成品及工业制成品的买卖；服务交换是指在运输、邮电、保险、金融、旅游等方面为外国人提供服务，或本国工人技术人员在国外劳动、服务，从而获得外国货币报酬。技术交换包括专利、商标使用权、专有技术使用权的转让以及技术咨询和信息等的提供和接受。

2. 国际贸易分类

国际贸易按货物的流动方向划分，可分为出口贸易、进口贸易、国境贸易。以国境和关境为划分进出口的标准，可分为总贸易和专门贸易。按商品形态，可分为有形贸易和无形贸易。依照货物运送方式，可分为陆路贸易、海路贸易、空路贸易、邮购贸易。依照有无第三者参加贸易，可分为直接贸易、间接贸易、转口贸易。依照清算工具的不同，可分为自由结汇方式贸易和易货贸易。

10.3.2 国际贸易与国际物流的关系

国际物流是随着国际贸易的发展而产生和发展起来的，在当前已成为影响和制约国际贸易进一步发展的重要因素。国际贸易与国际物流之间存在着非常紧密的关系。

1. 国际物流是国际贸易的必要条件

世界范围的社会化大生产必然会引起不同的国际分工，任何国家都不能够包揽一切，因而需要国际间的合作。国际间的商品和劳务流动是由商流和物流组成，前者由国际交易机构按照国际惯例进行，后者由物流企业按各个国家的生产和市场结构完成。为了克服它们之间的矛盾，就要求开展与国际贸易相适应的国际物流。对于出口国企业来说，只有物流工作做好了，才能将国外客户需要的商品适时、适地、按质、按量、低成本地送到，从而提高本国商品在国际市场上的竞争能力，扩大对外贸易。

2. 国际贸易促进了物流国际化

第二次世界大战以后，出于恢复重建工作的需要，各国积极研究和应用新技术、新方法，从而促进生产力迅速发展，世界经济呈现繁荣兴旺的景象。国际贸易也因此发展得极为迅速。同时，由于一些国家和地区资本积累达到了一定程度，本国或本地区的市场已不能满足其进一步发展的需要，加之交通运输、信息处理及经营管理水平的提高，出现了为数众多的跨国公司。跨国经营与国际贸易的发展，促进了货物和信息在世界范围内的大量流动和广泛交换。

3. 国际贸易的发展对国际物流提出了新的要求

随着世界技术经济的发展和政治格局的风云变幻，国际贸易表现出一些新的趋势和特点，从而对物流提出了更新、更高的要求。

（1）质量要求。国际贸易的结构正在发生着巨大变化，传统的初级产品、原料等贸易品种逐步让位于高附加值、精密加工的制成品。由于高附加值、高精密度的商品流量的增加，对物流工作质量提出了更高的要求。同时由于国际贸易需求的多样化，形成物流多品种、小批量化，要求国际物流向优质服务和多样化发展。

（2）效率要求。国际贸易活动的集中表现就是合约的订立和履行，而国际贸易合约的履行很大部分涉及国际物流活动，因而要求物流有很高的效率。从输入方看，提高物流效率最重要的是如何高效率地组织所需商品的进口、储备和供应。也就是说，从订货、交货，直至运入国内保管、组织供应的整个过程，都应加强物流管理。

（3）安全要求。由于社会分工和社会生产专业化的发展，大多数商品在世界范围内分配和生产。国际物流所涉及的国家多，地域辽阔，在途时间长，受气候、地理等自然条件和政局、罢工、战争等社会政治经济因素的影响。因此，在组织国际物流中，当选择运输方式和线路时，要密切注意所经地域的气候条件、地理条件，还应注意沿途所经国家和地区的政治局势、经济状况等，以防这些人为因素和不可抗拒的自然力造成货物灭失。

（4）经济要求。国际贸易的特点决定了国际物流的环节多、储运期长。随着国际市场竞争的加剧，降低物流成本以获得价格优势是大势所趋。从可能性上看，控制物流费用、降低物流成本具有很大潜力。对于国际物流企业来说，选择最佳物流方案，提高物流经济性，降低物流成本，保证服务水平，是提高竞争力的有效途径。

总之，国际物流必须适应国际贸易结构和商品流通形式的变革，向国际物流合理化方向发展。国际贸易结构、市场结构的巨大变化，需要专业化、国际化的物流运作。如果国际物流业者无法实现在低成本或不增加客户费用的条件下，跨国货物交付的准确、准时、无差错或少差错以及安全，国际贸易合同的履约率就会受到限制，就会影响到国际贸易企业的生存和发展。

10.3.3 国际贸易方式

国际贸易方式是指国际间商品流通的做法或形式。随着国际贸易的发展，进行贸易的具体方式也日趋多样化。除了常见的逐笔售定的单边出口方式外，还有诸如独家经销、代理、寄售、展卖、招标投标、拍卖、期货交易、对销贸易、加工贸易等做法。本节阐述的是除逐笔售定外的其他灵活多样的贸易方式。

1. 经销与代理

（1）经销。经销（Distribution）是指进口商即经销商（Distributor）根据他与国外出口商即供货商（Supplier）达成的协议，在规定的期限和地域内购销指定商品的一种做法。经销方式按经销商权限的不同分为两种：一种是独家经销（Sole Distribution），也称包销（Exclusive Sale），指经销商在协议规定的期限和地域内，对指定的商品享有独家专营权的经销方式；另一种是一般经销，也称定销，指经销商不享有独家专营权，供货商可在同一时间、同一地区内，确定几个商家经销同类商品。

（2）代理。代理（Agency）是指代理人（Agent）按照委托人（Principal）的授权，代表委托人与第三人订立合同或实施其他法律行为，而委托人直接负责由此产生的权利与义务的贸易方式。

国际贸易中的代理按委托人授权的大小分为总代理、独家代理和一般代理。总代理（General Agent）是委托人在指定地区的全权代表，他有权代表委托人从事一般商务活动和某些非商务性事务。独家代理（Sole Agent or Exclusive Agent）是指定地区和期限内单独代表委托人从事代理协议中规定的有关业务的代理。一般代理又称佣金代理（Commission Agent），是指不享有独家经营权的代理，即在同一地区和期限内可以有几个代理人同时代表委托人从事有关业务。

代理按照行业性质的不同又可分为销售代理、购货代理、运输代理、广告代理、诉讼代理、仲裁代理、银行代理和保险代理等。

（3）销售代理与独家经销的区别。在出口业务中，独家销售代理与独家经销有着相似之处，但从当事人之间的关系来看，两者却有着根本的区别。独家经销商与供货人之间是买卖关系，经销商完全是为了自己的利益购进货物后转销，自筹资金，自负盈亏，自担风险。而在代理方式下，代理人只是代表委托人从事有关行为，两者建立的契约关系是属于委托代理关系。代理人一般不以自己的名义与第三者订立合同，只居间介绍，收取佣金，并不承担履行合同的责任，履行合同义务的双方是委托人和当地客户。

2. 招标与投标

招标和投标是一种传统的贸易方式，在国际工程承包和大宗物资、设备采购业务中普遍采用。

（1）招标与投标的含义及特点

招标（Invitation to Tender）是指招标人（买方）发出招标通知，说明拟采购的商品名称、规格、数量及其他条件，邀请投标人（卖方）在规定的时间、地点按照一定的程序进行投标的行为。

投标（Submission of Tender）是指投标人（卖方）应招标人（买方）的邀请，按照招标的要求和条件，在规定的时间内向招标人递价，争取中标的行为。

招标与投标是一种贸易方式的两个方面，投标是针对招标而来。与其他贸易方式相比，招标与投标的特点在于：其一，不经过磋商；其二，没有讨价还价的余地；其三，招标与投标属于竞卖方式，即一个买方对多个卖方，卖方之间的竞争使买方在价格及其他条件上有较多的比较和选择，从而在一定程度上保证了采购的商品和工程项目的最佳质量和相对较低的价格。

（2）国际招标的方式

招标有不同的方式和不同的使用范围，不同方式各有优势，须视具体情况选用。国际招标方式主要有以下几类。

1）国际竞争性招标（International Competitive Bidding）是指招标人邀请几个乃至几十个国内外企业参加竞标，从中选择最优投标人的方式。通常有两种做法：一种是公开招标（Open Bidding），即招标人通过国内外报刊、电台等发出招标通告，使多个具备投标资格者有均等机会参加投标；另一种是选择性招标（Selected Bidding），即招标人有选择地邀请某些信誉好、经验丰富的投标人，经资格预审合格后参加投标。

2）谈判招标（Negotiated Bidding）又称议标是招标人直接同卖方谈判，确定标价，达成交易。

3）两段招标（Two Stage Bidding）。两段招标又称两步招标，是在采购某些复杂的货物时，因事先不能准备完整的技术标准而采用的招标方法。第一步，邀请投标人提出不含报价的技术投标；第二步，邀请投标人提出价格投标。

（3）招标与投标的基本程序

招标与投标的基本程序包括招标、投标、开标、评标、决标及中标后签约等环节。

1）招标。招标包括三项基本工作：编制招标文件，发布招标公告，投标资格预审。

招标文件又称标书，也就是招标的贸易条件和技术条件。物资与设备采购的标书，主要应列明商品名称、各种交易条件和投标人须知，如投标人资格、投标日期、投标保证金和投标单寄送方法等。工程项目的标书还应包括项目规范、工程量表、合同条件及图表等。

发布招标公告要根据招标的种类，选择公开发布还是在一定范围内发布的形式。

资格预审主要是审核投标人的能力和资信情况，一般包括投标人的概况、经验与信誉、财务能力、人员能力和施工设备等，预审合格方可参加投标。

2）投标。投标人认真制作投标文件并正确及时递送。

3）开标与评标。开标是按照招标人规定的时间、地点，在投标人或其代理出席的情况下，当众拆开密封的投标文件，宣读文件内容。

评标是指招标人在开标后，对各个投标书中的条件进行评审、比较，选择最佳投标人为中标人的过程。

4）签订协议。招标人选定中标人以后，要向其发出中标通知书，中标人必须依约与招标人签订协议。

3. 拍卖、寄售与展卖

(1）拍卖

1）拍卖的含义及范围。拍卖（Auction）是由专营拍卖业务的拍卖行接受货主的委托，在一定的地点和时间，按照一定的章程和规则，以公开叫价竞购的方法，最后由拍卖行把货物卖给出价最高的买主的一种现货交易方式。

以拍卖方式出售的商品主要有艺术品、烟叶、木材、羊毛、毛皮、纸张、水果、蔬菜及鱼类等品质不易标准化或难以久存的商品。

2）拍卖的形式，有以下三种：

①增价拍卖。它也称买主叫价拍卖，是由拍卖人宣布预定的最低价格，然后由买主竞相加价，直至出价最高时，由拍卖人接受并以击槌动作宣告成交。

②减价拍卖。它也称卖方叫价拍卖，或称荷兰式拍卖，是由拍卖人先开出最高价，然后由拍卖人逐渐减低叫价，直至有人表示接受而成交。

③密封递价拍卖。它也称招标或拍卖，是由拍卖人事先公布每批商品的具体情况和拍卖条件，然后由竞买者在规定时间内将密封标书递交拍卖人，由拍卖人选择条件最合适者表示接受而成交。

3）拍卖的基本程序如下：

①准备阶段。货主事先把商品运到拍卖人指定的仓库，由拍卖人挑选、整理、分类、分批编号及印发拍卖目录并刊登广告。

②查看货物。买主既可查看拍卖人提供的样品，也可去仓库查看整批货物，还可以抽取一定数量的样品，以供分析。

③正式拍卖。即在规定的时间和地点，按照拍卖目录规定的次序，逐笔喊价成交。拍卖主持人作为货主的代理人掌握拍卖的进程。货主对货物可提出保留价，也可无保留价。

④付款与提货。拍卖成交后，买主按规定付款和提货。拍卖行收取一定比例的佣金，佣金一般不超过成交价的5%。

（2）寄售

1）寄售的含义及性质。寄售（Consignment）是一种委托代售的贸易方式，指寄售人（Consignor）先将准备销售的货物运往国外寄售地，委托当地代销人（Consignee）按照寄售协议规定的条件代为销售后，再由代销人向货主结算货款。在寄售方式中，寄售人和代销人之间是委托与受托关系，而非买卖关系。与代理人可以用委托人名义，也可用自己的名义从事授权范围事宜有所不同，代销人只能用自己的名义处理寄售协议中规定的事务，而且代销人同第三方从事的法律行为不能直接对寄售人发生效力。

由于寄售是凭实物进行的现货交易，商品售出前所有权属寄售人。代销人不承担任何风险和费用，只收取佣金作为报酬。因此，寄售有利于把握市场机会，节约交易成本，有利于调动代销人的积极性。但寄售人要承担一定的贸易风险，且资金周转期长，收汇很不安全。

2）寄售协议。寄售协议（Agreement of Consignment）是寄售人和代销人之间就双方的权利、义务及有关寄售条件和具体做法而签订的书面协议。协议的重点是商品价格的确定、各种费用的负担和安全收汇三个问题。协议一般包括下列内容：

①协议名称及双方权利与义务。

②寄售区域及寄售商品。

③定价方法。一般有由寄售人规定最低售价、随行就市和在销售前逐笔征得寄售人同意三种方法。

④佣金。一般应规定佣金的计算基础、佣金率以及佣金的支付时间和方法等。

⑤付款。商品售出后的货款，一般由代销商扣除佣金及代垫费用后汇付寄售人。为保证收汇安全，以利资金周转，协议中应明确规定付款的时间和方式。此外，还应规定货物保险、各种费用的负担等预防性条款。为减少风险，也有必要规定由代销人提供银行保函或备用信用证等。

（3）展卖

1）展卖的含义和种类。展卖（Fairs and Sales）是利用展览会和博览会及其他交易会形式，对商品实行展、销结合的一种贸易方式。

展卖可以采取各种不同的方式。从展卖商品的所有方和客户的关系来看，展卖的做法主要有两种：一种是将货物通过签约方式卖断给国外客户，双方是一种买卖关系，由客户在国外举办或参加展览会，货价有所优惠，货款可在展览会后或定期结算。另一种方式是由双方合作，展卖时货物所有权不变，展品出售的价格由货主决定，国外开展期间由客户承担运输、保险、劳务及其他费用，货物出售后收取一定手续费作为补偿。展出结束后，未售出的货物可以折价卖给合作的客户，或运往其他地方进行另一次展卖。

除此之外，还可以将寄售和展卖方式结合起来进行。即在寄售协议中规定，代销人将寄售的商品在当地展卖。至于展卖的有关事项，可在该协议中规定，也可另签协议作出规定。

无论是哪一种做法，展卖作为一种商品推销方式，其基本特点可概括为：把出口商品的展卖和推销有机结合起来，边展边销，以销为主。展卖这种方式的优点主要表现在以下方面。

①有利于宣传出口商品，扩大影响，招揽潜在买主，保证交易。

②有利于建立和发展客户关系，扩大销售地区和范围。

③有利于开展市场调研，听取消费者的意见，改进产品质量，增强出口竞争力。

2）我国一般采用的展卖方式，有以下两种方式：

①国际博览会（International Fair）。它是指在一定地点定期举办的，由一国或多国联合组办，邀请各国商人参加交易的贸易形式。如在北京举办的亚洲及太平洋地区第四届国际贸易博览会。

②中国出口商品交易会（Chinese Export Commodities Fair）。因其总在广州举办，故它又称广交会，是集展览与交易相结合的展销会。

4. 加工贸易

加工贸易是国际上普遍采用的一种贸易方式。从本质上看，加工贸易是以加工为特征，以商品为载体的劳务出口。在我国，加工贸易的形式主要有进料加工和对外加工装配两种。进料加工指企业自主进口加工所需的原材料、元器件、零部件，在加工装配成为成品后，再行出口销往国外市场的贸易方式。而对外加工装配则是指来料加工和来件装配，是一种委托加工方式。加工企业对原材料、零部件以及加工后的成品均不具有所有权，只收取工缴费或加工费。原材料、零部件以及加工后成品的所有权归国外委托方拥有。

10.4 物流的全球化

经济全球化作为世界经济发展的必然趋势，其发展进程在21世纪将更快速地推进和深化。经济全球化同时也是各国经济未来发展依赖的外部环境。处于全球化环境中的企业，不论它们设在何处，市场在哪里，都必须在其竞争战略分析中，考虑到世界上的其余部分，厂商不能忽视其他国家所发生的经济发展趋向或技术创新。就总体和长远而言，经济全球化有利于世界经济的发展，它推动国际贸易的高速增长，有助于国际贸易在更大范围内实现供求平衡，也有助于生产要素在全球范围内的合理配置，促使物流的全球化。这也是国际物流发展的大环境。

全球物流运作的环境远比国内物流复杂，可以用4个D来概括，即距离（Distance）、单证（Documentation）、文化差异（Diversity in Culture）和顾客需求（Demands of Customers)，也即在不同的国家和地区内，物流活动的距离更长、单证更复杂、在产品和服务上顾客需求变幻莫测，并要满足各种文化差异。

随着跨国公司的发展，全球经济和贸易的增长以及人类环保意识的觉醒，全球物流呈现出如下的变化新趋势。

10.4.1 新一轮的国际分工将导致全球物流向集装箱货物为主流的方向发展

国际航运是国际贸易的载体。随着国际贸易和国际航运业务的发展，有条件的国家和地区都十分重视能接纳国际航运船舶的港口的建设，把港口视为通向世界的门户。港口发展的模式随着世界经济贸易发展的变化而不断演进，大致上经历了三个阶段。

在20世纪50年代以前，港口作为国际航运的起始港和目的港，主要服务于国际贸易的流动，起着货物装卸、储存和中转的功能，同时为到港船舶提供供应和维修等服务，港口是水陆运输的枢纽，主要发挥着运输功能的作用。城以港兴、港以城荣。随着国际贸易的开展，在靠泊国际船舶和接卸国际贸易货物的港口所在地逐步发展起居民集中的繁荣的商业贸易城市。

20世纪50年代以后，即第二次世界大战以后，世界经济出现了国际分工的格局，即国际间的贸易不再局限于将本国或地区的产品销往其他国家和地区，而是经济发达国家将原料从产地国和地区运往本国进行生产，然后将制成品销往全球各地，原料加工后的制成品增加了附加值。要发展这样的国际分工格局必须具备：

1. 原料产地的矿产品位高、质量好，值得长途运输进行加工，如中东的石油、巴西和澳大利亚的铁矿砂。

2. 经济发达国家具有雄厚的资金和掌握技术的高素质的人才，足以发展资金技术密集型的大型工业企业，如炼油厂、钢铁厂、发电厂、汽车制造厂等。

3. 要有运输成本低廉的运输工具，以补偿远距离运输所增加的运输费用，为此在该时期开发了10万~30万吨载重量的大型油轮和运矿砂的散货船，通过规模经济效益，大大降低了运输成本。日本用几十万吨的大型油轮从中东运输石油的成本要比在沿海用小型油轮运输的成本还要低。从经济学角度分析，归根结底是运输成本的降低，而不是运输距离的缩短。

4. 要有能接纳大型船舶的深水港湾。第二次世界大战以后，经济发达国家，如西欧和日本，在重建战争中被毁坏的港口时，充分利用了临海的深水岸线的良好条件和大型船舶海运成本低廉的特点，发挥深水海港的区位优势，将发展中国家的优质、廉价的原料和能源运到临海港口，建设大型的临海工业区。临海工业区成了第二代港口发展的经典模式。然而这一切均基于工业社会的国际经济分工，即发展中国家输出原材料和初级产品，发达国家利用发展中国家的原材料和初级产品加工成制成品再销往全球市场。

在网络经济时代，上述国际经济分工模式发生了重大的变化。发展中国家将自己加工原材料，制造并输出普通工业品；发达国家则转而生产和输出高科技产品和知识产品，特别是控制高科技产品和知识产品的研究和开发。一般工业品的生产和销售由跨国公司根据资源优化配置的原则在全球范围内进行组织。全世界将出现原工业社会国际经济分工格局与网络经济时代新一轮国际分工格局并存的局面。由于发展中国家经济发展的需要，大宗原料和能源的国际运输仍占有重要地位，但作为全球物流发展的主流将是集装箱运输。当前全球集装箱运输量的快速增长印证了这一科学论断。

10.4.2 交通流的强化导致许多地区基础设施能力不足

由于全球经济和贸易量的增长，当今世界许多地方各种运输方式能力过载的现象十分普遍，例如在欧洲，由于拥堵和交通流瓶颈等造成发运时间延长和运输可靠性降低，从而导致与服务质量降低、物品运送延误、生产中断、车辆利用率降低、能耗增加和工人工时损失等相关的额外成本支出。这些因素迫使物流企业在寻求新的运输方式、新的仓库设置地点或重新配置存货等方面作出努力。下面三个思路可以应对基础设施紧张的问题：

1. 实施国际资源政策，扩大采购区域；
2. 使生产设施的设置在地域上分布更广泛；
3. 实施全球的市场营销。

可见，一个国家和地区要使全球物流在本地区得到顺畅的流转和发展，必须加强交通基础设施的建设。

10.4.3 逆向物流快速增长

为了满足市场的需要，企业在制造产品或提供服务的过程中必须完成下列实物流中的部分或全部。

1. 将原料从初始源地发运到客户；
2. 半制成品从制造厂或供应商仓库运出；
3. 机器或机具从一个制造厂运往另一个制造厂；
4. 制成品在工厂、公司自有仓库、客户仓库或物流服务公司仓库之间运移；
5. 易耗品和备件从仓库运往修理厂或客户的产品所在地；
6. 客户需要修理的物品或部件从客户处运送到修理厂；
7. 销售的支持设备，如展台、广告牌和资源等从公司运往代理商；
8. 将空包装从货物送达点往回运到装货点；
9. 将已售出的产品或部件从货物送达点往回运到仓储或制造的初始地点（逆向物流）；
10. 将已使用过的产品再循环、再使用或废弃（逆向物流）。

早先，物流的投资主要集中在从公司流向市场的正向物流上，而近年来由于环境保护意识的觉醒和对资源保护的日益增长的关注，导致对从市场返回公司的逆向物流进行管理的需要，着重在对使用过的物品进行再使用、再包装、修理或废弃。

日益加剧的竞争和取悦客户也是逆向物流大量增加的一个重要原因。公司的销售策略中包含了将未销售出去的过时产品回收的行动和对不符合质量标准的产品实行“召回”制度，有些公司则提供30天试用期内可退还货款的保证，这样一些销售策略大大增加了返回的物流量，有些公司甚至达到总订单销量的20%。

10.4.4　现代信息技术与通信技术的发展为物流全球化创造了必要条件

技术的更新实质上也是一种内在的经济活动。因此，市场的经济活动与科技的开发活动不断相互作用必然会引发技术的创新。全球化的物流系统需要众多的企业及各国政府、国际组织的广泛合作才能建立，而这种合作离不开现代信息技术的发展与应用。现代信息技术在国际物流全球化发展中起到十分重要的作用，为此，一个国家的信息基础设施的建设及普及程度往往就能反映出该国（或地区）的物流竞争力。智能化运输系统（一种安全、高效、对环境无污染的且集聚了许多高新技术及众多功能的运输系统）及信息高速公路的应用程度说明一个国家的国际物流竞争力。

通常人们认为，只有当物流的硬件基础设施完善后，新的信息技术才能够服务于先进的物流系统，然而事实并非如此。信息技术的威力是奇妙无穷的，它完全可以用来作为战略性调整物流运行系统的有效手段，而且，未来的物流硬件设施的规划与实施建设均不可能离开信息技术的基础设施的结构、信息系统的特点及先进的物流网络，如同一个企业的价值链管理已扩张为全球化那样，物流网络也日趋全球化。然而，物流硬件设施、信息技术的基础设施及其先进的全球物流网络系统的综合发展必须考虑众多社会性因素。跨地区、跨国家的物流必将面临许多挑战，如怎样处理各国不同的法规、不同的经济利益关系以及不同的文化背景等，因此，在发展全球物流网络中还应充分重视国与国之间的差异。

物流技术中综合了许多现代信息技术，如GIS（地理信息系统）、GPS（全球卫星定位）、EDI（电子数据交换）、Bar Code（条码）等。现代物流信息技术的应用，使全球物流网络更加科学，并产生更大的经济效益。

11 物流成本

现代物流之所以被称为“第三利润源泉”，是因为在流通领域存在许多不应有的费用支出。物流成本的降低会促使企业经营效益的提高，因此，如何控制企业的物流运作成本，已成为现代物流研究的重要而紧迫的课题。

本章主要阐述物流成本的概念、物流成本的理论、物流成本的特征、企业物流成本的构成以及影响企业物流成本的主要因素。

11.1 物流成本概述

11.1.1 物流成本的概念

物流成本（Logistics Cost）是“物流活动中所消耗的物化劳动和活劳动的货币表现”（见 GB/T 18354—2006 中 2.21 条）。更具体而言，物流成本指产品在包装、运输、储存、装卸搬运、流通加工、物流信息、物流管理等过程中所耗费的人力、物力和财力的总和以及与存货有关的资金占用成本、物品损耗成本、保险和税收成本。

对企业而言，物流成本是指企业内部与物流相关活动的成本总和。物流成本能将企业物流经济成果量化，直观地体现物流的经济效益。企业可以通过对物流成本的计算和管理，有意识地控制物流成本占企业生产总成本的份额，促进企业物流作业的改进并尽可能达到合理化，达到以最恰当的成本换取所期望的产品或服务的目的，使企业尽可能获取最大利润。

11.1.2 有关物流成本的几个理论

1. “物流成本冰山”说

日本早稻田大学西泽修教授认为：“由于物流成本大多混入其他费用之中，物流过程中所支付的运费和保管费金额，很难看出费用水平的全貌，就像冰山的一角”。世界现行的财务会计制度和核算制度，都不可能掌握物流的实际费用，所以人们对物流费用的了解就像只看到了“冰山的一角”，有一定的虚假性。这就是“物流成本冰山”说。

企业一般只把支付给外部运输、仓库企业的费用列入成本。实际上，这些费用在整个物流费用中确实犹如冰山一角。因为物流基础设施建设费用和企业利用自己的车辆运输、自己的库房保管货物或由自己的工人进行包装、装卸等费用都没列入物流费用科目之内。企业向外部支付的物流费用只是很小的一部分，真正的大部分是企业内部发生的物流费用。

“物流成本冰山”说之所以成立，主要有以下三个方面的原因。

（1）物流成本的计算范围太大。包括采购与供应物流、厂内物流、生产物流、销售物流、回收和废弃物物流成本的核算。

（2）物流成本计算牵涉的环节太多。运输、保管、包装、装卸以及信息等各物流环节中，以哪几个环节作为物流成本的计算对象，其结果差别相当大。

（3）物流成本的支付方式多种多样。向外支付的运输费、燃料费、与物流相关人员的人工费、折旧费、物流设备维修费等。此类问题都与物流费用的大小直接相关，就其复杂程度而言，物流费确实只是露出水面的冰山一角。

2.“第三利润源泉”说

物流管理是“第三利润源泉”之说也是西泽修教授提出的。在生产力相对落后、社会产品处于供不应求的阶段，须大力进行设备更新改造、扩大生产能力、增加产品数量、降低生产成本来创造企业剩余价值，此即第一利润；当产品充斥市场，转为供给大于需求，销售达到瓶颈时，也就是第一利润达到一定极限，很难持续发展时，便采取扩大销售的办法来寻求新的利润源泉，这就是第二利润；然而，当销售也达到了一定极限时，发现物流管理不仅可以帮助扩大销售，而且是一个很好的新利润增长源泉时，便发展成了“第三利润源泉”说。

所谓第三利润源是相对第一利润源和第二利润源而言的。第一利润源是针对以“降低生产成本，节约物化劳动消耗”为途径，实现利润最大化；第二利润源是针对以“提高劳动效率，降低活劳动消耗”为途径，实现利润最大化；第三利润源不同于前两者，主要是针对以“降低物流费用”为途径，实现利润最大化，因此人们又把物流管理称为第三利润源泉。

3.“经济的黑暗大陆”理论

1962年美国管理大师彼得·德鲁克（Peter F. Drucker）在《财富》杂志上发表《经济的黑暗大陆》（The Economy’s Dark Continent）一文。文中指出：消费者在支付的商品价格中，约50%是与商品流通有关的费用，所以物流是降低成本的最后领域。物流是“经济的黑暗大陆”，是“一块未被开垦的处女地”。这就是物流“黑暗大陆”说。

目前，我国的物流费用平均达到40%，蔬菜食品类达到30%～60%；而广东珠三角鲜活类商品物流费用占货价的40%～60%；容易变质食品的流通费用有时竟高达商品销售价的70%。据专家测算，物流过程占用的时间几乎占整个生产过程的90%。

4. 社会物流成本占 GDP 的比重理论

社会物流成本占 GDP 的比重是用来衡量社会物流成本水平高低的基本指标。社会物流成本的统计范围包括三大部分：一是运输费用；二是库存维持费用；三是物流管理费用。

运输费用包括企业使用专业运输服务，支付给各种专业运输业者（包括物流子公司）的运输费用和企业使用自己的运输工具和运输设施开展运输活动所支出的费用。

库存维持费用包括用于存货的保管费用（人工费、设施折旧费、材料费、水电费等）和存货所占用资金的成本。前者包括支付给仓库企业的费用和企业自己从事货物保管所发生的费用；后者参考金融机构贷款利率和资本投资回报率确定一个固定比例，再乘以存货金额。

物流管理费用包括用于实物管理、物流信息系统及其运营方面支出的费用。管理费用的计算可以根据历史经验确定一个固定比例，乘以运输费用和库存持有费用的总和；或确定一个固定比例，乘以制造业和流通业的 GDP 贡献值。

由于各个国家的经济结构，产业发展水平和物流活动效率等方面存在着差距，因此，反映在社会物流成本占 GDP 的比重上也有所不同，表 11－1 是国际货币基金组织统计的主要国家和地区物流成本占 GDP 的比重值。其中社会物流成本的统计离不开企业物流成本的统计，只有在企业物流成本的统计趋于科学合理，并且有了一套完整的统计体系的情况下，才有可能从宏观上准确把握物流成本的水平。

表 11－1　　主要国家和地区物流成本占 GDP 的比重①

国家	GDP（十亿美元）	物流成本（十亿美元）	物流成本占 GDP 的比重（%）
中国大陆	4250	718	16.9
中国台湾	308	40	13.1
新加坡	85	12	13.9
中国香港	175	24	13.7
日本	3080	351	11.4
美国	8083	849	10.5
英国	1242	125	10.1

资料来源：取自 International Financial Statistics，Washington D. C.，I. M. F. …1996

现行的社会物流成本的统计方法，是站在货主企业，也就是物流需求方的角度去计算汇总物流费用的支出。社会物流成本占 GDP 的比重，从国际范围来看，呈现下降的趋势，如美国的物流成本占 GDP 的比重，基本上呈现逐年下降的趋势（如图

① 该统计指标与我国统计出的物流成本与 GDP 比重有些差异，主要是各国物流成本统计方法各异。

11－1所示）。实际上，美国物流成本占GDP的比重在2000年已经降低到了9.9%。这种现象首先说明，随着企业物流活动的合理化和效率化水平的提高，在创造同等规模社会财富的情况下，在物流活动领域耗费的资源得到降低，资源配置的合理化程度得到提高。

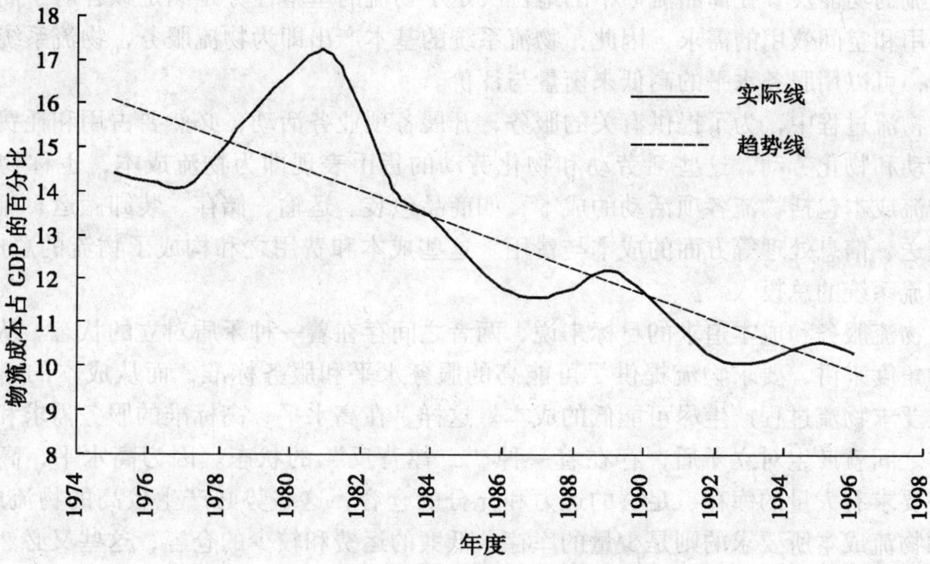

图11－1 美国历年物流成本占GDP的比重

11.1.3 物流成本的特征

物流成本作为企业成本的一个组成部分，除了具备一般成本所有的特征（如消耗性、可量化、可比较等）外，更具有交替损益性和隐含性的特点。本小节将对物流成本的交替损益性和隐含性进行重点分析。

1. 物流成本的交替损益性

"交替损益"一词源自英语"Trade－off"（最优均衡），其本来的含义是："两种目的，对于同一种资源会产生两种不同的结果时，为了更好地完成一种目的，而可能需要对另一目的的完成作出部分牺牲，这种目的间的关系，就是'交替损益'关系"，有时也称这种现象为"二律背反"或"效益背反"规律。从现代物流的角度出发，所谓交替损益可以理解为改变物流系统中任一要素都会影响到其他要素；系统中任一要素的增益都将对系统其他要素产生减损作用。

在企业的物流系统中，与成本相关的交替损益性有着非常广泛的表现。典型的交替损益关系有：物流服务水平和物流成本之间存在交替损益关系；构成物流系统的各子系统之间存在交替损益关系；各子系统的活动费用之间存在交替损益关系；个别职能和个别费用之间存在交替损益关系等。下面将举其中几例进行说明。

（1）物流服务与成本的交替损益关系

物流服务与物流成本之间存在“交替损益”关系，物流管理的任务是在服务与成本之间寻找平衡点。

物流的功能及其在商品流通中的地位决定了物流的基本任务是满足顾客对于商品的时间效用和空间效用的需求，因此，物流系统的基本产出即为物流服务，物流系统产出的多少，可以用服务水平的高低来衡量与评价。

在物流过程中，为了提供有关的服务，开展各项业务活动，必然要占用和耗费一定的活劳动和物化劳动，这些活劳动和物化劳动的货币表现即为物流成本，也称物流费用。物流成本包括物流各项活动的成本，如商品包装、运输、储存、装卸搬运、流通加工、配送、信息处理等方面的成本与费用。这些成本和费用之和构成了物流的总成本，也是物流系统的总投入。

从物流服务和成本追求的目标来说，两者之间存在着一种矛盾对立的状态。从物流服务的角度来讲，要求物流提供尽可能高的服务水平和服务标准，而从成本的角度来讲，又要求物流过程产生尽可能低的成本。这样，在高水平、高标准的服务需求和低物流成本之间就产生对立矛盾，存在着一种“二律背反”的状态。因为高水平、高标准的服务要求有大量的库存、足够的运力和充分的仓容，这些势必产生较高的物流成本；而低的物流成本所要求的则是少量的库存、低廉的运费和较少的仓容，这些又必然会减少服务项目，降低服务水平和标准。所以，将物流系统目标订为“谋求”最高的服务水平和最低的物流成本这只是一种理想化、绝对化的目标，在现实中两者是不可能同时成立的。

根据物流服务与成本间的关系，在物流管理中既不能片面地强调服务水平而不计成本，不考虑经济效益，也不能单纯地追求降低成本而忽视生产和销售的需要。以前曾有人提出把在任何时间、任何地点、任何数量上都满足顾客的要求作为物流服务的标准。应该承认，这样的服务标准确实很高，但只能在不考虑成本的前提下才办得到，从物流管理的观点来看，这是一种“无原则”的服务标准，既不现实，又不可取。而物流管理中的另一个偏向则是不管生产和销售的要求，单纯地追求最低的成本，比如为了降低运输费用，采取大批量集中运输但却不顾市场销售需要，以至于延长了运输时间，造成市场缺货，导致企业销售损失，并影响企业的信誉等。这种以牺牲企业生产和销售利益而换来的低成本是毫无意义的，是管理上的本末倒置。

在管理中，当我们谋求的某一项目标可以达到，而另一项目标却不能够同时达到时，就应权衡利弊，进行抉择，用综合的方法求得两者之间的平衡，以取得最佳的综合经济效益。所以，物流管理的任务是在服务与成本之间寻找平衡点，正确协调和处理两者之间的关系。

（2）构成物流系统的各子系统之间的交替损益关系

物流活动中运输、储存、包装、装卸搬运、流通加工、配送、信息处理等诸项活动要素相互联系、相互制约、相互结合共同组成了一个有机的整体——物流系统。由于系统的相关性产生了物流成本交替损益的关系，各子系统的功能如果不均匀，物流系统的整体能力将受到影响。如搬运装卸能力很强，但运输力量不足，会产生设备和人力的浪费；反之如装卸环节薄弱，车、船到达车站、港口后不能及时卸货，也会带来巨大的经济损失。所以物流总成本虽然是由物流各项要素成本组成，但它与各项要素成本之间并不是简单的成正比或成反比的关系，而是各项成本相互影响、相互作用的综合结果。

物流系统各子系统的优化并不等于，也不能代替物流大系统的优化，因此在物流管理中必须把所有相关的物流成本放到同一场所，用“总成本”这个统一尺度来计算，从综合经济效益上衡量、比较总的损益、得失，才能做出正确的决策。

（3）在运输方式的成本上存在交替损益关系

这里以空运和铁路运输作为两种运输方式的典型，说明运输方式的成本存在交替损益关系。空运速度快、成本高，铁路运输速度慢、成本低，即每吨公里的费率，空运要比铁路运输高得多。但如果对物流全部成本加以判断，情况会有所不同。

因为任何一种运输方式总是存在运费和保管费的交替损益关系，所以对不同运输方式进行交替损益的比较，不仅应考虑运输，还要考虑保管费。

从订货到把货物交付到收货人手里的时间称作前置时间（Lead Time），空运的前置时间与铁路相比为1∶10，由于供货的前置时间短，因而当货物的需求发生变化时，可以迅速地采取相应的对策解决问题，同时发生货物损耗的概率也较低。因此，利用空运可以减少货物的库存量，且保管费用低；与之相反，使用铁路运输尽管运输费用低，但前置时间长，保管费用高。因此，在物流系统选择运输方式的成本问题时，要考虑交替损益的问题，使运费和保管费在整体上达到最优。

（4）商品库存成本与缺货成本之间存在着交替损益关系

当接受订货时，库内无货称作“缺货”，缺货发生的比率称作“缺货率”；当顾客订货时立即从库存品中直接提货的比率称作“服务率”。服务率在流通领域是一个重要概念，服务率低不仅会导致销售机会的丧失，还可能给企业带来声誉上的不良影响，甚至导致在销售领域内的失败，因此企业往往为了保证“服务率”而保有较多的库存。但这种做法很可能导致库存量过剩而增大商品的库存成本，对经营企业也是很不利的。因此在物流系统中应当设立合理的服务率。库存费用和缺货率的交替损益（如图11－2所示）。

上面四个例子只是物流成本之间存在交替损益性的一个说明。在实际工作中，可以发现物流环节成本间普遍存在这样的特征，因此，对于物流成本，不能只关注个别成本的问题，要根据成本的交替损益性全面地掌握成本的变化，力图使“交替损益”的结果能实现总成本的最低。

2. 物流成本的隐含性

日本学者西泽修的物流成本的“冰山理论”，指的就是物流成本存在着的隐含性特

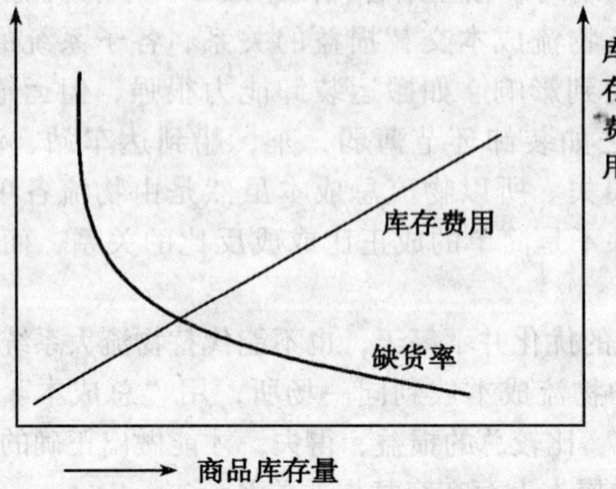

图 11－2 库存费用和缺货率的交替损益

征。我们认为造成物流成本“隐含”的原因主要有如下两方面：

一方面，企业物流过程的复杂性导致物流成本计算的不完全性。企业物流过程包括原材料采购物流、工厂零部件厂内物流、从工厂到仓库和配送中心的成品物流、从配送中心到商店的商品物流等，这导致物流成本的计算范围很广泛。如此广泛的范围，在计算中极易忽略其中的某一部分，不同企业包括的计算范围不同，它们物流费用的高低就会相距甚远，而且缺乏可比性。

另一方面，企业的各项费用的习惯性归属导致了物流成本的“隐含”。哪些费用应该列入物流成本中的问题，一直没有一个统一的标准。向外部支付的运输费、保管费、装卸费等费用一般都容易列入物流成本，可是本企业内部发生的与物流相关的费用是否也该列入物流成本中，哪些应该列入物流成本中，长期以来企业形成了一些费用归集的习惯做法。如有很多企业把销售物流成本计算在产品成本中，有企业把购买原材料所支付的物流费用计算在原材料费用中，也有企业把自用运输费和自用保管费则分别计入销售费和一般管理费的相关费用中，对于与物流有关的利息是和其他利息一起计入营业外费用中。如果把这些费用与物流相关的部分都归入物流成本，不就更利于认清物流成本的全貌了吗？

此外，物流成本的隐含还可能因为一些例外物流费用发生了，却未能得到相应的重视而未“浮出水面”。比如由于供应链较长而引起的额外存货费用，额外包装费用和包装不良引起的货损，仓储不当引起的货损风险费用，货物不合格返退供应商而引起的额外时间和支出，日益增加的信息、交通和人员费用支出，通货膨胀和汇率风险费用等。这些费用的产生往往存在着一定程度的不可预测性而难以控制。

正因为物流成本“隐含性”，物流成本的管理才显得如此重要。可以说，物流成本的管理工作，一个非常重大的任务是要把隐藏着的物流成本充分挖掘出来，尽可能地了解成本的全貌，然后再根据成本发生的实际情况采取相应的管理措施。

物流成本的交替损益性和隐含性这两个特征使得成本复杂化，这给成本的测算和管理带来了相当大的难度，为此，在进行物流成本管理时，必须采用归纳推理的逻辑方法，合理确定成本；并坚持系统的观点，从整体上降低物流成本。

11.1.4　物流成本计算对象

本节中以物流成本项目、物流范围和物流成本支付形态作为物流成本计算对象。

1. 成本项目类别物流成本

成本项目类别物流成本是指以物流成本项目作为物流成本计算对象，具体包括物流功能成本和存货相关成本。其中，物流功能成本指在包装、运输、仓储、装卸搬运、流通加工、物流信息和物流管理过程中所发生的物流成本。存货相关成本指企业在物流活动过程中所发生的与存货有关的资金占用成本、物品损耗成本、保险和税收成本。

2. 范围类别物流成本

范围类别物流成本指以物流活动的范围作为物流成本计算对象，具体包括供应物流、企业内物流、销售物流、回收物流和废弃物物流等不同阶段所发生的各项成本支出。

3. 形态类别物流成本

形态类别物流成本指以物流成本的支付形态作为物流成本计算对象。具体包括委托物流成本和企业内部物流成本。其中企业内部物流成本其支付形态具体包括材料费、人工费、维护费、一般经费和特别经费。

11.1.5　物流成本构成

物流成本指物流活动中所消耗的物化劳动和活劳动的货币表现。即产品在包装、运输、储存、装卸搬运、流通加工、物流信息、物流管理等过程中所耗费的人力、物力和财力的总和以及与存货有关的资金占用成本、物品损耗成本、保险和税收成本。本部分内容依据国家标准《企业物流成本构成与计算》（GB/T 20523—2006）编写。

1. 物流成本项目构成

按成本项目划分，物流成本由物流功能成本和存货相关成本构成。其中物流功能成本包括物流活动过程中所发生的包装成本、运输成本、仓储成本、装卸搬运成本、流通加工成本、物流信息成本和物流管理成本，存货相关成本包括企业在物流活动过程中所发生的与存货有关的资金占用成本、物品损耗成本、保险和税收成本。具体内容如表 11－2 所示。

表 11－2　　企业物流成本项目构成表

<table>
<tr><td rowspan="9">物流功能成本</td><td rowspan="6">物流运作成本</td><td>成本项目</td><td>内容说明</td></tr>
<tr><td>运输成本</td><td>一定时期内，企业为完成货物运输业务而发生的全部费用，包括从事货物运输业务的人员费用，车辆（包括其他运输工具）的燃料费、折旧费、维修保养费、租赁费、养路费、过路费、年检费、事故损失费、相关税金等</td></tr>
<tr><td>仓储成本</td><td>一定时期内，企业为完成货物储存业务而发生的全部费用，包括仓储业务人员费用，仓储设施的折旧费、维修保养费、水电费、燃料与动力消耗等</td></tr>
<tr><td>包装成本</td><td>一定时期内，企业为完成货物包装业务而发生的全部费用，包括包装业务人员费用，包装材料消耗，包装设施折旧费、维修保养费，包装技术设计、实施费用以及包装标记的设计、印刷等辅助费用</td></tr>
<tr><td>装卸搬运成本</td><td>一定时期内，企业为完成装卸搬运业务而发生的全部费用，包括装卸搬运业务人员费用，装卸搬运设施折旧费、维修保养费、燃料与动力消耗等</td></tr>
<tr><td>流通加工成本</td><td>一定时期内，企业为完成货物流通加工业务而发生的全部费用，包括流通加工业务人员费用，流通加工材料消耗，加工设施折旧费、维修保养费、燃料与动力消耗费等</td></tr>
<tr><td colspan="2">物流信息成本</td><td>一定时期内，企业为采集、传输、处理物流信息而发生的全部费用，指与订货处理、储存管理、客户服务有关的费用，具体包括物流信息人员费用，软硬件折旧费、维护保养费、通信费等</td></tr>
<tr><td colspan="2">物流管理成本</td><td>一定时期内，企业物流管理部门及物流作业现场所发生的管理费用，具体包括管理人员费用，差旅费、办公费、会议费等</td></tr>
<tr><td colspan="2"></td><td></td></tr>
<tr><td rowspan="3">存货相关成本</td><td colspan="2">资金占用成本</td><td>一定时期内，企业在物流活动过程中负债融资所发生的利息支出（显性成本）和占用内部资金所发生的机会成本（隐性成本）</td></tr>
<tr><td colspan="2">物品损耗成本</td><td>一定时期内，企业在物流活动过程中所发生的物品跌价、损耗、毁损、盘亏等损失</td></tr>
<tr><td colspan="2">保险和税收成本</td><td>一定时期内，企业支付的与存货相关的财产保险费以及因购进和销售物品应缴纳的税金支出</td></tr>
</table>

2. 物流成本范围构成

按物流成本产生的范围划分，物流成本由供应物流成本、企业内物流成本、销售物流成本、回收物流成本以及废弃物物流成本构成。具体内容如表 11－3 所示。

表 11－3 企业物流成本范围构成表

成本范围	内容说明
供应物流成本	指经过采购活动，将企业所需原材料（生产资料）从供给者的仓库运回企业仓库为止的物流过程中所发生的物流费用
企业内物流成本	指从原材料进入企业仓库开始，经过出库、制造形成产品以及产品进入成品库，直到产品从成品库出库为止的物流过程中所发生的物流费用
销售物流成本	指为了进行销售，产品从成品仓库运动开始，经过流通环节的加工制造，直到运输至中间商的仓库或消费者手中的物流活动过程中所发生的物流费用
回收物流成本	指退货、返修物品和周转使用的包装容器等从需方返回供方的物流活动过程中所发生的物流费用
废弃物物流成本	指将经济活动中失去原有使用价值的物品，根据实际需要进行收集、分类、加工、包装、搬运、储存等，并分送到专门处理场所的物流活动过程中所发生的物流费用

3. 物流成本支付形态构成

按物流成本支付形态划分，企业物流总成本由委托物流成本和内部物流成本构成。其中内部物流成本按支付形态分为材料费、人工费、维护费、一般经费和特别经费。具体内容如表 11－4 所示。

表 11－4 企业物流成本支付形态构成表

成本支付形态		内容说明
企业内部物流成本	材料费	资材费、工具费、器具费等
	人工费	工资、福利、奖金、津贴、补贴、住房公积金等
	维护费	土地、建筑物及各类物流设施设备的折旧费、维护维修费、租赁费、保险费、税金、燃料与动力消耗费等
	一般经费	办公费、差旅费、会议费、通信费、水电费、煤气费等
	特别经费	存货资金占用费、物品损耗费、存货保险费和税费
委托物流成本		企业向外部物流机构所支付的各项费用

11.1.6 物流成本计算

1. 物流成本表

本节中物流成本计算以物流成本项目、物流范围和物流成本支付形态三个维度作为成本计算对象。物流成本表包括成本项目、范围和支付形态三个维度，具体包括主表（企业物流成本表，见表11－5）和附表（企业内部物流成本支付形态表，见表11－6）。

表11－5　　企业物流成本表（主表）

编制单位：　　　　年　　月　　　　单位：元

成本项目 \ 范围及支付形态			供应物流成本			企业内物流成本			销售物流成本			回收物流成本			废弃物物流成本			物流总成本		
			内部	委托	小计	内部	委托	小计	内部	委托	小计	内部	委托	小计	内部	委托	小计	内部	委托	合计
物流功能成本	物流运作成本	运输成本																		
物流功能成本	物流运作成本	仓储成本																		
物流功能成本	物流运作成本	包装成本																		
物流功能成本	物流运作成本	装卸搬运成本																		
物流功能成本	物流运作成本	流通加工成本																		
物流功能成本	物流运作成本	小计																		
物流功能成本	物流信息成本																			
物流功能成本	物流管理成本																			
物流功能成本	合计																			
存货相关成本	资金占用成本																			
存货相关成本	物品损耗成本																			
存货相关成本	保险和税收成本																			
存货相关成本	其他成本																			
存货相关成本	合计																			
物流总成本																				

表11－6　　企业内部物流成本支付形态表（附表）

编制单位：　　　　年　　月　　　　单位：元

成本项目 \ 内部支付形态			材料费	人工费	维护费	一般经费	特别经费	合计
物流功能成本	物流运作成本	运输成本						
物流功能成本	物流运作成本	仓储成本						
物流功能成本	物流运作成本	包装成本						
物流功能成本	物流运作成本	装卸搬运成本						
物流功能成本	物流运作成本	流通加工成本						
物流功能成本	物流运作成本	小计						

续 表

内部支付形态 成本项目		材料费	人工费	维护费	一般经费	特别经费	合计
物流功能成本	物流信息成本						
	物流管理成本						
	合计						
存货相关成本	资金占用成本						
	物品损耗成本						
	保险和税收成本						
	其他成本						
	合计						
物流总成本							

2. 物流成本计算方法

(1) 基本思路

1) 可从现行成本核算体系中予以分离的物流成本

对于现行成本核算体系中已经反映但分散于各会计科目之中的物流成本，企业在按照会计制度的要求进行正常成本核算的同时，可根据本企业实际情况，选择在期中同步登记相关物流成本辅助账户，通过账外核算得到物流成本资料；或在期末（月末、季末、年末）通过对成本费用类科目再次进行归类整理，从中分离出物流成本。

2) 无法从现行成本核算体系中予以分离的物流成本

对于现行成本核算体系中没有反映但应计入物流成本的费用即存货占用自有资金所产生的机会成本，根据有关存货统计资料按规定的公式计算物流成本。

(2) 具体方法和步骤

1) 可从现行成本核算体系中予以分离的物流成本

对现行成本核算体系中已经反映但分散于各会计科目之中的物流成本，应按以下步骤计算：

第一步，设置物流成本辅助账户，按物流成本项目设置运输成本、仓储成本、包装成本、装卸搬运成本、流通加工成本、物流信息成本、物流管理成本、资金占用成本、物品损耗成本、保险和税收成本二级账户，并按物流范围设置供应物流、企业内物流、销售物流、回收物流和废弃物物流三级账户，对于内部物流成本，还应按费用支付形态设置材料费、人工费、维护费、一般经费、特别经费费用专栏。上述物流成本二级账户、三级账户及费用专栏设置次序，企业可根据实际情况选择。

第二步，对企业会计核算的全部成本费用科目包括管理费用、营业费用、财务费用、生产成本、制造费用、其他业务支出、营业外支出、材料采购、应交税金等科目及明细项目逐一进行分析，确认物流成本的内容。

第三步，对于应计入物流成本的内容，企业可根据本企业实际情况，选择在期中与会计核算同步登记物流成本辅助账户及相应的二级、三级账户和费用专栏，或在期末（月末、季末、年末）集中归集物流成本，分别反映出按物流成本项目、物流范围和物流成本支付形态作为归集动因的物流成本数额。

第四步，期末（月末、季末、年末）汇总计算物流成本辅助账户及相应的二级、三级账户和费用专栏成本数额，按照表 11 –5、表 11 –6 的内容要求逐一填列。

2）无法从现行成本核算体系中予以分离的物流成本

对于现行成本核算体系中没有反映但应计入物流成本的费用即存货占用自有资金所产生的机会成本，其计算步骤如下：

第一步，期末（月末、季末、年末）对存货按在途和在库两种形态分别统计出账面余额。

第二步，按照公式存货资金占用成本 = 存货账面价值 × 企业内部收益率（或一年期银行贷款利率）计算出存货占用自有资金所产生的机会成本，并按供应物流、企业内物流和销售物流分别予以反映。

第三步，根据计算结果，按照表 11 –5、表 11 –6 的内容要求逐一填列。

3. 物流间接成本分配原则

在计算物流成本时，对于单独为物流作业及相应的物流功能作业所消耗的费用，直接计入物流成本及其对应的物流功能成本，对于间接为物流作业消耗的费用，为物流作业和非物流作业同时消耗的费用、为不同物流功能作业共同消耗的费用以及为不同物流范围阶段消耗的费用，应按照从事物流作业或物流功能或物流范围阶段作业人员比例、物流工作量比例、物流设施面积或设备比例以及物流作业所占资金比例等确定。

11.2 影响企业物流成本的因素

影响企业物流成本的方面很多，在对企业的物流成本实施有效的管理之前，全面地了解其影响因素将会使管理活动针对性强，达到事半功倍的效果。本节归纳了五大方面的影响因素，并分别进行深入分析。

11.2.1 企业产品与物流成本

企业的产品（包括原材料、半成品和产成品）是企业的物流对象。因此，企业的产品是首先要考虑的影响物流成本的因素。企业产品的种类不同，属性不同，在重量、体积、价值和物理、化学性质方面都有不同的特点。这些特点的不同组合，对企业的物流活动如仓储、运输、物料搬运的成本问题均会产生不同的影响。我们可以从以下方面对产品属性和物流成本关系进行深入分析。

1. 产品的种类与物流成本的关系

种类的差别，决定了其他一切的差别，产品也是如此。图 11－3 中的数字[①]统计了物流成本在 6 种不同产品分类中占销售额的百分比。其中食品和消费品占销售额的比重最大，约 32%，其次是主要的金属产品，所占比重也将近 30%，而最低的化工和塑料产品物流成本比重不到 15%。

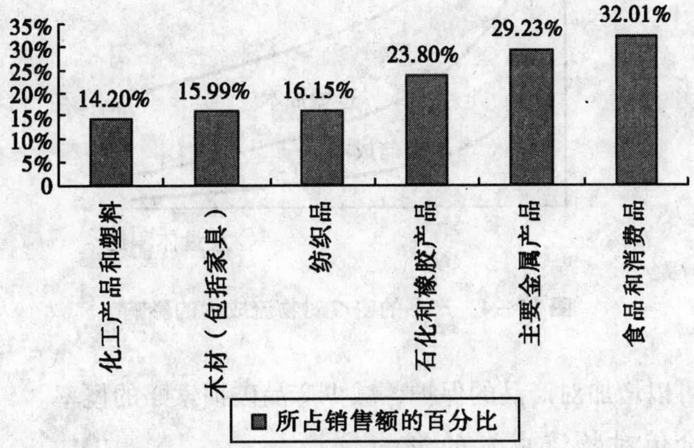

图 11－3　产品与物流成本的关系

了解物流成本在不同产品类别中的差异，其意义在于为企业物流成本管理者提供一个参考，使其根据企业产品的类别来对比本企业的物流成本实际发生情况，而不是盲目对比。

2. 产品的密度对物流成本的影响

产品的密度是由它的重量和体积决定的。产品的运输成本、仓储成本一般以重量或以体积作为计量单位来计算，所以产品密度对物流成本有直接的影响。它们之间的关系如图 11－4 所示。

随着产品密度增加，即产品重量体积比增大，仓储和运输成本占销售价格的比重呈现降低趋势。

把产品的密度和物流成本的这种关系运用到成本管理的实践中，通常是通过减少产品的体积来降低成本。例如，生产家具的厂商可以事先不对家具进行装配，而是以各个组成部分的散装形式运输到销售地再进行装配，这样做可以通过减少包装体积来达到运输成本降低的目的。

另外有一种做法是对零散的产品进行集装，也就是对要运输的产品进行适当的包装，这可以视为增加了产品总体密度，这样做一方面可以缩小体积降低运输和仓储的成

① 来源：台湾《物流讲义》

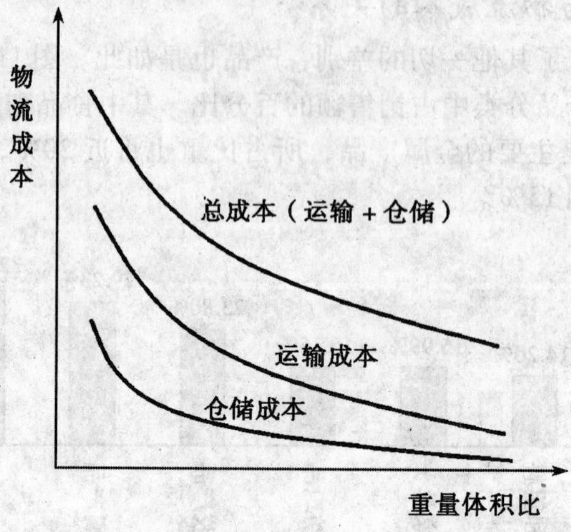

图 11－4　产品的密度对物流成本的影响

本，另一方面还可以增加对产品的保护，减少产品破损索赔的概率。

3. 产品的价值对物流成本的影响

产品的价值不同，需要的物流成本的支持也存在差异。虽然运输成本、仓储成本一般是按重量和体积计算的，但价值高的产品的物流成本都相对比一般产品高。如在国际物流中海运费率的一条重要原则是：高价值商品的运费率要高于低价值商品的运费率。因为运输成本和仓储成本都含有保险费，保险费是按照产品的价值的比率来计算的，而且存储成本包含的库存维持成本也是按产品价值的一定比率计算的，这些都增加了产品的物流成本；而且出于服务和保险的考虑，价值高的产品的运输的方式日益倾向于选择航空运输，这也使得运输成本呈增加的趋势。

产品的价值对物流成本的影响还表现在产品价值和重量之间的关系上。价值低，重量大的产品，如煤炭、沙子等，由于生产中所需此类原材料的运输量极大，因此难以避免运输成本在产品价值中所占比重会偏大；相反，价值高，重量小的产品如珠宝、高科技产品等，存储成本较高而运输成本相对较低。另外，虽然有些企业的产品单位价值不高，但它的产销量较大，在这种类型的企业中，资金成了最主要的生产要素，资金的周转速度很重要，如生产低端家电产品的企业就是此类典型。这决定了在运输方面要求快速完成整个流通的周期过程，这样会引起运输成本的增加，再加上用户的需求在区域上通常表现为点多量少，需要在各个销售地区设立配送中心，从而也增加了仓储配送成本。

因此，产品的价值影响着物流成本的高低，在考虑成本的节约时，不可忽视产品价值的保有和实现。

4. 产品的可替代性

产品的可替代性指的是在一定范围内一种产品的使用价值可用另一种商品来替代。企业生产的产品可替代性强，意味着如果本企业的产品的价格相对高，或处于暂时缺货的状态，客户会很容易选择其他品牌的产品。因此可替代性强的产品竞争除了品牌竞争之外，更要重视服务的竞争。企业物流管理此时的作用就在于在产品的分拨计划中，考虑通过运输服务的选择、仓储服务的选择或两者兼用来降低此类产品的失销成本，保持现有的客户群。

图 11 -5 和图 11 -6 分别描述了在仓储成本不变的条件下提高运输成本来改进运输服务层次水平，以及在运输成本不变的情况下，维持较大的库存水平来保证对客户提供现货的能力。可见，企业的产品若可替代性强，应该在顾客服务上下工夫，在物流方面的策略就是通过适当提高运输成本或库存成本来增加产品的可得性，以保证企业整体利润的实现。

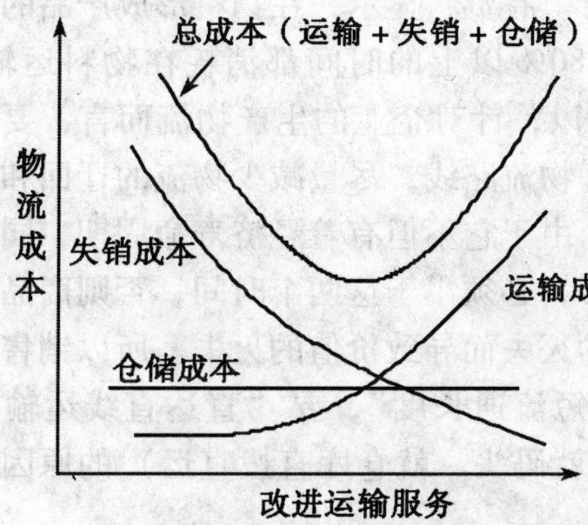

图 11 -5　改进运输服务对物流成本的影响

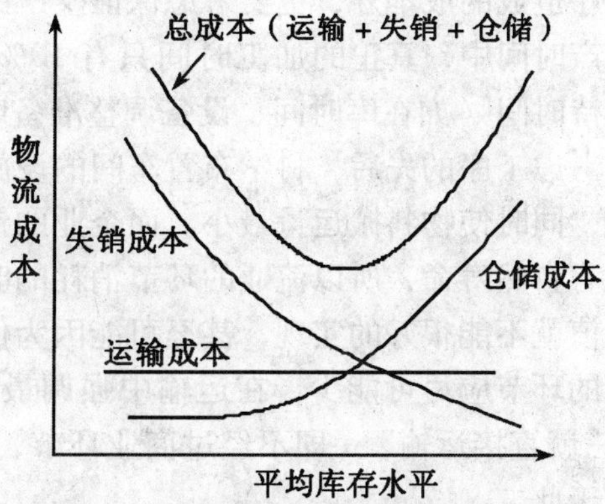

图 11 -6　改进仓储服务对物流成本的影响

5. 产品的风险性

产品的风险性是指产品本身存在的易燃性、易损性、易腐性和易于被盗等方面的特性。产品的风险性会对物流活动有特定的限制，从而引起物流成本的上升。如精密度高的产品，对保管和养护条件的要求较高，这无疑对物流的各个环节如运输、搬运、仓储都提出很高的物质要求而引起物流成本的增加；再如新鲜的水果、鲜花需要冷藏储存和运输，通常需要使用费用高昂的航空运输。而产品价值高的产品在运输仓储时的防盗措施必不可少，总之，由于产品的风险性而在物流过程中引起特殊防护作业，会增加企业的物流分拨总成本。

以上是从产品的特征属性这个因素来讨论产品对物流成本的影响，我们还可以从产品的类别如从营销学的角度看，把产品分为便利消费品、选购消费品和特殊产品等，不同类别的产品的分销渠道不同，为之付出的物流成本水平因此而高低不等；从产品的生命周期看，在产品的引入、成长、成熟和衰退四个阶段的物流成本也会因企业的物流战略支持需要而不同。这里就不一一分析了。

11.2.2 物流环节对物流成本的影响

物流过程的主要环节有运输、储存、装卸搬运、包装、流通加工、配送、物流信息处理等，其中最基本的环节是改变物料存在的时间和场所，即运输和储存活动。如果把物流环节看成有一定“长度”的话，其长度就是从供应者到接收者的整个流程的长度，从经济的角度考虑，这个长度应该用时间来衡量。对商品流通渠道和物流环节的选择，是影响物流成本很重要的两个方面。

从企业采购物流和生产物流来看，物流的环节是从企业的原材料、辅助材料、零件采购开始，到在生产过程中这些材料经过各个生产车间及各道操作工序的转换而形成的，它们的物流的时间要求是必须能及时满足下一生产过程的需要，即除了要考虑过多工序造成的成本外，更要考虑保证生产的顺利进行。有资料显示，在物料形成产品的总生产时间中，真正的加工时间只有10%～20%，80%以上的时间都消耗在物料运输、等待时间（如在库时间、设备调整准备时间），所以，针对企业的生产物流而言，要充分考虑工序的先后，科学布置车间的设施，设计好物流路线，尽量减少物流的迂回和倒流，同时使物料搬运量最小。而企业的销售物流，由于它不但有着经济寿命周期，同时还有自然寿命，所以流通的环节消耗的时间很重要，必须小于这两个时间，否则商品的价值就不能很好的实现，甚至可能因为使用价值的灭失而导致价值的灭失。所以销售物流的环节应尽可能少，在运输中强调最好要“最短流通长度”，要“直达直线运输”、“三就直接运输”（即不经过商业环节，就车站、就码头、就仓库直拨直运）的原因就在于此。

物流环节的多少，经历时间的长短直接影响着物流成本的大小。一般而言，对于物流环节，原则是中间的环节尽可能减少，在中间环节停留的时间也要尽可能少，每段运输距离尽可能短，而运输速度尽可能提高。物流环节成本直接影响着商品成本，在实际工作中必须重视消除多余环节，加强关键环节的管理，挖掘物流环节中存在的成本降低空间。

11.2.3 物流服务对物流成本的影响

物流服务是企业物流系统的产出，对企业而言的物流管理对客户而言就是顾客服务。顾客服务随着市场竞争的加剧，越来越成为企业创造持久竞争优势的有效手段。而企业管理者也发现加强企业物流管理对于顾客服务的满意度的重大意义所在。

企业的物流成本的降低受到物流服务水平的制约。顾客所期望的物流服务水平是企业做出任何一项降低物流成本决策时必须考虑的因素。物流管理者必须全面衡量客户服务需求，绝不能为了降低成本而无视服务。如果连顾客可以接受的最低服务水平都达不到，服务付出的回报值是零，甚至会造成企业的声誉损失和机会丧失等负面影响。与此相反，物流服务水平的高低设定也必须重视其对物流成本水平的影响程度。例如为改进顾客服务水平，通常使用溢价运输，这对总成本的影响是双方面的：运输成本曲线将向上移动以反映更高的运输费用；库存费用曲线将向下移动以反映由于较低的临时库存而导致平均库存的减少。在一般情况下，这些成本变化后的净值是总成本的增加，但如果改进服务能增加收入，则这样的成本调整（增加）通常可视为是合理的。不过，绝不能为提供更令人“满意”的服务而导致物流成本的急剧增加，而且其增加值大于长期销售收入增长所创造的利润。因此，需要在物流服务水平，总物流成本及企业的总利润之间做投入产出的效益对比分析。

正因为服务水平的提高对于企业的收入增加有着直接的影响，所以考虑物流服务与物流成本之间的权衡时，应更加重视从促进企业利润最大化而不是成本最小化的角度出发，应该首先对比不同的物流服务水平对于销售收入的影响，然后再根据被认为对销售收入贡献明显（即最优）的服务水平来计算出物流成本，而后再考虑这个物流成本的降低的方法（不从服务水平降低的角度进行考虑）。

但确定最优的物流服务水平并不容易。不仅要确定物流服务水平和销售收入之间的关系，还要确定物流服务水平与物流成本之间的关系。图 11－7 反映出了销售收入和物流成本随物流服务水平变动的树叶状关系图。销售收入和物流服务之间存在着的边际收入递减关系曲线和物流成本与物流服务之间的正向递增关系曲线之间距离最大的点对应的物流服务水平是能带来企业利润最大化的最优选择。

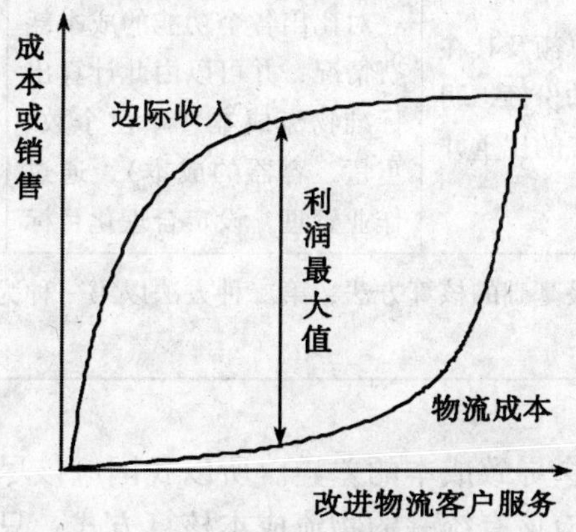

图 11－7　成本收入和服务水平的关系图

事实上，评估不同的物流服务水平及相应的成本之间的关系，这也是企业在制定物流战略时必须考虑的问题。提供多少基本客户服务，必须通过对相对成本和收益的论证决定。除此之外，还取决于一系列因素，诸如竞争情况，物流定位为核心竞争力的程度，客户对于企业的物流绩效的敏感度，以及一个企业完成许诺的能力等。

总之，物流服务应该是物流成本的一项内涵。任何降低物流成本的策略考虑都要把物流服务的水平涵盖其中。

11.2.4 核算方式对物流成本的影响

我国尚未建立起企业物流成本的核算标准，各企业不同的会计记账需要导致了对于物流成本目前存在着很多不同的核算方式，从而导致了各企业的物流成本除了“量”的差异外，还存在着“质”的差异。在日本，虽然对物流成本的核算已经有了一套成型的标准（日本运输省 1997 年制定的《物流成本统一计算标准》），但该标准并不是只统一了一种标准，而是提供了三种不同类别的核算方式的标准，从不同角度对物流成本进行归集和对比，以指导和适应不同企业对于物流成本核算的要求。表 11－7 是对这三种核算方法的比较。

表 11－7　不同核算方法对物流成本的影响

核算标准	以支付形态为标准	以物流功能为标准	以适用对象为标准
具体含义	分别按运费、保管费、包装材料费、自家配送费（企业内部配送费）、人事费、物流管理费、物流利息等支付形态记账	分别按包装、配送、保管、搬运、信息、物流管理等功能计算物流费用	按企业的物流成本不同的适用对象进行成本归集（一般可以按照商品、顾客、地域等作为物流成本的适用对象）
对物流成本的影响	掌握物流成本总额及其在企业整体费用中的份额，明确物流成本各形态的比重并使之合理化	对比出各个功能的成本耗费情况，并可以由此计算出标准物流成本（单位个数、重量、容器的成本），通过作业管理，设定合理化目标	可以对不同类别的商品、顾客和地域的物流成本进行对比分析，以指导不同物流战略的制定
相互关系	第一种标准是最基础的核算方法，第二种方法以第一种为基础，第三种方法又以第二种为基础		

核算方式的不同必然会导致成本的差异。所以我国应该尽快建立起物流成本核算标准，最起码在同一行业内应该有统一的物流成本核算方式，只有这样，成本核算才具可比性而更好地指导成本管理。

当然，影响企业物流成本的因素除了以上几个大方面外，还有一些其他因素，比如企业信息化程度的因素等，但以上分析的这五大因素是我们考察一个企业的物流成本时都必须注意的重要方面，只有对这些不同的方面有所掌握，才有可能抓住物流成本管理的主要方面，保证有效地开展物流成本管理工作。

12 物流技术与物流装备

物流装备是实现物流作业和具体功能的手段和载体。物流装备的运用和管理离不开先进的物流技术的应用。一般而言，物流装备包括物流基础设施和物流设备两大方面，其中物流基础设施包括铁路运输设施、公路运输设施、水路运输设施、航空运输设施和管道运输设施；物流设备包括仓储设备、起重机械、物料搬运设备、分拣设备、集装及运输设备、条码及自动化设备、其他物流周边设备等。本章主要介绍物流装备的基本概念和基本功能，以及融合于物流装备之间的物流技术。介绍过程采用大量图片来展示，以使读者对物流设施和设备有个感性认识，同时建议读者通过实习、实训或实地实物考察，对物流装备进行结构、功能、原理、实际应用方面的分析对比。

12.1 物流技术

12.1.1 物流技术的含义与构成

1. 物流技术的含义

物流技术（Logistics Technology）是“物流活动中所采用的自然科学与社会科学方面的理论、方法，以及设施、设备、装置与工艺的总称”（见 GB/T 18354—2006 中 2.20 条）。

物流技术的创新和发展，是推动物流业发展的重要动力源。例如，现代化交通基础设施（如高速公路、高速铁路等）的建设和运输设备的配置，极大地缩短了物流时间，提高了运输效率；托盘、集装箱、单位载荷制技术的发展和应用，促使搬运装卸机械化以及各种运输方式之间联运的发展，提高了装卸效率以及物流系统的效率和运行质量；高架自动化立体仓库技术的发展和应用，大大节约了仓库面积，提高了仓库利用效率；现代计算机技术、网络技术的发展，以及开发和应用物流系统软件，促使物流向效率化阶段演进。因此，物流技术是提高物流生产力的决定性因素，其作用是把各种物资从生产者一方快速转移给消费者一方。

2. 物流技术的构成和种类

一般来说，物流技术主要有以下几种划分方法：

（1）按领域划分

按领域划分，物流技术可划分为物流硬技术和物流软技术。

物流硬技术是指组织实现现代物流过程所需要的各种集装材料、包装材料、物流基础设施、物流机械和设备等。

物流软技术是指为组织实现高效率的现代物流所需要的计划、分析、评价等方面的技术和管理方法等。比如，物流设施的合理使用和调配以及运输路径选择等技术。

目前，我们不仅要重视物流硬技术的建设，更要重视物流软技术的建设，通过物流软技术的建设更好地发挥物流硬技术的作用，提高现代物流的效率。

(2) 按范围划分

按范围划分，物流技术有狭义和广义之分。

狭义的物流技术主要是指现代物流活动过程中的有关物流技术。比如货物实体在运动过程中的一些物流技术以及有关物流信息运动的一些物流技术等。本章我们主要介绍和研究该种含义上的物流技术。

广义的物流技术不仅包括现代物流活动过程中的有关物流技术，而且也包括其构成之外的一些物流技术以及物流技术的发展规律等，比如物流规划技术、物流效率分析与评价技术等。

(3) 按物流的实物作业过程划分

按物流的实物作业过程划分，物流技术可划分为包装技术、运输技术、储存保管技术、装卸搬运技术、流通加工技术以及配送技术等。

(4) 按内容划分

按内容划分，物流技术可划分为实物作业技术和电子作业技术。实物作业技术主要包括包装技术、运输技术、储存保管技术、装卸搬运技术等；电子作业技术包括 GIS、GPS、EDI 和条码等。

12.1.2 物流技术的评价标准

物流技术的评价标准包括以下几个方面：

1. 先进性标准

先进性标准是在采用物流技术时，应尽可能采用先进的物流技术。对于物流技术先进性的评价，不仅要从技术的功能性、稳定性和可靠性上进行评价，而且还要从技术是否具有拓展性以及是否安全等方面进行评价。需要注意的是，在现代物流活动中，不仅要重视和考虑现代信息技术和物流作业技术的先进性，而且也要考虑两者的配套和协调性，谨防两者脱节，给现代物流活动产生不必要的损失，影响现代物流效率的提高。

2. 经济性标准

经济性标准是指在采用物流技术时，要考虑物流技术在经济上的合理性。一是要考虑采用某项物流技术时的投资规模不能脱离企业的财务现实。如果投资规模过大，脱离了企业的实际，不仅会使企业背上沉重的财务负担，而且也会造成投资效益的下降。二是要考虑企业的物流规模和发展方向。一般来说，对于物流规模较小且不把物流作为主要发展方向的企业来说，应尽量减少在物流硬技术方面的投资，适度地扩大在物流软技术方面的投资；而对于物流规模较大且把物流作为主要发展方向的企业来说，不仅要进行物流硬技术方面的投资，而且应适当加大在物流软技术方面的投资。三是要考虑物流技术在应用过程中的费用问题。

3. 适用性标准

适用性标准是指物流技术的应用应适合物流的现实经济状况。在当代，技术的发展与社会经济的发展是紧密相关的，技术的先进性必须同经济上的合理性相结合，只有这样，物流技术的应用才能给社会经济带来最佳的经济效益，物流技术才有其发展价值。适用性的评价标准产生了“适用技术”的概念。

所谓“适用技术”，就是在具体条件下使用能带来实际效益的技术。先进的技术并不一定都是适用的技术，只有能够带来实际效益的技术才能成为适用的技术。从这一观念出发，在物流管理中，无论是对于物流硬技术的采用，还是对于物流软技术的采用，都必须采用物流中的适用技术，既要考虑物流技术上的可行性，又要考虑物流经济上的合理性，不能片面地追求物流技术上的先进性，而不讲经济上的合理性。因而在物流活动的实际过程中，对于物流过程中的某一个项目、技术方案或新的措施等，都应进行技术分析和评价（或可行性研究），务必使技术和经济相统一，使两者处于最佳的状态之中。

12.1.3 物流技术的作用

物流技术存在于现代物流活动的各个方面和各个环节中，物流技术是否先进、合理，直接影响着现代物流活动的运行状况，因而可以说，物流技术是保证现代物流活动顺利进行的一个基本条件。物流技术的作用主要表现在以下几个方面：

1. 物流技术是提高现代物流效率的重要条件

现代物流的优势之一就是能大大简化物流的业务流程，提高物流的作业效率。在现代物流情况下，一方面，人们可以通过现代信息方面的有关技术，对现代物流活动进行模拟、决策和控制，从而使物流作业活动选择最佳方式、方法和作业程序，降低货物的库存，提高物流的作业效率；另一方面，物流作业技术的应用可以提高物流作业的水平、质量和效率。

2. 物流技术是降低现代物流费用的重要因素

先进、合理的物流技术不仅可以有效地提高现代物流的效率，而且也可以有效地降低现代物流的费用。这主要是由于先进、合理的物流技术的应用不仅可以有效地使物流资源得到合理的运用，而且也可以有效地减少物流作业过程中的货物损失。

3. 物流技术可以提高现代物流的运作质量，提高客户的满意度

物流技术的应用不仅提高了现代物流效率，降低了物流费用，而且也提高了客户的满意度，密切了与客户的关系。物流技术的应用，快速响应的建立，可使企业能及时地

根据客户的需要，将货物保质保量迅速准确地送到客户所指定的地点。

此外，先进、合理的电子商务技术的应用，还有利于实现物流的系统化和标准化，有利于企业开拓市场，扩大经营规模，增加收益。

12.2 物流设施

按照五种基本运输方式的分类方法，物流基础设施包括铁路运输设施、公路运输设施、水路运输设施、航空运输设施和管道运输设施五个部分。

12.2.1 铁路运输设施

铁路运输设施包括铁路线、车站、车辆、机车和通信信号五大部分。从设备的服务对象分类，可以分为货运设备、客运设备、行车调度设备三大类。与物流相关度比较大的主要是货运设备与行车调度设备，前者是物流大系统中的重要环节之一（铁路货运所必需的最直接的设备），后者则是铁路运输系统正点、安全、高效运转的关键设备。

1. 铁路线

铁路线是机车车辆和列车运行的基础。铁路线是由路基、桥隧建筑物（包括桥梁、涵洞、隧道等）和轨道（包括钢轨、轨枕、联结零件、道床、防爬设备和道岔等）组成的一个整体工程结构。

在建一条铁路以前，必须进行深入的调查研究和勘探工作，并从若干个可供比较的方案中选出一个最优方案来进行设计。一般要经过方案研究（室内研究，现场探勘，提出研究报告），初测、初步设计、定测、施工设计和参加施工、修改设计等过程。

铁路勘测设计工作除了进行实地测量外，广泛采用航空测量与电子计算机进行计算比较，然后由计算机输出所选择的线路方案和设计图表。

铁路等级是铁路的主要技术标准之一。我国铁路建设标准共划分为三个等级，即Ⅰ级、Ⅱ级、Ⅲ级，划分标准见表 12－1。

表 12－1　　我国铁路建设标准的划分等级

铁路等级	铁路在路网中的意义	远期年客货运量
Ⅰ级	在路网中起骨干作用的铁路	≥15Mt（百万吨）
Ⅱ级	1. 在路网中起骨干作用的铁路	<15Mt（百万吨）
	2. 在路网中起联络、辅助作用的铁路	≥7.5Mt（百万吨）
Ⅲ级	为某一区域服务，具有地区运输性质的铁路	<7.5Mt（百万吨）

2. 铁路车站

车站既是办理铁路客、货运输的基地，又是铁路系统的基层生产单位。

为了保证行车安全和必要的线路通行能力，铁路上每隔一定距离（10 公里左右）需要设置一个车站。车站把每一条铁路线划分成若干个长度不同的段落，每一段线路叫做一个区间。车站就成为相邻区间的分界点。

车站上除了正线以外，还配有其他线路，因此，车站的定义就是设有配线的分界点。无配线的分界点包括非自动闭塞区段的线路所和自动闭塞区段的通过色灯信号机。

我国铁路线上有大小车站 5000 余个。按等级分为特等站、一、二、三、四、五等站。按技术作业的不同分为编组站、区段站和中间站。按业务性质分为货运站、客运站和客货运站。

（1）中间站

中间站为提高铁路区段通过能力，保证行车安全，以及为沿线城乡人民生活和工农生产服务而设置，主要办理列车的到发、会让和越行，以及客货运业务。

中间站的作业包括以下几个部分：

1）旅客的乘、降和行李、包裹的承运、保管、装卸与交付；

2）货物的承运、保管、装卸与交付；

3）接发列车作业（包括接车、发车和放行通过列车）；

4）摘挂（沿零摘挂）列车的车辆摘挂作业以及向货物线、岔线取送车辆的调车作业。

（2）区段站

区段站的主要任务是为邻接的铁路区段供应机车或更换机车乘务组，并为无改编中转货物列车办理规定的技术作业。还需要办理一定数量的列车解编作业及客货运业务。

根据区段站所担负的任务，区段站的作业一般常办理下列五类作业：

1）客运业务：旅客的乘、降和行李、包裹的承运、保管、装卸与交付；

2）货运业务：上述客货业务与中间站客货业务类似，但作业量较大；

3）运转作业：旅客列车运输的技术作用，有关货物列车运转的技术作业，除办理货物列车的接发作业外，还包括列车技术检查与货物检查，编组和解体区段和沿零摘挂列车，以及办理向货物线、工业企业线取送作业等；

4）机车业务：以更换旅客列车和乘务组为主；

5）车辆业务：办理列车的技术检查和车辆的修理业务。

（3）编组站

编组站是铁路路网上专门办理货物列车解体、编组作业，并为此设有比较完善的调车设备的车站。

编组站的主要任务是根据列车编组计划的要求，办理各种货物列车的解体和编组作业，并按照运行图的时刻正点接发车。

编组站是铁路运输的重要生产基地，大量装卸货物的重车和卸货后回送的空车，汇集后被编成各种列车开往各自的目的地。因此，编组站被称为编组货物列车的工厂。

（4）铁路枢纽

铁路枢纽是由若干铁路干线、联络线、专业车站组成的整体。铁路枢纽是客货流从一条铁路转运到各接轨铁路的中转结点，也是所在城市客货到发集散联运的中心。在运转方面，有各铁路方向之间的无改编列车的转线，以及担当枢纽地区车流交换的小运列车的作业。

(5) 货运站

专门办理货运作业（包括组织货源、货流，办理货物的承运，保管和交付，货物的装车和卸车，计算和核收运输费用，填制货运票据等）的车站称为货运站。货运站按工作性质分为装车站、卸车站和装卸站。按办理货物的种类又可分为综合性货运站和专业性货运站。

办理多种不同品类货物作业的车站称为综合性货运站。主要为城市、工厂、企业、机关及居民服务，办理各种不同品类的整车、零担货物的发送及到达作业和与站相连接的工业企业线、岔线的作业，综合货运站内一般都有较大的货场。

专业性货运站只办理单一品类的货物作业，如办理煤、木材、矿石、矿物性建筑材料等大宗货物或危险货物的作业。

综合性货运站（简称货运站），主要办理如下作业：

1）转运作业：主要办理到达本站的小运转列车及摘挂列车的解体编组作业及车辆的取送作业；

2）货物作业：货物的托运、保管、装卸、交付；货运票据的编制；车辆的清洗、修理。

12.2.2 公路运输设施

公路货运广义概念包括各种交通工具的公路（道路）完成的货物位移过程，狭义概念仅指货物汽车运输，更符合现代社会的发展大势。公路货物运输设备与城市交通范畴的道路货运主要差异在于路网特征，线路设计与建设指标、交通运输管理方式技术等。

1. 公路等级划分

(1) 按使用任务、功能和所适应的交通量水平划分。我国的公路则按使用任务、功能和所适应的交通量水平分为五个等级：即高速公路、一级公路、二级公路、三级公路和四级公路。其中，又按公路所在地区的地形条件，分为平原和微丘区及重丘和山岭区，分别采用不同的设计标准。高速和一级公路为汽车分向、分车道行驶的专用公路，二级、三级和四级公路都为汽车和其他车辆共用的公路。其中，高速和一级公路为双向四车道，其他等级公路为双向二车道。

道路的等级应根据路网规划，道路的功能、使用任务和要求以及远景交通量大小，综合论证后确定。

(2) 按照道路在路网中的地位、交通的性质和任务以及所承担的交通量划分。按照道路在路网中的地位、交通的性质和任务以及所承担的交通量，可将道路分为4类：

1）高速道路。满足车辆长距离、快速行驶要求的干线道路，其出入口完全受到控制，同其他道路无平面交叉，对向行车道之间设置分隔带，在各类道路中具有最高的服务水平和安全性。

2）干线道路。承担重要活动中心（各个重要城市或城市内各主要区）之间大量长途车流的道路，它们组成道路网的主要骨架，并具有较高的服务水平。

3）集散道路。连接地方（或支线）道路和干线道路网的道路，起着将各个地区的车流汇集和输送到干线道路，或者将干线道路的车流分散到各个地区的作用。

4）地方（或支线）道路。地区内部供短距离行程使用的道路，交通量一般都较小。

2. 城市道路的划分

以上述道路的功能分类为基础，根据在道路系统中的地位和交通功能，我国的城市道路相应地分为以下4类：

(1) 快速路（城市高速干道）；

(2) 主干路（城市干道）；

(3) 次干路（区域性干道）；

(4) 支路（居住区或街坊道路）。

3. 公路网的设计规划原则

公路网的规划或确定一条公路的类型、线型必须以公路所经过地区的自然条件和交通资料为依据。应考虑以下数据：

(1) 设计车辆：我国公路大多数是混合交通，除了汽车，还有其他机动车辆，以及部分非机动车辆。作为设计控制的是标准型号的汽车。

(2) 设计车速：指气候正常，交通密度小，公路运输只受公路本身条件（几何要素、路面、附属设施等）影响时，一般驾驶员能安全舒适地行驶的最大车速。实际行驶速度常接近或超过设计车速。

(3) 交通量：交通量是确定公路等级的主要依据，分为下面三种形式：

1）年平均日交通量：以全年交通量除以365而得；

2）高峰小时交通量：实际设计中采用一年中第30个高峰小时交通量作为设计依据，相当于年平均日交通量的1.5倍；

3）远景交通量：是公路改建和新建的依据，由现行交通量推算而得。

4. 高速公路概况

高速公路是专供汽车高速行驶的公路，高速公路采取限制出入、分隔行驶、汽车专用、全部立交以及采用较高的标准和完善的交通设施等措施，为汽车的大量、快速、安全、舒适、连续地运行创造了条件。1988年，我国第一条高速公路沪嘉高速公路(18.5公里）建成通车。此后，又相继建成全长375公里的沈大高速公路和143公里的京津塘高速公路。进入20世纪90年代，在国道主干线总体规划指导下，我国高速公路建设步伐加快，每年建成的高速公路由几十公里上升到一千公里以上。到1999年年底，全国高速公路通车里程已达11605公里。

(1) 高速公路的功能与特点

1）实行交通限制，规定汽车专用；

2）实行分隔行驶，对向车道中间设分隔带；

3）严格控制出入；

4）行车速度快；

5）通过能力强（一条四车道高速公路通行能力每昼夜可达34000~50000辆）；

6）立体交叉（原则上高速公路与一切道路相交，都应该设置立体交叉）；

7）交通设施完备，服务设施齐全。

(2) 高速公路的作用和经济价值

直接经济价值有：

1）缩短运输时间；

2）节约行驶费用；

3）减少货物运输损失；

4）降低事故率。

间接经济价值有：

1）促进全社会的生产和运输的合理化；

2）促进沿线的经济发展和资源开发；

3）加速物质生产和产品流通；

4）促进水运、铁路与高速公路的联运；

5）有利于城市人口的分散和卫星城镇的开发。

(3) 高速公路交通控制及管理系统

采用电子计算机控制及信号自动化监视路段交通情况，迅速测出交通堵塞和交通事故，通过交通信息变换标志和无线电行车信号，告之司机有关信息，进行交通向导，及时进行事故救援与交通排堵疏散。日常管理包括电子收费系统的运用。

12.2.3 水路运输设施

水路运输包括海运和内河航运两种。利用水路运送货物，在大批量和远距离的运输中价格便宜，可以运送超大型和超重货物。运输线路主要利用自然的海洋和河流，不受道路的限制，在隔海的区域之间是代替陆地运输的必要方式。水上航行的速度比较慢，航行周期长，海上运输有时以几个月为周期。此外，易受天气影响，航行周期不能保证。

水路运输的主要技术设备包括船舶（包括驳船、舟、筏等）、航道、港口及通信、导航等设施。

1. 船舶

船舶作为水上运输的主要工具用于运载旅客和货物以及其他水上活动。

船舶的分类：

(1) 客船

客船用来载运旅客及其行李并兼带少量货物的运输船舶。以载客为主兼运部分货物的船舶叫做客货船

(2) 货船

货船是专门运输各种货物的船只，可以分为：

1) 杂货船。装载一般包装、袋装、箱装和桶装的普通货物船。

杂货船按船舱位置不同，有中机型船、尾机型船和中后机型船。

多用于货船，既可运载一般的包装杂货，又可以装运散货和集装货等。

2) 散货船。散货船是专门用来装运煤、矿砂、盐、谷物等散装货物的船舶，散货船的驾驶室和机舱都设在尾部，货舱口大，内底板和舷侧用斜边板连接，使货物能顺利地向舱中央集中，有较多的压载水舱，作为空载返航时压载之用。

3) 集装箱船。集装箱船是用来专门装运规格统一的标准集装箱的船舶。集装箱船具有细长的外形，集装箱的装卸通常是由岸上起重机进行，绝大多数集装箱船上不设起货设备。集装箱船的机舱设在尾部或中部偏后。

(3) 其他船舶

1) 渡船。渡船用于江河两岸或海峡、河口、岛屿间的运输。渡船按用途可分为旅客渡船、汽车渡船和列车渡船。

2) 驳船。专门供沿海、内河、港口驳载和转运物资的吨位不大的船舶，船上设备比较简单，本身没有起货设备。驳船一般为非机动的，本身没有推进设施，移动或航行需要用拖船拖带或推船顶推。

2. 港口

(1) 港口的作用

港口是水运货物的集散地，又是水陆运输的衔接点。除供船舶停靠使用外，为了客货的疏通，还必须与陆路交通相接。

(2) 港口的分类

按用途分类，港口可分为5类：

1) 商港：主要提供旅客上下和货物装卸转运的港口。又可分为一般商港和专业商港。

2) 渔港：为渔船服务的港口。

3) 工业港：固定为某一工业企业服务的港口，负责该企业原料、产品及所需物资的装卸转运工作。

4) 军港：专供海军舰船用的港口。

5）避风港：供大风情况下船舶临时避风的港口。

按地理位置分类，港口又可分为下面3类：

1）海港：可细分为：海港湾，位于海港内，常有岛屿等天然屏障保护；海峡港，处于大陆和岛屿之间的海峡地段的港口。

2）河港：位于海河流口地段的港口。

3）湖港与水库港。

（3）港口的组成

港口由港口的水域、陆域、码头和港口机械组成。

1）港口的水域和陆域。港口的水域供船舶进出港，在港内转运，泊锚和装卸作业，要求有足够的水深和面积，水面基本平静，流速和缓，以便船舶的安全操作；陆域供旅客上下船。货物的装卸、堆存和转运，必须有适当的高度、岸线长度和纵深，安置装卸设备、仓库和堆场、铁路、公路，各种必要的生产、生活设施等。

①港口水域。分为港口之外的港外水域和位于港口内的港内水域。港外水域主要是进港航道和港外锚地；港内水域包括港内航道、港内锚地以及码头前沿水域和船舶掉头区。船舶的掉头区水域要有足够的宽度。码头前言水域必须有足够的深度和宽度，以使船舶能方便地靠离。海港的港内锚地主要供船舶等待泊位，或是进行水上装卸。

②港口陆域。港口陆域是港口范围内的陆地面积，统称为陆域。

2）港口机械。港口机械分为四大类，即起重机械、输送机械、装卸搬运机械、专用机械等。专业化的码头设有专门的装卸机械，如煤炭装船码头设有装船机；散粮装卸码头设有吸粮机；集装箱码头前方设有集装箱装卸桥，后方设有跨运车、重型叉车等。

港口经常见到的比较典型的机械有：

①门式起重机，简称门吊、门机。

②浮式起重机，简称起重船、浮吊，是安装在专用船舶上的臂架起重机。

③装卸桥，装卸桥跨度大，可以进行船——车——场多种作业，常常是一机多能。

④带式输送机，又称皮带机，是一种连续输送货物的机械。

⑤带斗提升机，用安装在胶带或链条上的抓斗，通过滚轮或链轮驱动，在提升机的下部掏取物料，待提升到上部时依靠重力或离心力把物料投出。

⑥叉车装卸车，简称叉车、铲车，又称万能装卸机。

3）码头。码头是港口的主要组成部分，现代码头由主体结构和附属设施两部分组成。主体结构的上部有胸墙、梁、靠船构件等，下部有墙身、基础或板桩、桩基等。附属设备主要是系船柱、护木、系网环、管沟、门扣和铁路轨道，以及路面等。

码头的主要分类有：

按用途分：客运码头、货运码头、轮渡码头、工作船码头、渔船码头、修船码头等。货运码头又可以分为杂货码头、散货码头、油码头、集装箱码头等。

按平面布置分：顺岸式码头、突岸式码头和墩式码头。

12.2.4 航空运输设施

1. 机场及其设备

机场（或称航空港）是航空公司运输系统中机场、航空公司、客户三大部分的相互作用点。航空港是飞机航行的经停站、终点站，它具有执行运输业务和保养维修飞机和飞机起飞、降落或临进停机等功能。机场一般由飞行区、运输服务区和机务维修区等区域所组成。机场的布局以跑道为基础，并以此布置滑行道、停机坪、货坪、维修机坪及其他场所。如上海浦东国际机场。

2. 机场等级

根据机场跑道的灯光设备和目视助航设备等情况、飞机航程的远近、能起降飞机的重量等条件，可以将机场分为四个等级。即：一级机场，供国内和国际远程航线使用，能起降160吨以上（起飞全重）的飞机；二级机场，供国内和国际中程航线使用，能起降70吨至160吨的飞机；三级机场，供近程航线使用，能起降20吨至70吨的飞机；四级机场，供短途航线和地方航线使用，能起降20吨以下的飞机。

12.2.5 管道运输设施

管道站，根据具体情况，也称为输油站或输气站等。它是对沿管道干线为输送油品和/或气体建立的各种作业站或作业场的统称；是给液体和气体等增加压力等能量、改变温度、提高流动性能的场所。根据在管道上所处位置的不同，管道站可以分为首站、末站和中间站。

（1）首站，也称起点站，是长输管道的起点，通常位于油田和/或气田、冶炼厂或港口附近。首站接受来自油田和/或气田的原油或天然气和来自冶炼厂的成品油，经计量和加压，有时还需加热，输往下一站，首站还进行发送清管器，油品化验和收集，处理污油，原油的脱盐、脱水，脱机械杂质、加添加剂和热处理等作业。

（2）末站，也称终点站，通常是接收油（气）单位的油（气）库，如炼油厂的原油库，或转运油库等。末站具有接受管道输送来的油（气），将合格的油品经过计算后输送给接收单位，或改换运输方式，如转换为铁路、公路或水路运输等功能。

（3）中间站，位于管道沿线。中间站根据输油工艺中水力和热力计算结果，沿线工程地质，建设规划等要求来设置。中间站起到给油（气）流提供压力、热能等能量的作用。

12.3 物流设备

物流设备包括物流集装单元器具、货架、起重机械、物料搬运设备、分拣设备、现代化立体仓库系统设备、条码及自动识别设备、其他设备等。

12.3.1 物流集装单元器具（Palletized Unit Implement）

物料的大小、形状是千变万化的，集装单元就是把各式各样的物料集装成一个便于储运的单元。有人称集装单元化是物料搬运、物流作业的一次革命。集装单元化器具不能单纯地看做一个容器，它是物料的载体，是物流机械化、自动化作业的基础。标准化后的单元化容器也是物流设备、物流设施、物流系统设计的基础，是高效联运、多式联运的必要条件。

主要的集装单元化设备包括平托盘（Flat Pallets）、网箱托盘（Grille Box Pallets）、箱式托盘（Box Pallets）、柱式托盘（Post Pallets）、物流台车（Roll Pallets）、集装袋（Flexible Freight Bags）、集装箱（Containers）。以集装单元为基础来进行装卸、运输、保管等作业，统称为"集装单元化运输"，最常见的形式有"托盘运输"、"柔性集装袋运输"和"集装箱运输"。

1. 平托盘（Flat Pallets）

托盘是"在运输、搬运和存储过程中，将物品规整为货物单元时，作为承载面并包括承载面上辅助结构件的装置"（见 GB/T 18354—2006 中 4.10 条）。托盘是由木材、金属、纤维板制作的低平台，作为储运补给品的一个单元，是一种装卸物资的轻便平台。使用托盘便于用叉车、搬运车或吊车等装卸搬运单元物资或小数量。

物流中的托盘，一般是指平托盘（见图 12-1）。按作业机械和用途的不同，其结构种类如图 12-2 所示。按其材质的不同，有木制、塑制、钢制、竹制、塑木复合等。

图 12-1 平托盘种类

根据 GB/T 2934—2007，联运通用平托盘平面尺寸为：1200mm × 1000mm 和 1100mm × 1100mm。优先推荐 1200mm × 1000mm。主要尺寸及公差如表 12-2 所示。

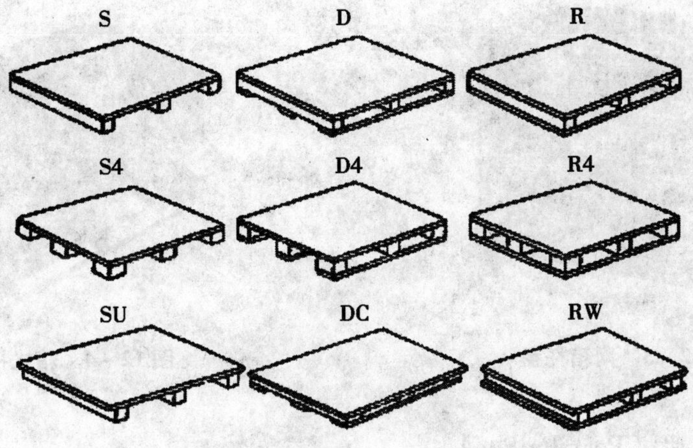

图 12－2　平托盘种类

表 12－2　　平托盘外部尺寸系列　　单位：毫米

代号	公称尺寸	长度		宽度		叉孔高度	
		尺寸	公差	尺寸	公差	尺寸	公差
TP1	800×1000	800	±3	1000	±3	使用托盘搬运车 100 使用叉车或其他机具 70	+50
		1000		800			
TP2	800×1200	800		1200			
		1200		800			
TP3	1000×1200	1000		1200			
		1200		1000			

2. 网箱托盘（Grille Box Pallets）

网箱托盘适用于存放形状不规则的物料（见图 12－3）。可使用托盘搬运车、叉车、起重机等作业；可相互堆叠四层；空箱可折叠。网箱托盘的主要性能参数有：

外形尺寸　　　　长×宽×高（mm）

线径/网间隔　　　Φ3—Φ6/30—50×30—100（mm）

动载重/静承重　　500—2000/4×（500—2000）（kg）

3. 箱式托盘（Box Pallets）

箱式托盘是在平托盘基础上发展起来的，多用于散件或散状物料的集装，金属箱式托盘还用于热加工车间集装热料（见图 12－4）。一般下部可叉装，上部可吊装，并可进行码垛（一般为四层）。性能参数为外形尺寸：长×宽×高（mm）

图 12－3　网箱托盘

图 12－4　箱式托盘

4. 柱式托盘（Post Pallets）

柱式托盘也是在平托盘基础上发展起来的，其特点是在不压货物的情况下可进行码垛（一般为四层）。多用于包装物料、棒料管材等的集装。

如图 12－5 所示的柱式托盘，还可以作为可移动的货架、货位；不用时，还可叠套存放，节约空间。近年来，柱式托盘在国外推广迅速。

5. 物流台车（Roll Pallets）

物流台车是在平托盘、柱式托盘或网箱托盘的底部装上脚轮而成，既便于机械化搬运，又宜于短距离的人力移动（见图 12－6）。适用于企业工序间的物流搬运；也可在工厂或配送中心装上货物运到商店，直接作为商品货架的一部分。

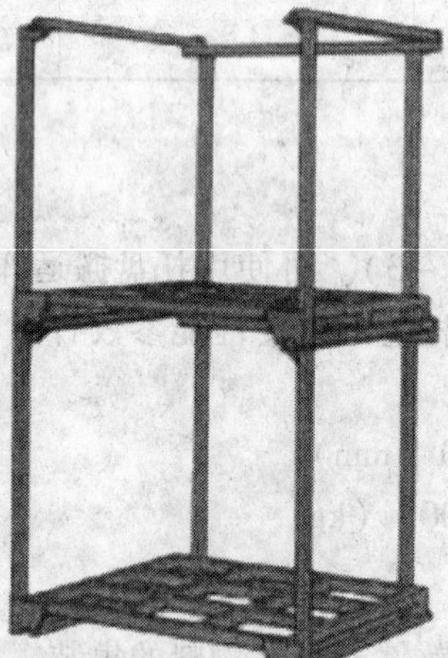

图 12－5　柱式托盘

图 12－6　物流台车

6. 集装箱（Containers）

集装箱（见图12－7）是一种运输设备，应满足下列要求：

（1）具有足够的强度，可长期反复使用；

（2）适用于一种或多种运输方式运送，途中转运时，箱内货物不需换装；

（3）具有快速装卸和搬运的装置，特别便于从一种运输方式转移到另一种运输方式；

（4）便于货物装满和卸空；

（5）具有1立方米及以上的容积。

集装箱这一术语不包括车辆和一般包装。

集装箱分为杂货集装箱（通用集装箱）、散料集装箱、框架集装箱、冷藏集装箱、保温集装箱、罐状集装箱。采用标准为国家标准：

GB 1413，集装箱外部尺寸、极限偏差和额定重量；

GB 1834，通用集装箱最小内部尺寸；

GB 1835，集装箱角件的技术要求；

GB 1836，集装箱的标记代号；

GB 1992，集装箱名词术语；

GB 3220，集装箱吊具的尺寸和起重量系列。

按外形尺寸可分为国际标准箱和国内标准箱。1979年，国际标准化组织集装箱技术委员会制定的国际标准箱的外形规格有9种（见表12－3）。常用的是IA、IAA、IC和ICC型。我国国家标准局于1978年发布的国家标准《货物集装箱外部尺寸和重量的系列》（GB 1413—78）中，规定了集装箱重量系列为5t，10t，20t，30t四种，其相应的型号为IAA、ICC、10D和5D。1985年该标准又修改为《集装箱外部尺寸和额定重量》（GB 1413—85），并增加了IA、IAX和I1、ICX四种箱型（见表12－4）。

表12－3　　　　ISO国际集装箱标准规格表

名称	高度H		宽度W		长度L		最大总重量	
	毫米	英尺	毫米	英尺	毫米	英尺	kg	L/T
IA	2438	8	2438	8	12192	40	30480	30
IAA	2591	8～6	2438	8	12192	40	30480	30
IB	2438	8	2438	8	9125	29～11.25	25400	25
IBB	2438	8～6	2438	8	9125	29～11.25	25400	25
IC	2438	8	2438	8	6058	19～10.5	20320	20
ICC	2438	8～6	2438	8	6058	19～10.5	20320	20
ID	2438	8	2438	8	2991	9～9.75	10160	10
IE	2438	8	2438	8	1968	6～5.5	7110	7
IF	2438	8	2438	8	1460	4～95	5080	5

表 12－4　　　　　　　　GB 1413—85 集装箱的外部尺寸和重量

型号	高度（mm）	宽度（mm）	长度（mm）	总重（kg）
IAA	2591	2438	12192	
IA	2438	2438	12192	30480
IAX	<2438	2438	12192	
ICC	2591	2438	6058	
IC	2591	2438	6058	20320
ICX	2591	2438	6058	
I0D	2438	2438	4012	10000
5D	2438	2438	1968	5000

7. 集装袋

集装袋（Flexible Freight Bags）是“以柔性材料制成可折叠的袋式集装单元器具”（见 GB/T 18354—2006 中 4.7 条）。集装袋（见图 12－8）又称柔性集装箱，适用于装运大宗散状粉粒物料，是集装单元器具的一种。集装袋配以起重机或叉车，就可以实现集装单元化运输。

图 12－7　集装箱

图 12－8　集装袋

集装袋的特点是结构简单、自重轻、可以折叠、回空所占空间小、价格低廉。其性能参数如下：

适用型式　重复使用型/一次使用型
形　　状　圆桶型/方型/圆锥型/折叠型
提升方式　顶面/底面/侧面
排 料 口　有/无
材　　料　橡胶/塑料/帆布
充填重量　0.5/1.0/1.5/2.0/2.5/3 吨
容　　积　500/640/840/1000/1250/1500/1750/2000 立方米

12.3.2　货架

货架（Rack）是“用立柱、隔板或横梁等组成的立体储存物品的设施”（见 GB/T 18354—2006 中 4.39 条）。

1. 贯通（驶入）式货架

驶入式货架（Drive - in Rack）是“可供叉车（或带货叉的无人搬运车）驶入并存取单元托盘物品的货架”（见 GB/T 18354—2006 中 4.42 条）。这种形式的货架需要按人工作业的或机械作业方式，根据所使用的不同机械类型预留一定宽度的通道。其中有托盘式货架、货柜式货架和悬臂式货架等。

托盘式货架是存放装有货物托盘的货架（见图 12 - 9）。托盘式货架所用材质多为钢材结构，其尺寸大小视仓库的大小及托盘尺寸的大小而定。每一个托盘占一个货位，较高的托盘式货架使用堆垛起重机存取货物，较低的托盘式货架可用叉车存取货物。托盘式货架可实现机械化装卸作业，便于单元化存取，库容利用率高，可提高劳动生产率，实现高效率的存取作业，便于实现计算机的管理和控制。

货柜式货架一般用于储存小件、零星货物，根据需要可有各种不同格式，其中又可分货格式及抽屉式等（见图12 - 10）。这种货架一般每格都有底板，货物可直接搁置在底板上，这种货架的作业方式一般都是人工操作。

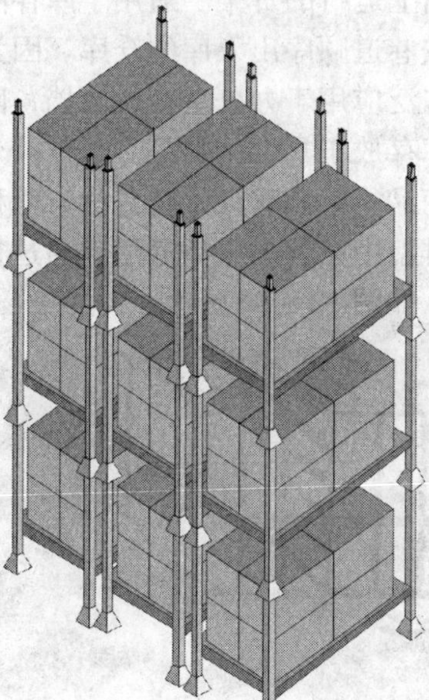

图 12 - 9　托盘式货架

图 12 - 10　货柜式货架

悬臂式货架用于长条形材料存放，悬臂架用金属材料制造，为防止碰伤或产生刻痕，金属悬臂上垫有木质衬垫，也可用橡胶带保护（见图 12－11）。

图 12－11　悬臂式货架

2. 移动式货架

移动式货架（Mobile Rack）是“可在轨道上移动的货架”（见 GB/T 18354—2006 中4.41 条）。在货架的底部安装有运行车轮，可在地面上运行的货架。适用于库存品种多，出入库频率较低的仓库；或库存频率较高，但可按巷道顺序出入库的仓库。因为只需要一个作业通道，可大大提高仓库面积的利用率。广泛应用于办公室存放文档，图书馆存放档案文献，金融部门存放票据，工厂车间、仓库存放工具、物料等。

为防止材料移动式货架可节省通道面积，有普通商品货架和移动式托盘货架两种类型。这种货架可在地面铺设的轨道上移动，可在较多排架中只留出一条通道。通过货架移动，选择所需通道的位置，叉车在通道内装卸货物，如图 12－12 所示。

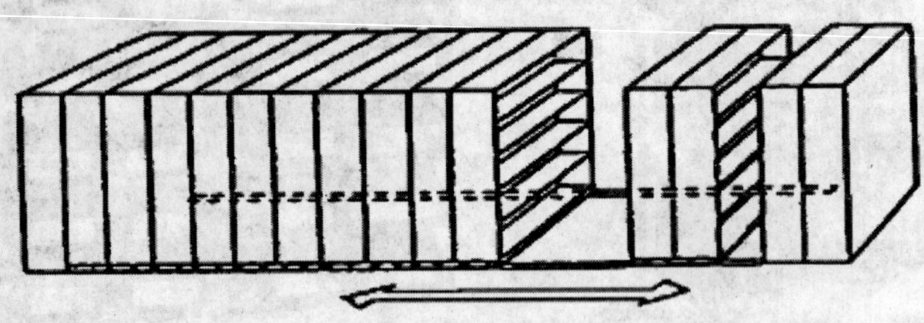

图 12－12　移动式货架

3. 重力式货架

重力式货架（Live Pallet Rack）是“一种密集存储单元物品的货架系统。在货架每层的通道上，都安装有一定坡度的、带有轨道的导轨，入库的单元物品在重力的作用下，由入库端流向出库端”（见 GB/T 18354—2006 中 4.40 条）。重力式货架有储存整批纸箱包装商品和储存托盘商品两类。货架由多层并列的辊道传送带所组成，滚道具有一定的坡度，纸箱或托盘依靠本身重力由高端入口沿滚道向低端出口滑行（见图 12－13）。

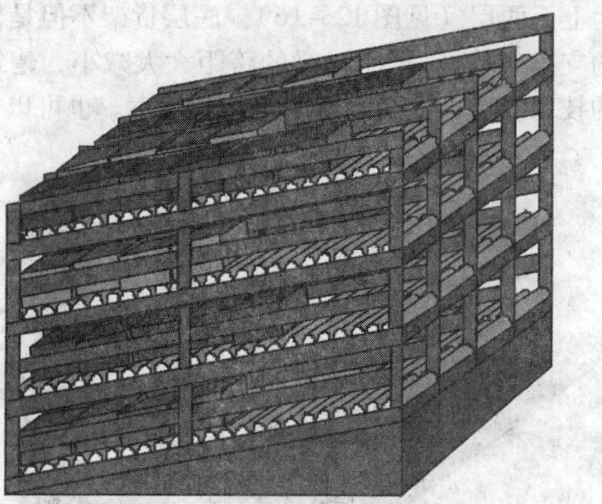

图 12－13 重力式货架

重力式货架的优点是能保证货物的先进先出车或巷道堆垛机行程最短。

4. 旋转式货架（Rotatable Rack）

旋转式货架分为整体旋转式（整个货架是一个旋转整体）和分层旋转式（各层分设驱动装置，形成各自独立的旋转体系），其中整体旋转式又分为水平旋转式（见图 12－14）和垂直旋转式（见图 12－15）。

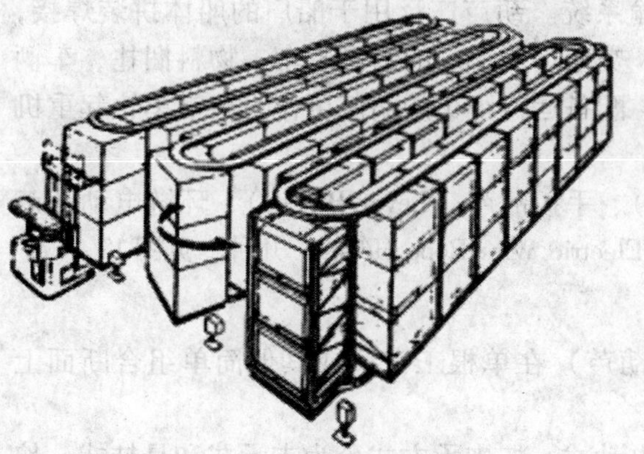

图 12－14 水平旋转式货架

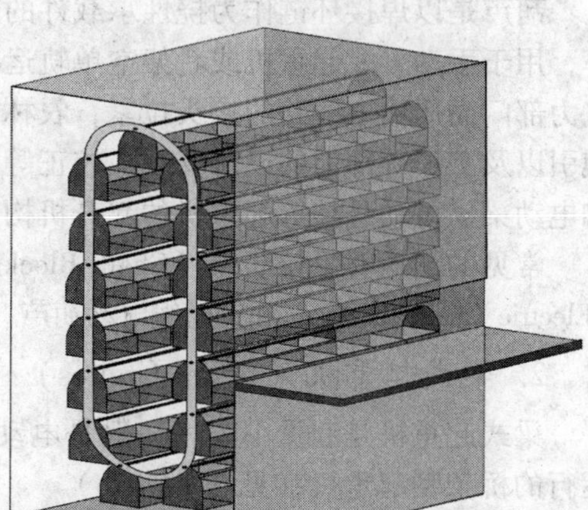

图 12－15 垂直旋转式货架

旋转式货架适于小物品的存取，尤其对于多品种的货物更为方便。其储存密度大，货架间不设通道，易管理，投资少，旋转式货架最大的特点是拣货路线短，拣货效率高和便于库存管理。

5. 阁楼式货架（Rack Mezzanine）

阁楼式货架分为上下两层（见图 12－16），底层货架不但是保管物料的场所，而且是上层建筑承重梁的支撑（柱），使承重梁的跨距大大减小，建筑费用也大大降低。也适用于现有旧仓库的技术改造，提高仓库的空间利用率。也可以多层结构。

图 12－16　阁楼式货架

12.3.3　起重机械（Hoisting Machinery）

1. 葫芦（Blocks）

葫芦是以焊接环链作为挠性承载件的起重工具，可与手动单轨小车配套组成起重小车，用于手动梁式起重机或者架空单轨运输系统。葫芦广泛用于船厂的船体拼装焊接，电力部门高压输电线路的接头拉紧，农林、交通运输部门的起吊装车、物料捆扎、车辆拽引以及工厂等部门的设备安装、校正等。配备运行小车的葫芦可作为架空单轨起重机和电动梁、电动悬挂等起重机的起升机构。

常见的葫芦有手拉葫芦（Chain Blocks）、手扳葫芦（Lever Blocks）、环链电动葫芦（Electric Chain Blocks）和钢丝绳电动葫芦（Electric Wire Rope Hoists）几种，见图 12－17。

2. 梁式起重机（Beam Cranes）

梁式起重机是起重小车（一般是电动葫芦）在单根工字梁或其他简单组合断面上运行的桥架型起重机（见图 12－18）。

梁式起重机按驱动方式分为手动式和电动式；按支承方式分为支承式和悬挂式；按操纵方式分为地面操纵式和司机室操纵式。

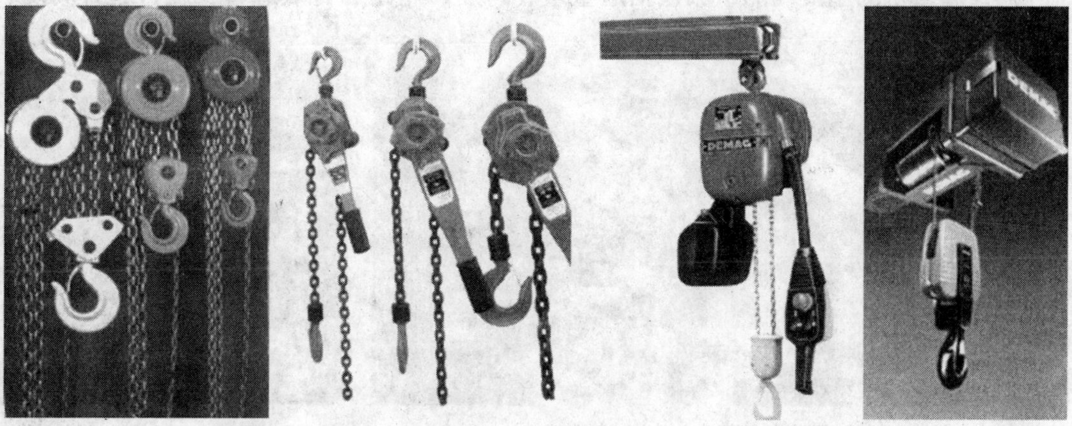

（a）手拉葫芦　（b）手扳葫芦　（c）环链电动葫芦　（d）钢丝绳电动葫芦

图 12－17　葫芦

3. 桥式起重机（Overhead Traveling Cranes）

桥式起重机由桥架和起重小车两大部分组成，桥架两端通过运行装置，直接支撑在高架轨道上，沿轨道纵向运行；其中小车在桥架主梁上沿小车轨道横向运行（见图12－19）。桥式起重机可以分为单（主）梁桥式起重机（具有一根主梁的桥式起重机）、双（主）梁桥式起重机（具有两根主梁的桥式起重机）和葫双桥式起重机（采用电动葫芦作为小车上起升机构的桥式起重机）三种。

图 12－18　梁式起重机

图 12－19　桥式起重机

桥式起重机的主要性能参数包括起重量、工作级别、速度、跨度、起升高度等（详见 GB 6974.2—86：起重机械名词术语—主要参数）。

4. 门式起重机（Gantry Cranes）

门式起重机又称龙门起重机，是桥架通过两侧支腿支承在地面轨道上的桥架型起重机（见图 12－20）。

门式起重机按用途不同分为通用型、水电站用型、造船用型、集装箱用型门式起重机；按主梁不同分为单主梁型、双主梁型门式起重机；按悬臂不同分为无悬臂型、单悬臂型和双悬臂型门式起重机。

门式起重机的主要性能参数包括起重量、跨度、轮距、有效悬臂长度、起升高度、工作速度等。

图 12-20 门式起重机

5. 悬臂起重机（Cantilever Cranes）

取物装置悬挂在臂端或悬挂在可沿悬臂运行的起重小车上，悬臂可回转，但不能俯仰的臂架型起重机称为悬臂起重机（见图 12-21）。悬臂起重机广泛应用于机床、生产线等的工件装卡和搬运、码垛。

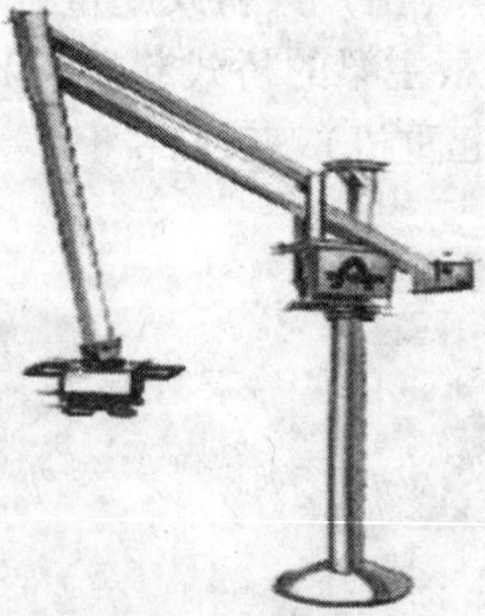

图 12-21 悬臂起重机

12.3.4 物料搬运设备（Handling Trucks）

1. 人力搬运设备

(1) 杠杆式手推车（Hand Truck）

杠杆式手推车是最古老的、最实用的人力搬运车，它轻巧、灵活、转向方便，但因靠体力装卸、保持平衡和移动，所以仅适合装载较轻、搬运距离较短的场合（见图 12-22）。

为适合现代的需要，目前还采用自重轻的型钢和铝型材作为车体；阻力小的耐磨的车轮；还有可折叠、便携的车体。

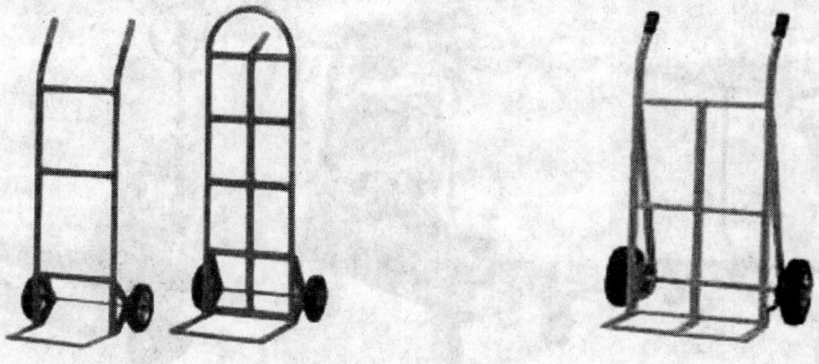

图 12－22 杠杆式手推车

（2）手推台车（Platform Truck）

手推台车是一种以人力为主的搬运车。轻巧灵活、易操作、回转半径小，广泛应用于车间、仓库、超市、食堂、办公室等，是短距离、运输轻小物品的一种方便而经济的搬运工具（见图 12－23）。一般，每次搬运量为 5～500kg，水平移动 30 米以下，搬运速度 30 米/分以下。

手推台车可以分为平台式手推台车（单栏平台式、双栏平台式、多层平台式等）和天平式手推台车（适用长大物料）。

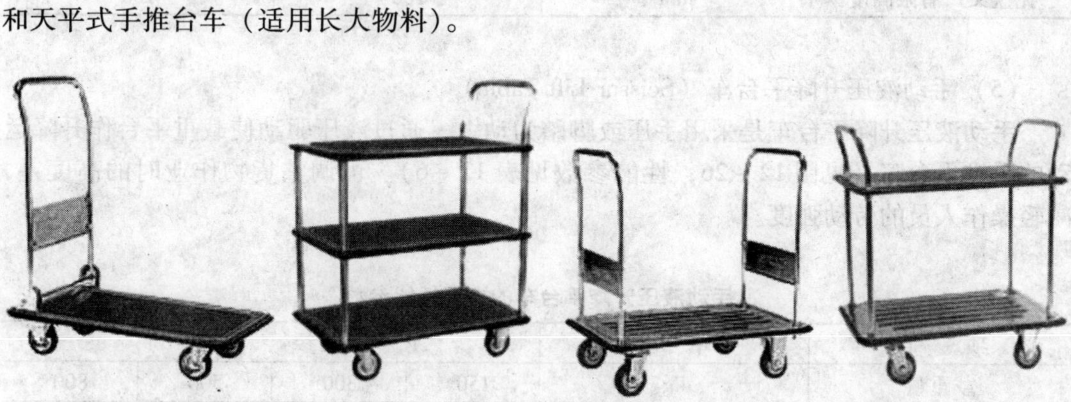

图 12－23 手推台车

（3）登高式手推台车

当人需要向较高的货架内存取轻小型的物料时，可采用带梯子的手推台车（见图 12－24）来提高仓库的空间利用率，适用于图书等标准件仓库进行拣选、运输作业。

（4）手动托盘搬运车（Manual Pallet Trucks）

手动托盘搬运车，在使用时将其承载的货叉插入托盘孔内，由人力驱动液压系统来实现托盘货物的起升和下降，并由人力拉动完成搬运作业（见图 12－25，性能参数见表 12－5）。它是托盘运输中最简便、最有效、最常见的装卸、搬运工具。

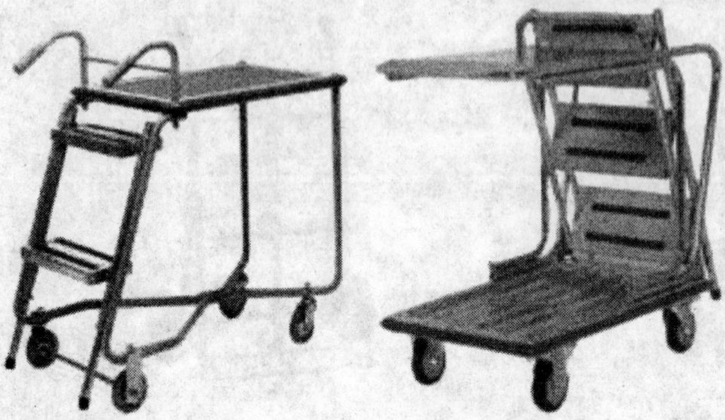

图 12－24　登高式手推台车

图 12－25　手动托盘搬运车

表 12－5　手动托盘搬运车的主要性能参数

项　目	单　位	参　数				
额定起重量	kg	1000	1500	2000	2500	3000
货叉起升高度	mm	120			120	
货叉下降最低位	mm	80			100	
托盘叉口有限高度	mm	100			120	

（5）手动液压升降平台车（Scissor Lift Table）

手动液压升降平台车是采用手压或脚踏为动力，通过液压驱动使载重平台作升降运动的手推平台车（见图 12－26，性能参数见表 12－6）。可调整货物作业时的高度差，减轻操作人员的劳动强度。

表 12－6　手动液压升降平台车的主要性能参数

项　目	单　位	参　数			
载重量	kg	150	300	500	800
平台最低位置	mm	225～420			
平台最高位置	mm	740～1000			
平台尺寸	mm	700～900×450～500			

（6）手推液压堆高车（Manual Hydraulic Stacker）

手推液压堆高车是利用人力推拉运行的简易式插腿式叉车。其起升机构有：手摇机械式（见图 12－27a）、手动液压式（见图 12－27b）和电动液压式（见图 12－

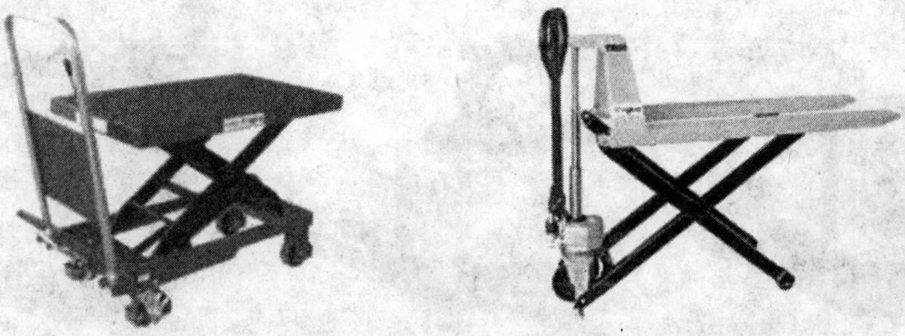

图 12－26 手动液压升降平台车

27c）三种，适用于工厂车间、仓库内效率要求不高，但需要有一定堆垛、装卸高度的场合。

手推液压堆高车的主要性能参数：载重量 500～1000kg，起升高度 1000～3000mm，货叉最低离地高度≤100 mm。

（a）手摇机械式　　（b）手动液压式　　（c）电动液压式

图 12－27　手推液压堆高车

2. 动力搬运设备

（1）电动托盘搬运车（Electric Pallet Trucks）

电动托盘搬运车是由外伸在车体前方的、带脚轮的支腿来保持车体的稳定，货叉位于支腿的正上方，并可以作微起升，使托盘货物离地进行搬运作业的电动插腿式叉车。

根据司机运行操作的不同，电动托盘搬运车可分步行式电动托盘搬运车（图 12－28a）、踏板驾驶式电动托盘搬运车（图 12－28b）、侧座式电动托盘搬运车（图 12－28c）。

(a) 步行式电动托盘搬运车　(b) 踏板驾驶式电动托盘搬运车　(c) 侧座式电动托盘搬运车

图 12－28　电动托盘搬运车

(2) 自动导引车

自动导引车（Automatic Guided Vehicle，AGV）是“具有自动导引装置，能够沿设定的路径行驶，在车体上具有编程和停车选择装置、安全保护装置以及各种物品移载功能的搬运车辆”（见 GB/T 18354—2006 中 4.50 条）。如图 12－29 所示。

图 12－29　自动导引车

自动搬运车系统（AGVS）是由若干辆沿导行路径行驶，在计算机的交通管制下有条不紊地运行，并通过物流系统软件集成在物流系统、生产系统中。AGVS 广泛应用于柔性生产系统（FMS）、柔性搬运系统和自动化仓库中。

根据导引方式的不同，AGV 可分为固定路径导引，包括电磁导引、光导导引和磁带（磁气）导引；自由路径导引，包括激光导引、惯性导引等。

根据 AGV 装卸物料方式的不同，又可分为料斗式、辊道输送式、链条输送式、垂直升降式、叉车式等几种 AGV 结构形式。

目前国内 AGVS 供应企业有昆明自动化物流工程公司、太原刚玉仓储设备有限公司、中科院沈阳自动化研究所等。

（3）悬挂输送机（Overhead Chain Conveyors）

悬挂输送机（见图 12－30，图 12－31）属于链条（也可为钢索）牵引式的连续输送机，是规模较大的工厂综合机械化输送设备，它广泛地应用于大量或者成批生产的工厂，作为车间之间和车间内部的机械化、自动化连续输送设备。在汽车、家电、服装、屠宰、邮政等方面得到了广泛应用。

图 12－30　悬挂输送机应用之一

图 12－31 悬挂输送机应用之二

根据牵引件和承载件的连接方式不同，可分为通用悬挂输送机（提式悬挂输送机）、推式悬挂输送机、拖式悬挂输送机、积放式悬挂输送机；根据承载件的支撑方式不同可分为空中吊挂式、地面支撑式等。

（4）入出库输送机系统（O/R Conveying Systems）

入出库输送机系统（见图 12－32，图 12－33）是大型、复杂自动化仓库的重要组成部分，高层货架、堆垛机易实现标准化产品；但入出库输送机系统要根据仓库的平面布置，入出库作业的内容，入出库的工位数，分流和合流的需求等进行具体规划和设计。入出库输送机系统的规划和设计是自动化仓库适用性的关键。入出库输送机系统的规划设计与托盘的外形尺寸、下部结构，相关物流设备的装卸方法、自动化控制、检测方法等都有密切的关系。

虽然每个用户的入出库输送机系统是各不相同的，但还是由下列几种型式的输送机及其基础模块组成：①链式输送机，②辊道输送机，③链式—辊道复合型输送机，④链式—带辊道输送功能的升降台的复合型输送机，⑤带链式输送机或带辊道输送机的单轨车输送系统，⑥自动搬运车及其系统等。

（5）托盘码垛机器人（Robot Palletizer）

托盘码垛机器人是能将不同外形尺寸的包装货物，整齐地、自动地码（或拆）在托盘上的机器人（见图 12－34）。为充分利用托盘的面积和码堆物料的稳定性，机器人具有物料码垛顺序、排列设定器。

图 12-32 入出库输送机系统应用之一

图 12-33 入出库输送机系统应用之二

根据码垛机构的不同，托盘码垛机器人可以分为多关节型、直角坐标型；根据抓具形式的不同可以分为侧夹型、底拖型、真空吸盘型。

此外，托盘码垛机器人还分固定型和移动型。

(6) 叉车 (Fork Lift Truck)

我国对叉车的定义：具有各种叉具，能够对货物进行升降和移动以及装卸作业的搬运车辆。

叉车是一种用来提取、搬运、堆码单元物资的车辆，它是能完成出库、搬运、装卸、入伐等四种复合作业，使用非常方便的机械。叉车主要用于港口、码头、机场、车站、仓库和工厂等处进行成件货物的装卸和搬运。当配合多种附属机构装置时，叉车还能用于散装货物和无包装的其他货物的装卸和搬运。

叉车按结构和用途可以分为平衡重式叉车、插脚叉车、前移式叉车、侧面叉车、跨车和特种叉车六种，其中平衡重式叉车应用最广，在一般情况下，我们所说的叉车指的就是平衡重式叉车。按使用的动力分为汽油叉车、柴油叉车、蓄电池叉车、液态燃料叉车和燃气叉车。

1) 内燃式叉车（平衡重式叉车，Engine Powered Fork Lift Trucks）

在车体前方具有货叉和门架，而在车体尾部设有平衡重的装卸作业车辆，称平衡重式叉车，简称叉车（见图 12-35）。以内燃机为动力的平衡重式叉车，简称内燃式叉车。内燃式叉车一方面机动性好，是应用最广泛的叉车；另一方面，功率大，尤其是中、大吨位的叉车。

内燃式叉车按动力分：柴油叉车（FD），汽油叉车（FG），液化石油气叉车（FL）；按传动分：机械传动叉车，液力传动叉车，静压传动叉车。

平衡重式叉车主要参数包括：

①额定起重量，载荷重心；

②起升高度，自由起升高度；

图 12－34 托盘码垛机器人

图 12－35 内燃式叉车

③运行和起升速度；

④最小转弯半径，最小直角通道宽度，最小直角堆垛宽度。

2）电瓶叉车（Electric Fork Lift Trucks）

以电瓶为动力的平衡重式叉车，简称电瓶叉车（见图 12－36）。它具有操作容易，无废气污染，适合在室内作业，随环保要求的提高，需求有较快的增长，尤其是中、小吨位的叉车。

电瓶叉车的主要参数：

①额定起重量，载荷重心；

②起升高度，自由起升高度；

③运行和起升速度；

④最小转弯半径，最小直角通道宽度，最小直角堆垛宽度；

⑤电瓶电压，容量，使用寿命。

图 12－36 电瓶叉车

3）低位拣选叉车

低位拣选叉车的操作者可乘立在上下车便利的平台上，驾驶搬运车和上下车拣选物料的搬运车（见图 12－37）。适于车间内各个工序间加工部件的搬运，减轻操作者搬运、拣选作业的强度。

一般站立平台离地高度仅为 200mm 左右，支撑脚轮直径较小，仅适用于车间平坦路面上行驶。

低位拣选叉车按承载平台（货叉）的起升高度分为微起升和低起升两种（可根据拣选物料的需要选择）。

图 12－37　低位拣选叉车

4）高位拣选叉车

在高位拣选叉车的操作台上的操作者可与装卸装置一起上下运动，并拣选储存在两侧货架内物品的叉车（见图 12－38）。适用于多品种少量入出库的特选式高层货架仓库。起升高度一般 4～6 米，最高可达 13 米，大大提高仓库空间利用率。为保证安全，操作台起升时，只能微动运行。

图 12－38　高位拣选叉车

5）前移式叉车（Ascending Dispatch Trolley）

前移式叉车是门架（或货叉）可以前后移动的叉车（见图 12－39）。运行时门架后移，使货物重心位于前、后轮之间，运行稳定，具有不需要平衡重，自重轻，降低直角通道宽和直角堆垛宽，适用于车间、仓库内工作。

前移式叉车按操作可分为站立式、坐椅式；按作业场所可分为普通型、防爆型、冷藏型。

图 12－39　前移式叉车

6）侧面叉车（Side Fork Lift Trucks）

侧面叉车货叉和门架位于车体侧面的装卸作业车辆称为侧面叉车（见图 12－40）。适用于长大物料的装卸和搬运。

侧面叉车按动力不同分为内燃型、电瓶型；按作业环境分为室外工作（充气轮胎）、室内工作（实心轮胎）两种。

7）集装箱叉车（Container FLT）

集装箱叉车是集装箱码头和堆场上常用的一种集装箱专用装卸机械（见图 12－41），它主要用作堆垛空集装箱等辅助性作业，也可在集装箱吞吐量不大（年低于 3 万标准箱）的综合性码头和堆场进行装卸与短距离搬运，集装箱型号与集装箱叉车起重量的相应关系如表 12－7 所示。

图 12－40　侧面叉车

图 12－41　集装箱叉车

表 12-7　　集装箱型号与集装箱叉车起重量的相应关系

集装箱型号	规格	最大总重量（吨）	相应叉车起重量（吨）
AA	40′	30.48	37
IBB	30′	25.4	28
ICC	20′	20.32	25
ID	10′	10.16	16
APL	40′	38	42

（7）牵引车（Tow Tractor）

具有牵引一组无动力台车能力的搬运车辆的牵引车。牵引车作业时，台车的物料装卸时间与牵引车的运输时间可交叉进行，且牵引一组台车，从而提高工作效率。

根据作业场所的不同可分为室内牵引车（见图12-42a）和室外牵引车（见图 12-42b）。室内牵引车的操作平台离地较低，实心车轮直径较小，适用于室内平坦路面；室外牵引车为充气轮胎，直径较大，可在室外不平的路面上行驶。

（a）室内牵引车

（b）室外牵引车

图 12-42　牵引车

（8）固定平台搬运车（Fixed Platform Trucks）

具有较大承载物料平台的搬运车（见图 12-43）。相对承载卡车而言，承载平台离地低，装卸方便；结构简单、价格低；轴距、轮距较小，作业灵活等，一般用于企业内车间与车间，车间与仓库之间的运输。

根据动力不同可分为内燃型和电瓶型。

（9）集装箱正面吊

集装箱正面吊是通过改变可伸缩动臂的长度和角度，实现集装箱装卸和堆垛作业的工业搬运车辆（见图 12-44）。集装箱正面吊与集装箱叉车相比，具有自重轻、视野好、机动性好、设备投资小等优点。广泛用于集装箱码头、公路集装箱枢纽站等，中小型堆场的堆垛作业，也可以作为码头前沿与堆场间的短距离搬运作业。随着我国集装箱运输的发展，公路集装箱枢纽站的发展，正面吊必将迅速发展。

图 12-43 固定平台搬运车

图 12-44 集装箱正面吊

12.3.5 分拣设备（Sorting Machinery）

分拣输送系统是将随机的、不同类别、不同去向的物品，按其要求进行分类（按产品类别或产品目的地不同分）的一种物料搬运系统（见图 12-45）。

(a)

(b)

(c)

(d)

图 12-45 分拣输送系统的应用

随着社会生产力的提高，商品品种的日益丰富，在生产和流通领域中的物品分拣作业，已成为耗时、耗力、占地大、差错率高、管理复杂的部门，为此，物品分拣输送系统已经成为物料搬运系统的一个重要分支，广泛应用于邮电、航空、食品、医药等行业，流通中心和配送中心。

分拣输送系统可按以下分类：

1. 链式分拣机：翻盘式/翻板式/翼盘式/三维翻转式翻盘/带皮带的台式。

2. 钢带分拣机：是在钢带输送机上装有若干横向推出装置。

3. 胶带分拣机：横向推出式/斜行胶带式/斜置辊轮式/转台式/底翻式。

4. 辊道分拣机：横向胶带式/横向推出式。

5. 滑块横向推出式：板式/辊道式。

6. 悬挂式分拣机：以悬挂输送机为主体，配以相应的物品识别、分拣机构。

7. 专用分拣机：信函自动分拣系统/电子称重分拣系统。

12.3.6 自动化立体仓库系统设备（Automated Storage & Retrieval System）

1. 自动化仓库

自动化仓库由电子计算机管理和控制，不需人工搬运而实现收发作业的仓库。

作为一种特定的仓库类别，自动化仓库又可以分为不同的形式：

（1）按建筑类型分

①整体式自动化仓库。货架除了储存货物以外，还可以作为建筑物的支撑结构，就像建筑物的一部分，库房和货架形成一体化结构。

②分离式自动化仓库。储存货物的货架独立存在，建在建筑物的内部。分离式自动化仓库便于仓库的改造。

（2）按货物存取形式分

①单元货架式自动化仓库。货物先放在托盘或集装箱等集装器具内，再装入仓库货架的货格中。

②移动货架式自动化仓库。由电动货架组成，货架可以在轨道上行走，由控制装置控制货架的合拢和分离。作业时货架分开，在巷道中可进行连续作业。不作业时可以将货架合拢，只留一条作业巷道，从而节省仓库面积，提高空间利用率。

③拣选货架式自动化仓库。分拣机构是这种仓库的核心组成部分，有巷道内分拣和巷道外分拣两种，每一种分拣又可分为人工分拣和自动化分拣两种。

（3）按货架构造形式分

分为单元货架式自动化仓库、贯通式自动化仓库、水平循环货架式自动化仓库以及垂直循环货架式自动化仓库。

（4）根据使用目的分

分为配送中心型仓库、储存中心型仓库和物流中心型仓库。

下图是海尔国际物流中心原材料自动化仓库和成品件自动化仓库（见图 12－46）。

本系统于 2001 年 4 月在海尔物流中心正式运行，系统由昆船自动化物流工程公司提供。

图 12-46 海尔自动化立体库

立体库基本参数如下：

- 制造企业：昆船自动化物流工程公司
- 中心面积：148m×120m×20m
- 原材料自动化仓库

  存储物料 采购的零部件等原材料

  单元货物 1200×1000×1560（mm）

  单元重量 1500kg

  货位数量 12（排）×74（列）×11（层）=9768 个

  高 度 20m

- 成品件自动仓库

  存储物料 冰箱、空调、小家电等制成品

  单元货物 2100×1200×2000（mm）

  货位数量 16（排）×74（列）×8（层）=9472 个

- 物流中心主要设备组成

  高层货架 原材料库 12（排）×74（列）×11（层）=9768 个

  制成品库 16（排）×74（列）×8（层）=9472 个

  巷道堆垛起重机 原材料库 数 量 6 台

  载重量 1000kg

  高 度 20m

  成 品 库 数 量 4 台（双深）

  载重量 1200kg

  高 度 20m

  入出库输送机系统 1 套

LGV 自动搬运系统 1套
自动化控制系统 1套
计算机监控和管理系统 1套
大屏幕摄像监控系统 1套
语言对讲调度系统 1套
无线条码识别系统 1套

2. 立体仓库（Stereoscopic warehouse）

立体仓库是采用高层货架配以货箱或托盘储存货物，用巷道式堆垛起重机及其他机械进行作业的仓库。在立体仓库中，货架的高度一般大于单层库房的高度。立体仓库作为现代物流系统的主要组成部分，是一种多层存放货物的高架仓库系统，由计算机自动控制与管理。主要技术参数见表 12－8。

表 12－8 立体仓库的主要技术参数

技术参数	参数值
货架高度（最大）	30 米
载荷量（最大）	1500 千克
运行速度（最大）	100 米/分钟
起升速度（最大）	20 米/分钟
货叉速度（最大）	12.5 米/分钟
控制方式	手动、单机自动、计算机控制

立体仓库充分利用空间，集信息、储存、管理于一体，采用微电子技术，具有占面积小、仓储作业迅速准确的特点，在自动检测、故障判断、参数记录、报表打印等方面全部自动化。与普通平房库相比，自动化立体仓库可节约 70% 的占地面积和 70% 的劳动力。

3. 托盘单元式自动仓库（Pallet Unit AS/RS）

托盘单元式自动仓库采用托盘集装单元方式来保管物料的自动仓库，是自动仓库最广泛的使用形式，通常所说的“自动化仓库”，指的就是托盘单元式自动仓库（图 12－47）。一般由巷道堆垛起重机、高层货架、入出库输送机系统、自动控制系统、周边设备和计算机仓库管理系统等组成。

4. 巷道式堆垛起重机（有轨堆垛机，Stacker Crane）

有轨堆垛机是在高层货架的窄巷道内作业的起重机，可大大提高仓库的面积和空间利用率，是自动化仓库的主要设备（见图 12－48）。

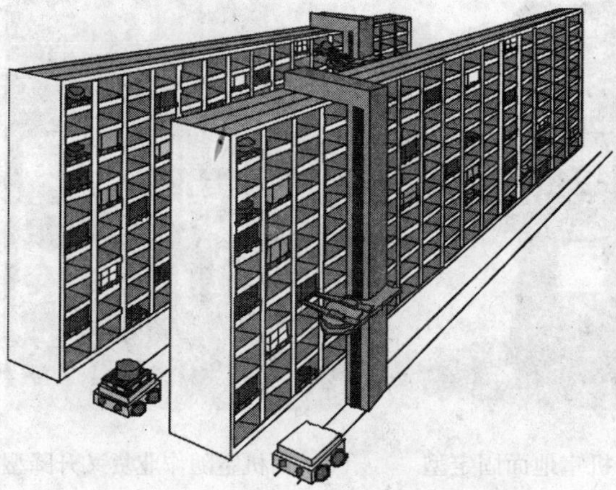

图 12－47　托盘单元式自动仓库

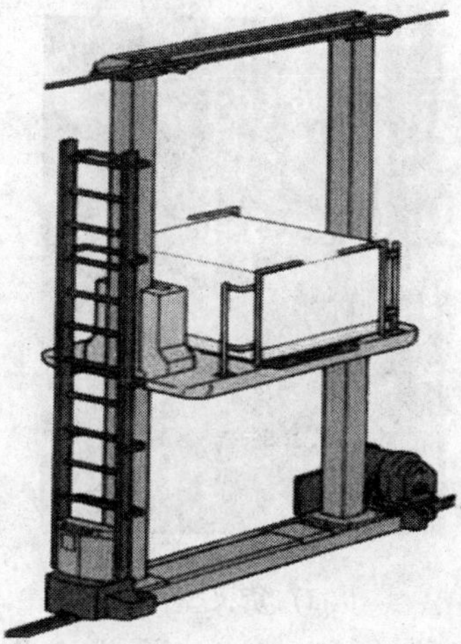

图 12－48　有轨堆垛机

按照用途的不同，有轨堆垛机可分为单元型、拣选型、单元拣选型三种；按照控制方式的不同可分为手动、半自动和全自动三种；按照转移巷道方法的不同可分为固定式、转移式和转移台车式三种；按照金属结构的形式可分为单立柱和双立柱两种。

主要性能有：仓库高度：6～24m，max40m；运行速度：max80m/min（标准型），200m/min（高速型）；起升高度：max20m/min（标准型），50m/min（高速型）；货叉伸缩速度：max12m/min（标准型），50m/min（高速型）。

5. 高架叉车（无轨堆垛机，Rack Fork）

高架叉车又称三向堆垛叉车，即叉车向运行方向两侧进行堆垛作业时，车体无须作直角转向，而使前部的门架或货叉作直角转向及侧移，这样作业通道就可大大减少，提高了面积利用率；此外，高架叉车的起升高度比普通叉车要高，一般在 6m 左右，最高可达 13m，提高了空间利用率。

无轨堆垛机可分为托盘单元型和拣选型两种，托盘单元型又有三种形式，一是由货叉进行托盘货物的堆垛作业（见图 12－49a）；二是司机室地面固定型，起升高度较低，因而视线较差（见图 12－49b）；三是司机室随作业货叉升降型，起升高度较高、视线好（见图 12－49c）。拣选型无轨堆垛机属于无货车作业机构，司机室和作业平台一起升降，由司机向两侧高层货架内的物料进行拣选作业。

12.3.7　条码及自动识别设备（Barcode & Automation Equipment）

1. 条码打印机（Barcode Printer）

条码标签作为一种新型符号式印品，不同于常规印品，它是一种供机器识别的光学形式符号文件，它的印刷有严格的技术要求和检测要求。

（a）货叉型　　（b）司机室地面固定型　　（c）司机室随作业货叉升降型

图 12－49　托盘单元型无轨堆垛机

条码打印机的主要种类有条码实时印刷设备、条码传统印刷设备；击打式和非击打式条码打印机、模块式条码打印机、机械点阵式条码打印机、热敏条码打印机、热转式条码印刷机、激光条码印刷机、高速喷墨印刷机、放电式印刷机、照相制签机等，常见的条码打印机如图 12－50 所示。

条码打印机的主要性能参数包括印刷密度、印刷速度、条码种类、印字方向、印刷范围、用纸尺寸、用纸类型。

2. 数据采集终端（Data Collection Terminal）

数据采集终端是采集条码数据信息，并进行数据处理的装置，一般还带有显示窗口和信息输出窗口（见图 12－51）。

图 12－50　条码打印机

图 12－51　数据采集终端

数据采集终端的主要种类有手持式、固定式、袖珍式、光笔式、手持强式、固定台式、激光式、卡式、便携式、机械式数据采集终端。

数据采集终端的主要性能参数包括最小分辨率、扫描景深、扫描距离、扫描速度、内存容量、通信方式、显示、条码种类。

3. 电子标签信息管理系统（Electronic Labeling System）

电子标签系统是计算机辅助拣货系统最常用的方式之一，仓库计算机的出入库作业管理通过货架上的订单、货名、数量、完成等电子标签显示器，向拣选作业人员及时、明确地下达向货架内补货（入库）和去货（出库）指示（见图 12－52）。

电子标签系统具有加快拣货速度，降低拣货错误率，免除表单作业等优点，减轻了配送中心的拣货作业、降低了差错率。

4. 条码质量检测仪（Quality Testing）

条码印刷质量对识别效果影响很大，因此，对条码标签成品的印刷质量检测也是条码标签生产、适用时的重要环节，是控制印刷质量的可靠依据。常见的条码质量检测仪如图 12－53 所示。

条码质量检测仪的检测指标包括：

(1) 条码代码与相对应的人工可识别字符的一致性；

(2) 给定着色条符与非着色条符；

(3) 间隔尺寸的实际值与超差值；

(4) 计算平均超差值；

(5) 条符在各种扫描光色下的色差对比度及反射度；

(6) 给定被测标签中不合格品的数量和分类等。

图 12－52　电子标签信息管理系统

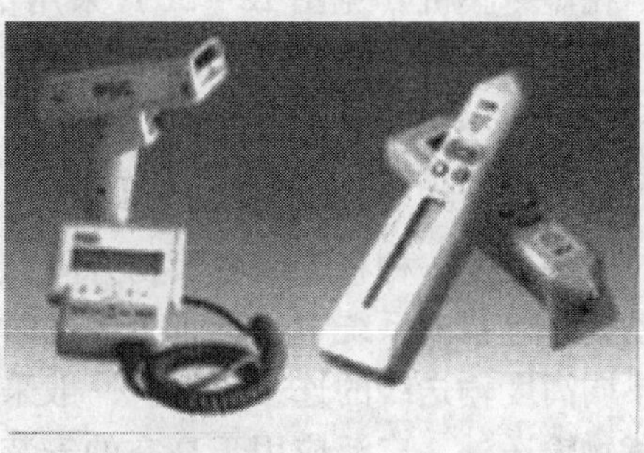

图 12－53　条码质量检测仪

12.3.8　其他设备（Peripheral Equipment）

1. 站台登车桥（Dock Levelers）

当货车行驶平面与货场站台平面有一高度差时，为使手推车辆、叉车等快速、安全、顺畅地驶入车厢内，以提高装卸效率，广泛采用站台登车桥（见图 12－54）。

站台登车桥按驱动方法分为机械式、液压式、气动式、电动式四种；按跳板唇板形式分为回转式、拼装式、滑动式三种。

站台登车桥的主要性能参数包括额定载荷、平台尺寸、唇板尺寸和倾幅范围。

2. 地面登车桥（Mobile Yard Ramps）

当货车行驶平面与货场站台平面有一高度差时，为使手推车辆、叉车等快速、安全、顺畅地驶入车厢内，以提高装卸效率，广泛采用地面登车桥（见图 12－55）。

地面登车桥分为移动式地面登车桥和升降台式地面登车桥两种。

图 12－54　站台登车桥

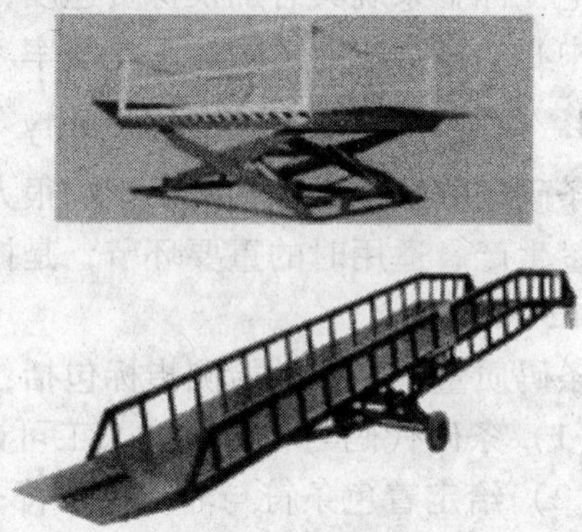

图 12－55　地面登车桥

3. 托盘裹膜机（Stretch Wrapper）

托盘裹膜机（见图 12－56）采用塑料膜将货物与托盘裹绕为一整体，以防止整码、花码在托盘上的箱式包装货物在装卸、搬运、运输作业时倒塌，保护货物，保证作业的顺利进行。

4. 升降台（Lift Table，LT）

升降台是一种将人或者货物升降到某一高度的升降设备（见图 12－57）。在工厂、自动仓库等物流系统中进行垂直输送时，升降平台上往往还装有各种平面输送设备，作为不同高度输送线的连接装置。一般采用液压驱动，故称液压升降台。除作为不同高度的货物输送外，广泛应用于高空的安装、维修等作业。

升降台按照升降机构的不同分为剪叉式、升缩式、套筒式、升缩臂式、折臂式；按移动的方法不同分为固定式、拖拉式、自行式、车载式、可驾驶式。

图 12－56 托盘裹膜机

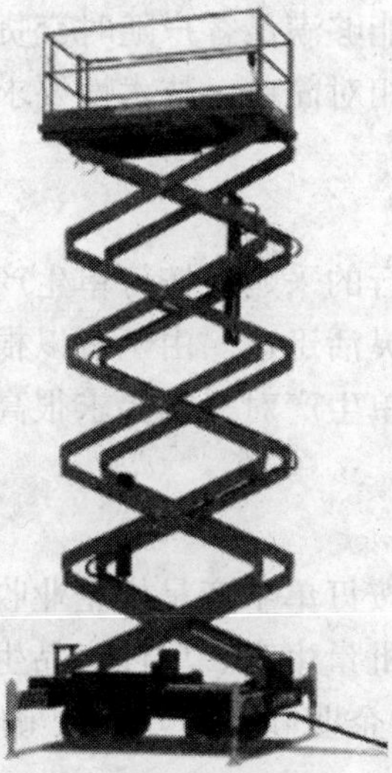

（a）剪叉式升降台

（b）车载式升降台

图 12－57 升降台

13 商品检验、养护与包装

13.1 商品的检验

13.1.1 商品采购入库检验

1. 采购的分类

企业采购是企业为了取得经营所需的各种物资而按照一定的代价与外部进行的业务交流活动。不同行业、不同企业对采购的理解不同，按照企业生产方式的不同，采购也可以分成3类：

(1) 成批标准化采购

即与库存量生产方式相适应，按照销售预测制定物料需求计划进行的采购。由于按库存量生产的产品通常是标准化产品，能够实现流水线生产作业，产品按一定的库存计划生产完后存放在仓库里供客户购买，因而优势是能够满足客户随时交货的要求。它针对性强，能够实现标准化的大批量采购，采购活动相对简单，技术性要求较低但商务化比重较大。

(2) 分类采购

即采用按订单生产方式的企业，以分类方式进行的采购。按订单生产适用于企业产品种类多且产品储存成本高的企业，要求企业生产灵活迅速。由于可以根据客户订单采购和生产，因此可以保证高质量、按时交货。按订单生产对采购要求很高，必须按不同的原材料、零部件采取不同的采购管理方式。

(3) 技术性采购

即按订单设计生产方式的企业所进行的采购。按订单生产是指企业收到客户订单后首先进行产品设计，然后进行产品生产要适用于小批量生产、单件产品生产以及承接工程项目等。在按订单设计生产方式下，采购通常在企业收到订单并已确定设计后才开始，对采购的技术性要求强。

2. 采购商品检验流程

采购商品检验直接关系到采购商品的质量，乃至采购活动的成败。对所采购的商品实施检验就是保证采购商品质量的重要环节。采购商品检验应该是有计划、有步骤地进行的，主要包括以下过程：制订检验方案，做好检验前的准备工作，核对进货凭证，实物检验，填制检验记录单等。

（1）制订检验方案

对购入批量大、价值高，对最终产品影响大的商品，采购前应制订检验方案，并在方案中确定检验的方式和程度，明确检验的特性和项目，规定检验的程序、方法、人员、设备等。如采用抽样检验，还应确定抽去样本的方法，选择抽样检验的类型（计数型还是计量型抽样检验）。

（2）做好检验前的准备工作

①确定检验人员。检验人员是检验的主体，检验人员的业务能力、技术水平和工作经验将对检验工作产生直接的影响。应根据不同情况配备相应的检验人员，必要时需进行培训。

②有关的技术资料。为保证采购商品检验的科学性和正确性，应有齐全的、权威性的技术资料为依据。应根据拟检验的对象，有针对性地搜集、整理、查阅有关的技术资料，熟悉该批采购的合同、质量标准和使用要求等。

③检验器具和设备。检验用的器具和设备应精心维护，使其处于完好的状态，使用前必须进行校准或校审，以保证检验的正确性。

④检验场地和保管场所。某些采购的商品的数量和外观检验，需要借助于一定的场地，如钢材、机床等的外观缺陷检验须有较大的场地才能进行。另外，检验后的商品，无论合格与否，都要有适宜的场地存放等，因此货到前对这些都应做出相应的安排。

（3）核对进货凭证

采购货物达到后，只有进货凭证齐全才能够进行检验。而检验的第一步就是核对有关的凭证。这些凭证包括：合格证、化验单、试验报告、检验单、装箱单、货物明细表、磅码单、发货票、运输单据等。应以买卖合同为基准，按照合同条款规定的供货人名称、供货品种、规格、数量、重量、包装方式、检验标准和方法，交货时间、地点等，与有关单证进行核对，并将进货凭证提供的产品质量检验结果与合同规定的相应标准进行对照，以确定无误。

（4）实物检验

实物检验是在有关单证核对无误后进行。应严格按照预先制订的检验方案进行，主要进行数量、重量和外观质量检验。实际数量、重量要与供货厂商的发货票相对应；外观质量应与合同规定的标准相对应。必要的理化性能检验如不具备条件可委托有关的检验、科研等部门进行代验。

（5）填写检验记录单

检验记录是对检验结果的描述，是反映一批货物数量、重量和质量状况的客观依据，检验人员应认真加以填写。检验记录一般包括：供货厂商的名称、买卖合同号、检验对象、检验项目、抽样方法和数量、参照标准、合格准则、检验条件、不合格的项目和产品数量、合格品率、检验人员签名和日期等。

3. 采购商品检验的抽样方法

(1) 抽样检查

所谓抽样检查，是指从整批商品中抽出部分商品进行检查，把对其检查的结果与商品标准（或合同、信用证）的规定相比较，做出整批商品合格与否的判定。通常将这部分抽出的样品称为样本，样本中的每个单位产品，称为样本单位；样本中包含的样本单位的数量，称之为样本大小（或样本量）；一批商品的全体，则称为总体。抽样检查是一种经济实用的商品检验方法，适用于批量大、检查项目多或需要进行破坏性试验的商品。

(2) 抽样检查的形式

百分比抽样检查：不管批量大小如何，一律按同一百分比抽取样本，按同一合格判定数判定合格与否，而且常取合格判定数为零，即抽检的样本中不允许出现不合格品。

固定样本抽样检查：不管批量的大小如何，抽取的样本量都一样。

统计抽样检查：利用统计学的原理，抽取样本量实施检查。其中百分比抽样检查和固定样本抽样检查，操作简单，但不够科学，商品的接受或拒收没有合理的准则，经常使买卖双方承担不必要的风险。而统计抽样检查是在概率论和数理统计指导下建立起来的，是一种科学的抽样检查方法。

(3) 随机抽样技术

所谓随机抽样，是不带任何主观色彩，在每次抽取样品时，使待检查批中的每个单位产品被抽到的可能性的大小都相等的抽样方法。

常用的随机抽样方法有以下 3 类：

①简单随机抽样。即批中所有的单位产品都以相同的可能性被抽到的方法，叫做简单随机抽样。

②系统随机抽样。即检查批实行简单随机抽样有困难时，可采用每隔一定时间进行抽样，这种方法称为系统随机抽样方法。

③分层随机抽样。就是把检查批合理地划分成小批或部分（也叫做层），按一定的比例分别从各小批或部分中随机抽取样品组成检查批的样本。这种抽样方法叫分层随机抽样方法。

13.1.2 商品的重量检验

1. 商品重量检验概述

(1) 计重方式与单位

常见的计重方式有毛重和净重。毛重指商品本身的重量加其包装的重量；净重指商品本身的重量，即商品的毛重减去包装的重量（皮重）。计量单位大多数使用公吨、公斤（吨）为单位，也有使用英制长吨、美制短吨、磅、盎司等作为单位的。

(2) 常见计重方法

衡器计重：这是使用最多的一种计重方式，使用小至天平、台秤，大到汽车衡、轨道衡、料斗秤等衡器，经校准后对不同商品称重。

水尺计重：这是利用浮力原理，测量出船只在装货前后或卸货前后的吃水差，计算出船只的排水量，扣除船上其他物料的重量及修正后得出所装货物的重量，是适用于散装、低值物料重量检验的一种快速方法，其允许误差为±0.5%。

容量计重：用于散装液体商品，如原油、成品油等的一种计重方式。通过测量油舱、油罐在装货前后，或卸货前后的液位，计算出装或卸的货物的重量。

流量计计重：这是一种仪器计重方式，通过流量计直接测得装或卸的液体或气体商品的重量。

2. 衡器鉴重

用来衡量物体重量的器具叫秤，也称之为衡器，例如弹簧秤、台案秤、地中衡、轨道衡、料斗秤、电子秤等。

衡器鉴重的地点大都在码头、磅房、货场、仓库等地，与贸易关系人、港务、装卸、计量等部门关系密切。需要得到各有关单位和部门的支持和配合。另外，衡器计重是一门计量科学，衡重设备则是一类技术水平跨度很大的设备，从最简单的木杆秤到技术密集的带微处理机和电视监视系统的电子衡重设备。因此，衡器计重工作不仅是项政策性很强的工作，也是一项科学性、技术性很强的工作。衡器鉴重是重量计重应用最广泛、最普遍的方法，它涉及商品的品种很多，如包装类、裸装类和部分散装类商品都可采用衡器计重的方法。

衡器鉴重根据不同的商品类型可以采取不同的鉴重方法。

（1）包装商品的鉴重方法：①标明重量的商品，重量明细单应与实际货物相符。标记、号码清晰，采用随机方式抽查鉴重。②固定净重商品，按抽查净重方法鉴定全批重量。③重量易变固定净重商品，包括新鲜蔬菜类商品，抽查件数与鉴重结果的处理同“固定净重商品”。④盐渍或含水的固定净重商品，抽查时，去掉浮盐，控去汁液称取净重，抽查件数与匀差率，可根据有关规定处理。⑤小包装商品，其抽查件数和匀差率可根据 SN/TO188—93 的规定执行。⑥其他包装类商品应全部衡重，其中皮重基本一致的，可抽取 5 件至 50 件推算平均重。⑦不能回皮的商品包括内部充有惰性气体或封装密固听、桶装商品，可按推定皮重、发票皮重核算净重。⑧凡经扦出样品的箱、桶、袋、盒，鉴重时根据扦出印记，以免重抽。

（2）散装商品的鉴重方法：①散装商品应于装卸地点全部衡重。②集装袋（吨袋）皮重，按规格抽查 2 件至 20 件推算平均皮重。

（3）裸装商品的鉴重：裸装商品应全部衡重。如规格一致，每件标称值相同，可按固定净重或定重包装商品进行抽查鉴重。如标有毛、净重及编号并附有细码单的，可按标明重量的商品办理。

（4）贵稀商品的鉴重：以克计价并签证的商品，应逐件称取净重，并选用级衡器或等同于级衡器准确度的天平实施称量。

3. 水尺计重

水尺计重，亦称为“公估”，系通过对承运船舶的吃水及船用物料（包括压载水等）的测定，依据船舶有关图表，测算船舶之排水量和有关物料重量，以计算载运货物重量的一种鉴定方式。具体地说，这种方式是以承运船舶为一大型“衡器”，在装货前后或卸货前后，分别观测其吃水（水尺），依据准备、有效的船舶图表查算相应排水量，经必要的校正计算后，扣除经测算的压载水、淡水、燃料油、船用物料和空船重量等，最终求得所装载或卸载货物的重量。水尺计重与其他计重方式相比较，具有简便、迅速，可避免装、卸货物时破损，损耗费用低廉等特点。

水尺计重的实施主要有以下几点：

（1）水尺计重的准备工作。在进行水尺计重之前，有关水尺鉴定人员应做一些计重前的准备工作。这些工作主要包括进一步了解有关情况和准备观测水尺、测量油、水等的有关器具等。

（2）水尺的测定、校正与计算。水尺的测定是对承运船舶当时的艏、舯和艉部左右两侧的吃水线的6个吃水点进行的观测或测量，以确定其实际水尺。一般来说，船舶呈平浮状态，即船舷、艇水尺相等的情况是比较少的。有的船在满载状态下，考虑到短期内需穿越运河，这时基本处于平浮状态。除此以外，船舶呈纵倾状态的较多。为了计算准确，必须对船舶的水尺做纵倾或横倾校正。根据观测的船艏、艉、舯左右水尺，经纵倾与拱陷校正而计算出拱陷校正后之平均水尺，并据此计算相应的排水量或载重量。

4. 容量计重

容量计重是以检定的标准容器，测定液体或气体商品等的容量或流量，结合密度、压力和温度，经必要的修正后，计算其重量的一种计重方式。容量计重有静态计重和动态计重两种方式。静态计重是对处于相对静止状态的液体或液化气等商品的数量进行测量与计算，主要采用岸上油罐、水上油驳、船舶的液货舱、岸上压力罐和船舶压力舱等容器；动态计重则是对流动状态的液体或气体商品的数量进行测量和计算，主要采用流量计等仪表。容量计重所涉及的商品，是指在运输、储存和交接过程中的散装液体或气体“货物”。这些“货物”一般可分为石油及其液体石油产品、动植物油、液体化工产品和液化气体等。在装卸和运输过程中，可采用管线输送，油轮或油驳等运输，故称上述货物为液体散装货物或罐装货物，对其重量的确定，目前大都采用容量计重的方法。

容量测定主要包括：

（1）容量单位的确定。容量的单位，公制有升、千升、立方厘米、立方分米、立方米，英制有立方英寸、立方英尺、英加仑、美加仑、英桶、美桶等。应用于容量计重的容器，习惯上大容量以立方米为基本单位，小容量则仍以升为基本单位。

（2）容量的测定。油罐和船舱的静态容量计重，具体可细分为油罐、定量油池、油驳、船舱、槽车或罐式集装箱计量等方式。其中还包括压力罐、压力舱的计量。在对油罐、油驳、油舱、槽车或罐式集装箱等的容量进行测定的过程中，使用的测量器具有量油尺、液位测量仪、压力测量装置等。

(3) 容量的计算。用于液体或气体商品储存、运输和计量的容器，其结构、形状不尽相同，都制有计量表，以供计量使用。计量容器的计量表须经国家计量部门检定或审核认可，且在有效期内方可作为采购散装液体和气体商品的计量之用。

我国的度量衡制现已统一为公制，但国际上仍有一些国家采用英制，在执行容量计重工作中，经常遇到英制图表，因此，我们有必要熟悉公英制在容量和容积单位上的换算关系。常见的容量单位间的换算如表 13－1 所示。

表 13－1　　容量单位换算表

升	米	英寸	英尺	加仑(美)	加仑(英)	桶(美)	桶(英)
1	10^3	61.024	3.5315×10^{-2}	0.26418	0.21998	6.29×10^{-3}	6.285×10^{-3}
10^3	1	6.1024×10^4	35.1347	2.6418×10^2	2.1998×10^2	6.2899	6.285
1.6387×10^{-2}	1.6837×10^{-5}	1	5.787×10^{-4}	4.329×10^{-3}	3.605×10^{-3}	1.0307×10^{-4}	1.0299×10^{-4}
28.3168	2.8317×10^{-2}	1.728×10^3	1	7.4807	6.2290	0.1781	0.17797
3.7853	3.7853×10^{-2}	2.31×10^2	0.13368	1	0.83268	2.3809×10^{-2}	2.379×10^{-2}
4.546	4.546×10^3	2.7146×10^2	0.16057	1.20094	1	2.8594×10^{-2}	2.8571×10^{-2}
1.5898	0.15898	9.702×10^3	5.6145	42	34.9726	1	0.9992

5. 流量计计重

在采购商品中，液体商品的重（数）量交接，多采用静态计量的方法，即以油罐或船舱计量测算的重量或体积作为贸易结算的依据。我国从 20 世纪 70 年代中后期开始广泛采用流量计对国内原油交接和部分出口原油进行动态计量。目前，国内使用流量计进行油量交接的已接近 90%，但在我国进出口液体商品的计量中，现仅对部分出口原油进行流量计计重。

原油的流量计计重，是以校准的流量计，测得输送的原油的体积和温度，同时经取样，测定密度和含水量，进行标准状态下的体积与密度的换算，并扣除含水量，最终计算出所输原油重量或体积。下面介绍用容积式流量计计量原油的有关问题。

(1) 流量计计量的技术要求

为了保证流量计计量的准确性和使其得以保护，流量计应配置过滤安全阀、消气器和可靠的压力及流量控制设备，如流量调节阀、回压调节阀和逆止阀等。为了计算原油重量，流量计应与密度、含水、压力等参数的测量仪表配套使用。目前，我国对原油计量的流量计及有关的计量仪表的准确度有如下规定：

① 流量计基本误差应不大于 ±2%；

② 原油密度测定极限误差应不大于 ±1kg/m^3；

③ 原油含水测定极限误差应不大于 ±0.1%；

④ 计量系统综合误差应不大于 ±0.35%。

为了保证流量计计重的准确度，除在计重前或计重过程中对其进行必要的检定和检查外，还必须根据实际情况进行必要的临时校验。临时校验系指当流量计实际计量条件与确定流量计精度的检定条件不同时或流量计在计量过程中出现计量异常现象时，使用标准装置重新校验流量计的实际计量精度。

(2) 原油密度和含水量的测定

① 取样。原油的取样主要分为油罐、管线和船舱取样等方式，管线取样可分为人工和自动取样。

② 测定原油密度。采用玻璃密度计测定原油密度时，应将试样温度达到具有足够流动性的最低温度。测定密度的量筒应放置在没有气流的地方，并保持平稳。将选好的清洁、干燥的密度计小心地放入搅拌均匀的试样中，注意液面以上的密度计杆管浸润不得超过两个最小分度值。

③ 测定原油的含水率。采购原油要求净重时，应扣除原油的含水量。采用蒸馏法测定原油的含水量，是将定量的试样与无水解剂混合，进行蒸馏测定其含水量并以百分数表示。

(3) 数量计算

根据输油计量过程中测定的流量计系数、累积体积量或累积质量、输油温度、压力以及原油密度和含水量等，就可对采购原油的数量进行计量了。

13.1.3 金属材料商品的检验

商品的检验一般由商品买卖双方检验部门，或者委托第三方有资质的专业检验部门进行。对于进出口商品，检验部门必须具有国家质量检验检疫局颁发的“进出口商品检验鉴定机构资格证书”，如图 13-1、图 13-2 所示。

1. 金属材料的种类和性能

(1) 金属材料的种类

金属材料的种类是非常多的，其分类的方式也不胜枚举，但习惯上人们在从事采购活动中常常把它们分为黑色金属和有色金属两大类。

黑色金属通常是指铁、铬、镍、锰及其合金。如生铁、铁合金、钢和钢材等。黑色金属以外的金属及其合金都是有色金属材料，如铜、铝、铅以及它们的合金，硬质合金等。有色纯金属约有八十多种，其合金就更多了，不过在采购的实际工作中往往简单地把有色金属分为普通有色金属和稀有金属两大类。普通有色金属包括铜、铝、铅、锌、锡、锑、镍、镁等；稀有金属包括钛、钼、钨、钽、铌、锆、稀土金属等。

(2) 金属材料的性能

金属材料的品种繁多，性能不一，要做到科学合理地采购，必须了解它们的性能和常用的性能指标。一般而言金属材料的性能包括物理性能、化学性能、力学性能和工艺

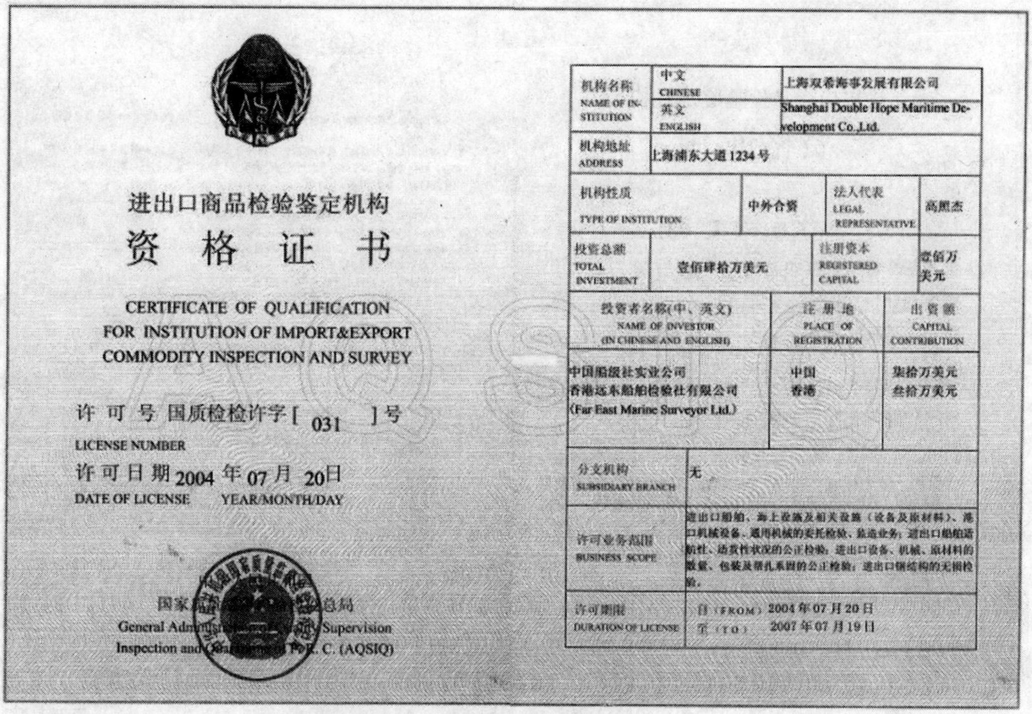

进出口商品检验鉴定机构

资　格　证　书

CERTIFICATE OF QUALIFICATION
FOR INSTITUTION OF IMPORT&EXPORT
COMMODITY INSPECTION AND SURVEY

许 可 号 国质检检许字 [031] 号
LICENSE NUMBER

许可日期 2004 年 07 月 20 日
DATE OF LICENSE YEAR/MONTH/DAY

机构名称 NAME OF INSTITUTION	中文 CHINESE	上海双希海事发展有限公司	
	英文 ENGLISH	Shanghai Double Hope Maritime Development Co.,Ltd.	
机构地址 ADDRESS	上海浦东大道1234号		
机构性质 TYPE OF INSTITUTION	中外合资	法人代表 LEGAL REPRESENTATIVE	高照杰
投资总额 TOTAL INVESTMENT	壹佰肆拾万美元	注册资本 REGISTERED CAPITAL	壹佰万美元
投资者名称(中、英文) NAME OF INVESTOR (IN CHINESE AND ENGLISH)	注册地 PLACE OF REGISTRATION	出资额 CAPITAL CONTRIBUTION	
中国船级社实业公司 香港远东船舶检验社有限公司 (Far East Marine Surveyor Ltd.)	中国 香港	柒拾万美元 叁拾万美元	
分支机构 SUBSIDIARY BRANCH	无		
许可业务范围 BUSINESS SCOPE	进出口船舶、海上设施及相关设施（设备及原材料）、港口机械设备、通用机械的委托检验、鉴定业务；进出口船舶适航性、适货性状况的公正检验；进出口设备、机械、原材料的数量、包装及捆扎系固的公正检验；进出口钢结构的无损检验。		
许可期限 DURATION OF LICENSE	自（FROM）2004 年 07 月 20 日 至（TO）2007 年 07 月 19 日		

国家……总局
General Adm…… Supervision
Inspection and …… P. R. C. (AQSIQ)

图 13－1　进出口商品检验资格证书

性能。

①金属材料的物理性能。物理性能主要包括密度、熔点、热膨胀性、导电性、导热性、磁性。

②金属材料的化学性能。金属材料与周围介质发生化学或电化学作用而引起的破坏现象，叫做金属的腐蚀。金属的化学性能主要是指其化学稳定性，即抵抗各种介质腐蚀的能力。根据金属被腐蚀的条件不同，其化学性能相应被称为耐蚀性、耐酸性和耐热性等。耐蚀性即金属材料抵抗大气和弱腐蚀性介质腐蚀的能力；耐酸性指金属材料抵抗强腐蚀性介质腐蚀的能力；耐热性指金属材料的耐热性，包括抗氧化性和热强性两种。

③金属材料的力学性能。金属材料在外力作用下所表现出来的特性，称其为力学性能，主要包括材料的强度、刚度、弹性、塑性、硬度、韧性和疲劳强度等。

（3）金属材料的工艺性能

在各种加工过程中，金属材料所表现出来的接受加工的能力，称其为工艺性能，主要包括顶锻性、铸造性、冲压性、焊接性、冷弯性和切削加工性能等。顶锻性是金属材料承受打铆、镦头等加工变形的能力；铸造性是金属材料经熔化后，浇铸成型的能力；冲压性是金属材料经过冲压变形而不产生裂纹等缺陷的能力；焊接性是把需要焊接的接

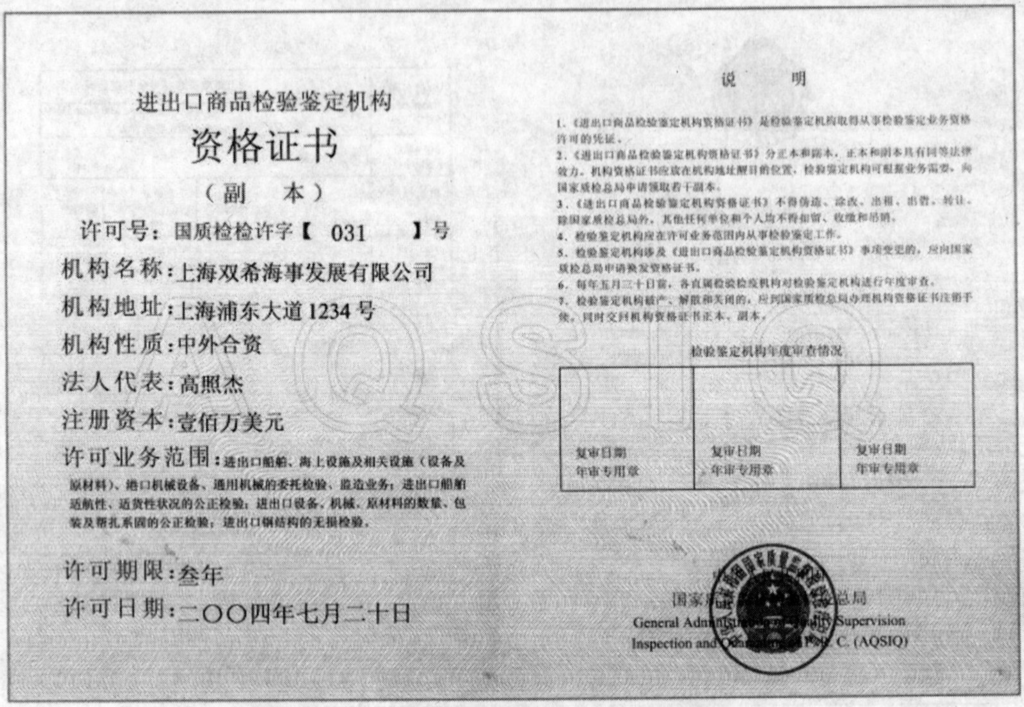
进出口商品检验鉴定机构

资格证书

（副　本）

许可号：国质检检许字【 031 】号

机构名称：上海双希海事发展有限公司

机构地址：上海浦东大道1234号

机构性质：中外合资

法人代表：高照杰

注册资本：壹佰万美元

许可业务范围：进出口船舶、海上设施及相关设施（设备及原材料）、港口机械设备、通用机械的委托检验、监造业务；进出口船舶适航性、适货性状况的公正检验；进出口设备、机械、原材料的数量、包装及帮扎系固的公正检验；进出口钢结构的无损检验。

许可期限：叁年

许可日期：二〇〇四年七月二十日

说　明

1.《进出口商品检验鉴定机构资格证书》是检验鉴定机构取得从事检验鉴定业务资格许可的凭证。

2.《进出口商品检验鉴定机构资格证书》分正本和副本，正本和副本具有同等法律效力。机构资格证书应放在机构地址醒目的位置，检验鉴定机构可根据业务需要，向国家质检总局申请领取若干副本。

3.《进出口商品检验鉴定机构资格证书》不得伪造、涂改、出租、出借、转让。除国家质检总局外，其他任何单位和个人均不得扣留、收缴和吊销。

4. 检验鉴定机构应在许可业务范围内从事检验鉴定工作。

5. 检验鉴定机构涉及《进出口商品检验鉴定机构资格证书》事项变更的，应向国家质检总局申请换发资格证书。

6. 每年五月三十日前，各直属检验检疫机构对检验鉴定机构进行年度审查。

7. 检验鉴定机构破产、解散和关闭的，应到国家质检总局办理机构资格证书注销手续，同时交回机构资格证书正本、副本。

检验鉴定机构年度审查情况

复审日期 年审专用章	复审日期 年审专用章	复审日期 年审专用章

国家质量监督检验检疫总局

General Administration of Quality Supervision Inspection and Quarantine of P.R. C. (AQSIQ)

图 13－2　进出口商品检验资格证书（副本）

头部位，快速加热至熔化或半熔化状态，然后使两个分离体的接头牢固结合在一起的性能；冷弯性是金属材料在常温下承受弯曲而不破裂的性能；切削加工性能是金属材料承受机械切削加工时所表现出来的性能。

2. 采购金属材料商品的检验

金属材料的检验是金属材料采购工作的重要环节，是保证材料品种、规格、数量、质量符合规定的重要前提。金属材料检验包括标志、规格、尺寸、数量、表面质量、内部质量等内容。这些检验都是以标准为依据，因此，做好材料的检验工作就必须熟悉标准并运用标准。

做好检验工作一定要熟悉产品标准中的验收规则和试验方法，并按其规定进行，否则检验无效。验收规则是为了保证出厂产品质量符合标准要求而规定的检验和责任制度。内容包括有关产品组批、取样和试样、分析和检验方法、复验、判废、降级或退货以及有关责任等的规定。

①包装、标志检验。金属材料包装有捆扎、装箱（桶）。检验时首先检验包装是否合乎产品标准规定和有无破损。标志是在金属材料表面或包装上所做的标记，用来区分金属材料的炉罐号、牌号、批号、质量等级、规格、数量等。

②规格、尺寸检验。规格、尺寸检验就是检验材料的实际规格、尺寸是否与所订购

的相符，差异是否在允许偏差范围内。材料规格检验必须在标准规定的部位进行，并正确使用测量工具，否则结果无效。

③数量检验。金属材料都是按重量计价的，计量单位为吨或千克。数量检验主要是确定材料的重量是否有误。

④外观检验。根据对使用的影响程度不同，在金属材料标准中有明确规定各种外观缺陷是否允许存在，或允许存在的程度。因此，必须对金属材料进行外观检验，并将检验结果与有关标准比较，从而确定材料是否合格。

⑤金属材料的质量检验。金属材料的质量包括化学成分、性能、表面质量和内部组织等。但在实际工作中所说的质量检验，通常指的是对化学成分、性能和内部组织的检查。

对于国产金属材料，生产厂应按有关标准及合同所规定的保证条件逐项进行检验，确定合格后才交货，并开具产品质量证明书。因此，需方只要将质量证明书与产品标准、订货合同核对，一般不再对材料化学成分、性能和内部组织进行复验。

⑥金属材料化学成分和内部组织的检验。化学成分检验的方法主要有化学分析法、看谱分析法等。化学分析法，分为定性和定量分析两种。定性分析是为了鉴定材料的元素组成，得出材料是由哪些元素组成的；定量分析是准确定出组成材料的各元素及杂质的含量。看谱分析法是根据各元素在高温、高能量激发状态下具有特定的发射光谱这一特性，进行金属材料化学成分测定的一种方法。

内部组织检验是指金属材料的内部组织和缺陷，可通过组织检验方法来观察。组织检验分为显微组织检验、宏观组织检验和无损探伤检验。上面介绍的各种检验办法，都要制取试样，要损伤一部分材料，只有无损探伤检验不需要制取试样，是一种对材料毫无损伤而又快速的探伤方法。

超声波探伤法是无损探伤检验的常用方法。这种方法是用超声波探伤仪进行的，超声波是频率在两万赫兹以上的弹性振动波，它能在同一均匀介质中作直线传播，但在不同的两种物质交界面上便会出现部分或全部的反射。检验时，材料内部缺陷位置（如气孔、夹杂、裂纹、缩孔等，便与金属构成交界面）能在超声波探伤仪的荧光屏上反映出不同的波形来，凡是有交界面的地方波峰就特别高。

13.1.4　机电产品的检验

现在的机电产品一般是指机械产品、电工产品、电子产品以及这些产品的零件、配件、附件。这里，机械产品是指基于力学、热力学原理为了不同的目的而设计制造的各种设备，如机械制造设备、不同使用目的的加工制造设备、动力设备、运输设备及其零部件。电工产品是指以电工学原理为基础，研究电能应用而制造的设备，主要包括强电类高压条件下使用的设备，如发电及传输设备；将电能转化为其他能进行工作的电工设备、控制设备和电子元器件等。电子产品是指以电子或离子产生、发展变化规律为理论基础制造的各种设备，如通信设备、视听设备、电子仪器仪表、计算机、电子医疗设备、家用电器等。

1. 机床的检验

机床检验的内容包括质量、型号、规格、数量、重量、包装以及是否符合安全、卫生的要求。一般而言，机床的检验分为两个部分，即开箱验收检验和工作性能检验。

（1）机床开箱验收检验

①所采购的机床应具有装箱单、使用说明书及产品出厂合格证。并与机床铭牌上的型号规格等逐项核对，无差异。

②检查机床的外表，应无裂缝、变形、损伤、发霉、锈蚀等现象；铸件表面不得有裂缝和砂眼；表面涂漆层应均匀、光洁。

③用手转动机床上的转动部件应灵活、平稳，细听无杂声。

④机床上的所有紧固螺栓应拧紧，不得松动；电缆的接线应完好，接线盒不应有损伤现象。

⑤机床丝杆、主转轴等的外露部分应涂有润滑油脂。

⑥机床装箱单所列的零部件是否有缺损，是否有锈蚀等现象。

（2）机床工作性能检验

由于机床的生产是由国家定点部门进行的，而且整个生产过程有着严格的质量保证措施，保证按照国家的有关标准进行，产品出厂前还要经过严格的检验部门的检验，因此采购中的机床产品工作性能的质量是有保证的。如果采购单位对所采购的机床工作性能有疑义，可以通过第三方专业检验机构或研究单位进行检验、判定。

2. 电机的验收与检验

（1）电机入库应具有装箱单、使用说明书及产品出厂合格证。并与电机铭牌上的型号规格等逐项核对，无差异。

（2）检查电机的外表，应无裂缝、变形、损伤、发霉、锈蚀等现象；铸件表面不得有裂缝和砂眼；表面涂漆层应均匀、光洁。

（3）用手转动转子应灵活，细听无杂声；具有滑环或换向器的电机，电刷与滑环或换向器接触应良好，旋转时不应跳动，滑环或换向器表面不应有划道伤痕。

（4）电机所有紧固螺栓应拧紧，不得松动；电机引出线应完好，接线盒不应有损伤现象。

（5）电机附带的风扇不应有损伤、变形、脱漆、锈蚀等现象。直流电机的换向器的铜片，不得有氧化及凹凸现象，云母垫片不应凸出。

（6）三相整流子变速电机在验收时，要打开整流子上面的罩盖、用手转动手柄应轻便灵活，两个转盘应相对移动，转盘的刷握应无锈蚀现象，弹簧压力不能失效，炭精应完整无损。

（7）用兆欧表（摇表）检查电机绕组与机壳之间的绝缘电阻（对于有 6 个出线端的交流电机，也应检查多绕组之间的绝缘电阻）。

（8）转轴的外露部分应涂有酚醛清漆，键销应绑扎在轴槽内，不能丢失。

13.1.5　办公设备的检验

1. 计算机的检验

计算机的发展日新月异，更新换代速度极快，因而给其选购及检验增添不少难度。一般而言，计算机的检验，并不是指对构成计算机的组成部分的质量状况等进行检验，是指计算机在使用过程中，针对一些常见的问题进行检查。尤其对采购计算机产品的验收和检验来说更是如此。

一般而言，计算机在使用中的常见问题及其检验方法如下：

（1）显示器不工作。如果屏幕没有任何显示，但微机已经启动，键盘、磁盘驱动器及其他外围设备似乎工作正常，此时应做如下的检查工作：①查看显示器电源线是否连接好，电源开关是否打开；②查看显示器视频电缆是否连接正确；③查看亮度和对比度是否合适；④关闭显示器电源开关，拔掉电源线，查看视频电缆插针是否弯曲，如果是，应轻轻拉直。

（2）微机不工作，无错误信号。此时应做如下的检查工作：①查看计算机和显示器的电源开关是否打开（电源指示灯应点亮）；②查看显示器的对比度和亮度是否合适；③查看所有的电缆和电源线是否接好；④查看电源插座是否接触良好。

（3）软盘驱动器不工作。此时应做如下的检查工作：①查看使用的软盘是否已经格式化；②查看所使用的软盘的密度是否与软盘驱动器匹配；③查看 BIOS 设定中是否禁止了软盘驱动器；④查看磁盘驱动器的电源和数据线是否连接正确。

（4）硬盘不工作。此时应做如下的检查工作：①查看在 BIOS 设定中是否禁止了硬盘驱动器；②查看硬盘驱动器的电源和数据线是否连接正确；③查看是否正确配置了电源管理。

（5）硬盘的指示灯不亮。当微机访问硬盘驱动器时，如果硬盘指示灯不闪烁，此时应做如下的检查工作：①查看面板指示灯接头与系统板之间的连接是否牢固；②查看磁盘的电源和数据线是否连接正确。如果使用的硬盘驱动器带有控制器板，例如 SCSI 硬盘，那么当微机访问硬盘驱动器时，硬盘指示灯不闪烁。

（6）打印机不工作。此时应做如下的检查工作：①查看电源线是否插到了电源及打印机上；②查看打印机的电源开关是否打开；③查看打印机是否连机；④查看进纸器是否卡纸；⑤查看所使用的打印机电缆是否正确，是否与微机和打印机的接头（接口）连接牢固；⑥查看对于微机和应用程序的打印机配置是否正确。

（7）键盘或鼠标不工作。此时应做如下的检查工作：①查看键盘或鼠标的连接是否正确；②查看应用软件提供的鼠标驱动程序是否安装正确。

2. 传真机的检验

传真就是一种传输静态图像的通信手段。它是通过通信线路，把诸如文字、图形、照片、手迹等纸页式静止图像信息从一个地方传输到另一个地方，并记录到特定的传真机用纸上，从而得到与原稿件完全一样的复制品。传真也可视为远距离的复印。

传真机种类繁多，分类方法多种多样。例如按照色调来分类，可以分成真迹传真机、相片传真机和彩色传真机；按通信时所占电话电路来分类，可以分成单路传真机和多路传真机；按照制造原稿的性质来分类，可以分成文件传真机和图片传真机；按照其性能及其用途来分类，可以分成文件传真机、相片传真机和气象图传真机等。

文件传真机是用途最为广泛、用量最大的传真机，应用于各行各业的各个领域，用于传真手写、打字或印刷的文件、图形、图表以及有限层次的半色调图像。文件传真机的发展，按性能技术指标由低到高，经历了一个从一类机（G1）、二类机（G2）到三类机（G3）和四类机（G4）的发展过程。

三类传真机是目前普遍使用的主导产品，三类传真机的检验应当符合以下几个方面的要求：

（1）收、发合为一体。不仅能传真而且能复印。

（2）可使用公用电话交换网或专用电话线进行信息传递，以半双工方式工作。

（3）能直接传送文件、报表、信函等纸页式静止画面，接收端可得到能长期保存的硬拷贝。

（4）可直接传送多种幅面的文件，接收端用纸的幅面固定。

（5）用编码方式对图像进行数据压缩。A3 幅面文件的传输时间不超过 1 分钟。

（6）具有多挡传输速率。可以根据传输线路的实际情况，由高速至低速自动切换。

（7）使用微处理技术，操作和监控高度自动化，如自动进稿、输纸和切纸以及故障的自动诊断等。

（8）能够与一二类传真机兼容通信；在通信线路的传输质量不好时，可以自动降为二类机或一类机的通信方式。

（9）可在文件接收副本上加印日期、时间、地址等用户标识信息。

13.2 商品的养护

13.2.1 物流商品的质量变化

1. 商品质量变化的类型

商品在物流过程中的质量变化归纳起来有物理机械变化、化学变化、生物生化变化及某些生物活动引起的变化等。

（1）商品的物理机械变化

物理变化是指改变物质本身的外部形态，不改变其本质，没有新物质生成，且有可能反复进行的质量变化现象。商品的机械变化是商品在外力的作用下发生的形态变化，物理变化的结果不是数量的损失就是质量的下降，甚至使商品失去使用价值。商品常发生的物理机械变化有商品的挥发、溶化、熔化、渗漏、串味、冻结、沉淀、破碎与变形等。

（2）商品的化学变化

商品的化学变化与物理变化有本质的区别，是指构成商品的物质发生变化后，不仅改变了商品的外表形态，也改变了商品的本质，并且有新物质生成，且不能恢复原状的变化现象。商品化学变化过程即商品质变过程，严重时会使商品失去使用价值。商品的化学变化形式主要有氧化、分解、水解、化合、聚合、裂解、老化、曝光、锈蚀等。

氧化是指商品与空气中的氧或其他能放出氧的物质所发生的与氧相结合的变化。商品发生氧化，不仅会降低商品的质量，有的还会在氧化过程中，产生热量，发生自燃，有的甚至会发生爆炸事故。容易发生氧化的商品品种比较多，例如，某些化工原料、纤维制品、橡胶制品、油脂类商品等。

分解是指某些性质不稳定的商品，在光、电、热、酸、碱及潮湿空气的作用下，由一种物质生成两种或两种以上物质的变化。

水解是指某些商品在一定条件下，遇水所发生分解的现象。如，硅酸盐和肥皂，其水解产物是酸和碱，这样就同原来的商品具有不同的性质。此类商品在流通领域中，即在包装、运输、储存的过程中，要注意包装材料的酸碱性以及可以或不能与哪些商品同库储存，以便防止商品的人为损失。

容易老化的商品，在保管养护过程中，要注意防止日光照射和高温的影响，切不能使其在阳光下暴晒。商品在堆码时不宜过高，以防止在底层的塑料、橡胶制品受压变形。橡胶制品切忌同各种油脂和有机溶剂接触，以防止发生粘连现象。塑料制品要避免同各种有色织物接触，以防止由于颜色的感染，发生串色。

曝光是指某些商品见光后，引起变质或变色的现象。例如，石碳酸（苯酚），为白色结晶体，见光即变成红色或淡红色。照相用的胶片见光后，即成为废品。能够曝光的商品在保管和养护过程中，要特别注意防止光线照射，并要防止空气中的氧和温湿度的影响，其包装要做到密封严密。

（3）商品的生理生化变化及其他生物引起的变化

生化变化是指有生命活动的有机体商品在生长发育过程中，为了维持自己的生命，本身所进行的一系列生理变化。如粮食、水果、蔬菜、鲜鱼、鲜肉、鲜蛋等有机体商品，在储存过程中，受到外界条件的影响和其他生物作用，往往会发生这样或那样的变化。这些变化主要有呼吸、发芽、胚胎发育、后熟、霉腐、虫蛀等。

呼吸作用是指有机商品在生命活动过程中，不断地进行呼吸，分解体内有机物质，产生热量，维持其本身的生命活动的现象。保持正常的呼吸作用，维持有机体的基本生理活动，商品本身会具有一定的抗病性和耐储性。因此，鲜活商品的储藏应保证它们正常而最低的呼吸，利用它们的生命活性，减少商品损耗，延长储藏时间。

发芽的结果会使有机体商品的营养物质转化为可溶性物质，供给有机体本身的需要，从而降低有机体商品的质量。在发芽萌发过程中，通常伴有发热、生霉等情况，不仅增加损耗，而且降低质量。因此对于能够萌发、发芽的商品必须控制它们的水分，并加强温湿度管理，防止发芽、萌发现象的发生。

后熟是指瓜果、蔬菜等类食品在脱离母株后继续其成熟过程的现象。当后熟作用完成后，则容易发生腐烂变质，难以继续储藏，甚至失去食用价值。因此，对于这类鲜活食品，应在其成熟之前采收并采取控制储藏条件的办法，来调节其后熟过程，以达到延长储藏期、均衡上市的目的。

霉腐是商品在霉腐微生物作用下所发生的霉变和腐败现象。对易霉腐的商品在储存时必须严格控制温湿度，并做好商品防霉和除霉工作。

2. 影响商品质量变化的因素

商品发生质量变化，是由一定因素引起的。为了保养好商品，确保商品的安全，必须找出变化原因，掌握商品质量变化的规律。通常引起商品变化的因素有内因和外因两种，内因是变化的根据，外因是变化的条件。

（1）影响商品质量变化的内在因素

①商品的物理性质。商品的物理性质主要包括商品的吸湿性、导热性、耐热性、透气性等。商品吸湿性是指商品吸收和放出水分的特性。商品吸湿性的大小，吸湿速度的快慢，直接影响该商品含水量的增减，对商品质量的影响极大，是许多商品在储存期间发生质量变化的重要原因之一。商品的导热性是指物体传递热能的性质。商品的导热性与其成分和组织结构有密切关系，商品结构不同，其导热性也不一样。商品的耐热性，是指商品耐温度变化而不致被破坏或显著降低强度的性质。商品能被水蒸气透过的性质，称为透气性；商品能被水透过的性质叫透水性。这两种性质在本质上都是指水的透过性能，不同的是，前者指气体水分子的透过，后者是指液体水的透过。

②商品的机械性质。商品的机械性质，是指商品的形态、结构在外力作用下的反应，包括商品的弹性、可塑性、强度、韧性、脆性等。商品的这种性质与其质量关系极为密切，是体现适用性、坚固耐久性和外观的重要内容。

③商品的化学性质。商品的化学性质，是指商品的形态、结构以及商品在光、热、氧、酸、碱、温度、湿度等作用下，发生改变商品本质相关的性质。与商品储存紧密相关的商品的化学性质包括商品的化学稳定性、毒性、腐蚀性、燃烧性、爆炸性等。

（2）影响商品质量变化的外界因素

商品储存期间的质量变化，主要是商品体内部运动或生理活动的结果，但与储存的外界因素有密切关系。这些外界因素主要包括空气中的氧、日光、温度、湿度、微生物和昆虫等。

空气中约含有21%左右的氧气。氧非常活泼，能和许多商品发生作用，对商品质量变化影响很大。因此，在养护中，对于受氧气影响比较大的商品，要采取各种方法（如浸泡、密封、充氮等）隔绝氧气对商品的影响。

日光中含有热量、紫外线、红外线等，它对商品起着正反两方面的作用；一方面，日光能够加速受潮商品的水分蒸发，杀死杀伤微生物和商品害虫，在一定条件下，有利于商品的保护；但是另一方面，某些商品在日光的直接照射下，又发生破坏作用。因此，要根据各种不同商品的特性，注意避免或减少日光的照射。微生物和商品害虫存在是商品霉腐、虫蛀的前提条件。微生物在生命活动过程中分泌一种酶，利用它把商品中的蛋白质、糖类、脂肪、有机酸等物质分解为简单的物质加以吸收利用，从而使商品受到破坏、变质，丧失其使用价值。同时，微生物异化作用中，在细胞内分解氧化营养物质产生各种腐败性物质排出体外，使商品产生腐臭味和色斑霉点，影响商品的外观，加速高分子商品的老化。另外温度与湿度、卫生条件以及有害气体也是影响商品质量变化的重要外界因素。

3. 普通商品储存的基本要求

商品养护不仅是技术问题也存在管理问题，是一门综合性应用科学。制定必要的管理制度和操作规程并严格执行，是各项管理工作的基础。“以防为主，以治为辅，防治结合”是商品保管工作的方针。搞好商品保管，具体应做好以下几个方面的工作。

（1）严格验收入库商品

要防止商品在储存期间发生各种不应有的变化，首先在商品入库时要严格验收，弄清商品及其包装的质量状况。对吸湿性商品要检测其含水量是否超过安全水分，对其他有异常情况的商品要查清原因，针对具体情况进行处理和采取救治措施，做到防微杜渐。

（2）适当安排储存场所

由于不同商品性能不同，对保管条件的要求也不同，分区分类、合理安排储存场所是商品养护工作的一个重要环节。如怕潮湿和易霉变、易生锈的商品，应存放在较干燥的库房里；怕热易溶化、发粘、挥发、变质或易发生燃烧、爆炸的商品，应存放在温度较低的阴凉场所。此外，性能相互抵触或易串味的商品不能在同一库房混存，以免相互产生不良影响。尤其对于化学危险物品，要严格按照有关部门的规定，分区分类安排储存地点。

（3）妥善进行堆码苫垫

阳光、雨雪、地面潮气对商品质量影响很大，要切实做好货垛遮苫和货垛垛下苫垫隔潮工作，如利用石块、枕木、垫板、苇席、油毡或采用其他防潮措施。存放在货场的商品，货区四周要有排水沟，以防积水流入垛下；货垛周围要遮盖严密，以防雨淋日晒。

货垛的垛形与高度应根据各种商品的性能和包装材料，结合季节气候等情况妥善堆码。含水率较高的易霉商品，热天应码通风垛；容易渗漏的商品，应码间隔式的行列垛。

（4）控制好仓库温湿度

仓库的温度和湿度，对商品质量变化的影响极大，也是影响各类商品质量变化的重要因素。各种商品由于其本身特征。对温湿度一般都有一定的适应范围，有安全温度和安全湿度要求，超过这个范围，商品就会发生不同程度的变化。因此，应根据库存商品的性能要求，采用相应的办法，力求把仓库温湿度保持在适应商品储存的范围内，以维护商品质量安全。

（5）认真进行商品在库检查

做好商品在库检查，对维护商品安全具有重要作用。库存商品质量发生变化，如不及时处理，就会造成或扩大损失。因此对库存商品的状况，应进行定期或不定期的检查。

13.2.2 仓库温湿度管理

1. 温湿度因素对商品质量的影响

大多数商品都含有水分，水分在商品组成中占有重要地位。各种商品对温湿度的适应性是有一定限度的，如果长期超过或低于这个限度，商品质量就会发生变化，而这种变化，对大多数商品来说，又是由于商品中水分含量的变化引起的。由此可见，空气温湿度与商品中水分的关系极为密切。因此必须首先研究商品中的水分与空气温湿度的相互关系，并应用这些关系，做好商品养护工作，维护商品质量的安全。

（1）商品的吸湿性与商品的平衡水分

商品的吸湿性是指商品吸收和放出水分的性质。商品吸湿性的大小以及吸湿速度的快慢，都直接影响该商品含水量的增减，对商品质量的影响极大，与商品养护有着密切的关系。

商品从空气中吸收水分，叫做“吸湿”；水分从商品体内向空间散发，叫做“散湿”。具有吸湿性能的商品，叫做吸湿性商品。商品吸湿性的大小，集中体现在吸湿点的高低。当空气相对湿度高于商品的吸湿点时，商品便开始吸湿；低于吸湿点时，商品便开始散湿。不同商品，在同一温度下，吸湿点也不一样。吸湿点愈低的商品，吸湿性愈强，愈易吸湿；同一商品，在不同温度下，吸湿点也不相同。一般地说，温度愈高，吸湿点愈低；反之，吸湿点愈高。商品的吸湿点，是安全保管易吸湿而引起质量变化的商品的重要依据。只要储存环境的温湿度条件不超过商品的吸湿点，商品就不会因吸湿而发生变化，这对防止商品变质损失，具有重要的意义。

空气中水蒸气气压和商品表面的水蒸气气压，经常处于相持对比状态。当空气中水蒸气气压大于商品表面水蒸气气压时，商品呈吸湿现象，含水量增大；反之，空气中水蒸气气压小于商品表面水蒸气气压时，商品呈散湿现象，含水量减少。若空气中水蒸气气压与商品表面的水蒸气气压相等，则商品处于吸湿和散湿的平衡状态。这时商品中所含的水分就是平衡水分。

（2）商品的安全水分

商品的安全水分，是指吸湿性商品可以安全储存的最高含水量（也叫临界含水量）。商品在储存保管期间的含水量，是有一定幅度要求的。如果超过了安全水分，就会影响商品的存储安全。因此，在商品养护工作中，应该掌握各种商品的安全水分，并要经常注意商品本身的实际含水量是否超过了这个安全界限。如果发现问题，就应采取措施，以保证商品质量的安全。

商品的安全水分，通常是指商品含水量的最高界限。如果超过这个界限，商品就不能保证安全。但是，在实际操作中，有些商品，由于含水量过低，也会引起质量变化，如干缩、脆裂、风化、变形等。因此，商品的安全水分，还应该有一个最低临界线，当商品中的水分降低到最低临界线以下时，也不能保证商品的安全。

不同商品，它的安全水分不同，这是由各种商品的不同性质所决定的。而各种商品的安全水分，也是随着气温的变化而变化。气温高，安全水分就低；气温低，安全水分就高。

（3）商品的安全相对湿度与安全温度

吸湿性商品的含水量是随着空气温湿度的变化而变化。商品在储存中，为了保证其质量的安全，都要求空气温湿度条件与之相适应，使商品的含水量不超过临界水分。

为了保证商品含水量在安全临界之内，就要控制储存环境的空气相对湿度在一定范围内，这个范围就是商品的安全相对湿度。各种商品的安全相对湿度，不是固定不变的，而是随着温度的变化而变化。当气温高时，商品的安全相对湿度就低；气温低时，则安全相对湿度就高。因此，应控制相对湿度在安全界限以内，以保证商品安全含水量，保证商品质量的安全。

空气温度的变化，跟空气相对湿度的变化一样，与商品中的含水量有着密切的关系，而且对商品质量的影响，也是十分重大的。商品在保管中，为了保证其质量的安全，对储存环境所要求的温度界线，就是商品的安全温度。对一般商品来说，只要求最高温度界线，对一些怕冻商品，才要求最低湿度线。在实际工作中，要掌握一种商品的安全温度，就要综合考虑商品及其包装等各方面情况，来加以确定。

2. 仓库温湿度的控制与调节

仓库内温湿度的变化，与储存商品的安全有着密切的关系。储存中的商品，要保持质量稳定，都需要有一个较适宜的温湿度范围。因此，控制与调节仓库温湿度，就成为当前条件下商品养护的一个重要措施。

各种商品的性能不同，各个库房的建筑结构、设备条件也有差异，气候在不断地变化着，各种因素是复杂的。如何采取正确的养护措施，首先要明确解决的主要矛盾是什么，是降温还是降湿；是要保持库内的温湿度，还是调节库内的温湿度，以适应商品性能的要求。所以，在确定措施前应缜密考虑，认真分析，才能运用得当，收到预期的效果。

在仓储环境的控制与调节中，温湿度的控制与调节尤为重要。由于仓库的温湿度是受大气、气候的影响而发生变化，这就需要研究并采取一些措施来控制仓库内温、湿度的变化，对不适宜商品储存的温湿度及时进行调节。控制与调节仓库环境的方法很多，采取密封、通风与吸潮相结合的方法，是控制与调节库内温湿度行之有效的方法。

我国对仓库温湿度的控制和管理进行了大量的理论研究和实际应用，图 13 -3 显示了浙江省某一粮库的温湿度监视系统。

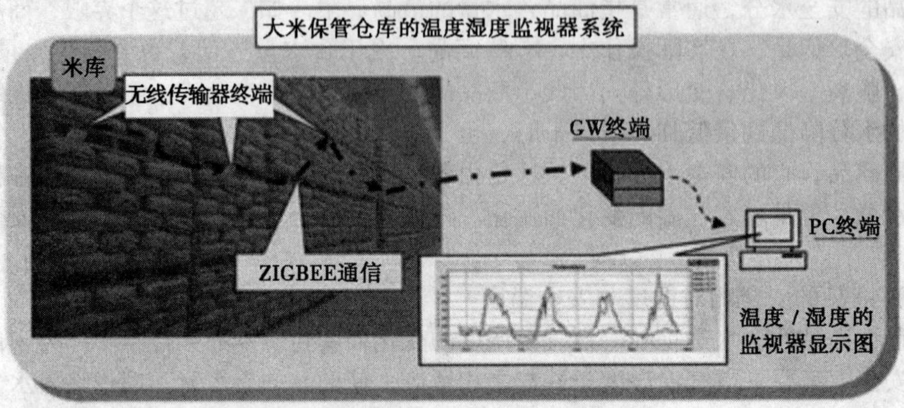

图 13－3　粮库温湿度监视系统

在图 13－3 粮库温湿度监视系统中，在仓库固定的几个位置上设置无线传感器，将温度、湿度电量与监视器链接；通过对大米的新鲜度的控制，可以抑制食品的质量恶化，提高食品的价值，将数据收集到 GW 终端，在中心服务器上做到实时监视。

13.2.3　商品霉腐及其防治

霉腐是商品在某些微生物的作用下，引起的生霉、腐烂和腐败发臭等质量变化的现象，包括微生物在商品上生长繁殖破坏商品和微生物的排泄物污染了商品两种情况。霉腐是商品在物流过程中的一种常见的质量变化。

1. 商品霉腐的过程和影响因素

（1）商品霉腐的过程

①受潮。商品受潮，是霉菌生长繁殖的关键因素，若商品含水量超过安全水分的限度，此时就容易发霉。

②发热。商品受潮后发热原因是多方面的，主要是霉腐微生物开始生长繁殖的结果。商品内部发热时，外表不易发现，可用铁钎插入测得，如烟包插入铁钎，30min 后取出即可测得烟叶温度，若发现发热时，应立即拆垛或拆包晾晒。

③发霉。由于霉菌在商品上生长繁殖，起初有菌丝生长，肉眼能看到的白色毛状物称为菌毛，霉菌继续生长繁殖形成小菌落称为霉点，菌落增大或菌落融合形成菌苔称为霉斑。

④腐烂。商品发霉后，由于霉菌摄取商品中营养物质，通过霉菌分泌酶的作用，将商品内部结构破坏，发生霉烂变质。

⑤霉味。霉味是商品腐烂后产生的气味。包括商品中糖类的发酵而产生的酒味、辣

味和酸气味，特别是发生在内部，尤为严重。

(2) 引起商品霉腐的主要因素

由于商品的成分和组织结构，决定了有些商品在适宜的条件下，易受霉腐微生物的污染发生霉腐，此类商品一般称为易霉腐商品。易霉腐商品主要是由有机物构成，包括生物性商品及其制品或含有生物成分的商品。

引起易霉腐商品发生霉腐的主要因素有以下几个方面：

①商品霉腐的内在因素。一是商品中有霉腐微生物的存在，因为生产商品的原料是有菌的，生产过程不是在无菌条件下进行的；二是商品中含有霉腐微生物能够利用的营养物质；三是商品含有足够的水分或容易吸水；四是商品具有适当的酸碱度，易霉腐商品多数是中性或偏酸性的，多数霉菌和酵母在酸性环境中都能生长，而细菌则在中性或偏碱性环境中生长。

②商品霉腐的外界因素。商品受霉腐微生物污染后，虽然霉腐微生物能从商品中获得营养物质，但还必须有适于它生长繁殖的外界因素。这些外界因素包括水分与湿度（商品所含的营养物质，是霉腐微生物生长繁殖的物质基础，而商品所含的水分是它生长繁殖的关键），还包括温度与空气（霉腐微生物因种类不同，对温度要求也各异。库房背光处、死角、货堆之间的缝隙、破损包装箱和商品之间的空隙、商品本身之间的空隙以及货垛下部，空气不易流通的地方最易生霉）。

2. 商品霉腐的防治

(1) 加强库存商品的管理

①加强入库验收。易霉商品入库，首先应检验其包装是否潮湿，商品的含水量是否超过安全水分。易霉商品在保管期间应特别注意检查，加强保护。

②加强仓库温湿度管理。要根据商品的不同性能，正确地运用密封、吸潮及通风相结合的方法，管好库内温湿度。特别是在梅雨季节，要将相对湿度控制在不适宜于霉菌生长的范围内。

③选择合理的储存场所。易霉商品应尽量安排在空气流通、光线较强、比较干燥的库房，并应避免与含水量大的商品储存在一起。

④合理堆码，下垫隔潮。商品堆垛不应靠墙靠柱。

⑤商品进行密封。

⑥做好日常的清洁卫生。

(2) 化学药剂防霉

防霉腐最主要方法是使用防霉腐剂，防霉腐剂低浓度能抑制霉腐微生物，高浓度就会使其死亡。有实际应用价值的防霉腐剂需具有低毒、高效、长效、使用方便和价格低廉等特点。低毒是安全性的条件，高效用量才能减少，提高使用方便性，降低成本和避免改变商品理化性能；长效才能确保商品长时间储存、使用。

(3) 气相防霉腐

气相防霉腐也是化学药品防霉腐方法之一。是非常有发展前途的方法。就是使用具有挥发性的防霉防腐剂，利用其挥发的气体，直接与霉腐微生物接触，杀死或抑制霉腐微生物的生长，以达到防霉腐的目的。常用的气相防霉腐剂有多聚甲醛防霉腐和环氧乙烷防霉腐。

(4) 气调防霉腐

气调防霉腐是生态防霉腐的形式之一，气调防霉腐要在密封条件下，通过改变空气组成成分，以降低氧的浓度，造成低氧环境，来抑制霉腐微生物的生命活动与生物性商品的呼吸强度，从而达到防霉腐的效果。

13.2.4 仓库害虫及其防治

仓库害虫又叫储藏物害虫。从广义上讲，它应包括所有一切危害储藏物品的害虫。仓库害虫不仅种类多，而且分布相当广泛，有许多主要的仓库害虫可以说是世界性种类。这也是仓库害虫不同于其他害虫的一个重要特点。形成这一特点的主要原因是由于交通日趋发达，各国之间贸易往来频繁，加之旅游事业的兴起，使得许多区域性仓库害虫，随着一些动植物及其产品的运输与携带，逐渐传播到世界各地。同时，仓库害虫本身抗饥及抗不良环境的能力很强，食性也较广，多数虫种传播到新的区域以后，能够很快适应环境条件而生存下来，进而大量繁殖危害。

当然，也有少数种类的仓库害虫，由于种种原因，其分布和危害仅局限于某一区域内。为了防止这些害虫的蔓延，目前，它们多被列为检疫对象。

1. 仓库害虫的来源

仓库害虫的生活处所大致可分为以下九类：

第一类：仓库及其他储藏室。包括粮仓、货栈、水果储藏室、酒窖及地下室等。

第二类：室外场所。包括田间作物上、树皮下、老树脚下、树根、树洞、死树叶、朽树干内、花间及土壤中。

第三类：加工厂。包括米厂、面粉厂、朱古力厂、油厂、食品加工厂、骨粉厂、蚕丝工厂、烟厂及面包房。

第四类：运输工具。包括火车、汽车、轮船、酒桶等。

第五类：各种动物巢穴。包括胡蜂巢、熊蜂巢、木蜂巢、蛀木甲虫巢、蝙蝠巢、松鼠巢、田间鼠穴、鸟巢、家禽巢等。

第六类：厩房及稻草堆等。包括草堆、干草棚和家畜厩房。

第七类：特殊室内场所。包括图书馆、博物馆、洗衣房、温床、温室、药店、粮店、肉店、蚕室、厨房及旅社。

第八类：动物体上。包括羚羊角内，禽、畜体上。

第九类：粪便垃圾废物及尸体上。包括各种动物的粪便、垃圾桶、废植物、死动物、臭肉、堆肥及霉纸上。

2. 仓库害虫的防治方法

近年来对于仓库害虫防治新技术的研究和应用，如密封、气调、低温防治、性诱剂等，也有了很大进展，这无疑为害虫防治展现了新的前景。

（1）机械防治

机械防治主要是利用人工操作或动力操作的各种机械来清除储藏物中害虫。如粮食经过机械处理以后，不但要清除害虫，还得把杂质除去和把水分降低，因而提高了粮食质量，并对保管更为有利。清理工作应在仓外露天下进行，切不可在仓内或加工厂房内进行，以免各种仓库害虫仍在这些地方蔓延。各种机械应装上集尘设备，以便防止虫、灰吹散到各处，给害虫造成蔓延的机会。当工作进行时，应在工作场地四周用马拉硫磷喷成一道防护药带，以便阻止害虫逃散。清理出来的虫灰立即焚毁或深埋。

机械防治的主要方法有：风车除虫；筛子除虫；压盖粮面；竹筒诱杀；离心撞击机治虫及抗虫粮袋等。

（2）物理防治

物理防治是用物理作用直接消灭仓库害虫，或恶化仓库害虫的生活环境条件，抑制害虫的发生和危害。

物理防治的主要方法有以下几种：

①高温杀虫。仓库害虫可以在一个适宜的温度范围内正常生长发育，生殖及生存。但是，如果超过这个温度范围，就会阻碍其生长，抑制产卵，延缓发育或导致生理变化甚至死亡。一般仓库害虫比较适宜的温度为18℃～35℃，超过35℃即影响仓库害虫的生殖。温度升高到45℃～48℃，害虫经过一定时间就会死亡。

②低温杀虫。低温杀虫是利用冬季的寒冷的空气或由人工产生的冷气来降低仓温，借以达到抑制害虫的发育、繁殖和危害，甚至把害虫冻死的目的。一般而言，仓库害虫生命活动的最低温度界限约为8℃～15℃，如果低于此温度，仓库害虫的发育与繁殖就会停止；当温度为8℃～4℃时，害虫即进入冷眠状态，这种温度若持续很久，也可致害虫于死地。

③控制相对湿度。控制仓库环境的相对湿度，毫无疑问也是防治仓库害虫的有效方法之一。许多仓库害虫在50%相对湿度的干燥环境中即不能生殖。应该指出，应用去湿剂降低小量粮堆内的相对湿度，抑制害虫的发生与危害，值得今后大力研究。

④臭氧杀虫。臭氧具有较强的氧化能力，不仅能杀死仓库害虫，还能杀死粮食中的多种微生物。臭氧还有放射性作用，例如在细菌中的质变现象，在鸡及小鼠细胞内染色体的破损，在人类组织细胞培养中染色体的破损以及牡蛎中有丝分裂的被抑制等。

（3）密封防治

密封防治是把有虫害的粮食密封储藏在仓库或容器中，利用粮食本身的呼吸作用和害虫、微生物的生命活动消耗完仓内或容器中的氧气，产生一种缺氧大气，使昆虫窒息而死亡。

（4）化学防治

化学防治，即利用化学杀虫药剂防治害虫，此法的最大优点是：杀虫力强，防治效果显著。其缺点是：对人畜有毒，会给粮食带来不同程度的污染以及引起害虫抗药性。

目前，用于防治仓库害虫的化学药剂主要有保护剂和熏蒸剂两大类。

（5）生物防治

生物防治的优点是：能够有效地控制仓库害虫；对人畜安全；减少对储物和环境的污染；降低储藏费用。但也有一定的局限性。如对仓库害虫的控制不能像化学药剂那样见效快、简便和方便等。

13.2.5 金属商品的养护

1. 金属在大气中的锈蚀

（1）金属材料腐蚀的分类

金属在环境作用下引起的破坏或变质叫做金属的锈蚀。由于金属腐蚀现象和机理比较复杂，因此金属腐蚀的分类方法也是多种多样的，至今尚未统一，现在一般将腐蚀形态分为以下几类：

①均匀腐蚀或全面腐蚀：腐蚀物均匀分布整个金属的表面；

②电偶腐蚀或双金属腐蚀：凡具有不同电极电位的金属相互接触，并在一定介质中所发生的化学腐蚀；

③缝隙腐蚀：浸在腐蚀介质中的金属表面，在缝隙和其他隐藏的区域常常发生强烈的局部腐蚀；

④小孔腐蚀：腐蚀破坏主要集中在某些活性结点上，并向金属内部发展；

⑤晶间腐蚀：这种腐蚀首先在晶粒边界上发生，并沿着晶界向纵深发展；

⑥磨损腐蚀：腐蚀性流体和金属表面间的相对运动，引起金属的加速磨损和破坏；

⑦应力腐蚀：应力腐蚀破坏是指在拉应力和一种给定腐蚀介质共存而引起的破坏。

（2）金属的锈蚀原理

①金属的表面膜：某些活泼金属（如铝、铬等）可以在环境中稳定地存在，原因是某些活泼的金属在氧或某些氧化剂的作用下，表面上会生成表面膜。这一层由腐蚀产物所组成的，能把金属表面和锈蚀环境隔离开，从而降低金属的锈蚀速度的薄膜被称为金属表面保护膜。

②化学锈蚀的机理：当金属与非电解质相接触时，介质中的分子被金属表面所吸附，并分解为原子，然后与金属原子化合，生成锈蚀产物，这个过程称为化学锈蚀。

③电化学锈蚀：电化学锈蚀要比化学锈蚀更普遍，危害性也更大。金属在潮湿空气中的大气锈蚀，在酸、碱、盐溶液和海水中发生的锈蚀，在地下土壤中的锈蚀以及在不同金属的接触处的锈蚀等，均属于电化学锈蚀。

（3）金属商品的锈蚀及防锈

当金属暴露在潮湿的大气中时，由于其表面对大气中的水分有吸附作用，在金属表面便形成了一层很薄的湿气层——水膜，当这层水膜达到一定厚度时，就形成了电化学锈蚀所必需的一层电解质溶液。就有可能因为金属中含有杂质或水膜中含有氧气而形成腐蚀电池，导致金属的电化学锈蚀。

根据金属表面的潮湿程度，可以把大气锈蚀分为干大气锈蚀、潮大气锈蚀、湿大气锈蚀三类：影响金属商品大气锈蚀的主要因素有湿度的影响、温度的影响、大气组成的影响、锈蚀产物性质的影响、气候条件的影响、金属材料性能的影响。

2. 金属锈蚀的防治

(1) 防止金属腐蚀的主要途径

①提高金属材料自身的抗蚀性：材料自身的抗蚀性是基本因素。例如，铸铁与不锈钢相比较，在其他条件相同的情况下，铸铁的抗蚀性远不如不锈钢。通常均匀化热处理、表面渗氮、渗铬、渗铝等方法，也可以提高金属材料的抗蚀性。

②采用覆盖层法防蚀：覆盖层也称保护层，实质在于把金属同可能引起或促进腐蚀的各种外界条件，如水分、氧气、二氧化硫等，尽可能隔离开来，从而达到防蚀目的。

③采用化学处理法防蚀：采用化学处理的方法，使金属表面形成一层钝化膜防蚀。最常见的有氧化膜和磷化膜两种。

④控制环境法防蚀：主要有三种方法，一是干燥空气封存法，也称控制相对湿度法，当空气相对湿度控制在35%以下时，金属则不易生锈，非金属也不易长霉；二是充氮封存法，氮气的化学性质比较稳定，在产品包装中，充入干燥的氮气，隔绝了水分、氧气等腐蚀性介质，从而达到使金属不易生锈、非金属不易老化的目的；三是隔离污染源法，如去氧封存法等，一般在设计、建筑厂房、库房时，应尽量远离有害气体源，以防止金属腐蚀。

⑤采用缓蚀剂法防蚀：在腐蚀性介质中，加入少许能减慢腐蚀速度的缓蚀剂，来防止金属腐蚀，通常缓蚀剂可分为：气相缓蚀剂、水溶性缓蚀剂及油溶性缓蚀剂三类。

(2) 金属锈蚀的控制方法

常用的锈蚀控制技术主要包括：

①合理选材：选取在实际环境条件下耐锈蚀并符合生产需要和经济效果好的金属或非金属材料。

②正确设计：采用正确的结构工艺设计，既满足生产的需要，又使制品的锈蚀减少到最小程度。

③改变环境介质状态：在生产环境许可的条件下，通过改变浓度、温度、流速和除去有害成分等方法以减轻制品的锈蚀。

④添加缓蚀剂：在锈蚀环境中，添加少量能阻止或减缓金属锈蚀速度的物质以控制金属制品的锈蚀。

⑤电化学保护：对被保护的金属通以电流使它进行极化，消除或减小与电解质溶液接触的金属表面各部分的电位差，从而减缓或阻止金属制品的锈蚀。

⑥钝化：用人为的方法促使可钝化的金属表面生成钝化膜，以减缓或阻止金属制品

的锈蚀。

⑦使用覆盖层保护：在金属表面涂、喷、渗、衬、镀上一层耐锈蚀性较好的金属或非金属物质以及将金属进行磷化、氧化处理，把金属制品与锈蚀环境介质隔离开。

⑧加强和改进生产管理：在许多情况下，可以采用两种或两种以上的联合防护措施，以取得更好的效果。在选择锈蚀控制措施时，还要考虑成本与经济效益等因素。

（3）金属锈蚀环境的处理

锈蚀环境的处理目的是改变其对金属的锈蚀性，包括改变锈蚀环境的状态与添加缓蚀剂两方面。这里主要指锈蚀环境的状态。

改变锈蚀环境的状态一般有以下途径：

①除去介质中的腐蚀性物质。在许多锈蚀体系中，氧是引起金属锈蚀的主要成分，因此，除氧是一种重要的锈蚀控制措施，例如，控制锅炉锈蚀的主要途径是脱氧。

②改变介质浓度。通过提高或降低腐蚀介质的浓度，有时可以有效地控制锈蚀，例如硝酸、硫酸和磷酸在高浓度时对某些金属基本上不锈蚀。降低硫酸的浓度，又可大大降低它对铝的锈蚀速度。

③改变温度。降低温度，在大多数情况下可以使金属的锈蚀速度降低；提高温度有时也可以减轻金属的锈蚀，例如，加热到沸腾的水或某些盐溶液，由于溶解氧浓度的降低，其锈蚀性降低。沸腾的海水比不到沸点的热海水锈蚀性低。提高温度使气体中的水分蒸发而不冷凝，也可以减缓金属的锈蚀。

④改变流速。某些情况下，降低流速可以减缓金属的锈蚀，也可以减小流体对金属设备的冲刷锈蚀。对于能钝化的金属，例如不锈钢，适当提高流速，有利于钝化。

⑤降低气体介质中的湿度。许多气体的腐蚀性是随其相对湿度增大而增加的。例如湿大气、湿氯气、湿氯化氢的腐蚀就比其干气体严重。降低气体湿度的方法是使用干燥剂吸收气体中的水分；用升温法使水汽不至于冷凝在金属表面形成液膜。

⑥调整介质的 pH 值。在生产工艺许可的条件下，有时适当调整介质的 pH 值，可以降低设备的锈蚀速度。

13.3 商品的包装

商品包装是适应商品流通，以社会整体发展、综合需要为动力，以材料技术、加工技术、印刷技术和管理科学及艺术科学等多种科学技术的相互渗透、发展、结合为条件的。为了分析研究商品包装使用价值的特点，必须将商品包装进行分题分类，必须按照从产品到商品，从设计、生产到储运、销售、使用或消费的系统过程来研究，这样才能适应商品包装经营管理的需要，才能给商品包装研究打开新的局面。

实际上，对于企业和消费者而言，商品的包装与商品的检验、养护一样，都是为了确保接收的商品，在今后的储存、装卸搬运和运输等过程中，质量不出问题。

13.3.1　商品包装的定义、作用、功能

1. 商品包装的定义

什么是包装？世界各国对包装的含义有不同的理解，说法也不尽相同，但基本意思是一致的。

美国包装协会认为：包装是为产品的运出和销售的准备行为。日本包装用语辞典中确定：包装是使用适当之材料、容器而施以技术，使产品安全到达目的地，即产品在运输和保管过程中能保持其内容物及维护产品之价值。

加拿大包装协会认为：包装是将产品由供应者送到顾客或消费者，从而保持产品于完好状态的工具。

英国规格协会认为：包装是为货物的运输和销售所做的艺术、科学和技术上的准备工作。

上述几种说法的基本意思都表明包装的主要功能在于从产品生产后直到消费者手中的全过程中的每一个阶段，不论遇到什么外来影响，都能使内容物受到保护，而不降低其使用价值。

我国国家标准物流术语对包装的定义为：包装（Packaging；Package）是“为在流通过程中保护产品、方便储运、促进销售，按一定技术方法而采用的容器、材料及辅助物等的总体名称。也指为了达到上述目的而采用容器、材料和辅助物的过程中施加一定技术方法等的操作活动”（见 GB/T 18354—2006 中 3. 34 条）。

综上所述，包装是在物流过程中，为保证产品使用价值和价值的顺利实现而采用的一个具有特定功能的系统。

2. 商品包装的作用

商品包装在商品生产、流通和消费的全过程中，均有其重要的作用。

包装是生产的继续，是产品的最后一道工序。对绝大多数产品来说，只有进行了包装，生产过程才算完成。因此，包装满足了生产的需要，为商品生产顺利进行和发展提供了必要的保证。

在流通与消费领域中，包装是增强商品竞争能力的主要手段之一。它对保护商品，方便消费和促进销售，保证商品使用价值与价值的实现，发挥愈来愈大的作用。主要体现在：

（1）保护商品质量安全和数量完整

这是商品包装的主要目的之一。随着国内外贸易的发展，商品要大量输往全国各地和世界各国，并经过运输、储存和销售等环节。为确保商品在流通过程中的完整性，防止储运过程中的振动和日光、空气中氧与有害气体、温湿度、生物等因素的影响，使商品实体不致损伤、失散，避免发生物理、化学、生物学、生物化学等质量变化，必须进行科学的包装，以增强保护商品的性能，抵抗各种外界因素的破坏，从而保证商品质量

完好和足量。保护了商品，也就维护了商品的使用价值，而商品使用价值又是商品价值的承担者。所以，包装是保证商品价值实现的前提条件之一。

（2）便利商品流通

包装是商品流通的工具之一。商品从出厂到收购、调运、储藏和销售，存在着数量的交接、搬运、堆码和零售等一系列环节。若无包装势必增加装运、储藏和销售的困难。因此，将商品按一定的数量（或重量）、形状、尺寸规格、大小相互配套进行包装，并按不同商品采用不同材料的容器，这样就便于商品的计量与清点，合理利用各种运输工具，提高运输、装卸和堆码效率，提高仓容利用率和储藏效果，加速商品流转，从而取得较大的经济效益。

（3）促进和扩大商品销售

销售包装新颖别致的设计与造型，装潢美术的特异性，便于商品的陈列和消费者选购。消费者通过包装装潢的特殊“语言”传递的商品信息，对商品产生信任感和食用安全感。包装的文字、绘画、色彩的宣传效果，起着联结购买者与商家之间的媒介作用和宣传、美化与推销商品的作用，成为“无声的推销员”。良好的包装，给商品“梳妆打扮”，给人以美的享受，往往能引起消费者的注目，诱导和激发消费者的购买欲望和重复购买的兴趣，是争取顾客的重要工具。在商品质量大致相同的情况下，包装便成为顾客选购时的主要因素，在出口商品上尤为突出。同时，现代商品包装还有助于现代销售市场的商品销售，提高零售劳动效率等。这样，商品包装起到了赢得和占领市场的作用，扩大了商品销售。

图 13－4 展现了咖啡的优秀商品包装设计效果。优秀经典的商品包装包括食品、饮料、化妆品、医药、日用品、工业产品 6 大行业，这些商品的包装设计风格或精巧雅致，或庄重豪华，或浪漫温馨，促进和扩大了商品的销售。

图 13－4 咖啡包装实例

(4) 方便与指导消费

销售包装是随同商品一起出售给消费者的，包装的大小适宜，有单件、多件组合和配套等各种规格，形式多样化，便于消费者携带、保存和使用，使人有方便感。包装的绘图、商标和文字说明等，既可保证名牌产品不被假冒，又介绍了商品成分、性质、用途和使用方法，起着方便与指导消费的作用。如快餐与方便食品、蒸煮袋食品等，发展如此迅速，品种达1万多种，因为它们既方便了人们的生活，又促进了人们消费的多样化。

此外，改进与提高商品包装质量，加强包装的回收复用，对于提高服务质量，降低包装成本和商品流通费用，增加企业利润和创汇，提高社会与经济效益，也有重要的作用。

3. 商品包装的功能

商品包装具有多种功能，大致可概括为3种基本功能。

(1) 保护功能

防止被包装（容）物在物流过程中受到质量和数量上的损失，并能防止危害性内装物对其接触的人、生物和环境造成危害。因而保护功能是商品包装最基本的功能。主要内容有：

①根据商品的形态、特征、运输环境、销售环境等因素，采用适当的包装材料，设计合理的包装结构，对商品进行保护。

②在包装设计中，不但要考虑包装机械对包装材料所产生的冲、拉、扭、压等物理性和酸碱化学性的作用力，选择能承受这些外力的包装材料来保护内装物，还要考虑在商品流通过程中，由于摇动、急刹车、颠簸、跌落等原因给内装物造成的破坏，从而采取适当的措施加强包装的强度。

③仓储堆码会使堆垛下部的容器及内装物承受很大的重量，为了防止造成包装容器或内包装损坏，要考虑包装结构的耐压程度。

④容纳商品是包装保护功能的一个方面。气态、液态、粉末及零散物品没有包装是无法运输和销售的。因而，包装材料应能耐内装物的化学腐蚀。例如，香波的某些脱垢剂会引起聚乙烯瓶的环境应力开裂或复合膜的脱层，某些化妆品所含的豆蔻酸异丙酯有可能软化聚苯乙烯等。此外还要考虑来自外部的化学与灰尘污染。有时不仅污染商品本身，也污染包装本身的图案、容器等。

⑤包装的保护功能还包括防腐蚀、防潮、防水、防震、防冲击、防破损、防污染、防挥发、防菌、防光、防氧化、防受热或受冷冻等保护作用。有些外包装如箱、桶、罐的防盗盖，既是为了密封、防止渗漏，同时也为了防止在流通中被盗用或投毒。

⑥对那些具有易燃性、爆炸性、腐蚀性、有毒性、感染性和放射性的产品，应采用特殊包装，并打上危险货物标志和说明文字。这有利于安全地进行储运、装卸和使用，避免污染环境，保障人和生物的安全。

(2) 方便功能

现代商品包装能为人们带来许多方便，在改变生产面貌，提高活动效率和生活质量上，都发挥了重要作用。包装的方便功能，常体现在下列各方面。

①方便生产。对于大批量生产的产品，首先考虑的当然是其适销对路的问题，但是应兼顾厂家的资源能力和生产成本，使这两者之间有机地结合起来。比如，一个纸盒结构设计得很美观，具有很强的货架冲击力，但如不能或很难进行流水线生产，也会给投产带来麻烦。

②方便装填。商品包装的包装容器与内装物之间要留有适当空隙，由于这两者之间有一定的尺寸偏差，包装机械的动作也有一定的偏差量，如果其间一点空隙也没有，包装作业就无法进行。如，用手工装箱，没有空隙就会导致生产效率下降。对于瓶罐类容器结构的设计也要考虑方便灌装。

③方便储运。每件包装容器的质量和体积应适合其运输特点（包括货车车箱、集装箱尺寸等）以及国内外运输过程中堆码、搬运的要求及有关规定，以减少损失，避免浪费，提高运输能力和经济效益。比如，包装设计必须使包装尺寸适合于所选定的堆码方式，适合仓储的最大有效高度。在包装设计中，应注意人工装卸，从重量上讲，一般单位包装重量限于20kg 左右；如进行连续装卸，装卸物重量一般以不超过工人体重的40%为宜；体积过大也不宜搬运；机械装卸要考虑重量和体积，还要考虑吊装机械与包装件的配合问题。

④方便陈列与销售。这是促销的重要手段，不论结构造型还是装潢设计都有许多成功的范例。例如，可挂式包装、堆叠式包装可以充分利用市场的空间节省货位；开窗式、展开式、配套包装、系列包装、成组包装以及各种手提式方便携带包装等都是方便销售的好形式。

⑤方便开启与使用。运输包装（Transport Package）要方便零售商开启，销售包装（Consumer Package）要方便消费者开启与使用。像带有缝纫线开启口的运输包装纸箱，用胶带封口的纸箱和易拉罐等都是方便开启的形式。方便使用指以简明扼要的语言或图示向消费者传递使用某产品的方法及注意事项等。如供一人用量的软包装或供两人或三人等家庭人口需要的包装用量等形式，都是方便使用的范例。

⑥方便处理。方便处理是指部分包装具有重复使用的功能。例如，各种材料的周转箱，玻璃饮料周转瓶等；又如有些内包装打开后或使用完其内装物以后可成为一件家庭陈设，一物多用。这种复用包装对于节省成本、环保及节省资源有一定意义。

废弃包装物对环保已构成了严重威胁，因而在包装设计时就应考虑废弃包装物的处理问题，这也是满足消费者心理的一个重要方面。在可能的情况下，尽量采用可回收或可降解的包装材料。

（3）促销功能

促销就是企业通过加强与顾客之间的信息沟通，来促使顾客购买行为和消费方式向有利于商品销售的方向变化。

促销有两种基本活动方式，即人员促销和非人员促销。包装和广告对商品信息的传递都是非人员促销的方法，它们已成为企业实现促销策略的常用手段。但包装在促销作用上，比广告有如下优点：

①包装不仅有宣传商品的广告作用，同时还有防护和方便的功效。

②广告追求的是一时的流行格调和时髦倾向，而包装注重的是时代趋势，故成功的包装比成功的广告具有更加持久的设计寿命。广告一般是在货架之外唤起购买者的欲望，包装则是在货架上面对顾客的挑选即在售货现场直接激起购买欲望，产生冲动性购买行为，因而在成交上更具有决定性。

③广告推销活动是定域性的，对消费者的影响往往是短暂的；包装不但在货架上使商品活灵活现，诱导消费者的购买行动，而且被选购带走后，能成为“流动广告”吸引潜在顾客，扩大推销成果，因而其影响比广告更具有动态性和持续性。在超市，包装的魅力已成为吸引顾客最重要的因素。在标准化产品云集的货架上，不同厂家的产品只有靠包装表现各自的特色，它们都竭力以精巧的造型、醒目的商标、得体的文字和明快的色彩等艺术语言宣传自己，起着“无声推销员”的作用。有些包装，因具有潜在的其他使用价值而发挥了更好的促销作用。例如，结构轻巧、适于多用的容器，当内装物用完后，还可用来盛装其他物品；又如造型独特、装饰别致的容器，五彩缤纷、印刷精美的火花、烟标和其他套标包装，不但能提高商品售价，促进商品销售，同时还有作为艺术鉴赏品收藏的价值，这样就使包装增加了所谓附加值。销售包装固然有促销的功能，运输包装也不应忽视这一功能的作用。尤其是出口商品，若运输包装不好，也难与客商成交。为了取得更好的经济效益，有些用瓦楞纸盒包装的产品已把销售包装和运输包装结合起来，成为全功能包装，其装潢设计和精美的印刷就具有很好的促销作用。

现代包装与人们的心理现象直接相关，需要对包装促销理论和方法进行深入探讨，需要进一步学习商业心理学和包装心理学的学科知识，现代包装的 3 大基本功能是彼此联系、相辅相成的，是通过包装容器融为一体而共同发挥作用的，但对 3 种功能不能均等看待。

13.3.2 商品包装的研究内容

现代商品包装的发展，促进了研究商品包装理论、技术和管理的深化，极大地丰富了商品包装的研究内容。

1. 商品包装研究的一般理论

研究商品包装要研究商品包装的作用与功能，商品质量变化规律与包装关系以及包装质量与经济效果的关系，研究各类商品包装机理与防护理论，研究国内外现代商品包装的变化、特点和发展趋势，研究包装分类方法，对商品包装进行科学的分类，从而加强商品包装的科学管理，研究包装模数化和模数协调原理及其应用，加强商品包装标准化管理。

2. 研究包装材料与包装容器

包装材料是包装容器的物质基础。根据商品特性选择适当的包装材料，是研究包装材料的重要内容。要研究包装材料的性能与特点以及商品对包装材料的要求，研究主要商品包装材料的种类、用途和发展趋势，为包装容器提供优良的材料或节约代用的途径。

包装容器是包装最主要的形式，是商品包装学研究的核心问题之一。如何达到包装容器的选材适当、结构合理、使用方便等要求，就要研究包装容器的性能、特点、适用范围以及防护机理与防护效果；研究容器的造型与设计要求，以及容器中商品排列与装载方法；研究包装容器的回收复用等。

3. 研究商品包装装潢

包装装潢是包装容器的造型结构与表面设计。要根据不同国家和地区的商品销售市场的特点，考虑包装装潢如何适应消费心理与消费者的特殊需要，来研究包装装潢设计的基本程序与要求，把一般美术原理与包装特点结合起来，形成包装装潢独特的创作与设计方法。还要研究提高包装装潢工艺、印刷和艺术水平，使包装取得美化、宣传和推销商品的最佳效果。

4. 研究包装质量检测和包装试验

包装质量检测是保证商品包装质量符合标准要求的重要手段。要加强物理机械、化学、生物学的包装检验仪器研制，与检测方法和技术的研究。通过包装材料、容器的质量检测数据，预测包装的实际应用技术，为制定商品包装标准提供理论依据，还要加强各种包装的试验条件、原理、标准与技术等的研究。

5. 研究包装技术与包装管理

对包装技术的研究，主要是包装的操作技术和包装机械的基本原理、结构与分类等。要针对商品的特性，研究包装的各种方法技术，分析包装技术的操作过程。包装机械的研究，则是实现包装技术现代化的必要手段。

商品包装管理是一项综合性的系统工程管理。它包括包装计划、成本、质量、情报信息和标准化等方面的管理。包装管理研究的中心内容是包装的社会与经济效益，要以较少的物质和劳动的消耗，取得较大的效益。在保证包装质量的前提下，研究如何降低包装成本和费用。

13.3.3 商品包装的分类

现代商品包装已成为商品流通的不可缺少的组成部分。商品包装必然是商品体和包装体结合成一个整体，来适应商品流通的需要。因此，商品包装会因商品流通的不同需要和商品本身的不同需要而有不同种类的包装。为了分析研究不同种类商品包装使用价值的特点，商品包装常按商品流通过程的需要不同、商品销售市场的不同和商品的不同来分类。

1. 商品包装的商品流通过程的特征分类

商品包装按商品流通过程的需要不同，可区分为销售包装和运输包装。

销售包装主要以满足销售的需要为目的，通常随同商品卖给顾客，也有很多销售包装参与商品消费。销售包装一般要与商品直接接触，包装体与商品体是在生产中结合成一体。例如墨水瓶盒、牙膏管盒、饮料瓶等。销售包装起着直接保护、美化、宣传商品的作用，还可方便商品陈列展销和方便顾客识别选购，对促进销售起重要作用，同时对于消费者也能起到便于携带、使用、保存、识别等作用。

运输包装主要以满足运输、装卸、储存需要为目的，通常不随商品卖给顾客。它一般不与商品直接接触，而是由许多小包装（销售包装）集装而成。例如烟、酒、化妆品等。商品先装进小包装，然后集装于纸箱或木箱内。但也有一些运输包装，如装水果或家用电器的纸箱、装油的桶、装粮食的麻袋等，直接与商品接触，甚至还随同商品卖给顾客。目前这类运输包装正在逐步减少。运输包装在运输、装卸、储存中，首先起保护商品的作用，其次起方便运输、装卸和储存，以提高物流效率的作用，再次起传达信息、方便管理等作用。

2. 商品包装按销售市场分类

商品包装可按销售市场不同而区分为内销商品包装和出口商品包装。

内销商品包装和出口商品包装所起的作用基本是相同的，但因国内外物流环境和销售市场不相同，它们之间会存在差别。内销商品包装必须与国内物流环境和国内销售市场相适应，要符合我国的国情。出口商品包装则必须与国外物流环境和国外销售市场相适应，满足出口所在国的不同要求。

3. 商品包装按商品种类分类

商品包装可按商品种类不同而区分成建材商品包装、农牧水产品商品包装、食品和饮料商品包装、轻工日用品商品包装、纺织品和服装商品包装、化工业品包装、医药商品包装、机电商品包装、电子商品包装、兵器包装等。

各类商品的价值高低、用途特点、保护要求都不相同，它们所需要的运输包装和销售包装都会有明显的差异。

其他商品包装的分类法有：按材料分类，常把商品包装区分为木制、纸制、金属、塑料、复合材料、麻布、玻璃、陶瓷、竹制、柳条等包装，按容器结构形态分类，常把商品包装区分为箱、桶、筐、篓、缸、袋、瓶、罐、盒等包装，按技术方法分类，常把商品包装区分为缓冲、防潮、防锈、收缩、真空、充气、灭菌、贴体、组合等包装。

附　　录

附录一：《现代物流管理教程》课程教学大纲

一、基本信息

学分：3

总学时：51（其中实验15学时）

适用对象：物流管理、物流工程、电子商务等本科专业学生

先修课程：高等数学/微积分

二、课程性质、教学目的和要求

（一）课程性质和目的

本课程是物流管理专业的专业基础课。

物流学是在20世纪50年代新发展起来的一门实践性很强的综合性交叉学科。物流学研究的对象是经济活动中“物”的流动规律。随着现代信息技术和电子商务技术的发展，与之相伴而生的现代物流正在成为新的迫切的社会需求，现代物流管理揭示了物品运输、储存、包装、装卸搬运、配送、流通加工和信息处理等物流活动的内在联系，使物流活动从经济活动中凸显出来。物流学概论作为物流管理本科专业的专业基础课，是学习其他专业课的坚实基础。

通过现代物流的学习，要掌握物流的基本概念与功能、物流运输与装卸搬运、仓储管理与库存控制、物流配送中心与配送管理、物流信息处理、供应链管理、第三方物流与第四方物流、物流系统、物流网络、国际物流、物流成本、物流技术与装备、商品检验养护与包装等物流基础知识。

通过课堂教学与讨论，让学生掌握现代物流管理在现代企业和社会、WTO和经济全球化进程中的重要意义和地位，对培养综合型、复合型管理人才，拓宽学生的知识面，都具有十分重要的现实意义。

（二）教学方法与手段

以课堂讲授和案例教学为主，同时开展适量的课堂实验（供应链建模及其仿真实验、啤酒分销游戏）和实践活动（物流系统工程的数学模型建立与求解、第三方物流企业的网上调查和常见物流技术的应用等）。

（三）教学安排

课程学分：3 课时

学时数：51 学时

学时安排：课堂教学（42 学时）、上机实践（9 学时）

三、教学内容及学时分配

1　物流的基本概念与功能（6 学时，其中实验 0 学时）

教学要求：掌握现代物流的含义、分类，及其基本功能，现代物流的特点，流通的内容；熟悉现代物流的产生过程，现代物流的作用；了解现代物流的增值功能，物流产业构成及其特征，现代物流学与相关学科。

重点内容：现代物流的含义、分类，及其基本功能，现代物流的特点，现代物流的增值功能。

难点内容：现代物流的增值功能，物流产业构成及其特征。

2　物流运输与装卸搬运（3 学时，其中实验 0 学时）

教学要求：掌握运输的概念、作用，五大运输体系及其特点，不合理运输的主要表现形式，装卸及搬运的合理化方法，搬运活性理论；熟悉运输系统的合理化，装卸的功能及种类；了解运输系统及技术，装卸的种类和方法，搬运的形态。

重点内容：运输的概念、作用，五大运输体系及其特点，不合理运输的主要表现形式，装卸及搬运的合理化方法，搬运活性理论。

难点内容：五大运输体系及其特点，不合理运输的主要表现形式。

3　仓储管理与库存控制（3 学时，其中实验 0 学时）

教学要求：掌握库存物资的 ABC 分类管理技术，确定型存储控制型模型，随机型存储控制型模型，非独立需求库存控制系统模型；熟悉库存的定义，库存的功能；了解库存系统。

重点内容：库存物资的 ABC 分类管理技术，确定型存储控制型模型，随机型存储控制型模型，非独立需求库存控制系统模型。

难点内容：库存物资的 ABC 分类管理技术，确定型存储控制型模型，随机型存储控制型模型，非独立需求库存控制系统模型。

4　物流配送中心与配送管理（3 学时，其中实验 0 学时）

教学要求：掌握配送的基本活动，配送模式，现代配送模式的选择，配送中心的基本功能；熟悉配送的含义，配送的种类，配送中心的概念，配送中心的作用，现代配送中心种类；了解配送的特点，配送中心的产生基础，配送中心与传统仓库的区别。

重点内容：配送的基本活动，配送模式，现代配送模式的选择，配送中心的基本功能。

难点内容：配送模式，现代配送模式的选择。

5　物流信息处理（3学时，其中实验0学时）

教学要求：掌握条码技术，射频识别技术，EDI技术，GPS技术，GIS技术，DPS技术；熟悉EOS技术，扫描技术，POS技术，DRP技术；了解数据库技术，物流信息系统，LRP技术。

重点内容：条码技术，射频识别技术，EDI技术，GPS技术，GIS技术，DPS技术。

难点内容：条码技术，射频识别技术，EDI技术，DPS技术；EOS技术，LRP技术。

6　供应链管理（6学时，其中实验3学时）

教学要求：掌握供应链的概念和结构模型，供应链的类型，供应链管理的概念，供应链管理的“牛鞭效应”；熟悉供应链管理的作用，供应链管理的经济学解释，供应链管理的特点，供应链管理的原则、内容；了解供应链的特征，供应链管理的研究方法。

重点内容：供应链的概念和结构模型，供应链的类型，供应链管理的概念，供应链管理的“牛鞭效应”。

难点内容：供应链的概念和结构模型，供应链的类型，供应链管理的“牛鞭效应”。

7　第三方物流与第四方物流（6学时，其中实验3学时）

教学要求：掌握第三方物流的概念和特征，第三方物流的价值；熟悉第三方物流企业的类型细分；了解第三方物流的来源，第四方物流。

重点内容：第三方物流的概念，第三方物流的价值。

难点内容：第三方物流企业的类型细分，第三方物流的来源，第四方物流。

8　物流系统（6学时，其中实验3学时）

教学要求：掌握物流系统的概念及一般模式，物流系统的构成及特点，物流系统的预测方法；理解系统的概念及系统的一般模式；了解物流系统的仿真方法。

重点内容：物流系统的概念及一般模式，物流系统的预测方法。

难点内容：物流系统的预测方法。

9　物流网络（3 学时，其中实验 0 学时）

教学要求：掌握物流网络的概念和组成，物流结点的功能和类型，物流结点的一元网点布局方法，物流运输线路的选择方法；熟悉车辆调度模型；了解多个相关物流结点位置的选择方法，运输路线的类型。

重点内容：物流网络的概念，物流结点的功能和类型，物流结点的一元网点布局方法，物流运输线路的选择方法。

难点内容：物流结点的一元网点布局方法，物流运输线路的选择方法，车辆调度模型。

10　国际物流（3 学时，其中实验 0 学时）

教学要求：掌握国际物流的概念，国际物流的分类，国际物流的特点，国际物流系统的组成，国际物流系统的模式；熟悉国际物流的发展阶段，国际贸易与国际物流；了解国际物流的发展趋势，物流的全球化。

重点内容：国际物流的概念，国际物流的分类，国际物流的特点，国际物流系统的组成，国际物流系统的模式。

难点内容：国际物流系统的组成，国际物流系统的模式，国际贸易与国际物流。

11　物流成本（3 学时，其中实验 0 学时）

教学要求：掌握物流成本的概念和特征，物流成本的计算对象，物流成本的构成，物流成本的计算方法；熟悉影响物流成本的主要因素；了解物流成本几个基本理论。

重点内容：物流成本的概念和特征，物流成本的计算对象，物流成本的构成，物流成本的计算方法。

难点内容：物流成本的计算对象，物流成本的构成，物流成本的计算方法。

12　物流技术与装备（3 学时，其中实验 0 学时）

教学要求：理解铁路、公路、水路、航空、管道运输的特点；了解仓储设备、起重机械、物料搬运设备、分拣设备、集装及运输设备、条码及自动化设备。

重点内容：铁路、公路、水路、航空、管道运输的特点。

难点内容：仓储设备、起重机械、物料搬运设备、分拣设备、集装及运输设备、条码及自动化设备。

13　商品检验、养护与包装（3 学时，其中实验 0 学时）

教学要求：掌握商品包装的定义、作用、功能，商品包装的分类；熟悉商品的检验；了解商品的养护。

重点内容：商品包装的定义、作用、功能，商品包装的分类。

难点内容：商品的检验。

四、课内实验内容、要求及学时

（一）实验目的、方式及环境

1. 学习使用 WinQSB 软件解决物流工程中预测问题、库存控制问题的求解方法；

2. 学习使用条码打印软件、POS 软件、MRP 软件；

3. 学习使用 WinQSB 软件解决物流工程中设施选址问题、运输问题模型、指派问题模型的求解方法；

4. 从互联网上了解国内外第三方物流企业的现状；

5. 分组并角色扮演供应链中各结点企业的运作。

实验环境：WinQSB 软件、开通 Internet。

（二）实验内容与学时分配

序号	实验项目名称	实验类型	实验内容介绍	应达到的基本要求	学时分配
1	啤酒分销游戏	综合	分组并角色扮演供应链中各结点企业的运作（第 6 章结束）	掌握供应链的结构模型、供应链的“牛鞭效应”；了解供应链的特征	3
2	第三方物流企业的网上调查	综合	从互联网上了解国内外第三方物流企业的现状（第 7 章结束）	了解国内外第三方物流企业和传统的物流企业是如何在网上开展物流、配送业务的	3
3	物流系统工程的数学模型	综合	学习使用 WinQSB 软件解决物流工程问题（第 8 章结束）	掌握物流系统工程中预测问题、库存控制问题的求解方法，设施选址问题、运输问题模型、车辆调度模型的求解方法；了解 WinQSB 实验软件环境的构成及基本使用方法	3

五、考核方式及成绩评定

考核方式：闭卷

成绩评定参考标准：平时成绩占总成绩的 20%，课内实验成绩占总成绩的 10%，期末考试成绩占总成绩的 70%。

附录二：《现代物流管理教程》课内实验教学大纲

一、基本信息

学分：3

总学时：51（其中实验 15 学时）

适用对象：物流管理、物流工程、电子商务等本科专业学生

先修课程：高等数学/微积分

二、本课程实验教学目的和任务

（一）课程性质和目的

开展适量的课堂实验（供应链建模及其仿真实验、啤酒分销游戏）和实践活动（物流系统工程的数学模型建立与求解、物流企业的网上调查和现代物流配送中心观摩等）。

（二）教学任务

使学生能够熟练掌握专业文献资料的检索方法，熟练使用 WinQSB 软件解决物流工程问题，并能熟悉企业物流和物流中心的设施设备。

三、教学方法与手段

实验一由教师提示实验原理、方法、步骤等内容，在教师的指导下，学生独立完成实验。实验二通过老师实验课程演示让学生认识和了解物流中心常用设备。实验三的内容由教师和学生共同设计完成。

四、教学内容及要求

实验一：啤酒分销游戏（3 课时）

一、实验目的

1. 认识供应链中需求异常放大现象（即“牛鞭效应”）的形成过程；

2. 培养学生团队工作能力。

二、实验类型和内容

1. 利用 MIT 的在线啤酒游戏模拟过程，说明“牛鞭效应”产生的原因及减少“牛鞭效应”的方法；

2. 了解“啤酒游戏”的游戏规则；

3. 了解“啤酒游戏”的算法及模拟过程。

三、实验要求

1. 分析“牛鞭效应”的产生原因；

2. 找出减少“牛鞭效应”的方法。

四、实验平台

可使用以下 3 个平台进行实验：

1. 开通 Internet，访问麻省理工大学啤酒游戏网页 http：//beergame. mit. edu/；

2. 使用 A. T. Kearney Inventory Distribution Simulator Version 1. 0b 软件；

3. 使用 ProcessWizard 软件。

实验二：第三方物流企业的网上调查（3 课时）

一、实验目的

1. 从互联网上了解国内外第三方物流企业的现状；

2. 了解国内外第三方物流企业和传统的物流企业是如何在网上开展物流、配送业务的。

二、实验类型和内容

1. 上网考察以下第三方物流企业和传统的物流企业的网站：

（1） UPS（联合包裹）中国主页　世界财富 500 强之一；

（2） 上海惠尔物流有限公司；

（3） 和黄天百物流有限公司；

（4） Maersk Logistics 马士基物流；

（5） 东方海外；

（6） 威高物流集团；

（7） 上海快急物流科技有限公司；

（8） 中国外运广东公司；

（9） 中国外运股份有限公司；

（10） 大通国际运输有限公司；

（11） 中海物流网；

（12） 56net 物流网；

（13） 美国联邦快递。

2. 找出以上各物流公司经营的业务，它们各自有什么特色。

3. 比较美国联邦快递和 UPS（联合包裹）这两家美国最大的快递公司网站的服务项目，你认为哪家提供的服务更好。

4. 假如你所经营的公司有一批钢材将从上海运往大连，你认为哪家公司更适合完成这次配送任务，并说出理由。

5. 假如你公司有一批内存条共 10 万条，从上海运到日本（要求快速），你会采用哪家公司进行托运，为什么？

6. 中海物流网和56net 物流网都是物流网站，请指出两者有何本质上的不同之处。

本实验属于综合性实验。

三、实验要求

1. 浏览 UPS（联合包裹）等10个物流企业的网站，写出各企业的概况，公司所从事的主营业务，网站可以实现的功能等网站的信息，指出各物流公司的独特之处，并回答其中哪个公司属第三方物流企业，哪个属传统物流企业，为什么？

2. 回答实验内容中的问题。

四、实验平台

Internet、学校数字资源图书馆

实验三：物流系统工程的数学模型（3 课时）

一、实验目的

1. 了解 WinQSB 实验软件环境的构成和基本使用方法；

2. 掌握物流系统工程中预测问题、库存控制问题、设施选址问题、运输问题模型、指派问题模型、最短路问题模型及其求解方法；

3. 培养学生独立完成对具体问题建立和求解数学模型的能力。

二、实验类型和内容

1. 学习各种物流系统工程的模型及其适用范围；

2. 掌握物流系统工程中模型及其求解方法；

3. 实验软件系统的了解和使用；

4. 对几个具体的物流工程问题建立数学模型，规划求解并进行验证。

三、实验要求

1. 能独立完成物流系统工程中常见问题的数学建模，并能使用 WinQSB 软件求解；

2. 能对实验中的数据进行灵敏度和参数分析。

四、实验平台

WinQSB1.0 软件

五、教学时数分配表

序号	实验名称	实验类型	实验要求	实验时数
1	啤酒分销游戏	综合	必做	3
2	第三方物流企业的网上调查	综合	必做	3
3	物流系统工程的数学模型	综合	必做	3
合　计				9

附录三：本书词汇

为方便教师教学和学生自学，本书将涉及到的物流术语汇总如下，总计48条，皆参照2007年5月开始施行的新修订的国家标准《物流术语》GB/T 18354—2006编写。

1. 物流（Logistics）

物品从供应地向接收地的实体流动过程。根据实际需要，将运输、储存、装卸、搬运、包装、流通加工、配送、信息处理等基本功能实施有机结合。

2. 国际物流（International Logistics）

跨越不同国家（地区）之间的物流活动。

3. 供应物流（Supply Logistics）

提供原材料、零部件或其他物料时所发生的物流活动。

4. 生产物流（Production Logistics）

企业生产过程中发生的涉及原材料、在制品、半成品、产成品等所进行的物流活动。

5. 销售物流（Distribution Logistics）

企业在出售商品过程中所发生的物流活动。

6. 逆向物流（Reverse Logistics）

物品从供应链下游向上游的运动所引发的物流活动。

7. 废弃物物流（Waste Material Logistics）

将经济活动或人民生活中失去原有使用价值的物品，根据实际需要进行收集、分类、加工、包装、搬运、储存等，并分送到专门处理场所的物流活动。

8. 第三方物流（Third Party Logistics，TPL）

独立于供需双方，为客户提供专项或全面的物流系统设计或系统运营的物流服务模式。

9. 运输（Transportation）

用专用运输设备将物品从一地点向另一地点运送。其中包括集货、分配、搬运、中转、装入、卸下、分散等一系列操作。

10. 装卸（Loading And Unloading）

物品在指定地点以人力或机械载入或卸出运输工具的作业过程。

11. 搬运（Handling）

在同一场所内，对物品进行空间移动的作业过程。

12. 集装箱（Container）

具有足够的强度，可长期反复使用的适于多种运输工具而且容积在 $1m^3$ 以上（含 $1m^3$）的集装单元器具。

13. 托盘（Pallet）

在运输、搬运和存储过程中，将物品规整为货物单元时，作为承载面并包括承载面上辅助结构件的装置。

14. 库存（Stock）

储存作为今后按预定的目的使用而处于闲置或非生产状态的物品。广义的库存还包括处于制造加工状态和运输状态的物品。

15. ABC 分类法（ABC classification）

将库存物品按照设定的分类标准和要求分为特别重要的库存（A 类）、一般重要的库存（B 类）和不重要的库存（C 类）三个等级，然后针对不同等级分别进行控制的管理方法。

16. 经济订货批量（Economic Order Quantity，EOQ）

通过平衡采购进货成本和保管仓储成本核算，以实现总库存成本最低的最佳订货量。

17. 物料需求计划（Material Requirements Planning，MRP）

制造企业内的物料计划管理模式。根据产品结构各层次物品的从属和数量关系，以每个物品为计划对象，以完工日期为时间基准倒排计划，按提前期长短区别各个物品下达计划时间先后顺序的管理方法。

18. 配送（Distribution）

在经济合理区域范围内，根据客户要求，对物品进行拣选、加工、包装、分割、组配等作业，并按时送达指定地点的物流活动。

19. 集货（Goods Consolidation）

将分散的或小批量的物品集中起来，以便进行运输、配送的作业。

20. 储存（Storing）

保护、管理、储藏物品。

21. 拣选（Order Picking）

按订单或出库单的要求，从储存场所拣出物品的作业。

22. 理货（Tally）

在货物储存、装卸过程中，对货物的分票、计数、清理残损、签证和交接的作业。

23. 共同配送（Joint Distribution）

由多个企业联合组织实施的配送活动。

24. 配送中心（Distribution Center）

从事配送业务且具有完善信息网络的场所或组织。应基本符合下列要求：

a）主要为特定客户或末端客户提供服务；

b）配送功能健全；

c）辐射范围小；

d）提供高频率、小批量、多批次配送服务。

25. 条码（Bar Code）

由一组规则排列的条、空及其对应字符组成的，用以表示一定信息的标识。

26. 射频识别（Radio Frequency Identification，RFID）

通过射频信号识别目标对象并获取相关数据信息的一种非接触式的自动识别技术。

27. 电子数据交换（Electronic Data Interchange，EDI）

采用标准化的格式，利用计算机网络进行业务数据的传输和处理。

28. 全球定位系统（Global Positioning System，GPS）

由美国建设和控制的一组卫星所组成的、24h 提供高精度的全球范围的定位和导航信息的系统。

29. 地理信息系统（Geographical Information System，GIS）

由计算机软硬件环境、地理空间数据、系统维护和使用人员四部分组成的空间信息系统。可对整个或部分地球表层（包括大气层）空间中有关地理分布数据进行采集、储存、管理、运算、分析显示和描述。

30. 电子订货系统（Electronic Order System，EOS）

不同组织间利用通信网络和终端设备进行订货作业与订货信息交换的系统。

31. 销售时点系统（Point of Sale，POS）

利用光学式自动读取设备，按照商品的最小类别读取实时销售信息以及采购、配送等阶段发生的各种信息，并通过通信网络将其传送给计算机系统进行加工、处理和传送的系统。

32. 配送需求计划（Distribution Requirements Planning，DRP）

一种既保证有效地满足市场需求，又使得物流资源配置费用最省的计划方法，是物料需求计划（MRP）原理与方法在物品配送中的运用。

33. 物流资源计划（Logistics Resource Planning，LRP）

以物流为手段，打破生产与流通界限，集成制造资源计划、能力资源计划、配送资源计划以及功能计划而形成的资源优化配置方法。

34. 供应链（Supply Chain）

生产及流通过程中，涉及将产品或服务提供给最终用户所形成的网链结构。

35. 供应链管理（Supply Chain Management）

对供应链涉及的全部活动进行计划、组织、协调与控制。

36. 物流系统仿真（Logistics System Simulation）

借助计算机仿真技术，对物流系统建模并进行实验，得到各种动态活动及其过程的瞬间仿效记录，进而研究物流系统性能的方法。

37. 物流网络（Logistics Network）

物流过程中相互联系的组织、设施与信息的集合。

38. 物流中心（Logistics Center）

从事物流活动且具有完善信息网络的场所或组织。应基本符合下列要求：

a）主要面向社会提供公共物流服务；

b）物流功能健全；

c）集聚辐射范围大；

d）存储、吞吐能力强；

e）对下游配送中心客户提供物流服务。

39. 物流园区（Logistics Park）

为了实现物流设施集约化和物流运作共同化，或者出于城市物流设施空间布局合理化的目的而在城市周边等各区域，集中建设的物流设施群与众多物流业者在地域上的物理集结地。

40. 物流成本（Logistics Cost）

物流活动中所消耗的物化劳动和活劳动的货币表现。

41. 物流技术（Logistics Technology）

物流活动中所采用的自然科学与社会科学方面的理论、方法，以及设施、设备、装置与工艺的总称。

42. 集装袋（Flexible Freight Bags）

以柔性材料制成可折叠的袋式集装单元器具。

43. 货架（Rack）

用立柱、隔板或横梁等组成的立体储存物品的设施。

44. 驶入式货架（Drive－in Rack）

可供叉车（或带货叉的无人搬运车）驶入并存取单元托盘物品的货架。

45. 移动式货架（Mobile Rack）

可在轨道上移动的货架。

46. 重力式货架（Live Pallet Rack）

一种密集存储单元物品的货架系统。在货架每层的通道上，都安装有一定坡度的、带有轨道的导轨，入库的单元物品在重力的作用下，由入库端流向出库端。

47. 自动导引车（Automatic Guided Vehicle，AGV）

具有自动导引装置，能够沿设定的路径行驶，在车体上具有编程和停车选择装置、安全保护装置以及各种物品移载功能的搬运车辆。

48. 包装（Packaging；Package）

为在流通过程中保护产品、方便储运、促进销售，按一定技术方法而采用的容器、材料及辅助物等的总体名称。也指为了达到上述目的而采用容器、材料和辅助物的过程中施加一定技术方法等的操作活动。

参考文献

[1]［日］白姚书房．物流ハソドプシヶ［M］．日通综合研究所，1991.

[2]［日］日通综合研究所编著．吴润涛等译．物流手册［M］．北京：中国物资出版社，1986.

[3]包建民．物流现代化［M］．上海交通大学出版社，1999.

[4]蔡希贤，夏士智编译．物流合理化的数量方法［M］．华中工学院出版社，1985.

[5]查先进．物流与供应链管理［M］．武汉大学出版社，2003.

[6]常文相．物资统计学［M］．东北财经大学出版社，1989.

[7]陈佳贵．企业再造［M］．广东经济出版社，2000.

[8]陈梅君．物流运作案例［M］．北京：中国物资出版社，2001.

[9]陈田．我国城市经济影响区域系统的初步分析［J］．地理学报，42（4）.

[10]陈文玲．流通新论：论流通一般与社会化大流通［M］．北京：中国经济出版社，1998.

[11]陈子侠，蒋长兵，胡军．供应链管理［M］．北京：高等教育出版社，2005.

[12]陈子侠，蒋长兵．现代物流习题与解答［M］．北京：机械工业出版社，2004.

[13]陈子侠．现代物流学理论与实践［M］．浙江大学出版社，2003.

[14]陈子侠，蒋长兵．现代物流学理论与实践——辅导与练习［M］．浙江大学出版社，2004.

[15]程红．城市市场与经济发展研究［M］．北京：华文出版社，2001.

[16]崔介何．电子商务与物流［M］．北京：中国物资出版社，2002.

[17]崔介何．物流学概论［M］．北京：中国计划出版社，1996.

[18]丁立言，张铎．供应链管理实用建模方法及数据挖掘［M］．北京：清华大学出版社，2001.

[19]丁立言，张铎．国际物流学［M］．北京：清华大学出版社，2000.

[20]丁立言，张铎．物流企业管理［M］．北京：清华大学出版社，2000.

[21]丁立言，张铎．物流系统工程［M］．北京：清华大学出版社，2000.

[22]董千里．高级物流学［M］．北京：人民交通出版社，1999.

[23]董千里．供应链管理［M］．北京：人民交通出版社，2002.

[24]高立法．企业经营分析与效绩评价［M］．北京：经济管理出版社，2000.

[25] 郭会成．物流经理业务手册［M］．北京：机械工业出版社，2002.

[26] 何明珂．物流系统论［M］．北京：中国审计出版社，2001.

[27] 何明珂．现代物流与配送中心［M］．北京：中国商业出版社，1996.

[28] 贺力平．开放·竞争·增长：发展的国际经济学［M］．北京：经济管理出版社，1989.

[29] 洪水坤，陈梅君．物流运作案例［M］．北京：中国物资出版社，2002.

[30] 胡久清．系统工程［M］．北京：中国统计出版社，1999.

[31] 胡军，彭扬．供应链管理理论与实务［M］．北京：中国物资出版社，2005.

[32] 胡双增，张明．物流系统工程［M］．北京：清华大学出版社，2000.

[33] 胡思继．交通运输学［M］．北京：人民交通出版社，2001.

[34] 胡欣欣．中日流通业比较研究．北京：中国轻工业出版社，1994.

[35] 黄小原，卢震．电子商务与供应链管理［M］．东北大学出版社，2002.

[36] 蒋长兵．现代物流管理案例集［M］．北京：中国物资出版社，2005.

[37] 焦李成．神经网络系统理论［M］．西安科技大学出版社，1990.

[38] 金若楠．现代综合物流管理［M］．北京：中国铁道出版社，1994.

[39] 林国龙．物流管理与供应链过程一体化［M］．北京：机械工业出版社，1999.

[40] 刘昌祺．物流配送中心设计［M］．北京：机械工业出版社，2001.

[41] 刘伟．供应链管理［M］．四川人民出版社，2002.

[42] 刘志学．现代物流手册［M］．北京：中国物资出版社，2001.

[43] 骆温平．第三方物流：理论、操作与案例［M］．上海社会科学院出版社，2000.

[44] 骆温平．物流与供应链管理［M］．北京：电子工业出版社，2002.

[45] 马士华，林勇，陈志祥．供应链管理［M］．北京：机械工业出版社，2000.

[46] 齐二石．物流工程［M］．天津大学出版社，2001.

[47] 钱小军．计量经济模型与预测［M］．北京：机械工业出版社，1999.

[48] 钱学森等．论系统工程［M］．湖南科学技术出版社，1982.

[49] 秦明森．实用物流技术［M］．北京：中国物资出版社，2001.

[50] 汝宜红．配送中心规划［M］．北京：北方交通大学出版社，2002.

[51] 市来清也著，邬跃主译．物流经营论［M］．北京：中国物资出版社，1992.

[52] 宋华，胡左浩著．现代物流与供应链管理［M］．北京：经济管理出版社，2000.

[53] 宋华．物流供应链管理机制与发展［M］．北京：经济管理出版社，2002.

[54] 宋华．现代物流与供应链管理案例［M］．北京：经济管理出版社，2001.

[55] 宋远方．供应链管理与信息技术［M］．北京：经济科学出版社，2000.

[56] 苏士哲．英汉物流管理词典［M］．北京：清华大学出版社，2001.

[57] 孙宏岭．高效率配送中心的设计与经营［M］．北京：中国物资出版社，2002.

[58] 孙宏岭．现代物流活动绩效分析［M］．北京：中国物资出版社，2001.

[59] 梭伦．库存管理胜经［M］．北京：中国纺织出版社，2001.

[60] 唐纳德，J. 鲍尔索克斯等．物流管理—供应链过程一体化［M］．北京：机械工业出版社，1999.

[61] 王成．现代物流务实与案例［M］．北京：企业管理出版社，2001.

[62] 王加林，张丽蕾．物流系统工程［M］．北京：中国物资出版社，1987.

[63] 王焰．一体化的供应链：战略、设计与管理［M］．北京：中国物资出版社，2002.

[64] 王迎军．供应链管理实用建模方法及数据挖掘［M］．北京：清华大学出版社，2001.

[65] 王之泰．现代物流管理［M］．北京：中国工人出版社，2001.

[66] 王之泰．现代物流学［M］．北京：中国物资出版社，1995.

[67] 王自勤．现代物流管理［M］．北京：电子工业出版社，2002.

[68] 魏修建．电子商务物流［M］．北京：人民邮电出版社，2001.

[69] 文岗．电子商务时期的第三方物流［M］．北京：中国商业出版社，2000.

[70] 翁心刚．物流管理基础［M］．北京：中国物资出版社，2002.

[71] 邬跃等．物流经营论［M］．北京：中国物资出版社，1992.

[72] 吴爱菊．物质管理信息系统［M］．北京：中国物资出版社，1992.

[73] 吴清一．物流学［M］．北京：中国建材工业出版社，1996.

[74] 吴维库．企业量化管理实施［M］．北京：机械工业出版社，2001.

[75] 熊和平．供应链管理实务［M］．广东经济出版社，2002.

[76] 徐克绍．系统工程原理与方法［M］．上海科学普及出版社，1996.

[77] 徐文静．物流战略规划与模式［M］．北京：机械工业出版社，2002.

[78] 许学强，周一星，宁越敏等．城市地理学［M］．北京：高等教育出版社，1997.

[79] 阎子刚，吕亚君．供应链管理［M］．北京：机械工业出版社，2003.

[80] 曾剑．物流基础［M］．北京：机械工业出版社，2003.

[81] 詹姆斯·P. 沃麦克等．精益思想［M］．北京：商务印书馆，2002.

[82] 张成海．供应链管理技术与方法［M］．北京：清华大学出版社，2002.

[83] 张建华．商务与经济统计［M］．北京：机械工业出版社，2000.

[84] 张声书，佐伯弘治．中国现代物流研究［M］．北京：中国物资出版社，1998.

[85] 张学耀．现代物流和生产管理制度与表格精选［M］．北京：企业管理出版社，2002.

［86］赵林度．供应链与物流管理理论与实务［M］．北京：机械工业出版社，2003.

［87］赵启兰，刘宏志．生产计划与供应链中的库存管理［M］．北京：电子工业出版社，2003.

［88］中田信哉，桥本雅隆著．物流入门［M］．海天出版社，2001.

［89］朱道立．物流与供应链管理［M］．复旦大学出版社，2001.